suhrkamp taschenbuch
wissenschaft 296

In dem vorliegenden Band untersuchen ein Soziologe (Brauns), zwei Psychologen (Brodthage und Hoffmann) und ein Theologe (Scharfenberg) die Rezeption der Psychoanalyse in ihrem jeweiligen Fachgebiet für den Zeitraum von 1895 bis zum Verbot und zur Vernichtung der Psychoanalyse durch den Nationalsozialismus. In einer orientierenden Übersicht gibt jeder der Autoren zunächst ein Gesamtbild der Rezeptionsgeschichte der Psychoanalyse in seinem Fachgebiet. Ihr folgt jeweils ein Dokumentarteil, in dem die in der Orientierung gegebene Übersicht durch authentische Äußerungen der Rezipienten belegt wird.

Die Rezeption der Psychoanalyse ist bei allen drei Disziplinen durch eine extrem affektive Einstellung charakterisiert. Nur im Ausnahmefall kommt es zu einer um Objektivität bemühten kritischen Auseinandersetzung. Die Gründe für diese Einstellung erkennen die Autoren in einem Gefühl des Bedrohtseins durch die emanzipatorisch-aufklärerischen Impulse, die von der Psychoanalyse ausgingen. Die Feststellung, daß die Kultur permanent von den nur unterdrückten Triebkräften bedroht sei, verunsicherte den prä-Auschwitzschen bürgerlichen Glauben, sie definitiv unter Kontrolle zu haben. Die Vorschläge der Psychoanalyse, die Strenge der Triebverdrängung zugunsten eines ichgerechten Umgangs mit ihnen aufzugeben, löste die Angst aus, daß die herrschende Doppelmoral offenkundig werden könnte.

Die Rezeption der Psychoanalyse in der Soziologie, Psychologie und Theologie im deutschsprachigen Raum bis 1940

Herausgegeben
von Johannes Cremerius

Mit Beiträgen von
Hans-Dieter Brauns
Heike Brodthage
und S. O. Hoffmann
Joachim Scharfenberg

Suhrkamp

suhrkamp taschenbuch wissenschaft 296
Erste Auflage 1981
© Suhrkamp Verlag Frankfurt am Main 1981
Suhrkamp Taschenbuch Verlag
Alle Rechte vorbehalten, insbesondere das
des öffentlichen Vortrags, der Übertragung
durch Rundfunk und Fernsehen
sowie der Übersetzung, auch einzelner Teile
Satz und Druck: Georg Wagner, Nördlingen
Printed in Germany
Umschlag nach Entwürfen von
Willy Fleckhaus und Rolf Staudt

―――――

CIP-Kurztitelaufnahme der Deutschen Bibliothek
Die Rezeption der Psychoanalyse in der Soziologie,
Psychologie und Theologie
im deutschsprachigen Raum bis 1940 [neunzehnhundertvierzig]
hrsg. von Johannes Cremerius.
Mit Beitr. von Hans-Dieter Brauns . . . – 1. Aufl.
Frankfurt am Main : Suhrkamp, 1981.
Suhrkamp-Taschenbuch Wissenschaft ; 296)
ISBN 3-518-07896-8
NE: Cremerius, Johannes [Hrsg.];
Brauns, Hans-Dieter [Mitverf.]

Inhalt

Einleitung des Herausgebers 7

Hans-Dieter Brauns
Die Rezeption der Psychoanalyse
in der Soziologie 31

Heike Brodthage u. Sven Olaf Hoffmann
Die Rezeption der Psychoanalyse
in der Psychologie 135

Joachim Scharfenberg
Die Rezeption der Psychoanalyse
in der Theologie 255

Hinweise zu den Autoren 339

Einleitung des Herausgebers

So werden wir also die Forscher fragen: Wie denkt Ihr, wie ist Euer Zögern beschaffen, wie Eure Versuche, Eure Irrtümer? Auf welchen Anstoß hin ändert Ihr Eure Meinung? Warum bleibt Ihr so kurz und bündig, wenn Ihr von den psychologischen Bedingungen einer *neuen* Untersuchung sprecht? Sagt uns vor allem Eure vagen Vorstellungen, Eure Widersprüche, Eure fixen Ideen, Eure unbewiesenen Überzeugungen.
G. Bachelard, 1971.

Überschaut man die Widerstände gegen die Psychoanalyse, so muß man sagen, nur ihr kleinerer Anteil ist von der Art, wie er sich gegen die meisten wissenschaftlichen Neuerungen von einigem Belang zu erheben pflegt. Der größere Anteil rührt davon her, daß durch den Inhalt der Lehre starke Gefühle der Menschheit verletzt worden sind.
S. Freud, 1925e.

Es kann nicht Aufgabe dieses Buches (oder dieser Einleitung) sein, auf die grundsätzlichen Probleme der Rezeptionsgeschichte einzugehen. Das haben die epistemologischen Arbeiten von Bachelard (1971) und von Kuhn (1973) bereits vorbildlich getan. Die vorgelegte Untersuchung verweist vielmehr auf einige der speziellen Schwierigkeiten, welche die genannten Disziplinen in dem Zeitraum bis 1933 bzw. 1938 mit der Rezeption der Psychoanalyse hatten. Dabei treten emotionale und irrationale Motive in den Vordergrund. Mit deren Herausarbeitung machen sich die Autoren keiner Einseitigkeit schuldig, sondern befinden sich in Übereinstimmung mit Kuhn, der hervorhebt, daß die Erforschung der Verarbeitung neuer Ideen durch die institutionalisierten Disziplinen mehr die Kompetenz eines Psychologen als die eines Historikers verlangt (1973, S. 120).

Die Rezeption des Neuen, eines Neuen, das das Bestehende nicht unmittelbar fortsetzt und bestätigt, ist ein schweres Geschäft. Hier menschelt es in erschreckendem Maße. Glaubenskriege im Namen der Religion der Liebe mit dem Ziel der physischen Vernichtung des Andersdenkenden sind tragische Höhepunkte dieses Prozesses. – Der einzelne – auch der Humanist – ist hier in seiner narzißtischen Subjektivität befangen, begeht Unrecht und bedroht, falls er die Macht dazu hat, die psychische Existenz anderer. Der Verfasser der »Iphigenie« war davor nicht geschützt. Nach dem Tode Philipp Otto Runges, der ihm zwei Jahre zuvor seinen Zyklus »Die Zeiten« zur Begutachtung geschickt hatte, äußert er zu Sulpiz Boisserée: »... Aber der arme Teufel hat es nicht ausgehalten, er ist schon hin, es ist nicht anders möglich, was so auf der Kippe steht, muß sterben oder verrückt werden, da ist keine Gnade.« (Zehn Jahre zuvor hatte er eine Arbeit Runges, die dieser für einen Wettbewerb eingesandt hatte, abgelehnt: »Wir raten dem Verfasser ein ernstes Studium des Altertums und der Natur im Sinne der Alten.«)

Sind die Vertreter der Wissenschaften – oder gar der Theologie – vor solcher Subjektivität geschützt, gibt die Wissenschaft ihnen objektive Beurteilungskriterien an die Hand, hilft ihnen der Imperativ über dem Portal der Alma mater »Die Wahrheit wird uns frei machen« zu einem gerechten Wägen und Prüfen, oder menschelt es auch hier? Ist der ganze große wissenschaftliche Apparat nur die Kamouflage für naive Vorurteile? Dieser Frage soll in der hier vorgelegten Darstellung der Rezeption in der Psychologie, Soziologie und Theologie nachgegangen werden. Dabei wird die Befangenheit und Ohnmacht des Geistes in einem Maße sichtbar, daß Zweifel an dem Satz von der Wahrheit, die uns freimachen wird, übermächtig werden. Angst breitet sich aus, wenn die berufenen Vertreter der Wahrheit als Marionetten des Affektes, als Protektoren unreflektierten Zeitgeistes sichtbar werden. Wo ist noch Rettung, wenn die Vernunft versagt? Die Verzweiflung, in die uns der Untergang abendländischer Wissenschaft 1933 stürzte, als sie sich sozusagen über Nacht an die Barbarei des Unmenschen auslieferte, ist total. Heideggers Rektoratsrede von 1933 »Die Umwälzung des deutschen Daseins« steht hier exemplarisch.

Die mißglückte Rezeption

Die Rezeptionsgeschichte der Psychoanalyse in den drei Disziplinen, die hier vorgelegt wird, macht das Elend der Wissenschaft an der Stelle deutlich, wo sie sich eigentlich als Wissenschaft bewähren müßte: in der Auseinandersetzung mit neuen Ideen. Wer anderer soll uns helfen, zwischen Unsinn, reinen Spekulationen, Wahnideen und fruchtbaren neuen Denkansätzen zu unterscheiden? Sie zeigt uns alle Spielarten mißglückter Rezeption. Die einfachste, nicht aber die seltenste, ist die *Rezeptionsverweigerung* in Form des *Totschweigens*. Hier ließe sich eine lange Reihe von Praktiken aufführen, die gleichen Themen wie die von der Psychoanalyse bearbeiteten oder ihr verwandte zu behandeln, ohne sie zu erwähnen. Manche Autoren empfehlen dies sogar als Methode: »Vom rein wissenschaftlichen Standpunkt aus wäre Nichtachtung das allein richtige Verhalten« (W. Stern, 1913, S. 21). In praxi sieht das so aus, daß in einer Bestandsaufnahme aller Psychologen von Aristoteles bis Wundt im Jahre 1921 der Name Freud nicht einmal im Literaturverzeichnis auftaucht (Marcuse, 1972, S. 79).

Die andere, ebenso primitive wie häufige Spielart ist die *Diffamierung*. Wir können sie rückblickend am verwendeten Vokabular aufzeigen: Die Psychoanalyse sei Altweiberpsychiatrie, paranoisches Geschwätz, Hexenwahn, seelische Masturbation, talmudistische Spitzfindigkeit – die Psychoanalytiker seien reif für das Irrenhaus, bornierte Phanatiker. – Zu ihr gesellt sich der Versuch der Unterdrückung und Vernichtung. Der Ruf nach der Polizei wird laut (Weygandt, 1910), nach dem Verbot der Praxis (Oppenheim, 1910; Flügge, 1925[1]), dem Schutz der Patienten (W. Stern, S. 37), und schließlich nach der Vernichtung der Schriften (Spann, S. 37).

Ernsthaft erscheint auf den ersten Blick der Vorwurf, die *Psychoanalyse sei keine Wissenschaft*. Brodthage und Hoffmann haben sich mit ihm auseinandergesetzt (s. S. 178 ff.) und ihm entgegengehalten, daß er sich praktisch von jeder wissenschaftlichen Position ausmachen und begründen lasse, man müsse nur die Standards von Wissenschaft so definieren, daß die andere Position nicht darunterfalle.

Auch das andere Argument, sie enthielte »*überwundene Theorien*«, sei also nicht »revolutionär«, sondern »reaktionär«, erweckt den Anschein der Ernsthaftigkeit. Sieht man näher hin, zeigt sich aber, daß die Autoren, die es vertreten, den Unterschied zwischen den Theorien, von denen sie sagen, sie seien von gestern, so z. B. der Assoziationismus, und deren ganz andersartigen Gebrauch in der Psychoanalyse nicht erkennen.

Schließlich wird in allen Lagern Anklage gegen sie erhoben, weil sie gegen das natürliche Sittengesetz, die *Ethik*, das *Christentum* sei. Dagegen gibt es kaum eine Rechtfertigung.

Das genaue Studium der Texte, auf welche die Gegner ihre Argumente stützen, macht das Elend der Wissenschaft insofern eindrücklich deutlich, als es die *Vernachlässigung der einfachsten Regeln kritischer Textanalyse* aufdeckt. Hier werden Begriffe nicht genau erfaßt, wie z. B. der Vorwurf des »Pansexualismus« zeigt. Freud hatte seine Trieblehre stets dualistisch formuliert und neben den Sexualtrieben andere anerkannt, denen er die Kraft zur Unterdrückung der ersteren zuschrieb;

hier werden der Psychoanalyse Behauptungen unterstellt, die sie nie erhoben hat – so z. B. die, daß sie eine vollständige Theorie des menschlichen Seelenlebens besitze. Diesen Anspruch hatte Freud, für jedermann zugänglich, ausdrücklich zurückgewiesen; hier werden *Sinnzusammenhänge nicht erkannt* – wie etwa im Falle Max Webers. Er zieht aus der Verdrängungstheorie den Schluß, daß die Therapie in einer abreagierenden Befriedigung des Verdrängten bestünde;

hier werden Texte zum Vorhalt benutzt, die ältere, überholte und längst weiterentwickelte Positionen darstellen, wie der Fall Sombart zeigt. Er verurteilt die Theorie des Unbewußten auf dem Stand von 1907 und nimmt die mittlerweile formulierte Ich-Psychologie (1923) nicht zur Kenntnis (s. S. 38).

Das Elend der Wissenschaft zeigt sich auch in der *Einengung des Blickfeldes*, in der Unfähigkeit zum »Blick über den Zaun«. Mit Staunen ist zu beobachten, wie z. B. weder Max Weber noch von Wiese die Beziehung ihrer »verstehenden Soziologie« bzw. »Beziehungslehre« zur Psychoanalyse bemerken. Bei beiden ging es um eine Soziologie als Lehre von den Beziehungen der Menschen untereinander. Beide stehen der psychoanalytischen Lehre von den Beziehungen zwischen Eltern und Kindern, Kind und Gesellschaft (Über-Ich) und der aus ihren Störungen erwachsenden Pathologie verständnislos gegenüber. Schon grotesk wirkt das Skotom, das Müller-Lyer, der 1914 eine »Sozialpathologie« entwickelt, gegenüber der bereits sich systematisch darstellenden psychoanalytischen Krankheitslehre hat. Ganz im Sinne der psychoanalytischen Neurosenlehre begreift er sexuelle Probleme, Familien- und andere interpersonale Konflikte als Ursachen individuellen Leidens und körperlicher Krankheit. Nicht einmal die psychoanalytische Kasuistik, die weit über die engere Fachliteratur Eingang in die Sekundärliteratur, sogar die Tagespresse gefunden hatte und ins allgemeine Bewußtsein vorgedrungen war, nimmt er zur Kenntnis.

Um mehr als das Elend der Wissenschaft handelt es sich in den Fällen, in denen Autoren die psychoanalytische Theorie wie einen Steinbruch benutzen, aus dem sie Teile herausbrechen, um sie als Stücke in eigenen Systemen zu benutzen – ungeachtet des originären Kontextes, in dem sie bei Freud stehen. So fügt Jerusalem z. B. Freuds Begriffe Ambivalenz, Einfühlung, Identifizierung – sinnentfremdet – als Stütze seiner gerade gegenteiligen Auffassung ein (s. S. 58).

Ein ganz zentrales Moment in der Erschwernis der Rezeption ist darin zu sehen, daß viele es gar nicht wagten, sich mit ihr zu beschäftigen, weil sie dann mit *Repressalien* rechnen mußten. Die Psychoanalyse, als Universitätsfach nicht existierend, war eine »Privatwissenschaft«. Wer sich von den jungen Leuten mit ihr einließ, mußte Benachteiligungen befürchten: man verlor seine Anstellung, wurde nicht habilitiert und konnte nicht damit rechnen, eine Hochschullaufbahn erfolgreich zu durchlaufen. So verbot z. B. der Psychiater Anton seinen Assistenten, an der Klinik die Psychoanalyse zu prüfen (1911). Freuds akademische Laufbahn – erst 17 Jahre nach der Habilitation (1885) wurde er (1902) zum außerordentlichen Professor ernannt – mag hier als exemplarisch gelten (Eissler, 1966); C. G. Jung wurde nie ordentlicher Professor; über Abrahams vergebliche Versuche, sich in Berlin zu habilitieren, informiert sein Briefwechsel mit Freud (1965); Alfred Adlers Untersuchung »Über die Minderwertigkeit von Organen« nahm die Wiener Fakultät nicht als Habilitationsschrift an. Viktor von Weizsäcker stellt dazu fest: »Keiner von den Männern, die sich der psychotherapeutischen Arbeit mit voller Kraft hingaben, hat einen akademischen Lehrstuhl erlangt, gleichviel, ob er von Hause aus Psychiater oder Internist war. – – Ich bin einer der wenigen, wenn nicht die einzige Ausnahme« (1955, S. 158). Daß es zwischen dem Interesse und dem Eintreten für die Psychoanalyse auf der einen Seite und der reellen Berufschance auf der anderen Seite eine nachweisbare Beziehung gibt, beweisen folgende historischen Ereignisse: Seitdem es Lehrstühle und Universitätskliniken für Psychoanalyse – Psychotherapie und Dozenten- und Assistentenstellen dortselbst gibt, seitdem Psychosomatische Fachkliniken bevorzugt Ärzte und Psychologen mit psychoanalytischer Ausbildung einstellen und seitdem die Krankenkassen die psychoanalytische Behandlung bezahlen, hat sich die Zahl der Analytiker, die bis vor diesen Ereignissen sehr klein war, lawinenartig vergrößert. Die Zahl der Ausbildungskandidaten an den Psychoanalytischen Instituten – über fast zwei Jahrzehnte selten mehr als fünf pro Jahr – beläuft sich heute auf einige Hundert pro Jahr.

Die Folgen dieser aus irrationalen Quellen gespeisten Rezeption der Psychoanalyse waren eine enorme Erschwerung, ja *Verunmöglichung des Gespräches*. Eines Gespräches, das beiden Teilen hätte nützlich sein können. Denke ich an die Psychoanalyse, so hätte der Prozeß der Theoriebildung wesentlich schneller und leichter ablaufen können, wenn man aufeinander hätte hören können. Denn vieles, was von den Vertretern der herrschenden Wissenschaften gegen sie vorgebracht wurde, war durchaus richtig gesehen. So ließe sich eine lange Liste mit den Punkten aufstellen, in denen die Psychoanalyse heute mit der Kritik von damals übereinstimmt, oder von ihr aus weitergegangen ist. Ich verweise auf einige wichtige kritische Entwicklungen innerhalb der Psychoanalyse, wie sie von Balint, Bally, Boß, H. Hartmann, G. S. Klein, Pontalis, Roy Schafer u. a. vorangetragen werden. Brodthage und Hoffmann haben dies für die Kritik von seiten der Psychologie ausgeführt (s. S. 182 f.). Auch für die Kritik von seiten der Soziologie ließe sich dies an vielen Stellen nachweisen. Dieser Prozeß ist noch nicht abgeschlossen. So beginnt die Psychoanalyse in den letzten Jahren z. B., sich zunehmend mit einem vierten Gegenstand, der gesellschaftlichen und ökonomischen Umwelt des Menschen, zu beschäftigen (Parin, 1978), nachdem sie bisher vornehmlich seine innerpsychische Realität (Es, Ich, Über-Ich) problematisiert hatte – und nimmt damit einen Vorwurf, den Michels ihr 1928 gemacht hatte (s. S. 40), produktiv auf.

Die Motive für die Rezeptionsschwierigkeiten

Geht man den Motiven nach, welche zur Ablehnung der Psychoanalyse führten, stößt man zunächst und in allen drei Disziplinen gleichermaßen immer auf dieselben, nämlich auf solche affektiver

Natur. Am stärksten imponiert ein Gefühl des Bedrohtseins, ein Gefühl nahender Gefahr.

Wo lagen die Gefahren?

Einmal, ohne Zweifel, in den *emanzipatorisch-aufklärerischen* Impulsen der Psychoanalyse.

Indem die Psychoanalyse die blinde und generelle Unterdrückung der Triebe, vor allem der Sexualität, als schädlich erklärte und die Onanie als Folge gerade dieser Unterdrückung wie bestimmter gesellschaftlicher Bedingungen (Verbot des vorehelichen Geschlechtsverkehrs, späte Eheschließung) erkannte, untergrub sie einen der Tragpfeiler der autoritären Gesellschaftsstruktur. Die Unterdrückung sexueller Impulse und Aktivitäten bei Kindern und Jugendlichen hatte nämlich gar nicht – wie behauptet – im Dienste der Fürsorge gestanden, sondern im Dienste der Unterwerfung der Abhängigen unter die Herrschenden schlechthin.

Die kritische Betrachtung aller beteiligten Personen im ödipalen Dreieck, d. h. auch von Vater und Mutter, führte dazu, daß auch die von diesen Figuren abgeleiteten Autoritäten – Lehrer, Richter, Ärzte, Offiziere, Pfarrer – psychologisch beleuchtet wurden. Dabei zeigte sich, daß auch sie, sogar in ihrer Funktion als Vertreter eines öffentlichen Amtes, von unbewußten Motiven bestimmt waren, von Motiven, deren Aufdeckung die Psychoanalyse im Interesse eines besseren Verstehens der zwischenmenschlichen Beziehungen für unerläßlich hielt.[2]

Eine andere tiefgreifende Bedrohung ging von der Psychoanalyse insofern aus, als sie auf die ungeheure *Macht der Triebkräfte* und die dauernde *Bedrohtheit der Ordnung* durch sie hinwies. »Gefesselte Sklaven«, sagte Freud, »tragen den Thron der Herrscherin. – – Wehe, wenn sie befreit würden« (1925e, S. 106).

Bis dahin hatte sich die Gesellschaft zudeckend und verdrängend verhalten. Das Resultat war eine Doppelmoral, eine Kulturheuchelei: Einem hohen Ideal von Sittlichkeit stand eine Realität gegenüber, die ganz anders war. Stefan Zweig hat sie uns in dem Kapitel »Eros matutinus« seiner Lebenserinnerungen gezeigt. Der Psychoanalyse, die zur Aufdeckung der Schwächen dieses Systems riet, warf man vor, sie selber würde diese Schwäche herstellen, sie sei »kulturfeindlich«. Freud verteidigte sich, indem er die Gründe für seine Ansicht darlegte: »Sie [die Psychoanalyse] schlägt vor, mit der Strenge der Triebverdrängung nachzulassen und dafür der Wahrhaftigkeit mehr Raum zu geben. Gewisse Triebregungen, in deren Unterdrückung die Gesellschaft zu weit gegangen ist, sollen zu einem größeren Maß von Befriedigung zugelassen werden, bei anderen soll die unzweckmäßige Methode der Unterdrückung auf dem Wege der Verdrängung durch ein besseres und gesichertes Verfahren ersetzt werden« (1925e, S. 107).

Viele dieser Ängste basierten hingegen nicht auf revolutionären Ansprüchen der Psychoanalyse, sondern auf Mißverständnissen, erwachsen aus zeitbedingten *Einengungen des Hinhörens*. Die Bedrohung wurde als so stark empfunden, daß sie differenzierendes Denken unmöglich machte. Dies gilt z. B. für die Theologie, welche die Richtigkeit einiger Freudscher Feststellungen nicht erkennen konnte. Ich wähle zwei derselben aus, die heute niemanden mehr verwundern: ». . . ein großes Stück der mythologischen Weltauffassung, die weit bis in die modernsten Religionen hineinreicht, ist nichts anderes als *in die Außenwelt projizierte Psychologie*« (1901b, S. 287). Und: »Die Psychoanalyse hat uns den intimen Zusammenhang zwischen dem Vater-Komplex und der Gottesgläubigkeit kennengelehrt, hat uns gezeigt, daß der persönliche Gott *psychologisch* nichts anderes ist als ein erhöhter Vater . . .« (1910c, S. 195).

Ein anderer Teil der Ängste erwuchs aus der *unreflektierten Teilnahme an den Ideologien der Zeit*. Aus dieser Identifikation heraus sah man einfach das Bestehende als gut an und fühlte sich aufgerufen, es zu verteidigen: die Moral, die Ethik[3], das Christentum, die Ehe, die Familie, das Vaterland. Alle Ideale waren gefährdet – »ein rein dialektischer raffinierter Versuch [die Psychoanalyse], den Menschen alle, aber auch alle Ideale zu rauben« (Bumke, 1938, S. 60) – sogar, man höre!, die Volkswirtschaft (Michels, S. 31).

Das von manchem – auch von Freud – angeschuldigte *Motiv des Antisemitismus* wird ohne Zweifel falsch gesehen. Seine Isolierung als eines selbständigen Motivs hat sicherlich keine Allgemeingültigkeit. Eine solche Hervorhebung verstellt die Einsicht in einen größeren Zusammenhang, in dem es nur ein Moment unter anderen war. Ich meine, man muß ihn im Kontext mit der nationalvölkischen Bewegung sehen, die in den europäischen Staaten die Grundstimmung des Denkens bestimmte – als Humus bereit lag. (Dieser Untergrund erleichterte den Weg des Faschismus, machte auch Besiegte zu seinen Parteigängern.) Für diese nationalvölkische Gesinnung war das Judentum *nur eines* der artfremden Momente, von denen man Volk, Rasse und Blut freihalten wollte. C. G. Jung hat in seiner Kritik an der Psychoanalyse dieses Motiv prägnant formuliert: »Die Unterschiede zwischen germanischer und jüdischer Psychologie, welche intelligente Personen schon lange kennen, sollen nicht länger verwischt bleiben, und das wird für die Wissenschaft nur hilfreich sein« (1933). – Und ein Jahr später: »Meines Erachtens ist es ein schwerer Fehler der medizinischen Psychologie gewesen, daß sie jüdische Kategorien unbesehen auf den christlichen Germanen anwandte; damit hat sie nämlich das kostbare Geheimnis des germanischen Menschen, seinen schöpferisch-ahnungsvollen Seelengrund, als kindisch banalen Sumpf erklärt. Diese Verdächtigung ist von Freud ausgegangen. Er kannte die germanische Seele nicht, so wenig wie alle seine Nachfolger sie kannten. Hat sie die gewaltige Erscheinung des Nationalsozialismus, auf die die ganze Welt mit Erstaunen blickt, eines Besseren belehrt? Wo war die unerhörte Spannung und Wucht, als es noch keinen Nationalsozialismus gab? Sie lag verborgen in der germanischen Seele, in jenem tiefen Grunde, der alles andere ist als der Kehricht unerfüllbarer Kinderwünsche ... Eine Bewegung, die ein ganzes Volk ergreift, ist auch in jedem einzelnen freigeworden« (1934).

Von dieser Position Jungs aus wird auch verständlich, daß sich unter den Gegnern der Psychoanalyse viele Juden befanden. Mit den nationalvölkischen Tendenzen des Heimatlandes identifiziert – oft überidentifiziert –, fühlten auch sie sich von der emanzipatorisch-aufklärerischen Wucht der psychoanalytischen Gedanken bedroht.

Die nationalvölkische Bewegung fühlte sich von der Psychoanalyse bedroht, weil sie in ihr den kritisch-rationalen und aufklärerischen Geist schlechthin vermutete. Ihre Ideale stammten aus dem Untergrund unreflektierten Wunschdenkens, aus der Verherrlichung des Vitalen, des Lebens, des Blutes. Nietzsche war ihr Leitbild. In Klages' »Der Geist als Widersacher der Seele« fühlen sie sich verstanden, George war ihr Sänger. Die Seele, das Herz, das Unbewußte – das alles waren nur Bilder für sie, Bilder für den geheimnisvollen Lebensquell. Auch Frau, Mann, Mutter, Kind waren solche Bilder und sollten es bleiben, unberührt von psychologischen und soziologischen Erfahrungen. (In diesen Dunstkreis gehört auch das »Es« von Groddeck, vor dem Freud, nachdem er seine wahre Natur erkannt hatte, als einer »Es-

Mythologie« warnte [Groddeck, 1970, S. 83], gehören auch Otto Gross und in einem gewissen Sinne C. G. Jung – s. S. 22 f. Bourdieu (1975) zählt auch Ernst Jünger und Martin Heidegger dazu).[4]

Was für die Ablehnung der Psychoanalyse durch die national-völkische Bewegung gilt, gilt im Grunde gleichermaßen für alle ideologisch fundierten Bewegungen der Zeit. Was wechselt, sind nur jeweils die Begründungen der Ablehnung oder besser, die Rationalisierungen für das Gefühl des Bedrohtseins. Das Vokabular deckt dies auf. So sprechen die Marxisten von »internationaler Bourgeoisiemode« (Thalheimer, S. 31), von den »Ideologien der imperialistischen Bourgeoisie« (Lukacs, S. 31), und Aragon – einst als führender Futurist mit Freuds Werken vertraut – fordert 1930 auf dem sowjetischen Schriftstellerkongreß eine Verurteilung der bürgerlichen Vorstellungen Freuds (Nadeau, 1965, S. 210).

Hermann Hesse hat die Verbindung von national-völkisch und anti-psychoanalytisch eindeutig formuliert: »Jene Professoren, welche sich im Kriege durch Liebedienerei gegen ihre Regierungen und durch grotesk-senile Ausbrüche nationalistischer Verblendung enthüllt haben, sie werden von der Jugend nun als dieselben erkannt, unter deren Führung die Bourgeoisie bestrebt war, Freuds Tat wieder ungeschehen zu machen und es weiterhin auf Erden dunkel bleiben zu lassen« (1919-20, S. 268).

Von diesem Blickpunkt gesehen, ist die Rezeptionsgeschichte der Psychoanalyse u. a. auch das, was Alexander Mitscherlich den »Kampf um die Erinnerung« (1975) genannt hat.

Daß es Ängste und keine sachlichen Differenzen waren, welche die Rezeption erschwerten, läßt sich daran zeigen, daß jene Momente, die damals die Gemüter empörten, mittlerweile fast alle von den drei Disziplinen anerkannt werden:

Die Tatsache der *frühkindlichen Sexualität* ist durch Direktbeobachtungen an Kindern bestätigt worden;

die *Bedeutung der Onanie* innerhalb der menschlichen Entwicklung ist akzeptiert, ihre Unschädlichkeit erkannt und ihre Unterdrückung als Methode der Herrschaft steht außer Zweifel;

daß demokratisch-pluralistisch organisierte Gesellschaften nicht ohne ein hohes Maß an Kenntnissen über ihre Struktur, insbesondere die unbewußten Machtverhältnisse, existenzfähig sind, bestreitet niemand;

die *Existenz eines Unbewußten* ist allgemein anerkannt;

über die *Psychologie des Traumes* arbeiten namhafte Wissenschaftler an bekannten Universitäten (man kann sich heute mit einer Traumarbeit sogar in der Medizinischen Fakultät habilitieren);

Psychoanalytische Neurosenlehre, Freuds Trieb- und Abwehrtheorie, das psychoanalytische Konfliktmodell und vieles andere mehr sind Lehrfach für Mediziner und Psychologen, werden von Pädagogen, Soziologen und Ethnologen studiert;

besonders eindrucksvoll ist der *Gesinnungswandel in den beiden christlichen Religionen*: Geistliche unterziehen sich im Einvernehmen mit ihren Oberen einer psychoanalytischen Behandlung, Geistliche schicken Gläubige mit neurotischen Problemen zum Psychoanalytiker, und in Kiel gibt es einen Lehrstuhl für Pastoraltheologie, wo den angehenden Pfarrern eine eigene Analyse empfohlen wird, wo man die Psychoanalyse zum Verständnis der Probleme heranzieht, welche die Menschen an den Pfarrer herantragen. Am weitesten geht Tillich, der an Freud lobt, daß er in einer Art »Fremdprophetie« das beschrieben habe, was eigentlich Sache der Kirche hätte sein sollen. Indem er das vorurteilsfreie Annehmen eines Menschen zur unabdingbaren Voraussetzung seiner Therapie machte, habe er sehr viel dazu beigetragen, das intellektuelle Klima in Richtung auf eine Wiederentdeckung des zentralen Evangeliums von der Annahme des Sünders umzugestalten (1960). Wenn die Kirche diese gegen sie aufgestandene Fremdprophetie nicht akzeptiere, »werde sie zur Bedeutungslosigkeit herabsinken, und der göttliche Geist wird durch scheinbar atheistische und antichristliche Bewegungen wirken« (1956);

Die Überwindung der Angst spiegelt sich auch in der *öffentlichen Stellung der Psychoanalyse* heute wider: Das 1929 gegründete Frankfurter Institut für Sozialforschung in Frankfurt ist wieder errichtet worden und hat der psychoanalytischen Forschung unschätzbare Dienste erwiesen. Viele Soziologen bedienen sich der psychoanalytischen Erkenntnis bei ihrer Arbeit, alle kennen sie die psychoanalytische Literatur und haben mehr oder weniger explizit ihre Gedanken aufgenommen. Dasselbe gilt für die Psychologie und die Theologie;

In welchem Ausmaß sich darüber hinaus das *Klima des Denkens* gegen die Psychoanalyse verdüstert hatte, zeigen Phänomene wie die Rezeption des Kinsey-Reports und der Arbeiten von Masters und Johnsons. War die wissenschaftliche Welt 1905 über das

Erscheinen der »Drei Abhandlungen« empört, blieben die genannten Publikationen fast ohne Reaktion. ... Ein namhafter Psychiater auf einem Psychiatrischen Lehrstuhl schreibt: »... daß zwei entgegengesetzte Tendenzen dazu beigetragen haben, das Vorurteil gegenüber dem psychisch Kranken abzubauen und einem wertfreien Krankheitsbegriff ... zum Durchbruch zu verhelfen: die Theorie von den somatischen Grundlagen der endogenen Psychosen und die Psychoanalyse« (J. E. Meyer, 1967, S. 65).

So läßt sich mit Sicherheit feststellen, daß sich die Voraussagen vieler deutscher Wissenschaftler vom baldigen Untergang der Psychoanalyse – »Die Psychoanalyse darf man heute wohl als erledigt betrachten« (Bumke, 1938, S. 3) – nicht erfüllt haben. Dagegen hat Freud recht behalten, als er 1934 an Arnold Zweig schrieb: »Wahrscheinlich wird meine Zeit noch kommen, aber ... für jetzt ist sie vorüber« (Freud – Zweig, 1968, S. 70). Aber er hat auch recht mit der Annahme behalten, daß die Menschen immer einen gewissen Widerstand gegen die Psychoanalyse behalten werden, weil sie die Aufdeckung ihrer unbewußten Motive durch sie nur schwer ertragen können. Dieser Widerstand ist an vielen Orten nachweisbar, wenn er auch viel subtiler geworden ist als in den früheren Jahren.

Eine Form des Widerstandes zeigt sich darin, daß man sie stillschweigend »resorbiert«. In diesem Sinne schreibt Leibbrandt: »Dennoch gibt es heute kaum einen der ihn [Freud] bekämpfenden Schulpsychiater und -psychologen, der nicht von Verdrängung, Sublimierung, von Vater- und Mutterbindung, von Ersatzleistungen der menschlichen Seele spricht. Niemand, der den Gedanken eines dynamischen Unbewußten nicht irgendwie benutzt« (1958, S. 89).

Eine andere Form ist die, daß man sie wie eine Selbstverständlichkeit betrachtet, als Teil der Psychologie oder der Psychiatrie, als eine Richtung, die sich in diesen Disziplinen unter vielen anderen entwickelt hat und ihr damit ihre Eigenart – vor allem aber ihre kritische Funktion nimmt.

Richter berichtet von einer persönlichen Erfahrung, die das hier Gesagte unterstreicht und die Irrationalität des Widerstandes sichtbar macht: »Als einige Kollegen und ich selbst vor 16 Jahren am Universitätsklinikum in Gießen dort erstmalig das Fach Psychosomatik/Psychotherapie zu vertreten Gelegenheit bekamen, dauerte es nur 4 Jahre, bis 50 % aller ordentlichen Professoren der damaligen Gießener Medizinischen Fakultät uns entweder für sich selbst oder für Probleme in ihren Familien therapeutisch in Anspruch genommen hatten. Nach einer uns anfänglich entgegengebrachten großen Skepsis bezeugte diese Verhaltensveränderung gewiß eine indirekte Bestätigung unserer Effizienz. Aber selbst diese uns oft auch unmittelbar versicherte Anerkennung änderte nichts an einer allgemeinen theoretischen und auch fachpolitisch vertretenen Widerstandshaltung gegen eine Integration der psychosomatischen Perspektive in die wissenschaftliche Medizin« (1978).

Rezeption und Distanz

Auf ein interessantes Phänomen ist noch hinzuweisen: Die Rezeption der Psychoanalyse ist um so positiver, je weiter das Fach von ihr entfernt ist. So finden sich unter den *Internisten*, die sich mit ihr beschäftigen, fast ausschließlich Befürworter, ja Bewunderer. Bereits 1900 empfing Ludolf von Krehl einen tiefen Eindruck von der Hysterielehre Freuds, den er in einem Aufsatz über Hysterie positiv wiedergab (V. von Weizsäcker, 1955, S. 50), und Gustav von Bergmann forderte 1912 »die Psychoanalyse, die durchaus zum Rüstzeug für die Diagnostik und Therapie des Internisten gerechnet werden muß, nicht zu vernachlässigen« (K. Westphal, 1922, S. 63). Dieser Forderung kommt er selber in seinem epochalen Werk »Funktionelle Pathologie« (1932, S. 388/89) nach (W. Seitz u. J. Cremerius, 1953). Diesen beiden internistischen Pionieren einer psychoanalytisch orientierten Krankheitslehre folgen Kraus, Siebeck und vor allem Viktor von Weizsäcker. Letzterer faßt im Rückblick auf sein Leben die Beziehung zwischen Psychoanalyse und Innerer Medizin wie folgt zusammen: »Viel unversöhnlicher als die Internisten waren die Psychiater. Von den Internisten Strümpell, Schultze, Hoffmann war die psychologische Deutung der sogenannten Rentenneurose ausgegangen – nicht von den Psychiatern. Die Internisten hatten täglich Anlaß, die Frage »organisch oder psychogen« entscheiden zu müssen und die Unmöglichkeit der Entscheidung bei vegetativen Störungen erkennen zu lernen« (1955, S. 158/59).

War ein Hauptargument gegen die Psychoanalyse von seiten der Psychologen und Psychiater dies, daß sie Phantasterei und

Hirngespinst sei, daß ihre Thesen nicht auf objektiven, empirisch gefundenen Tatsachen beruhen würden, so wurde von internistischer Seite gerade dies an ihr gerühmt: Kraus spricht von den »klinischen Entdeckungen Freuds« (1929) und von Weizsäcker stellt 1929 gegen »die psychiatrischen Gegner« der Psychoanalyse fest, daß sie »zunächst einmal wahrnimmt, beobachtet, beschreibt, ehe sie erklärt. . . . Was aber diese Leute Theorie der Psychoanalyse nannten, das war zum größten Teil Beobachtung! Ich bin darin nicht zu erschüttern. Bis in die Metapsychologie Freuds hinein ist festzustellen, daß in seiner Libido-›Lehre‹, in seiner Komplex-›Lehre‹ u. v. a. es die Aussagen der Kranken sind, was Freud mitteilt, aber von Unkundigen als ›seine Lehre‹ bezeichnet wird« (1955, S. 176/77). – In diese Reihe gehören auch einige namhafte *Pädiater*, vor allem Homburger. Er beschreibt in seiner Psychopathologie des Kindesalters Fälle von Pavor nocturnus, die er auf Schuldgefühle wegen inzestuöser Wunschregungen zurückführt (1926).

Unter denen, welche die Psychoanalyse für eine ernstzunehmende, empirische Wissenschaft hielten, befindet sich auch Albert Einstein, der am 21. April 1936 an Freud schreibt und ihm mitteilt, daß er von einigen Fällen gehört habe, die jegliche abweichende Auslegung (von der Verdrängungslehre abweichend) ausschließen: ». . . denn es ist stets beglückend, wenn eine große und schöne Idee sich als in der Wirklichkeit zutreffend erweist« (Jones, 1962, Bd. 3, S. 242/43).

Ärzte und Forscher aus dieser Gruppe haben die Wertschätzung Freuds zeitlebens aufrechterhalten und dies auch – als es im Faschismus mit Gefahren verbunden war – offen bekundet. So schreibt Siebeck 1939 im Lehrbuch der Inneren Medizin: »Wir haben durch Freuds geniale Arbeit die Bedeutung der Erlebnisse aus der frühen Kindheit kennengelernt« (1939, S. 686). Unbeirrt benutzt er die Freudsche Terminologie: Ödipuskomplex, Libido, Mutterbindung, Vaterhaß weiter, auf deren Nichtmehrverwendung sich die »deutschen Psychotherapeuten« unter Göring bereits geeinigt hatten. Von Weizsäcker hat in all den Jahren, in denen die Psychoanalyse in Deutschland offiziell verboten war, ihre Gedanken an seine Mitarbeiter weitergegeben. Ohne ihn wäre der Neubeginn 1945 noch schwieriger gewesen, als er ohnehin war. Was ihm die Begegnung mit Freud und der Psychoanalyse persönlich bedeutet hat, formuliert er in seinem Lebensrückblick als Bekenntnis: »Freud hat mir die Freude an meinem Beruf wiedergeschenkt« (1955, S. 61).

Am lebhaftesten und entschiedensten jedoch haben *die Dichter* die Psychoanalyse rezipiert. In England und in den USA (Strelka und Hinderer, 1970), in Frankreich (Poissou, 1923), in Italien (David, 1966 u. 1967) und Deutschland gehen sie bahnbereitend den Humanwissenschaften und der Medizin um viele Jahre voraus: in England D. H. Lawrence, in Frankreich Breton und Gide, in Italien Svevo und in Deutschland Musil, (Corino, 1973; Cremerius, 1979) Thomas Mann, (Bürgin-Mayer, 1974), G. Hauptmann, (Cremerius, 1973a) Rilke, (Pfeiffer, 1976) H. v. Hofmannsthal, (Urban, 1978) Werfel, (Urban, 1973) Albrecht Schaeffer[5], Hermann Hesse[6], Döblin[7] und viele andere.

Stellvertretend für viele Dichter zitiere ich abschließend ein Urteil Thomas Manns zur Verteidigung der Psychoanalyse aus dem Jahre 1931: »Aber alle Kritik an seinem Werk – ich meine natürlich jene Kritik, die nicht über die Analyse hinaus, sondern hinter sie zurückweist – hat etwas unendlich Müßiges und Steriles, auch da noch, wo sie recht hat, und es ist schwer zu verstehen, daß diejenigen, die sich spottend und scheltend damit abmühen, der Grundlosigkeit ihres Tuns nicht innewerden« (1968, S. 175).

Zu den ferner Stehenden, welche die Psychoanalyse intensiv rezipierten, zähle ich auch jene Gebildeten, die Freud lasen. Die Intensität dieser Lektüre belegt die Feststellung von Federn, daß in den Bibliotheken vor 1933 unter den meistgelesenen Autoren Freud an zweiter Stelle stand (1965, S. 21).

Schwierigkeiten der Rezeption, die in der Psychoanalyse selber lagen

Man muß auch die andere Seite des Problems sehen! –

Das *Verhalten der Psychoanalytiker* war wenig dazu angetan, ihren Umgang zu suchen. Freud selber lebte sehr zurückgezogen, ging nicht auf die Kongresse der Psychiater oder Psychologen, und nach Ausbruch seiner Erkrankung im Jahre 1923 zeigte er sich kaum noch in der Öffentlichkeit. So waren es die »Freudianer«, welche von der Öffentlichkeit gesehen werden konnten. Das Bild, das sie boten, war wenig erfreulich: ein Kreis von Außenseitern der

Medizin und Psychologie, darunter auch Personen mit »obskurem« Ausbildungsgang, wie Hausfrauen, Künstler, – extravagante Erscheinungen, unter ihnen auch Menschen aus ganz anderen Fachbereichen wie Pfarrer, Lehrer, Kindergärtnerinnen usw. Sie alle zusammengehalten durch eine sektiererische Abschließung[8] gegen die Außenwelt, manche voller Sendungsbewußtsein und dabei weit über Freuds nüchtern-kritische Denkungsart hinausschießend, dazu neigend, alle Kritik als Angriff und Ausdruck von Feindseligkeit zu verstehen – kurz gesagt, eine Gruppe mit der typischen Minoritätenpsychologie.

Neue Ideen ziehen weniger die Repräsentanten der tradierten Zustände als vielmehr *schwierige Charaktere* an, die, unruhig und unzufrieden mit dem Bestehenden, das Heil in der Veränderung suchen. Darunter sind neben kühnen Forscher- und Entdeckertypen stets auch Abenteurer, Glücksritter und seelisch schwer Gestörte. Die Unruhe in dem Kreis der ersten beiden Jahrzehnte um Freud beweist, daß die Vertreter der letzteren Gruppe sehr zahlreich waren. Bruderzwist, Abspaltungsbewegungen, eifersüchtiges Rivalisieren um die Achtung Freuds, gerichtliche Auseinandersetzungen und eine hohe Selbstmordrate sprechen dafür.

Besonders viel Unruhe in der Öffentlichkeit stifteten Gross und Stekel.

Nachdem Gross einige beachtenswerte psychoanalytische Arbeiten publiziert hatte – Freud schrieb am 28. 2. 1908 an C. G. Jung, er [Jung] und Gross seien die einzigen originellen Köpfe unter seinen Schülern (Green, 1976, S. 59) –, nahm sein Lebensweg eine tragische Wendung. Immer mehr ging er dazu über, seine libertinen Anschauungen, die Wilhelm Reichs Forderung nach Ausleben des Sexualtriebes im Begriff der »orgiastischen Therapie« vorwegnahmen, in die Praxis umzusetzen. Dadurch wie infolge seiner fortschreitenden Kokainsucht wurde er zu einer skandalumwitterten Persönlichkeit. Prozesse, Inhaftierung und anarchistische Aktivitäten taten das ihre dazu, ihn zu einem Bürgerschreck zu machen (Green, 1976, S. 48 ff.). Daß einige seiner Zeitgenossen, so z. B. D. H. Lawrence, eine abstruse, verzerrte Psychoanalyse rezipierten, geht eindeutig zu seinen Lasten. Ebenso die Tatsache, daß andere sie entschieden ablehnten, wie z. B. Max Weber, der die Psychoanalyse durch ihn wie durch die beiden Richthofen-Schwestern, Freundinnen und

Geliebte Otto Gross', kennenlernte. (S. den geringschätzigen Brief Webers an Else Jaffé über Gross auf S. 70.)

Über Stekel, der sich 1912 von Freud trennte, schreibt er an Abraham: »Ich bin so froh darüber [die Trennung]. Sie können nicht wissen, was ich unter der Aufgabe, ihn gegen die ganze Welt zu verteidigen, gelitten habe« (S. Freud – K. Abraham, 1965, S. 126/27). Und 1924 spricht er von ihm als von einem Fall von »moralischem Schwachsinn« (Jones, 1962, Bd. 2, S. 169).

Da die Entwicklung in der psychoanalytischen Gruppe um Freud zwischen 1911 und 1913 sehr stürmisch und schnell ablief – Trennung von Adler, Stekel, Jung –, bemerkte das Publikum nicht, daß das »Zentralblatt für Psychoanalyse«, das offizielle Organ der Internationalen Psychoanalytischen Vereinigung, nach 1912 von Stekel unter leichter Änderung des Namens – jetzt als »Zentralblatt für Psychoanalyse und Psychotherapie« – weitergeführt wurde, nachdem Freud beschlossen hatte, sein weiteres Erscheinen einzustellen. So konnte es glauben, Freud gestatte Otto Gross, der im letzten Band desselben (das Blatt stellte 1914 sein Erscheinen ein) einen Beitrag »Über Destruktionssymbolik« veröffentlichte (Gross, 1914), auch weiterhin im offiziellen Organ der Vereinigung zu publizieren.

Eine wesentliche Schwierigkeit, die Psychoanalyse zu rezipieren, lag ferner in der *Schwerverständlichkeit mancher Freudscher Texte*. Freud selber hat dies z. B. am Schluß der »Zusammenfassung« der »Drei Abhandlungen zur Sexualtheorie« beklagt: »Der unbefriedigende Schluß aber, der sich aus diesen Untersuchungen über die Störungen des Sexuallebens ergibt, geht dahin, daß wir ... lange nicht genug wissen, um aus unseren vereinzelten Einsichten eine zum Verständnis des Normalen wie des Pathologischen genügende Theorie zu gestalten« (1905, S. 145). Ähnlich sagt er im Vorwort zur zweiten Auflage, daß »der Verf. ... sich über die Lücken und Dunkelheiten dieser kleinen Schrift nicht täuscht ...« (1909, S. 43). Marcus schreibt, die »Drei Abhandlungen« nach 72 Jahren wieder lesend: »Und wenn man schließlich die deutsche Originalausgabe von 1905 ... ansieht, kann man sich kaum vorstellen, was sich die damalige Lesergeneration bei den vielen dunklen Stellen dieser Arbeit gedacht haben mag« (1977). Daß auch die engsten Mitarbeiter Freuds sich schwer damit taten, belegen nachfolgende Zitate von Jung (damals noch Freuds Schüler) und Abraham: »Diese Abhandlungen sind überaus schwer verständlich, nicht nur für den der Freudschen Denkweise Ungewohnten, sondern auch für den, der auf diesem speziellen Gebiete schon gearbeitet hat« (Jung, 1908, S. 22). Und Abraham schreibt an Freud: ». . . daß mir diese Schrift immer von allen die liebste war, weil sie so außerordentlich viele Ideen bringt, die im einzelnen noch der Bearbeitung bedürfen, während die Traumdeutung so abgerundet und fertig ist, daß unsereinem gar nichts mehr zu tun bleibt. Auch gefällt mir in den ›Drei Abhandlungen‹ das Konzentrierte so gut, – daß in jedem Satz immer mehreres steckt« (Freud – Abraham, 1965, S. 68). Auch Pfister wendet sich noch 1928 an Freud, weil er einen Gedanken in den »Drei Abhandlungen« nicht versteht (Freud – Pfister, 1963, S. 134).

Der zögernde Absatz der »Drei Abhandlungen« (die 1000 Exemplare waren erst nach 4 Jahren verkauft) kann sich daher auch aus seiner Schwerverständlichkeit erklären und muß nicht, wie Jones es unterstellt, auf Ablehnung zurückzuführen sein (1962, Bd. 2, S. 340).

Ein weiteres Rezeptionsproblem stellt der *rasche Begriffswandel* innerhalb der psychoanalytischen Theorie dar. Betrachtet man z. B. den Wandel der Triebtheorie zwischen 1900 und 1930, so lassen sich nicht weniger als drei deutlich gesonderte Fassungen unterscheiden. Für die ständig mit der Literatur vertrauten Psychoanalytiker hält sich dieses Problem in Grenzen. Für den nur sporadisch psychoanalytische Werke lesenden Forscher ergibt sich eine verständliche Quelle von Verwirrungen;

Größer noch wird die Schwierigkeit beim veränderten Bedeutungsgehalt weiterhin identisch benutzter Begriffe, z. B. der Sinnwandel des Ich- und Über-Ich-Konzeptes von den ersten Schriften bis 1923. So verwundert denn auch weniger, daß vielen Vertretern der Psychologie, Soziologie und Psychiatrie der Umbruch der psychoanalytischen Theorie zwischen 1921 und 1926 (Jenseits des Lustprinzips, 1920; Das Ich und das Es, 1923; Hemmung, Symptom und Angst, 1926) völlig entging. Für sie blieb die psychoanalytische Theorie identisch mit dem Theoriestand vor Ausarbeitung der Ich-Psychologie. Von nun an laufen viele der ablehnenden Kritiker offene Türen ein. Liest man die zeitgenössische psychoanalytische Literatur, kann man beobachten, daß auch viele Psychoanalytiker diese Veränderung in der Theorie nicht mitvollzogen haben. Noch mehr als 10 Jahre nach »Das Ich und das Es« gibt es Texte, die beweisen, daß der Autor noch auf dem Boden der Psychoanalyse als Triebpsychologie steht.

Selbst Dichter, die Freud so nahe standen wie Arnold Zweig und Stefan Zweig und die seine frühen Schriften gründlich studiert hatten, nahmen die fortschreitende Entwicklung der Theorie nicht wahr (Cremerius, 1973b u. 1974);

Schwierig war die Rezeption aber nicht nur aus diesen Gründen, sondern auch wegen eines ungenauen und *schwankenden Selbstverständnisses* der Psychoanalyse. Freud definierte sie einmal als Natur-, einmal als Geisteswissenschaft. Das verwirrte die Kritiker.

Anmerkungen

1 Flügge, ein namhafter Mediziner, fordert im Interesse der Allgemeinheit, die Psychoanalyse abzulehnen: »In früheren Zeiten würden Staat und Kirche solch eine Therapie verboten und ihre Vertreter verfolgt haben« (1925).
2 Aus diesem Grunde lehnt Aschaffenburg die Psychoanalyse im Strafrecht ab: sie mache auch den Richter zum Gegenstand ihrer Überlegungen, frage nach den unbewußten Affekten, die seine Tätigkeit mitbeeinflußten (1931).
3 Da es dem Leser von heute schwerfallen mag, sich vorzustellen, inwiefern die Psychoanalyse die Ethik und Moral bedrohe, gebe ich folgende Episode wieder: Die »Philosophische Gesellschaft« Wiens lud Freud ein, seine Ideen vorzutragen. Ein paar Stunden vor Beginn des Vortrages erhielt er einen Rohrpostbrief: er möge doch unverfängliche Beispiele anführen und zeitig ankündigen, wenn er zu einem heiklen Punkt käme – dann eine Pause machen, um den Damen so Gelegenheit zu geben, den Saal zu verlassen (Marcuse, 1972, S. 24).
4 Beide erklärten mir auf Anfrage, sie hätten sich nie mit der Psychoanalyse beschäftigt.
5 Muschg datiert den »Helianth« vor 1913 (1929). Das bedeutet, daß Schaeffer einer der ersten Autoren war, die Freuds Werke gründlich gelesen haben. Seine Verarbeitung psychoanalytischer Gedankengänge finden sich vor allem im »Montfort« (1919). Seine Verehrung für Freud drückt er in einer Widmung aus, die er seinem Rilke-Büchlein voranstellt (1916). Freud hat ihn sehr geschätzt, alle seine Werke gelesen. Liebevoll nennt er ihn »meinen Dichter« (Freud, S. 1960, S. 453).

6 Auch Hermann Hesse kommt 1916 persönlich mit der Psychoanalyse durch eine psychoanalytische Behandlung in Kontakt (Gedenkausstellung in Marbach, 1977, S. 148). Ihr Niederschlag findet sich in vielen seiner Werke. 1918 formuliert er, was er ihr als Mensch und Künstler verdankt (1918).

7 Der Nervenarzt Döblin unterzieht sich 1919 einer Lehranalyse (Moherndl, 1963) und publiziert eine Reihe von Aufsätzen über die Psychoanalyse. Bereits in seinen ersten dichterischen Werken (»Der schwarze Vorhang« (1911 [1901-1903]) u. »Die Ermordung einer Butterblume« (1910)) – verarbeitet er, wie auch noch nach 1920, psychoanalytische Gedanken (Moherndl, 1963).

8 So recht jene damit hatten, der psychoanalytischen Gruppe Sektiererhaftigkeit vorzuwerfen, so wenig entsprachen sie selber ihrer Forderung, daß der Wissenschaftler da nicht hingehöre. Viele waren selber Mitglieder ideologisch motivierter Gruppen, rechter oder linker Observanz – viele finden wir später in faschistischen oder kommunistischen Organisationen wieder.

Literaturverzeichnis

Anton, G. (1911): Diskussionsbemerkung zu einem Vortrag von Wanke. Zeitschr. f. d. ges. Neurologie und Psychiatrie Ref. 4, S. 409-410

Aschaffenburg, G. (1906): Die Beziehungen des sexuellen Lebens zur Entstehung von Nerven- und Geisteskrankheiten. Deutsche Med. Wochenschr. *53*, S. 1793-1798

– (1931): Psychoanalyse und Strafrecht. Süddeutsche Monatshefte *28*, S. 793-797

Bachelard, G. (1971): Epistemologie. Frankfurt-Berlin-Wien, Ullstein.

Bergmann, G. v. (1932): Funktionelle Pathologie. Berlin, Springer.

Bourdieu, P. (1975): Die politische Ontologie Martin Heideggers. Frankfurt M., Syndikat.

Bürgin, H. und H. O. Mayer (1974): Thomas Mann. Eine Chronik seines Lebens. Frankfurt M., S. Fischer.

Bumke, O. (1938): Die Psychoanalyse und ihre Kinder. Berlin, J. Springer.

Corino, K. (1973): Ödipus oder Orest? Robert Musil und die Psychoanalyse. In: Vom ›Törless‹ zum ›Mann ohne Eigenschaften‹. Hrsg. U. Bauer u. D. Goltschnigg. München-Salzburg, W. Fink, S. 123-235.

Cremerius, J. (1953): s. Seitz, W. u. J. Cremerius.

– (1973a): Gerhart Hauptmann und die Psychoanalyse. Z. Psychoth. med. Psychol. *23*, S. 156-165.

– (1973b): Arnold Zweig – Sigmund Freud. Das Schicksal einer agierten Übertragungsliebe. Psyche *27*, S. 658-668.

- (1974): Stefan Zweigs Beziehung zu Sigmund Freud. ›Eine heroische Identifizierung‹. Jahrbuch der Psa. *8*, S. 49-89.
- (1979): Robert Musil. Das Dilemma eines Schriftstellers vom Typus ›poeta doctus‹ nach Freud. Psyche *33*, S. 733-772.

David, M. (1966): La psicoanalisi nella cultura italiana. Torino, Boringhieri.
- (1967): Letteratura e psicoanalisi. Milano, Mursia.

Eissler, K. R. (1966): Sigmund Freud und die Wiener Universität. Bern-Stuttgart, H. Huber.

Federn, P. (1965): Ausblicke. In: Meng, H. (Hrsg.): Psychoanalyse und Kultur. München, W. Goldmann, S. 14-32.

Flügge, L. (1925): Rassenhygiene und Sexualethik. Berlin, Deutsch. Literarisches Institut.

Freud, S. (1901b): Zur Psychopathologie des Alltagslebens. G. W. 4.
- (1910c): Eine Kindheitserinnerung des Leonardo da Vinci. G. W. 8, S. 127.
- (1925e [1924]): Die Widerstände gegen die Psychoanalyse. G. W. 14, S. 97.
- (1960): Briefe 1873-1939. Frankfurt M., S. Fischer.

Freud, S. u. K. Abraham (1965): Briefe 1907-1926. Frankfurt M., S. Fischer.

Freud, S. u. O. Pfister (1963): Briefe 1909-1939. Frankfurt M., S. Fischer.

Freud, S. – Arnold Zweig (1968): Briefwechsel. Ffm., S. Fischer.

Gedenkausstellung für H. Hesse des Schiller-Nationalmuseums in Marbach (1977): Hermann Hesse 1877-1977. Stationen seines Lebens, des Werkes und seiner Wirkung. Hrsg. von B. Zeller, Marbach, Deutsche Schillergesellschaft.

Green, M. (1974): Elsa und Frieda, die Richthofen-Schwestern. München, Kindler.

Hesse, H. (1918): Künstler und Psychoanalyse. Frankfurter Zeitung vom 16. 7. 1918, Morgenblatt.
- (1919/20): Die jüngste deutsche Dichtung. Wissen und Leben *13*, S. 268-71.

Hoche, A. (1913): Die psychoanalytische Bewegung im Rahmen der Geistesgeschichte. Süddeutsche Monatshefte *28*, S. 762-767.

Homburger, J. (1926): Vorlesungen über Psychopathologie des Kindesalters. Berlin, Springer.

Jones, E. (1960-1962): Das Leben und Werk von Sigmund Freud. Bern-Stuttgart, H. Huber, 3 Bde.

Jung, C. G. (1908): Die Freudsche Hysterietheorie, G. W. Bd. 4, S. 11-28, Zürich-Stuttgart, Rascher.
- (1933): Geleitwort des Herausgebers. Zentralblatt f. Psychotherapie 6, S. 139-140.

- (1934): Zur gegenwärtigen Lage der Psychotherapie. Zentralblatt f. Psychotherapie 7, S. 1-16.
Kraus, F. (1929): Krisis der Schulmedizin. Das Tagebuch vom 23. 2. 1929, S. 73-82.
Kuhn, Th. S. (1973): Die Struktur wissenschaftlicher Revolutionen. Frankfurt M., Suhrkamp.
Leibbrand, W. (1958): Biographische Einordnung Sigmund Freuds. Jahrb. Psychologie u. Psychotherapie 5, S. 84-93.
Mann, Th. (1968): Ritter zwischen Tod und Teufel. (1931) Thomas Mann Werke (Essay), Frankfurt M., S Fischer, Miszellen S. 175.
Marcus, St. (1977): Die ›Drei Abhandlungen zur Sexualtheorie‹. Psyche *31*, S. 540-560.
Marcuse, L. (1972): Sigmund Freud. Sein Bild vom Menschen. Hamburg.
Meyer, J. E. (1967): Die Gesellschaft und ihre psychisch Kranken. Rektoratsrede, Göttingen.
Mitscherlich, A. (1975): Der Kampf um die Erinnerung. Psychoanalyse für fortgeschrittene Anfänger. München, Piper.
Mitscherlich, A. u. F. Mielke (1949): Medizin ohne Menschlichkeit. Heidelberg, C. Schneider.
Moherndl, St. (1963): Alfred Döblin: Hamlet oder die lange Nacht nimmt ein Ende. Diss. Univ. Graz.
Muschg, W. (1929): Der dichterische Charakter. Eine Studie über Albrecht Schaeffers ›Helianth‹. Berlin, Janke und Dünnhaupt.
Nadeau, M. (1965): Geschichte des Surrealismus. Reinbek, Rowohlt.
Oppenheim, H. (1910): Pathologie und Therapie der nervösen Angstzustände. Monatsschr. Psychiatrie-Neurologie *28*, S. 560-562.
Parin, P. (1938): Der Widerspruch im Subjekt. Frankfurt M., Syndikat.
Pfeiffer, E. (1976): Rilke und die Psychoanalyse. Literaturwissenschaftl. Jahrbuch *17*, S. 247-320.
Poissou, J. (1923): Littérature moderne et Psychoanalyse. Vie des lettres, Octobre, p. 34-48.
Richter, H. E. (1978): Ist Psychosomatische Medizin überhaupt zu verwirklichen? Psychosozial *2*, S. 22-44.
Schaeffer, A. (1916): Rainer Maria Rilke. Leipzig, Insel, Privatdruck.
- (1919): Josef Montfort. Leipzig, Insel.
- (1920): Helianth. Leipzig, Insel.
Seitz, W. u. J. Cremerius (1953): Funktionelle Pathologie und Psychosomatische Medizin. Klin. Wschr. *31*, S. 1065-1068.
Siebeck, R. (1939): Neurosen. In: Lehrbuch der Inneren Medizin. Hrsg. von Assmann u. a. Berlin, Springer, Bd. II.
Stern, W. (1913): Die Anwendung der Psychoanalyse auf Kindheit und Jugend. Ein Protest. Z. angew. Psychol. *8*, S. 1-52.
Strelka, J. u. W. Hinderer (1970): Moderne amerikanische Literaturtheorien. Frankfurt M., S. Fischer.

Tillich, P. (1956): Systematische Theologie I-III, Stuttgart. Evang. Verlagswerk.
- (1960): Der Einfluß der Pastoral-Psychologie auf die Theologie. Neue Ztschr. systemat. Theologie 2, S. 128-146.
Urban, B. (1973): Franz Werfel, Freud und die Psychoanalyse. Deutsche Vierteljahresschr. f. Lit.wissch. und Geistesgesch. 47, S. 267-285.
- (1978): Hofmannsthal, Freud und die Psychoanalyse. Frankfurt-Bern-Las Vegas, P. Lang.
Weizsäcker, V. von (1955): Natur und Geist. Göttingen, von den Hoeck u. Ruprecht.
Westphal, K. (1922): Über kausale Psychotherapie bei Organneurosen. Münch. Med. Wschr. 69, S. 60-72.
Weygandt, W. (1910): Diskussionsbemerkung zu dem Vortrag von G. Embden. Neurolog. Zentralbl. 29, S. 659-662.

Hans-Dieter Brauns
Die Rezeption der Psychoanalyse in der Soziologie im deutschsprachigen Raum bis 1940

Inhalt

I Orientierung 32
Vorbemerkung 32
Entwicklung der psychoanalytischen Bewegung
bis zur Machtübernahme des Faschismus 33
Die deutsche Soziologie: ihre Entwicklung bis zur
Machtergreifung des Nationalsozialismus 36
Die deutsche Soziologie: ihre Berührungspunkte
mit der Psychoanalyse 40
Die Auseinandersetzung Psychoanalyse – Soziologie
im Bereich der Kulturanthropologie 42
Die Auseinandersetzung Soziologie – Psychoanalyse
im Rahmen der Massenpsychologie 44
Die Versuche einer Integration von Soziologie
und Psychoanalyse; Marx und Freud 48
Reaktionen und Einstellungen der deutschen Soziologie
zur Psychoanalyse 50
Die Rezeption der Psychoanalyse in der Emigration
und in der Folgezeit des 2. Weltkrieges 54

II Dokumente 55
Othmar Spann 56
Werner Sombart 58
Robert Michels 60
Max Scheler 63
Max Weber 68
Franz W. Jerusalem 71
Franz Oppenheimer 73
Hermann Heller 74
Theodor Geiger 75
Richard Behrendt 76
Wilhelm Vleugels 80
Hans Kelsen 92

Leopold von Wiese 94
Paul Plaut 95
Karl Mannheim 98
Paul Szende 101
Hendrik de Man 103
Max Adler 107
Otto Jenssen 111
Karl Kautsky 115
August Thalheimer 120

III Anmerkungen 124

IV Bibliographie 129

I Orientierung

Vorbemerkung

In den letzten Jahrzehnten hat sich die Psychoanalyse in Deutschland als Psychotherapie wie als Theorie einen festen Platz erkämpfen und erheblichen Einfluß auf die Sozialwissenschaften, speziell auch die Soziologie, gewinnen können. Besonders die Studentenbewegung Ende der sechziger Jahre und das durch sie bewirkte Wiederaufleben der Diskussion zwischen Marxismus und Psychoanalyse haben gezeigt, daß die Psychoanalyse aus dem Alltagsbewußtsein wie aus der wissenschaftlichen Diskussion nicht mehr fortzudenken ist. Die Psychoanalyse selbst, die nicht mehr in sektengleicher Isolation um ihre gesellschaftliche wie wissenschaftliche Anerkennung ringen muß wie noch zur Zeit ihrer – hier betrachteten – Gründerjahre, ist für soziale und soziologische Fragestellungen in ihrer Lehre und Praxis offener geworden; dies betrifft besonders Bereiche wie die Familientherapie, Gruppendynamik und Institutionsanalyse, alles neue und fruchtbare Berührungspunkte mit Problemfeldern auch der Soziologie. Ergebnisse der Psychoanalyse sind besonders in rollentheoretische soziologische Ansätze und in beinahe alle in irgendeiner Weise von der Frankfurter Schule beeinflußten Theorien eingeflossen und unverzichtbarer Bestandteil von ihnen geworden.

Dennoch bestehen alte Vorurteile und Aversionen weiter und um viele Versuche, psychoanalytische und soziologische Gedanken zu integrieren, ist es still geworden. Die alten Auseinandersetzungen werden, soweit man dies überhaupt noch für notwendig hält, in vielen Bereichen weitergeführt. So herrscht in den sozialistischen Ländern noch immer die gleiche starre Ablehnung der Psychoanalyse vor wie vor 40 Jahren; erst an wenigen Punkten zeigen sich Ansätze einer Auflockerung.

Diese kommentierte Dokumentation hat zum Ziel, die Diskussion zwischen Soziologie und Psychoanalyse während der Anfangszeit der Psychoanalyse in Deutschland bis zu ihrem Ausschluß durch den Nationalsozialismus und die – in vielen Fällen bereits vergessenen – Berührungspunkte beider Disziplinen als ein Stück ihrer gemeinsamen Geschichte darzustellen. Viele Argumente, die in dieser Diskussion von seiten der Soziologie gegenüber der Psychoanalyse fielen, sind bedeutungslos geworden, andere sind in verschiedenen Abwandlungen bis heute aktuell geblieben; besonders die hinter ihnen deutlich werdenden Grundhaltungen haben sich oft kaum verändert.

Über das Aufzeigen von Parallelen hinaus soll diese Dokumentation auch die besonderen historischen Bedingungen beleuchten, die die »Widerstände gegen die Psychoanalyse« mit formten.

Diese Dokumentation ist nicht sehr umfangreich. In der Tat war es nur eine Minderheit von Sozialwissenschaftlern der Weimarer Zeit, die die Psychoanalyse auch nur erwähnten; diejenigen, die wenig mehr als nur eine Anmerkung zu Freud machten, sind hier aufgeführt. Zugleich ist ein wesentlicher Teil der Diskussion zwischen Psychoanalyse und Marxismus, die Auseinandersetzung um Reich und Bernfeld, hier nicht weiter berücksichtigt worden. Auch alle oft mit der Rezeption von soziologischer Seite korrespondierenden Versuche der Psychoanalyse, soziale Phänomene mit ihren Mitteln aufzugreifen und zu erklären, die »andere Seite« des Rezeptionsprozesses, mußten hier unberücksichtigt bleiben.

Entwicklung der psychoanalytischen Bewegung bis zur Machtübernahme des Faschismus

Als Lehre war die Freudsche Psychoanalyse bereits vor dem Ersten Weltkrieg über Wien hinaus verbreitet und organisiert. Seit 1910 existierte die »Internationale Psychoanalytische Vereinigung« (IPV) mit örtlichen Zusammenschlüssen in Berlin (K. Abraham), Zürich (C. G. Jung), Wien (S. Freud), Budapest

(S. Ferenczi), die noch kurz vor Beginn des Krieges um Gruppen in München (L. Seif), London (E. Jones), New York (A. Brill) und die »American Psychoanalytic Association« (J. Putnam) erweitert wurden. Zur selben Zeit erschienen bereits fünf psychoanalytische Periodika in deutscher Sprache (vgl. Lit.).

1920 nahm das von Max Eitington und Karl Abraham gegründete Berliner Psychoanalytische Institut, das erste seiner Art, als »Poliklinik und Lehranstalt« seine Arbeit auf. Getragen von Max Eitington, der mit Hilfe seines erheblichen privaten Vermögens die Klinik lange Zeit finanzierte, Karl Abraham als dem geistigen Leiter und Organisator und unter Mitarbeit von Ernst Simmel, Karen Horney und Hans Sachs, die hier zunächst als einzige Lehranalytiker tätig waren, vergrößerte sich das Institut sehr schnell; 1929 waren bereits sechzig Therapeuten am Institut beschäftigt, insgesamt waren 721 Analysen durchgeführt worden (Bannach 1971). Zu den wichtigsten Mitarbeitern des Berliner Institutes, die später zum Teil in der Emigration für den weiteren Ausbau der psychoanalytischen Lehre von erheblicher Bedeutung waren oder auch zu Vertretern dissidenter Richtungen wurden, gehörten etwa Franz Alexander, der spätere Begründer der psychosomatischen Medizin (1), Carl Müller-Braunschweig, Felix Boehm und Harald Schultz-Hencke, die während des Dritten Reiches in Deutschland verblieben und sich nach dem Krieg am erneuten Aufbau psychoanalytischer Schulen und Vereinigungen beteiligten, Siegfried Bernfeld und Wilhelm Reich, die als Marxisten und KPD-Mitglieder eine Integration von Marxismus und Psychoanalyse versuchten, Sandor Radó, Theodor Reik und Otto Fenichel, die neben psychoanalytischen Beiträgen zu Religion und Gesellschaft vor allem im klinischen Bereich tätig waren (2).

Unter dem Einfluß des Berliner Institutes entstanden psychoanalytische Arbeitsgemeinschaften in Hamburg und Leipzig und – auf Initiative der Heidelberger »südwestdeutschen psychoanalytischen Studiengemeinschaft« – 1929 das Frankfurter Psychoanalytische Institut (3). Unter der Leitung von Karl Landauer, einem Verwandten Freuds, und der Mitarbeit von Erich Fromm und Heinrich Meng konnte es durch seinen Kontakt mit dem Frankfurter Institut für Sozialforschung starken Einfluß auf dessen Rezeption psychoanalytischer Theorie gewinnen (Jay 1971). Dieses Institut war auch das erste, welches, wenn auch indirekt, einer Universität angegliedert war; erst nach dem Zweiten Weltkrieg konnte dann die Psychoanalyse an deutschen Hochschulen offiziell Fuß fassen.

Bereits vor dem Ersten Weltkrieg hatte Freud in Schriften wie »Zur Psychopathologie des Alltagslebens« (1901b), »Die kulturelle Sexualmoral und die moderne Nervosität« (1908d) und »Totem und Tabu« (1912-1913) mehrmals den Bereich der klinischen Psychoanalyse verlassen, ohne daß diese Versuche allerdings zunächst weitere Beachtung fanden. Bis zu Beginn der zwanziger Jahre erschienen daneben – gerade auch unter dem Eindruck des Weltkrieges, der russischen und westeuropäischen revolutionären Massenbewegungen – verschiedene Schriften von Analytikern zu sozialpsychologischen und soziologischen Fragen wie etwa Paul Federns »Zur Psychologie der Revolution: Die vaterlose Gesellschaft« (1919) und Aurel Kolnais Buch »Psychoanalyse und Soziologie« (1920), welches den Widerspruch der marxistischen Linken und teilweise ihre offene Ablehnung der Psychoanalyse provozierte (4). Besonders Freuds »Massenpsychologie und Ich-Analyse« (1921c), die zu der aktuellen Diskussion der Soziologie über das Problem der Massenpsychologie (Reiwald 1946) Stellung nahm, erlangte in den folgenden Jahren außerordentliche Bedeutung für die allgemeine Rezeption psychoanalytischer Theorien. Während der Zeit der Weimarer Republik häuften sich die Versuche psychoanalytischer Autoren, analytische Theorie und Methode auf gesellschaftliche Fragestellungen zu übertragen. Außerordentlich folgenreich war dabei der – andernorts beschriebene und dokumentierte (Gente 1970, Sandkühler 1970) – Versuch der KPD-Mitglieder Bernfeld und Reich, eine Verbindung von Marxismus und Psychoanalyse zu erreichen. Er endete Anfang der dreißiger Jahre mit Reichs gleichzeitigem Ausschluß aus der KPD wie der Internationalen Psychoanalytischen Vereinigung und der beginnenden Emigration der deutschen Analytiker (5).

Von nachhaltigerem Einfluß auf die Soziologie waren in Deutschland erst die späten, von Erich Fromm in Zusammenarbeit mit dem Frankfurter Institut für Sozialforschung unternommenen und in der Emigration fortgeführten Bemühungen um die Integration psychoanalytischer und soziologischer Fragestellungen (6).

*Die deutsche Soziologie: ihre Entwicklung
bis zur Machtergreifung des Nationalsozialismus*

Während die Freudsche Psychoanalyse sich ausbreitete und organisatorisch wie als Lehre festigte, bot die deutsche Soziologie der Weimarer Zeit ein sehr uneinheitliches Bild. Zwar hatte sich die Soziologie in Deutschland bereits zu Beginn des Jahrhunderts als eigene universitäre Disziplin etablieren können, war aber zunächst noch allzu eng mit der Sozialphilosophie, der politischen Ökonomie und der Psychologie verbunden und in zahlreiche entsprechende Schulen und Richtungen zersplittert. Als einheitliche Wissenschaft, wie dies etwa in Frankreich durch den Ansatz der Durkheim-Schule und in Italien durch Pareto gegeben war, existierte die Soziologie in Deutschland nicht.

Max Webers Ansatz einer »verstehenden Soziologie« war Anfang des Jahrhunderts noch sehr umstritten, stärkeren Einfluß gewann er erst Jahrzehnte später hauptsächlich in Amerika. Zu Beginn der zwanziger Jahre vielbeachtet und auch gerade für die Rezeption psychoanalytischer Theorie von Bedeutung war der sozialpsychologische Ansatz von Gabriel Tarde (1843-1904) und Gustave LeBon (1841-1931). Beeinflußt von dem Italiener Vilfredo Pareto (1848-1923) führte dieser Ansatz zu Elitentheorien wie sie u. a. von Robert Michels vertreten wurden.

Zunehmende Bedeutung erlangte die »formale Soziologie«, die, ausgehend von Georg Simmel (1858-1918), besonders in Leopold von Wieses »Beziehungslehre« ihren Ausdruck fand. Über das Kölner Forschungsinstitut für Sozialwissenschaften und die von dort herausgegebenen »Kölner Vierteljahreshefte für Soziologie« (vgl. Lit.) hatte die »Beziehungslehre« während der zwanziger Jahre schulbildenden Einfluß; trotz ihrer thematischen Nähe zur Psychoanalyse (Soziologie als Lehre von den Beziehungen der Menschen – Psychoanalyse als Psychologie, die gerade in den Beziehungen der Familienmitglieder die Ursachen für seelische Leiden sucht) fand von dieser Seite kaum eine Berührung mit der Lehre Freuds statt.

Ebenfalls zu Beginn des Jahrhunderts entwickelte Ferdinand Tönnies (1855-1936), der Mitbegründer der »Deutschen Gesellschaft für Soziologie« (seit 1910) und ihr langjähriger erster Präsident, seinen beschreibenden und ahistorischen Ansatz einer »reinen Soziologie« mit den Zentralbegriffen der »Gemeinschaft«

und der »Gesellschaft«. An seinem Versuch einer Theorie der Gemeinschaft orientierten sich u. a. Alfred Vierkandt und Othmar Spann, der spätere Begründer der Schule des »Universalismus«. Trotz des umfassenden Charakters seines soziologischen Werkes äußerte sich Tönnies im Gegensatz zu seinen Nachfolgern nicht zur Psychoanalyse.

Gegenüber der »formalen« und der »reinen« Soziologie wesentlich stärker historisch orientiert waren zur gleichen Zeit Ansätze einer »Kultursoziologie«, vertreten etwa durch Ernst Troeltsch (1865-1923), Alfred Weber (1868-1958), den Bruder Max Webers, und Werner Sombart (1863-1941). Diese versuchten, über die reine Beschreibung des »Ganzen« sozialer Wirklichkeit und formal gefaßter Prozeßabläufe hinaus, vergleichend die Formen und Entwicklungen unterschiedlicher Kulturen in ihre Theorie mit einzubeziehen.

Daneben existierte die besonders von dem katholischen Sozialphilosophen Max Scheler und Karl Mannheim ausgebaute Richtung der Wissenssoziologie, die, in Abgrenzung gegen die Marxsche Ideologiekritik, systematisch darzustellen bemüht war, wie die gesellschaftlichen Bedingungen auf die »Formen des Wissens« (Scheler), d. h. auf die verschiedenen wissenschaftlichen Weltanschauungen eines Zeitalters einwirken und sie bestimmen. Während Scheler dabei eine von historischen und soziologischen Bedingungen unabhängige Wert- und Geistessphäre annahm, war Mannheims Konzeption einer Wissenssoziologie wesentlich historisch gefaßt. Sein auch die historischen Bedingungen des eigenen Denkens mitreflektierender Ansatz gewann bis 1933 in Deutschland an Bedeutung und erlangte besonders durch Mannheims Emigration erheblichen Einfluß auch in der amerikanischen Soziologie.

Von zunächst nur untergeordneter Bedeutung für die deutsche Soziologie war das 1924 gegründete Frankfurter Institut für Sozialforschung, das, bis 1929 unter der Leitung von Carl Grünberg, anfänglich seine Forschungsarbeit vordringlich der Geschichte der Arbeiterbewegung widmete (Jay 1971). Erst unter der Leitung von Horkheimer und mit Herausgabe der »Zeitschrift für Sozialforschung« (seit 1931) gewann das Institut, aus dem sich eine eigene sozialwissenschaftliche Schule entwickelte, zunehmend Einfluß und förderte besonders die Rezeption psychoanalytischer Theorie von soziologischer Seite. Allerdings fand die weitere, wesentliche Entwicklung der »Frankfurter Schule«, die erst nach dem Krieg in Deutschland allgemeinere Bedeutung für die Sozialwissenschaften erlangte, während der Emigration im westlichen Ausland statt. Der Versuch des Institutes, marxistische Gesellschaftstheorie, kulturphilosophische und sozialpsychologische Ansätze zu einer revolutionären »kritischen Theorie« zu integrieren, blieb ohne Auswirkungen auf die deutsche Soziologie der Weimarer Zeit.

Unter den Gesellschaftstheoretikern der marxistischen Linken waren, neben den Ansätzen des Institutes für Sozialforschung, mehrere Gruppen und Positionen im Hinblick auf Kritik und Rezeption der Psychoanalyse bedeutsam. Die scharfe Auseinandersetzung mit der Psychoanalyse, die von Sapir, Stoljarov, Deborin und Jurinetz gleichsam offiziell für die KPD und die II. Internationale in der Zeitschrift »Unter dem Banner des Marxismus« (vgl. Lit.) geführt wurde, soll hier nicht weiter dokumentiert werden. Ihre Angriffe richteten sich hauptsächlich gegen Kolnais »Psychoanalyse und Soziologie« (Kolnai 1920) bzw. Reichs und Bernfelds Versuche einer Verbindung von Marxismus und Psychoanalyse. In ihrer Polemik waren sie eindeutig und bestimmten das Verhältnis der kommunistischen Arbeiterbewegung zur Psychoanalyse für die gesamte Weimarer Zeit. Die hier deutlich werdende scharf ablehnende Haltung wurde in den sozialistischen Ländern erst während der sechziger Jahre einer zögernden Überprüfung unterzogen (7).

In Österreich hatte sich um die seit 1904 erscheinenden »Blätter zur Theorie des wissenschaftlichen Sozialismus« (vgl. Lit.) die maßgeblich von den Sozialdemokraten Max Adler, Karl Renner (1870-1950), Otto Bauer (1882-1938) und Rudolf Hilferding (1977-1941) getragene Schule des »Austromarxismus« entwickelt, welche auch zwischen den Weltkriegen wesentlich den Kurs der österreichischen Sozialdemokratie bestimmte. Ihr gehörten auch die prominentesten Gründungsmitglieder der seit Beginn des Jahrhunderts bestehenden »Österreichischen soziologischen Gesellschaft« an (8). Unter diesen stand vor allem Max Adler der Psychoanalyse wohlwollend gegenüber.

Im Deutschland der Weimarer Republik existierte innerhalb der Sozialdemokratie keine vergleichbare theoretische »Schule«. Hier besaßen die Theorien des Österreichers Karl Kautsky noch erheblichen Einfluß, der, bis zum Ersten Weltkrieg Vertreter eines radikalen »orthodoxen Marxismus«, nun einen scharfen antibolschewistischen Kurs einschlug. Sein Schüler Otto Jenssen bemühte sich, wenn auch allein und in gewissem Gegensatz zu Kautsky selbst, um die Einbeziehung der Psychoanalyse in die marxistische Gesellschaftstheorie, ein Anliegen, welches ihm dann auch die scharfe Kritik des KPD-Mitgliedes August Thalheimer zuzog (s. Dok. S. 120 ff.). Von seiten der ultralinken Gruppierungen, die während der zwanziger Jahre eher an Bedeutung verloren, gab es nur wenige Äußerungen zur Psychoanalyse, so etwa die durchaus positive Stellungnahme der Holländerin und Kampfgefährtin Rosa Luxemburgs, Henriette Roland-Holst (9).

Mit der Machtergreifung des Nationalsozialismus war 1933 die weitere Entwicklung aller Richtungen und Ansätze der bürgerlichen wie marxistischen Soziologie in Deutschland schlagartig abgeschnitten. Neben den besonders betroffenen Vertretern der Linken waren auch die meisten bürgerlichen Soziologen zur Emigration gezwungen oder entschlossen sich angesichts der nationalsozialistischen Politik dazu. In Frankfurt wurden 1933 Karl Mannheim und Max Horkheimer zusammen ausgewiesen, es folgten beinahe alle Mitglieder des Instituts für Sozialforschung, welches ebenso wie von Wieses Kölner Forschungsinstitut aufgelöst wurde. Noch im selben Jahr gingen Theodor Geiger, Leopold von Wiese und Franz Oppenheimer ins Ausland; Ferdinand Tönnies legte aus Protest sein Amt als Präsident der deutschen Gesellschaft für Soziologie nieder. Zugleich stellten alle wichtigen soziologischen Zeitschriften ihr Erscheinen ein.

Diejenigen Soziologen, die nach der Machtergreifung in Deutschland blieben, schwiegen fortan, widmeten sich ausgesprochen fachspezifischen Aufgaben und Randgebieten wie etwa Wilhelm Vleugels und Carl Brinkmann (1885-1954) oder wurden wie Hans Freyer (1887-1969) zu Propagandisten des Nazi-Regimes.

Einige in unserem Zusammenhang wichtige Vertreter der deutschen Soziologie wie Richard Behrendt und Robert Michels wirkten zum Zeitpunkt der Machtergreifung bereits schon seit einigen Jahren im Ausland, allerdings – besonders im Falle Michels – nicht aus politischen Gründen.

Mit dem nationalsozialistischen Einmarsch brach in Österreich die weitere Entwicklung der Soziologie als Fachrichtung ebenso abrupt ab wie in Deutschland; selbst konservative und wie Othmar

Spann offen mit dem Nationalsozialismus sympathisierende Soziologen wurden zum Schweigen gebracht.

Damit war in den deutschsprachigen Ländern die Auseinandersetzung von Soziologie und Psychoanalyse vorerst abgeschlossen. In der Emigration wurde sie andererseits von der Frankfurter Schule, hauptsächlich von Theodor Wiesengrund-Adorno und Herbert Marcuse im Zuge ihrer Entwicklung einer »kritischen Theorie« erst intensiv in Angriff genommen. Ihrer Arbeit im Ausland wie auch nach der Rückkehr im Nachkriegsdeutschland war es zu verdanken, daß hier Soziologie und Psychoanalyse zu weiterer theoretischer Auseinandersetzung und auch praktischer Zusammenarbeit gelangen konnten. Von seiten der meisten hier aufgeführten deutschen und österreichischen Soziologen wurde eine solche Auseinandersetzung, soweit sie überhaupt psychoanalytische Überlegungen und Ergebnisse aufnahmen, m. W. nicht fortgeführt.

Die deutsche Soziologie: ihre Berührungspunkte mit der Psychoanalyse

Die Psychoanalyse Freuds fand in den zwanziger Jahren im Zusammenhang spezieller Problemstellungen Eingang in die soziologische Diskussion. Da die Soziologie zum damaligen Zeitpunkt noch stark sozialpsychologisch orientiert war, ergaben sich häufig Überschneidungen psychoanalytischer und soziologischer Forschungsinteressen. Allerdings führte dies nur selten zu weitergehender Auseinandersetzung, oft nicht einmal zur Kenntnisnahme der Psychoanalyse seitens der soziologischen Autoren.

So regte F. Müller-Lyer mit seinem 1914 erschienenen Buch »Soziologie der Leiden« (s. Lit.) eine vorwiegend in dem von Max Weber und Werner Sombart herausgegebenen »Archiv für Sozialwissenschaften und Sozialpolitik« (s. Lit.) über mehrere Jahre hin geführte Diskussion um die sogenannte »Sozialpathologie« an. Müller-Lyer versuchte dabei, die gesellschaftlichen Ursachen physischen und psychischen Leidens herauszuarbeiten. Obwohl er soweit ging – ganz im Sinne der psychoanalytischen Lehre von den Organneurosen und der späteren psychosomatischen Medizin –, sexuelle Probleme, Familien- und andere interpersonale

Konflikte als Ursachen individuellen Leidens und körperlicher Krankheiten zu begreifen, bezogen weder er selbst noch andere an der Diskussion beteiligte Autoren sich auf die Psychoanalyse und ihre bereits vorliegenden Arbeiten, insbesondere psychoanalytische Krankengeschichten (10). Lediglich einer seiner Kritiker, Wilhelm Stok, stellte zu Müller-Lyers These, daß die Erklärung vieler Leiden im gesellschaftlichen Bereich zu suchen sei, bereits 1916 fest, dies sei »eine Ansicht, die auch ein Resultat der modernen Psychoanalyse darstellt« (1916). Darüber hinaus kam es zu keiner weiteren Berührung beider Ansätze; die soziologische Diskussion um die »Sozialpathologie«-These flaute noch während des Ersten Weltkrieges ab und wurde später weder von soziologischer noch psychoanalytischer Seite aufgegriffen.

Ähnlich fremd und beziehungslos wie Müller-Lyers »Sozialpathologie« stand auch Leopold von Wieses »Beziehungslehre« der Psychoanalyse gegenüber, wenn sie auch während der zwanziger Jahre einen unvergleichlich größeren Einfluß ausübte. Von Wiese faßte als Schüler Simmels und Vertreter der formalen Soziologie die Gesellschaft als ein System von »Beziehungen und Beziehungsgebilden« (Gruppen, Institutionen) auf, welche zu beschreiben für ihn die zentrale Aufgabe der Soziologie darstellte. Die deutliche Verbindung zur Psychoanalyse, die gerade auch interpersonale Beziehungen und ihre Pathologie zum Gegenstand nahm, wurde von ihm nicht beachtet; er stand ihr absolut verständnislos gegenüber (s. Dok. S. 94 f.). Mit Ausnahme seines Schülers und späteren Mitarbeiters Wilhelm Vleugels, dessen Überlegungen zur Massenpsychologie von Wiese auch entsprechend skeptisch betrachtete (s. Dok. S. 95), äußerten sich die übrigen Vertreter der »Beziehungslehre« ebensowenig zur Psychoanalyse wie von Wiese selbst.

Lediglich psychoanalytische Beschreibungen innerpsychischer Prozeßabläufe wie der Fehlleistungen, der Auswirkungen des Schuldgefühls etc. wurden im Rahmen der Beziehungslehre von Schülern von Wieses wie etwa Wilhelm Stok (Stok 1929) zwar aufgegriffen, aber in keinem Fall über die Anmerkung hinaus zum Anlaß einer Auseinandersetzung mit der Psychoanalyse als Lehre genommen. Hier wurde, neben eher affektiv begründeten Vorurteilen, den Vorwürfen der Einseitigkeit und des Pansexualismus, wie bei Müller-Lyer auch der Ansatz einer ahistorischen, lediglich beschreibenden und kategorisierenden Soziologie zum wesentlichen Hindernis einer weiterführenden Kritik psychoanalytischer Theorie.

Sehr früh, bereits 1915, setzte sich Max Scheler im Rahmen seiner Wissenssoziologie mit Freud auseinander. Seine Einschätzung der Psychoanalyse als einer »naturalistischen Trieblehre« wurde zwar von etlichen Autoren wie Hermann Heller, Leopold von Wiese u. a. geteilt, erfuhr aber auch z. B. von Wilhelm Vleugels scharfe Kritik (s. Dok. S. 80 ff.).

In den zwanziger Jahren wurde die wachsende psychoanalytische Bewegung selbst, ihre Ideologie und Lehre häufiger zum Gegenstand organisations- und wissenssoziologischer Untersuchung und Zuordnung. Versuche dieser Art unternahmen etwa Vollrath, Mittenzwey und Mannheim (s. Dok. S. 98 ff.), wobei mit der Einschätzung der psychoanalytischen Bewegung auch immer mehr oder weniger explizit eine Beurteilung der Psychoanalyse selbst verbunden war, die mitunter den Charakter eines Pamphlets annahm (11).

Die Auseinandersetzung Psychoanalyse – Soziologie im Bereich der Kulturanthropologie

Ein wesentlicher Berührungspunkt von Soziologie und Psychoanalyse lag im Bereich der Kulturanthropologie bzw. der Ethnologie. Freuds 1912 erschienene Abhandlung »Totem und Tabu. Einige Übereinstimmungen im Seelenleben der Wilden und der Neurotiker« stellte mit seinem Erklärungsversuch des Totemismus aus archaischen Familienkonflikten (Urvatermord) und seiner Bezugnahme auf analoge Strukturen bei seelisch Kranken von psychoanalytischer Seite Verbindungen zur Ethnologie, der damaligen »Völkerpsychologie«, und zur Kultursoziologie her. Die »Völkerpsychologie« hatte sich in Deutschland um die Jahrhundertwende als eigene, der Soziologie und besonders der späteren Kultursoziologie eng verwandte, aber von dieser dennoch organisatorisch wie inhaltlich scharf abgegrenzte Forschungsrichtung entwickelt. Sie beschäftigte sich hauptsächlich mit der vergleichenden Erforschung primitiver Kulturen, wobei in Deutschland die Richtung der monographischen Kulturforschung dominierte. Ihr bedeutendster Vertreter war Richard Thurnwald (1869-1954), der Herausgeber der »Zeitschrift für Völkerpsychologie und Soziologie« (vgl. Lit.).

Im Rahmen der ethnologischen Forschung fanden Freuds Arbeiten starke Beachtung und wurden, wie etwa von dem Engländer Malinowski, teilweise sogar zur Grundlage und auch zum Gegenstand eigener Untersuchungen genommen (12). Trotz ihrer deutlichen Abgrenzung übten die Entwicklungen und Ergebnisse der ethnologischen Forschungen einen unübersehbaren Einfluß auf die deutsche Soziologie aus, die mithin auch den Beitrag der Psychoanalyse zur Kenntnis nehmen und damit zu Freuds Thesen aus »Totem und Tabu« Stellung beziehen mußte.

Seiner dort ausführlich dargelegten »Urhordenhypothese« zufolge nahm Freud an, daß gemeinsamer Ausgangspunkt aller menschlicher Stammesentwicklung eine Horde gewesen sei, beherrscht von einem Führer, dem »Urvater«, der, analog der Verhältnisse in einem Tierrudel, über alle Frauen der Horde verfügte und zugleich alle jüngeren Rivalen, seine Söhne, von ihnen fernhielt. Dieser Urvater sei um des Besitzes der Frauen willen von seinen enttäuschten Söhnen ermordet und anschließend verzehrt worden. Um aber seine Funktion als Bewahrer des Stammes aufrechtzuerhalten und den Kampf der Söhne untereinander zu verhindern, sei das Inzesttabu aufgerichtet worden. Symbolisch kehre dieses Geschehen in der den Clan vereinenden u. a. von den australischen Urvölkern gepflegten Totemmahlzeit wieder, dem rituellen Verzehr des den Urvater repräsentierenden und sonst unantastbaren Totemtieres. Freud nahm an, daß die Erinnerung an dieses Ereignis im Unbewußten der Menschen präsent sei und etwa im Verhalten der Neurotiker und der Massen wieder auflebe, sobald die dünne Schicht kulturell erlernter und bedingter Verhaltensnormen zerbreche.

Mit dieser Erklärung des Totemismus hatte Freud eindeutig den Boden der klinischen Psychoanalyse verlassen und sich auf das Gebiet der Ethnologie und der Soziologie vorgewagt. Seine These, der Urvatermord – oder, weniger mythisch formuliert, der ödipale Konflikt – sei Ausgangspunkt aller Bindungen, allen Zusammenhaltes in der menschlichen Gemeinschaft, zielte auf eine sozialpsychologische Staatstheorie und Religionskritik, die auch von einigen soziologischen Autoren, etwa dem Staatsrechtler Hans Kelsen s. Dok. S. 92 f.) und dem Sozialdemokraten Otto Jenssen (s. Dok. S. 111 ff.) Anfang der zwanziger Jahre aufgegriffen wurde. Auch die späteren Studien Erich Fromms und der Frankfurter Schule über den autoritären Charakter und die faschistischen

Massenbewegungen bezogen sich auf diesen Freudschen Ansatz.

Während Freuds Vergleich des Verhaltens von Neurotikern und sog. primitiven Völkern gerade auch im Zusammenhang mit seiner Erklärung des Massenverhaltens von einigen Soziologen wie O. Neurath und J. Schumpeter mit distanziertem Interesse (13) betrachtet wurde, stieß seine in der »Massenpsychologie« ebenfalls wieder aufgegriffene Urhordenhypothese zumeist auf offene Ablehnung; sie wurde für viele Autoren zur wichtigsten Begründung ihrer Skepsis gegenüber der Psychoanalyse.

Anders als Wilhelm Vleugels, der Freuds Erklärung des Totemismus und die Urhordenhypothese erst nach eingehender Diskussion unter Bezugnahme auf neuere ethnologische Forschungen zurückwies, äußerten andere Autoren, so K. Dunkmann (1924), G. Colm, F. Oppenheimer, L. von Wiese und Th. Geiger angesichts dieser Freudschen Thesen sofort Vorbehalte, ohne dann noch weiter auf sie einzugehen (s. die entsprechenden Dok.). Für K. Kautsky und A. Thalheimer war die Urhordenhypothese ein Hauptärgernis und wurde für sie zum Aufhänger schärfster Polemik (s. Dok. S. 115 ff. u. 120 ff.).

Insgesamt löste Freuds heute kaum noch beachtete und auch wohl nur als Denkmodell gemeinte Konstruktion einer Urhorde sehr kontroverse Reaktionen aus und provozierte zumindest Auseinandersetzung, selbst dort, wo sie Einschätzungen der gesamten Psychoanalyse als »Unfug« (Spann 1922) Vorschub leistete.

Die Auseinandersetzung Soziologie – Psychoanalyse im Rahmen der Massenpsychologie

Entscheidender noch für den Einfluß der Psychoanalyse auf die Soziologie als seine kulturanthropologischen Überlegungen war Freuds Beitrag zur Theorie der Massen, seine 1921 erschienene Schrift »Massenpsychologie und Ich-Analyse« (1921c). Hier berührte er ein angesichts der Massenaktionen der russischen und westeuropäischen Revolutionen in der soziologischen Diskussion äußerst aktuelles Thema, welches allerdings bereits seine eigene Geschichte besaß.

Mit den Kämpfen der Französischen Revolution und den gescheiterten Aufständen von 1848 in Deutschland, an welchen in bisher unbekanntem Ausmaß ganze gesellschaftliche Klassen aktiv teilgenommen hatten, rückte das Verhalten der Massen, ihre Aktionsformen und ihre Psychologie in den Mittelpunkt des Interesses der bürgerlichen Sozialpsychologie und Soziologie. Ausgehend von den Ereignissen während des Aufstandes der Pariser Commune schrieb der Franzose Gustave LeBon (1841-1931) seine 1885 erschienene »Psychologie der Massen«, die zusammen mit Scipio Sigheles (1868-1913) »Psychologie des Auflaufs und der Massenverbrechen« (1898) und Gabriel Tardes (1834-1904) »Das Gesetz der Nachahmung« (1907) zu den Klassikern der Soziologie und Psychologie der Masse wurde (Reiwald 1946). Die deutsche Soziologie griff diese Ansätze nach dem Ende des Ersten Weltkrieges und den Kämpfen der Novemberrevolution verstärkt auf. Es entfaltete sich eine intensive und bis in die dreißiger Jahre andauernde Diskussion, zu welcher sich fast ausnahmslos alle mit Gesellschaft im weitesten Sinne befaßten Wissenschaftler in irgendeiner Form äußerten und in deren Verlauf sich die Soziologie und Psychologie der Massen zeitweilig als eigene Forschungsrichtung etablierte (14).

Während bei LeBon, Sighele und Tarde noch die in ihre Beschreibung des Massenverhaltens eingehende politische Absicht der Diffamierung der revolutionären Massen und sozialen Bewegungen überaus deutlich war, zeigte sich in der deutschen Soziologie eine starke Tendenz, das Phänomen des Massenverhaltens isoliert von allen politischen und historischen Fragestellungen zu betrachten und ohne seine Rahmenbedingungen zum Gegenstand theoretischer Betrachtung zu nehmen. Dies hatte zum einen zur Folge, daß ein eigenes Sachgebiet »Massensoziologie« entstehen konnte, zum anderen, daß die verschiedenen Erklärungsversuche des Massenverhaltens, indem sie etwa historische Bezüge außer acht ließen, sich damit unbemerkt selbst die Grenzen ihrer Forschungsmöglichkeiten steckten. Zugleich wurden auch die sozialen und politischen Absichten der mit Massentheorien befaßten Autoren dadurch zunehmend undeutlicher und, soweit sie ihre Forschungsergebnisse nicht direkt auf soziale Probleme anzuwenden suchten, nur noch aus ihrem Verständnis von Wissenschaft ableitbar. Von seiten marxistischer Gesellschaftswissenschaftler wurde dieses Vorgehen der bürgerlichen Massensoziologie scharf kritisiert; sie sahen das Problem der Massen meist unter anderen, explizit politischen Aspekten; ein eigenes Sachgebiet Massensoziologie existierte für sie nicht (15). Nur wenige dieser Autoren wie Kautsky, Jenssen und Adler setzten sich näher mit den bürgerlichen Massentheorien auseinander (s. Dok. S. 115 ff., 111 ff., 107 ff.).

In seiner Schrift »Massenpsychologie und Ich-Analyse« versuchte Freud in der Kritik der Theorien von LeBon und von McDougall (1920) eine psychoanalytische Erklärung des Massenverhaltens. Er faßte dabei die affektive Abhängigkeit der Massenmitglieder vom Führer als Ergebnis ihrer früheren Vaterbeziehung und deren Entwicklungsprozesses, des Ödipuskomplexes, auf. Ähnlich wie beim Vorgang der Suggestion in der Beziehung Proband/Hypnotiseur (Freud: »Massenbildung zu zweien« 1921c, S. 126) identifizieren sich die Massenmitglieder mit dem Führer und ersetzen ihr Ich-Ideal als Instanz der sozialen Kontrolle durch das geliebte Objekt der Führerfigur. Dies habe eine Regression der Massenmitglieder auf frühere, kindliche Stadien der seelischen Entwicklung zur Folge, woraus sich das stark affektive und irrationale Verhalten der Masse erkläre. Daß Freud hierin nicht nur einen Rückgriff auf frühkindliche Entwicklungen, sondern auch auf frühere Entwicklungsstufen der Menschheitsgeschichte und ein Aufleben der Urhordenkonstellation erblickte, weckte bei vielen Autoren Widerstände, die sie oft Freuds andere Aussagen zur Massentheorie übersehen ließen. Aber auch wenn die wenigsten Soziologen Freuds Schrift, wie er dies beabsichtigte (Freud 1921c, S. 73), als einen Beitrag zur Klärung des Verhältnisses von Psychologie und Soziologie verstanden, so wurden doch seine Erklärungen für die Phänomene des Massenverhaltens von vielen durchaus ernstgenommen.

Mitte der zwanziger Jahre war der Beitrag der Psychoanalyse zur Massentheorie aus der soziologischen Diskussion nicht mehr wegzudenken; ein Hinweis auf Freud war in beinahe jedem Beitrag zum Thema Masse enthalten. Allerdings nahmen nur wenige Autoren die Freudschen Thesen zur Massenpsychologie zum Anlaß, darüber hinaus auch zur Psychoanalyse insgesamt Stellung zu beziehen. Meist blieben die weitergehenden Stellungnahmen recht knapp und auf Teilbereiche eingeschränkt, so etwa die Beiträge von Spann, Jerusalem, Michels, Sombart und Geiger (s. Dok. S. 56 ff., 71 ff., 60 ff., 58 ff., 75 ff.). Daneben verhalf besonders Vleugels, der sich sehr lange und intensiv mit Problemen der Massensoziologie auseinandergesetzt und für dieses

Fachgebiet einige Bedeutung erlangt hatte, mit seinen Beiträgen der Psychoanalyse zu Anerkennung und Berücksichtigung in der weiteren Diskussion (s. Dok. S. 80 ff.). Aber erst Anfang der dreißiger Jahre, als sich die Auseinandersetzung um die Psychoanalyse allgemein intensivierte, fanden sich andere Autoren, etwa Mannheim und Behrendt, die über Fragen der Massensoziologie zu einer ähnlich weitgehenden Auseinandersetzung mit Freud kamen wie Vleugels (s. Dok. S. 98 ff., 76 ff.).

Wie schon angedeutet, blieben die meisten Hinweise auf die Psychoanalyse, die im Rahmen der Diskussion um die Massensoziologie auftauchten, äußerst kurz und häufig lediglich von beschreibender Art. So verwies etwa F. Schneersohn in einem Aufsatz über »Neue Wege der Sozialpsychologie« im Zusammenhang von Nachahmung und Massensuggestion u. a. auf »die psychoanalytische Schule von Freud«, die »der Suggestion zielgehemmte Sexualstrebungen« zugrunde lege (1928, S. 19). Der Wiener Adolf Menzel referierte noch 1938 in aller Kürze: »Letzterer [Freud] hat zum Thema vom Standpunkt seiner Psychoanalyse in einer besonderen Schrift ›Massenpsychologie und Ich-Analyse‹ Stellung genommen, worin der Versuch gemacht wurde, die Beziehung zwischen Masse und Führer als eine Art von ›libidinöser Bindung‹ zu erklären. Diese Auffassung wurde übrigens – nebenbei bemerkt – schon in Platos Dialog ›Georgias‹ angedeutet« (Menzel 1938, S. 145).

In dem von Alfred Vierkandt 1931 herausgegebenen »Handwörterbuch der Soziologie« bezog sich G. Colm unter dem Stichwort »Masse« auf die Psychoanalyse: »Die geistvollen Erklärungsversuche etwa von Freud und Vleugels haben ebenso wie die in vielen Einzelheiten treffenden Beschreibungen von LeBon, Simmel u. a. den Tatbestand zwar als solchen zu beleuchten, aber nicht voll zu erklären vermocht. Freud sieht in der Masse eine Art Atavismus. Im Massenerlebnis komme die Urhorde wieder zum Durchbruch. Vleugels glaubt, daß das Massenerlebnis das Individuelle im menschlichen Leben zurücktreten lasse und dadurch das Unbewußte, soweit es den Menschen gemeinsam ist, zur Herrschaft gelangt. Beide Erklärungsversuche sind Konstruktionen, die wohl kaum zu beweisen oder zu widerlegen sind« (Colm 1931, S. 355). Insgesamt gesehen war Freuds »Massenpsychologie« derjenige Beitrag zu soziologischen Fragestellungen, der die Psychoanalyse am nachhaltigsten in das Bewußtsein der deutschen Soziologie rückte und, so unterschiedlich er auch aufgefaßt und beurteilt wurde, eine Grundlage für die weitere Rezeption der Psychoanalyse bildete. Gerade auch der Reichsche Versuch einer Verbindung Marxismus und Psychoanalyse und die späteren Arbeiten Fromms, Adornos und Marcuses knüpften daran an (16).

*Die Versuche einer Integration von
Soziologie und Psychoanalyse; Marx und Freud*

Das Verhältnis zur Psychologie war in der deutschen Soziologie, die sich ja unter anderem aus verschiedenen psychologischen Theorien des neunzehnten Jahrhunderts entwickelt hatte, ein bereits lange anstehendes Problem, zu dessen Klärung eine Reihe von Versuchen unternommen wurde. Diese Ansätze einer Verbindung von Psychologie und Soziologie bezogen sich aber beinahe ausschließlich auf die individuelle Psychologie des letzten Jahrhunderts, etwa die »Psychophysik« E. H. Webers (1795-1878) und G. Th. Fechners (1801-1887) sowie die aus ihr entwickelten Sozialpsychologien von M. Lazarus (1824-1903), J. F. Herbart (1776-1841) und W. Wundt (1832-1920), dem wichtigsten Vertreter der »Völkerpsychologie«. Von seiten der bürgerlichen Soziologie gab es keine Versuche, die Psychoanalyse und einen soziologischen Ansatz zu einer übergreifenden Gesellschaftstheorie zu integrieren. Auch dort, wo die Psychoanalyse weitergehende Berücksichtigung fand wie bei Vleugels, Kelsen, Szende u. a., wurden ihr lediglich passende Teilstücke entnommen und dem theoretischen Konzept des jeweiligen Autors zugeordnet. Dies galt auch für die Autoren wie Behrendt und de Man, die kritiklos und undifferenziert psychoanalytische Theorie in toto übernahmen und sie im Sinne ihres eigenen ideologischen Konzeptes wie ihrer persönlichen Anliegen benutzten.

Der Anspruch und die Forderung, psychoanalytische Theorie stärker einzubeziehen, sogar in die Gesellschaftstheorie zu integrieren, wurde ausschließlich von sozialistischen und marxistischen Autoren erhoben. So sahen etwa de Man, Adler, Jenssen und Roland-Holst in der Theorie Parallelen und sogar eine enge Verwandtschaft von Psychoanalyse und Marxismus. Allerdings löste keiner dieser Autoren den Anspruch einer weitergehenden Integration der Psychoanalyse ein oder versuchte auch nur eine intensivere und umfänglichere Auseinandersetzung mit ihr. Die

Vertreter einer Integration von Marxismus und Psychoanalyse, die auch entsprechende theoretische Ansätze erarbeiteten, kamen zunächst nicht aus dem Bereich der Soziologie, sondern aus anderen Disziplinen wie etwa die Analytiker Bernfeld (Pädagogik), Reich (Medizin) und Fromm (Philosophie). Daneben gab es in Deutschland keine weiteren Ansätze einer Verbindung von Gesellschaftstheorie und Psychoanalyse, bis das Frankfurter Institut für Sozialforschung Anfang der dreißiger Jahre erste Schritte in dieser Richtung unternahm.

Das Institut hatte seit seiner Gründung 1924 versucht, eine marxistische Gesellschaftstheorie unabhängig von den großen politischen Gruppierungen zu erarbeiten, wobei besonders die Geschichte der deutschen Arbeiterbewegung im Vordergrund stand. Als 1929 Max Horkheimer Carl Grünberg in der Leitung des Institutes ablöste, widmete es sich mehr ideologiekritischen Analysen historischer und kultureller Probleme, wobei allmählich psychoanalytische Kategorien immer stärker in die Arbeiten der einzelnen Institutsmitglieder mit einflossen; dies galt besonders für Leo Löwenthal, Max Horkheimer und Theodor Wiesengrund-Adorno; andere Mitarbeiter, so Franz Borkenau, Paul Honigsheim, Karl August Wittfogel, Andries Sternheim u. a. berücksichtigten die Psychoanalyse in ihren Untersuchungen auch in den folgenden Jahren nur am Rande, auch wenn sie ihr positiv gegenüberstanden.

Die ersten Kontakte von Mitgliedern des Institutes mit der Psychoanalyse waren eher persönlicher Art wie etwa die psychoanalytische Behandlung Horkheimers durch Karl Landauer und lassen sich im nachhinein nur schwer dokumentieren (17). Ersten Niederschlag fanden diese Kontakte in dem durch Max Horkheimer angeregten, allerdings bis heute unveröffentlicht gebliebenem Manuskript Theodor W. Adornos »Der Begriff des Unbewußten in der transzendentalen Seelenlehre« (1927), in welchem er sich unter mehr philosophischen Aspekten mit Freud auseinandersetzte.

Mit der Gründung des Frankfurter Psychoanalytischen Institutes 1929 durch Karl Landauer und Heinrich Meng, dem als ständige Mitarbeiter Erich Fromm, Frieda Fromm-Reichmann und S. F. Fuchs, der Leiter der Poliklinik, angehörten, ergaben sich eine Reihe von weiteren Berührungspunkten mit der Psychoanalyse (Meng 1971, S. 78). So ermöglichte u. a. Max Horkheimer den Mitgliedern des Psychoanalytischen Institutes Kontakte zur Universität und – erstmals in der Geschichte der psychoanalytischen Bewegung – eine begrenzte offizielle Lehrtätigkeit. Der Analytiker Erich Fromm, eingeführt durch seinen langjährigen Freund Leo Löwenthal, arbeitete bald im Rahmen der Forschungen des Institutes für Sozialforschung mit und trat diesem in der Emigration auch offiziell bei (Jay 1973).

Fromm strebte eine Verbindung von Marxismus und Psychoanalyse an, deren erste Ergebnisse sein 1931 erschienenes Buch »Die Entwicklung des Christusdogmas« und sein programmatischer Aufsatz »Über Methode und Aufgabe einer analytischen Sozialpsychologie« (1937) waren. Nach der Periode seiner Teilnahme an Forschungen des Institutes, etwa bei den 1936 von Horkheimer herausgegebenen »Studien zu Autorität und Familie«, entfernte sich Fromm in den vierziger Jahren mehr und mehr von der Freudschen Psychoanalyse und verließ auch das Institut für Sozialforschung. Obwohl er sich selbst weiterhin als Vertreter der Psychoanalyse verstand, galt er als »Revisionist« und Begründer einer neoanalytischen Theorie, was dann später auch zu seinem Ausschluß aus der Internationalen Psychoanalytischen Vereinigung führte.

Im Rahmen des Institutes für Sozialforschung war Fromm zunächst der exponierteste Vorkämpfer für eine Integration der Psychoanalyse. Abgesehen von Adornos unveröffentlichtem Manuskript, kam es von seiten des Institutes erst während der Emigration zu einer weitergehenden Rezeption psychoanalytischer Theorie. Eine ausführliche kritische Auseinandersetzung Adornos und Marcuses mit Freud fand sogar erst nach dem Krieg statt (Adorno 1955; Marcuse 1955).

*Reaktionen und Einstellungen
der deutschen Soziologie zur Psychoanalyse*

Unabhängig davon, in welchem Zusammenhang die einzelnen Autoren mit der Psychoanalyse konfrontiert wurden, erwiesen sich ihre Reaktionen als sehr unterschiedlich. Auch ein Zusammenhang zwischen politischen und ideologischen Einstellungen oder wissenschaftlichem Anspruch und Methode der einzelnen Autoren mit ihrer Haltung zur Psychoanalyse erscheint nur schwer konstruierbar. Die Kritik an bestimmten Thesen Freuds ebenso wie grundlegende Mißverständnisse und auch schlichte Vorurteile vereinigte soziologische Autoren der unterschiedlichsten Richtungen.

Das wohl verbreiteteste, grundlegende und für die Rezeption der Psychoanalyse folgenschwerste Mißverständnis – an dem allerdings Freud und einige seiner Schüler nicht ganz unschuldig waren (18) – war bezüglich Freuds Libidotheorie die schlichte Gleichsetzung von Libido und (manifester) Sexualität im Verständnis beinahe aller soziologischen Autoren. Folge hiervon war der oft erhobene Vorwurf des Pansexualismus – Freud erkläre *alle* seelischen und kulturellen Erscheinungen allein aus dem Sexualtrieb – und in Reaktion hierauf die Reinigung der psychoanalytischen Theorie von Begriffen wie Sexualität und Libido, wie sie etwa von Vleugels vorgenommen wurde. In diesem Mißverständnis, welches, genährt durch Freuds betonte Hervorhebung der Libido gegenüber Selbsterhaltungs- und Ich-Trieben, bei vielen Autoren zum regelrechten Vorurteil wurde, wurzelten auch die von Heller, Szende, Scheler, Mittenzwey, Kautsky, Thalheimer und besonders den marxistischen Kritikern mehr oder weniger explizit erhobenen Vorwürfe des Naturalismus und Biologismus. Am deutlichsten wurde diese schlichte Verwechslung von Libido mit manifester Sexualität bei Robert Michels, dem andere Dimensionen des Libidobegriffes gar nicht zum Bewußtsein kamen (vgl. Dok. S. 60 f.). Daß diese »Verwechslung« und der Vorwurf des Pansexualismus beharrlich immer neu auftauchten, erscheint allerdings nicht zufällig. Freud selbst wies zu Recht darauf hin, daß solche Mißverständnisse ihre Wurzeln auch in kulturellen Normen, etwa der Tabuisierung der Sexualität, haben könnten; das Infragestellen dieser Normen mobilisiere dann die »Widerstände gegen die Psychoanalyse« (1925e).

Auch der von Max Weber, Mittenzwey, Sternberg und Thalheimer der Psychoanalyse unterstellte Anspruch, sie wolle eine umfassende Weltanschauung sein, dürfte hier eine Erklärung finden (vgl. Dok. S. 68 ff., 120 ff.).

Allerdings muß an dieser Stelle gesagt werden, daß in der Tat für viele Schüler Freuds die Psychoanalyse zu einer Weltanschauung geriet und deren Äußerungen mit dazu beitrugen, Verdächtigungen und Vorurteile zu schüren. Auch die oft von Analytikern vorgenommene Psychologisierung gesellschaftlicher Probleme (18), Freuds Urhordenhypothese als eine sehr naive Theorie der gesamten Menschheitsentwicklung wie sein pessimistisches Postulat eines prinzipiellen Gegensatzes von Kultur und angeborenen Trieben, trugen dazu bei, unnötige Widerstände und Skepsis gegenüber der Psychoanalyse zu erzeugen.

So fand die Rezeption der Psychoanalyse während der zwanziger Jahre in einer Atmosphäre statt, die durch Vorurteile, schlichtes Unwissen und scharfe affektive Reaktionen mit bestimmt war. Hinzu kam, daß, während empirisches Material als Korrektiv meist noch fehlte, die Psychoanalyse auch zwischen die Fronten von bereits mit aller Schärfe geführten Auseinandersetzungen geriet, wie etwa im Falle von Thalheimers Polemik gegen die Schule des Austromarxismus oder von Kautskys Kritik der bürgerlichen Massensoziologie (s. Dok. S. 120 ff., 115 ff.). Insgesamt erschienen die Reaktionen der einzelnen Autoren sehr unterschiedlich und in hohem Maße von persönlichen Einstellungen beeinflußt. Sie reichten von positiven, teils überschwenglichen, teils sachlich-kritischen über ablehnende, stark ideologisch-wertende Stellungnahmen bis zu eindeutig irrationaler und lediglich polemischer Abwehr (s. die entsprechenden Dok.).

Trotz der durchgängig spürbaren, mehr oder weniger deutlich ausgesprochenen Kritik der Libidotheorie und des mitschwingenden Pansexualismusvorwurfes stand eine Reihe von Soziologen der Psychoanalyse durchaus wohlwollend gegenüber, zeigte sich teils begeistert, teils als zumindest um eine sachliche Diskussion bemüht.

Neben Vleugels waren Autoren wie Jenssen und Kelsen bereit, nach längerer und viele Details berücksichtigender Diskussion, wichtige Teile psychoanalytischer Theorie zu übernehmen. Demgegenüber kritiklos, teilweise beinahe euphorisch, übernahmen etwa de Man und Behrendt psychoanalytische Theorie. Ihre fast ohne inhaltliche Auseinandersetzung vorgenommene Rezeption erklärte sich zu einem wichtigen Teil aus der Indienstnahme der Psychoanalyse für eigene Zwecke: Behrendt diente sie zur Untermauerung und Erweiterung einer personalistischen Geschichtstheorie, de Man wurde sie zur Waffe gegen den Marxismus. Bei anderen Autoren wie H. Roland-Holst, M. Adler und O. Jenssen gesellte sich zu der teilweise überschwenglichen Würdigung der Psychoanalyse, ihrer »Entschleierung der Sexualität« (Roland-Holst 1930), der Theorie des Unbewußten und Freuds Berücksichtigung sozialer Faktoren (Adler 1932) auch gleichzeitig scharfe

Kritik, meist der Vorwurf des Naturalismus und Pansexualismus. Die übrigen Autoren dieser Gruppe entnahmen der Psychoanalyse lediglich Bruchstücke, die ihrem eigenen theoretischen Konzept entsprachen, und verzichteten dabei auf eine eingehendere Auseinandersetzung. So akzeptierte Jerusalem den sein eigenes Theorem stützenden Begriff der Identifikation, Oppenheimer nahm das analytische Verständnis des Traumes zum Beleg der Notwendigkeit von »Introspektion«, Szende untermauerte seine Theorie der Abstraktion mit dem analytischen Begriff des Unbewußten und Mannheim sah die Psychoanalyse sogar als Technik zur Veränderung von Gesellschaft nach seinem Demokratieverständnis (s. Dok. S. 71 f., 73, 101 ff., 98 ff.).

Einer zweiten Gruppe soziologischer Autoren gerieten die Ergebnisse und Theoreme Freuds nicht nur zum umstrittenen Diskussionsgegenstand, sondern darüber hinaus zum Anlaß scharfer moralischer und ästhetischer Urteile vor dem Hintergrund vorgefaßter Meinungen und festgeschriebener Ideologien. Zu dieser Gruppe gehörten etwa Max Weber, von Wiese, Geiger, Mittenzwey, auch Scheler und Michels. Während von Wiese die Psychoanalyse als »unwissenschaftlich«, Geiger sie als »überflüssig« abtat, hielt Weber ihr moralische Werthaltungen und damit in seinem Verständnis ebenfalls mangelnde Wissenschaftlichkeit vor. Mittenzwey bemühte sich nachzuweisen, daß sie im wesentlichen eine Lehre sei, die nicht nur »Krankhaftes« zum Gegenstand habe, sondern dieses auch bei ihren Anhängern reproduziere, und Scheler widmete breiten Raum dem Nachweis, daß sogar die »Geschlechtsliebe« ihre Wurzeln im rein Geistigen habe. Michels schließlich argumentierte allen Ernstes, daß die Kenntnis der Psychoanalyse und der Theorie des Ödipuskomplexes durchaus Familien zerrütteten und damit in letzter Konsequenz die Volkswirtschaft schädigen könne (s. Dok. S. 62).

Demgegenüber machten die Autoren einer dritten Gruppe sich nicht einmal mehr die Mühe zu argumentieren. Weder die äußerst konservativen bürgerlichen Soziologen Sombart und Spann, noch die Marxisten Kautsky und Thalheimer versuchten, ihre affektive Abneigung gegen die Psychoanalyse zu verbergen und reagierten mit zum Teil recht drastischer Polemik. Während Sombart in Betonung analer Züge an den »Katakomben und Kloaken des menschlichen Seelenlebens« Anstoß nahm, in welche die Psychoanalyse hinabführe, reichte für Spann Freuds jüdische Herkunft aus, ihn unbesehen zum »Unhold« zu stempeln (s. Dok. S. 56 f.).

Für Thalheimer war die Psychoanalyse nicht nur »Pornographie«, sondern auch in scheinbar politischer Argumentation eine »internationale Bourgeoismode«, ähnlich wie auch neben anderen marxistischen Kritikern für Georg Lukacs, der sie als zu den »Ideologien der imperialistischen Bourgeoisie« gehörig und damit als indiskutabel erachtete (19). Demgegenüber lag in Kautskys teilweise sehr geschliffener Polemik noch soviel persönliche Distanz, daß er die Psychoanalyse als »medizinische Wissenschaft« tolerieren konnte, wie auch die Bemühungen Dritter, sie in die Soziologie einzubeziehen (s. Dok. S. 115 ff.).

Die Rezeption der Psychoanalyse in der Emigration und der Folgezeit des 2. Weltkrieges

Während der Emigration wurde die Auseinandersetzung zwischen Soziologie und Psychoanalyse in keinem anderen Land so stark vorangetrieben wie in den Vereinigten Staaten. Zum einen war während der Herrschaft des Faschismus in Deutschland die Mehrzahl der Emigranten in die USA gegangen (vgl. Fleming, Bailyn 1969), zum anderen hatte dort die Psychoanalyse bereits vor dem 1. Weltkrieg in Form einer eigenen psychoanalytischen Vereinigung und während der 30er Jahre sogar an amerikanischen Universitäten (vgl. Anmerkung 1) Fuß fassen können. So hatte in den USA eine Auseinandersetzung von Soziologie und Psychoanalyse bereits früh eingesetzt. Über Autoren wie Becker, Sorokin, Eliot (11) wurde diese Auseinandersetzung auch im deutschsprachigen Raum publik, ohne hier meines Wissens aber weiterverfolgt oder aufgegriffen worden zu sein.

Weitgehend unabhängig von den deutschen Emigranten griffen amerikanische Soziologen wie Becker und Parsons während der 30er und 40er Jahre psychoanalytische Theoreme auf und bauten sie in ihre eigenen soziologischen Ansätze ein; von besonderem Einfluß war dabei Talcot Parsons Integration der Psychoanalyse in seine rollentheoretischen Ansätze, die in der späteren amerikanischen Soziologie eine sehr große Rolle spielten. Überdies fanden psychoanalytische Überlegungen und Theoreme auch Eingang in praktische Anwendungsbereiche der Soziologie wie u. a. Werbung, Beratung, gleichzeitig mit der steigenden Popularität der psychoanalytischen Therapie während der 40er Jahre.

Auch in der Arbeit der deutschen Emigranten in den USA wurde die Integration von Soziologie und Psychoanalyse vorangetrieben, so mit Veröffentlichungen wie den 1936 in Paris erschienenen »Studien über Autorität und Familie« und den späteren Untersuchungen zur autoritären Persönlichkeit (vgl. Adorno u. a. 1950), wo u. a. psychoanalytische Ansätze gezielt in die methodische Arbeit empirischer Sozialforschung einbezogen wurden. Insgesamt wurde der bereits begonnene Rezeptionsprozeß psychoanalytischer Theorie in der amerikanischen Soziologie durch die deutschen Emigranten, besonders die Angehörigen der Frankfurter Schule, in den USA noch erheblich beschleunigt und intensiviert.

Dies hatte zur Folge, daß nach dem Zusammenbruch des 3. Reiches mit der Rückkehr vieler Sozialwissenschaftler nach Deutschland eine Reihe von soziologischen Konzepten mit zurückgebracht wurden, in welchen wichtige Teile der Psychoanalyse bereits verarbeitet waren. Am folgenreichsten waren dabei wiederum die Integrationsansätze der Frankfurter Schule, die auch durch die Wiedereinrichtung des Instituts für Sozialforschung und die wieder aufgenommene Lehrtätigkeit seiner Angehörigen in Deutschland eine starke Verbreitung fanden. Bis in die 60er Jahre hinein blieb die Frankfurter Schule auch die einzige Gruppe von westdeutschen Soziologen, die explizit eine Integration der Psychoanalyse anstrebten und vorantrieben; andere Versuche blieben daneben zunächst vergleichsweise bedeutungslos.

II Dokumente

Im folgenden sind diejenigen deutschen, österreichischen, schweizerischen und niederländischen Soziologen aufgeführt, die in irgendeiner Form über die bloße Erwähnung hinaus eine Stellungnahme zur Psychoanalyse abgaben. Ihre Stellungnahmen und ihre Einschätzungen sind dargestellt und im Zusammenhang ihrer theoretischen Arbeit beschrieben und zugeordnet. Die Reihenfolge der Autoren ist nicht beliebig; soweit dies möglich war, sind die einzelnen Autoren entsprechend ihrer weltanschaulichen und politischen Grundhaltung zugeordnet. Von äußerst konservativen, dem Faschismus nahestehenden Autoren (Spann, Sombart, Michels) über liberale Autoren (Heller, von Wiese, Oppenheimer) und solche, die sich eher indifferent zeigten (Plaut) oder im Laufe der Zeit ihre Einstellung stark veränderten (de Man), geht die Aufstellung zu Vertretern der sozialistischen (Jenssen, Kautsky) und kommunistischen Linken (Thalheimer). Diese Zuordnung wurde gewählt, um deutlich zu machen, daß ein Zusammenhang zwischen der politischen Grundeinstellung und der Einstellung der Autoren zur Psychoanalyse nur sehr schwer konstruierbar scheint. Zwar ergeben sich bei oberflächlicher Betrachtung Parallelen in der stark affektiven Abwehr der Psychoanalyse seitens äußerst konservativer (Spann, Sombart) wie auch kommunistischer Autoren (Sapir, Stoljarov, Thalheimer), bei näherem Hinsehen zeigt sich jedoch, daß Argumentationsweisen wie auch theoretischer Hintergrund zur Einstellung gegenüber Freud bei diesen Autoren doch sehr unterschiedlich sind. Die Ablehnung von Freuds Libidotheorie und der dementsprechende Vorwurf des Pansexualismus sind dagegen bei Autoren aller Couleur durchgängig zu finden, ebenso wie andererseits auch eine oft euphorische Übernahme psychoanalytischer Gedanken (Behrendt, Roland-Holst).

OTHMAR SPANN

(1870-1950; Nationalökonom, Soziologe; seit 1908 Lehrtätigkeit in Brünn; 1919-1938 Professor für politische Ökonomie und Gesellschaftslehre in Wien; wurde 1938 seiner Professur enthoben und arrestiert; keine weitere Lehrtätigkeit bis zu seinem Tode 1950)

Spann entwickelte während der 20er Jahre sein System einer »ganzheitlichen« Gesellschaftslehre, welches zu seiner Zeit sehr umstritten war und zu langen Debatten auf dem 5. Deutschen Soziologentag führte. Als Gründer der Schule des Universalismus übte er bis heute Einfluß auf verschiedene, besonders ständische Theorien im Bereich der Volkswirtschaftslehre aus.

Im Rahmen seines universalistischen, »ganzheitlichen« Ansatzes bedeutete Gesellschaft für Spann keine Naturtatsache, auch nicht etwa die Summe autarker Individuen; sie war für ihn überhaupt nicht mit den Mitteln empirischer, positivistischer oder materialistischer Theorien zu erfassen. Gesellschaft hielt er vielmehr für eine geistige Tatsache, das »Erstwesentliche« und nur mit der »ganzheitlichen Methode des Universalismus«, also nur mit den Mitteln der Philosophie zu Verstehende. Der Mensch und alle gesellschaftlichen Erscheinungen erschienen Spann als Teile eines überindividuellen Ganzen, aufgegliedert nach einer Hierarchie der Werte und somit im Sinne von Aristoteles nur durch eine Idee wirklich und verstehbar.

So wandte sich Spann logischerweise mit aller Schärfe gegen jede Form des »Empirismus«, d. h. gegen alle Versuche, eine Gesellschaftstheorie durch das Auffinden von beobachtbaren sozialen Gesetzmäßigkeiten und Prozessen zu erstellen, und entwickelte aus seinem idealistischen Ansatz heraus das Gegenbild eines »wahren Staates«, für ihn der nach Maßgabe überhistorischer Werte gegliederte Ständestaat. Dementsprechend fanden Spanns Lehren auch besonderen Anklang in faschistischen Kreisen, die sich nicht nur gegen demokratische, sondern auch gegen individuell-kapitalistische Gesellschaftsformen wandten und meist ständestaatlichen Vorstellungen verhaftet waren. Spann selbst sympathisierte als erklärter Antisemit auch offen mit dem Nationalsozialismus.

Ebenso wie Spann in seiner Gesellschaftslehre von historischen Gegebenheiten und wissenschaftlicher Erkenntnis völlig absah und zu im Grunde irrationalen Einschätzungen kam, so war auch seine Einstellung zur Psychoanalyse geprägt von rassistischen Vorurteilen und einer stark affektiven Abwehr gerade auch gegenüber ihren aufklärerischen Inhalten, was vor dem Hintergrund von Spanns idealistischem Ansatz einer Gesellschaftslehre nur zu verständlich erschien. In wilder Polemik gegen alle bürgerlichen und sozialistischen Wissenschaftler, die in irgendeiner Hinsicht im Sinne von Aufklärung und kritischem Rationalismus tätig wurden, schrieb er:

dann die Marx, Büchner, Moleschott, Darwin, Haeckel, John Stuart Mill und tausend andere, die als moralische Mörder und Frevler die Schlacht gegen Idealismus und Romantik schlugen. Sie suchten sich durch Wissenschaft, Volksbeglückung, Bekämpfung von Mißständen zu decken. Heute stürmen ihre Nachfolger fast ungedeckt an, nicht zum mindesten die Unholde der Geldgier und gar jene der Sexualität, die sich mit Männern wie Freud an der Spitze zur Führung der Welt anschicken (wie schwach stand der Sexualverbrecher Rousseau gegen Freud da!). Hier wird nur noch notdürftig »wissenschaftliche Forschung« vorgeschoben. Hier ist schon

offene Dämonie der Unterwelt am Werke, das Unholdentum losgelassen, der Schöpfergeist mit Stil und Erfolg nachgeäfft. (Werke Bd. 12, S. 288)
Wer in der Geistesgeschichte und Staatengeschichte zu lesen versteht, weiß, welche ungeheure Rolle das Unholdentum in ihr spielt. Deutlich tritt es als Gegner des echten Schöpfertums auf, als zerstörerisches und zersetzendes Gegengenie (in unserer Zeit: Marx, Freud). (1935, S. 249)
Daß dieser für den Fachmann nicht ernst zu nehmende sozialwissenschaftliche Unfug freudischer Irrlehre und Irrsinnslehre heute überall Beachtung finden kann, beleuchtet grell den philosophischen, aber auch moralischen Tiefstand unseres Zeitalters. (1922, S. 209)
Es ist wichtig, sich dieses Unholdischen bewußt zu werden, das in der Geschichte am Werke ist. In der Erziehung sind diese Mächte noch gefährlicher als im Leben. Denn das Unholdische hat zur Maske Genialisches nötig. Die Jugend spürt das kräftige Genialische, kann aber das Bösartige nicht unterscheiden. Die Freudische Lehre, ebenso wie die Marxische, hat sehr lebendige Züge. Hier müssen höhere Strafen als strafgerichtliche einsetzen. Es ist ein Ruhmesblatt der nationalsozialistischen Umwälzung, ein Triumph des deutschen Wesens, daß man die Bücher des Unholdentums öffentlich in das Feuer warf (10. Mai 1933). (Werke Bd. 7, S. 181)

Ganz im Sinne faschistischer Ideologien ging Spann in diesen sehr deutlichen Stellungnahmen besonders gegen die Psychoanalyse als eine aufklärerische Wissenschaft vor. Seine Ablehnung etwa des Themas Sexualität war so schroff, daß er gar nicht erst bis zur Formulierung des Pansexualismusvorwurfes gelangte; dieser mußte ihm beinahe zu rational erscheinen, auch wenn er für andere Autoren wie Sapir, Stoljarov u. a. (vgl. Lit.) zum Anlaß langer und ähnlich affektiv geladener Tiraden wurde, die dann allerdings nie rassistische oder anti-aufklärerische Züge trugen.

Kaum ein anderer Autor hat je in dieser Offenheit und Schärfe die Affekte und rassistischen Vorurteile auch der politischen Reaktion gegenüber der Psychoanalyse formuliert.

Werner Sombart

(1863-1941; Nationalökonom, Soziologe, Kulturphilosoph; 1890-1906 Lehrtätigkeit in Breslau, dann in Berlin; 1917 Professor für Volkswirtschaft in Berlin; 1931 emeritiert; starb 1941 in Berlin)

Ursprünglich dem Marxismus nahestehend, später in krassester Gegnerschaft zu ihm und zugleich dem Nationalsozialismus eng verbunden, war Sombart einer der bedeutendsten bürgerlichen Soziologen der Weimarer Zeit. Obwohl er in seinen umfänglichen Schriften häufig sozialpsychologische und anthropologische Fragestellungen anging, waren seine Stellungnahmen zur Psychoanalyse nur sehr sporadisch, dafür aber umso eindeutiger. Während er 1925 Freuds »Massen-Psychologie und Ich-Analyse« noch vergleichsweise sachlich und formal begriffliche Unklarheiten und die »Durcheinanderwirrung psychologischer und nosologischer Probleme« (1925, S. 449) vorwarf, trat er später der Psychoanalyse mit völligem Unverständnis gegenüber; im Zusammenhang mit allgemeinen Erklärungsversuchen menschlichen Verhaltens schrieb er:

Die Beweggründe, die zur Fassung des letzten Entschlusses Anlaß boten (nennen wir sie Motive höheren Grades), lassen sich häufig nur erraten, ertasten, erfühlen, weil sie aus dem Bereiche der rationalen Überlegung auf der Treppe der Tiefenpsychologie in die dunklen Gebiete des menschlichen Gefühls und Trieblebens, in die Katakomben und Kloaken der menschlichen Seele (Psychoanalyse!), ins Fabelreich des »Unbewußten« hinabführen, wo kein Licht der Ratio mehr leuchtet, wo wir nichts mehr »verstehen«, sondern nur Regelmäßigkeiten registrieren und ordnen können (wie bei aller Naturerkenntnis). (1938, S. 13)

Denn überall, wo das »Unbewußte« anfängt, hört das rationale Erkennen, sei es Natur, sei es geisteswissenschaftlicher Art, auf und fängt das Rätselraten an. (ebd. S. 126)

Hier klingt an, daß Sombarts starke affektive Ablehnung weniger der Psychoanalyse als Wissenschaft, als einem ihrer wichtigsten Themen, dem Unbewußten und seinen Auswirkungen auf individuelles und soziales Verhalten galt. Alles, was sich dem »Verstehen«, also bewußter rationaler Erkenntnis des Autors entzog, wurde ihm zum Gegenstand von Polemik, zum zweideutigen Ansinnen, das er abwehren und von seinen Forschungen ausschließen mußte. Diese abwehrende, ja fast zwanghafte Haltung Sombarts konnte eine weitere Rezeption der Psychoanalyse von seiner Seite her einleuchtenderweise kaum zulassen.

Robert Michels

(1876-1936; Politologe und Nationalökonom; Professuren in Italien, Belgien, den USA und der Schweiz)

Michels bekannte Arbeiten zur Demokratie, zur Soziologie und Sozialpsychologie von Klassen, Parteien und Massenbewegungen entstanden vor dem Hintergrund seiner eigenen unmittelbaren Erfahrungen mit den sozialistischen Parteien in Deutschland und Italien. Nach seiner Auseinandersetzung mit marxisitischer Gesellschaftstheorie – seine Aktivitäten in der sozialistischen Bewegung kosteten ihn in Deutschland seine akademische Laufbahn – wurde Michels zu einem konservativen Kritiker der Demokratie. In seinen Arbeiten entwickelte er sein »Gesetz der Oligarchie«, nach welchem die Sicherheit und innere Festigkeit einer Organisation, eines Staates immer an eine »aktive Minderheit« gebunden sein sollte. Durch den elitären und massenfeindlichen Grundton seiner Untersuchungen wurde Michels zu einem ideologischen Wegbereiter extremer autoritärer Strömungen, die er selbst in Italien dann auch offen vertrat; in seinen letzten Lebensjahren war er außenpolitischer Berater der faschistischen italienischen Regierung.

Michels Untersuchung der politischen Massenbewegungen führte ihn auch zur Auseinandersetzung mit Freuds »Massenpsychologie und Ich-Analyse«, der er einen eigenen Aufsatz »Massenpsychologie, Wirtschaft und Psychoanalyse« widmete (1928). Diese Schrift – im übrigen Michels einzige Äußerung zur Psychoanalyse – zeugt von erstaunlicher Naivität des Verfassers und erscheint als Beispiel eines einzigen großen Mißverständnisses. Hier stellt Michels nach der einleitenden und sicher richtigen Kritik, daß die Psychoanalytiker sich »mit den ökonomischen Zusammenhängen selbst nur äußerst dürftig beschäftigt« hätten, sein Verständnis von Psychoanalyse folgendermaßen dar:

Bei Freud scheint der Begriff Libido, von erotischen Reizen ausgehend, letztendlich alles das zu umfassen, was man als Vitalität schlechthin anspricht. So betrachtet er auch das Massenhandeln als Auswirkung von ihren ursprünglichen Zielen abgelenkter Liebestriebe.

Gegen eine solche Auffassung lassen sich Einwendungen erheben. Eine derselben hat schon Vleugels richtig hervorgehoben, wenn er sagt, daß, falls die Freudsche Meinung richtig sei, die Menschen in dem gleichen Maße, in welchem ihre Liebestriebe ihr ursprüngliches Ziel zu erreichen pflegen, zur Massenbildung unfähig werden müßten, und umgekehrt, während in Wirklichkeit doch die Erfahrung lehre, daß eher das Gegenteil der angegebenen Entwicklung zutreffe. (1928)

Dieses recht platte und völlig unüberprüfte Vleugelsche Argument genügte Michels als grundsätzlicher Einwand gegen Freuds Massentheorie. In seiner weiteren Auseinandersetzung mit der Psychoanalyse folgte er dann seiner eigenen Auffassung des Begriffs »Libido«, welche er schlicht mit Erotik und Sexualität gleichsetzte:

Dazu ist freilich andererseits wiederum zu bemerken, daß die Masse keineswegs anerotisch ist, auch wenn ihr anerotische Zwecke gesetzt sind. Nur ist die Erotik der Masse nicht in Abstraktion denkbar. (ebd.)

Die Anwesenheit der Frauen und Mädchen erhöht die Nervosität der Masse. In je nach Alter und Rassenzugehörigkeit der Männer verschiedenem Grade verhält sich die männliche Masse emotiver bei Anwesenheit als bei Abwesenheit der Frauen, wobei natürlich Alter, Schönheit, aber auch die Zahl der Frauen (nicht allzuniedrige Proportion zur Zahl der Männer) mitbestimmend wirken. (ebd.)

Diese Zusammenhänge, die allerdings nur sehr mittelbar Gegenstand der Freudschen Massentheorie sein konnten, die ja in ihrem Erklärungsansatz von der inneren Struktur der Individuen ausgeht, sah Michels durch viele Einzelbeobachtungen belegt. Seine Auseinandersetzung mit der Psychoanalyse – soweit er eine solche überhaupt ernsthaft betrieb – führte Michels fast ausschließlich von einem rein ökonomistischen Standpunkt aus. So wandte er sich zwar gegen Pfisters in der Tat einseitige und biologistische Ableitung des Kapitalismus aus innerpsychischen Zwängen und gestörter Liebesfähigkeit (Pfister 1923), stellte aber dessen unhistorischer Erklärung nur eine eher feuilletonistische Aufzählung von Typen des »Wirtschaftsmenschen« gegenüber, die den Zusammenhang von ökonomischen Bedingungen und seelischen Strukturen erläutern sollen. Ähnlich verkürzt erscheint auch sein *für* die Psychoanalyse ins Feld geführte Argument, daß ja etwa auch »der weibliche Luxus marktbildende Kraft besessen« habe (ebd.), ebenso seine weiteren Argumente:

Noch einige Bemerkungen zur Frage, inwieweit die mehr angewandte, praktische Seite der Psa. die Wirtschaft zu beeinflussen vermag. Hier dürfte es am Platze sein, auszusprechen, daß das Theorem des Ödipus-Komplexes manchen Sohn-Vaterzwist auf dem Gewissen hat, indem das Wissen um einen etwa latent schon vorhandenen Antagonismus diesen verschärfte oder gar einen gar nicht vorhandenen erst erzeugte. So hat die Herausarbeitung und die Verbreitung dieser Lehre durch Wort und Schrift manche Familiensolidarität zum Scheitern gebracht. Welches die moralisch-seelischen Folgen dieser Wirkung sind, haben wir hier nicht zu untersuchen. Unter wirtschaftlichen Gesichtspunkten ist folgendes dazu zu bemerken: Dadurch, daß dem Sohne das Zusammenleben mit dem Vater zur Unleidlichkeit und das Zusammenleben mit der Mutter zur unheimlichen Gefahr wird, reißt er sich oft gewaltsam aus dem ›gemachten Bett‹ des Elternhauses heraus und wirft sich auf neue Bahnen, in denen er erst Lehrgeld bezahlen muß, bevor er in ihnen zu wirken lernt und dann allerdings vielleicht wirtschaftlich besonders tüchtig wird, häufig aber auch an seiner Unkenntnis und dem Mangel an Hilfe zugrunde geht. Es dürfte unmöglich sein, den eventuell so entstandenen Schaden an dem eventuell so entstandenen Nutzen statistisch abzuschätzen. Eine Gefahr für die Wirtschaft liegt in der konzentrisch auf das erotische Erleben gehenden Wirkung, welche die Psa. bei einem sehr bedeutenden Kreis ihrer Anhänger hervorbringt, überhaupt. (ebd.)

In der völlig unverständlichen Verdrehung, durch welche Michels hier die in der Struktur der bürgerlichen Familie angelegten Konflikte gerade der Psychoanalyse zur Last legt, wird seine eindeutig konservative und moralische Grundhaltung deutlich und damit ein Grundmoment seiner Abwehr gegenüber jeglicher aufklärerischer Absicht. Für Michels stand eine einseitige Betonung der Sexualität durch die Psychoanalyse – der bekannte Pansexualismusvorwurf – im Vordergrund seiner Kritik. Dieses Vorurteil ließ ihn sogar die Vermutung aussprechen, die Beschäftigung mit der Psychoanalyse allein schaffe schon »Monomanen, die für die Wirtschaft verloren sind, sobald sie ihrer krankhaften Phantasie nachgeben« (ebd.). Unter Zurückweisung der Psychoanalyse in das Ghetto des klinischen Bereichs zeigte er sich aber dennoch zu eingeschränkter Anerkennung bereit:

Unleugbar ist die Psychoanalyse auf der anderen Seite aber auch eine Heilmethode. Wenn die Psa. oft durch falsche Anwendung oder zu starke Betonung richtiger, übertriebener, oder an sich falscher Positionen psychisch krankhaft veranlagten Individuen völlig und dauernd vom aktiven Leben absperren kann, so ist ihren Erkenntnissen in anderen Fällen doch Heilwirkung wirklich nicht abzusprechen. Durch Klärung und Lösung aus schweren, die Wirtschaftskraft des einzelnen schwächenden und vielleicht sogar selbst den Wirtschaftswillen und die Liebe zum Berufe ertötenden Hemmungen vermag die Psa. Paralysen zu lösen und Passiva zu reaktivieren. Sie erfüllt dann etwa die gleiche Funktion wie die chirurgische

Abteilung eines Krankenhauses, deren Wirtschaftswert sich ja ebenfalls ›berechnen‹ läßt. (ebd.)

Diese Argumentation, die die Psychoanalyse lediglich als eine Heilungsmethode zur Restaurierung der Arbeitskraft sehen wollte, diente auch später dazu, die Duldung einzelner Analytiker und ihre Vorstellungen von Therapie in Deutschland während des Dritten Reiches zu begründen.

Michels konservative und massenfeindliche Haltung drückte sich auch in seiner eigenen Massentheorie und seiner entsprechenden Kritik des Freudschen Ansatzes aus. Gegen Freuds These, daß der Masse durch Strukturierung und Organisation die (positiven) Eigenschaften des Individuums zuwachsen könnten, behauptete er: »Das stimmt nicht ganz. Die Masse bedarf der Führerschaft. Sie unterliegt psychologisch dem ehernen Gesetz der Oligarchie je mehr, desto mehr ihr organisches Wesen da in die Banden straffer Organisation gespannt wird und die Kompetenzunterschiede zwischen ihr und den Führern wachsen ... Den Massen allein unterliegt der Führer nie ...« (ebd.). Diese der traditionellen Familienstruktur, den gegebenen wirtschaftlichen Verhältnissen und dem Führerprinzip verhaftete Ideologie als Hintergrund seiner Argumentationen erklärt, warum Michels Auseinandersetzung mit Freud so oberflächlich und von irrationaler Ablehnung durchzogen blieb. Zugleich läßt sie Michels zu den Theoretikern des beginnenden zwanzigsten Jahrhunderts zählen, die »soviel dazu beigetragen haben, das geistige Klima zu schaffen, in dem der Faschismus und Nationalsozialismus großgeworden sind.« (Reiwald 1946, S. 326)

Max Scheler

(1874-1928; Studium der Medizin und der Philosophie in Jena; seit 1919 Professor für Philosophie in Köln, ab 1928 in Frankfurt)

Der katholische Kulturphilosoph und Wissenssoziologe Scheler trennte in seiner Theorie sehr scharf zwischen Geist und Natur, welche in ihrem Wesen und Wert für ihn voneinander unabhängig waren. Den Idealfaktoren, Ideen und Werten stellte er in übergeschichtlichem Antagonismus die Realfaktoren, die natürlichen Triebe der Selbsterhaltung, Nahrung und Fortpflanzung gegenüber. Die ideellen Faktoren sah er als diejenigen an, die bestimmen, *was* in der Gesellschaft verwirklicht wird, die realen Faktoren, *ob* dieses verwirklicht wird. Diese Prozesse und ihre Bedingungen zu beschreiben, war für Scheler Aufgabe der Soziologie und der Kulturphilosophie.

Diesen seinen kulturphilosophischen Ansatz entwickelte Scheler in scharfer Abgrenzung gegen die marxistische, für ihn wertersetzende Gesellschaftslehre und u. a. in der Auseinandersetzung mit den Trieblehren Spenglers, Freuds, dessen Theorie er bereits während des Ersten Weltkrieges aufgriff. Besonders in seiner Auseinandersetzung mit der Psychoanalyse wurde Schelers von der katholischen Sozialethik geprägte idealistische und antirationalistische Weltanschauung deutlich. Im Rahmen seiner wissenssoziologischen Betrachtung würdigte er besonders die Trieblehre der Psychoanalyse, nicht ohne allerdings bereits Vorwürfe der Einseitigkeiten des Pansexualismus anklingen zu lassen; er schrieb:

Die wahre Bedeutung des Lebens der Triebe, der eng mit ihren Regungen verbundenen Affekte und Gefühle einerseits, der triebhaften Aufmerksamkeitsspannungen – der Vermittlungen der Triebe und unsere Vorstellungen – und motorischen Impulse andererseits für unser gesamtes perzeptives Leben (Wahrnehmung, Vorstellung, Erinnerung, Fantasie, Denken) ist nach unserer Meinung mit verschwindenden Ausnahmen auch heute noch total verkannt. (. . .) Es findet sich weitaus aber, trotz aller Vagheit, Unbestimmtheit und Einseitigkeit (Sexualismus), immer noch das beste bei S. Freud und seinen ernsten Schülern. (1923, S. 332)

Die junge psychoanalytische Wissenschaft hat uns – trotz ihrer Übertreibungen – besonders in der neuen unnaturalistischen Form, die sie im Gegensatz zu Freud bei Adler, Maeder, Bergson anzunehmen beginnt, noch viel zu sagen über die Schicksalsbildung des Menschen (Kindheitserfahrungen). (1933, S. 272)

Sehr mißverständlich und m. E. auch gefährlich erschien Schelers Auffassung, daß das Ziel verschiedener Gesellschaftstheorien, zu welchen er auch u. a. die Psychoanalyse rechnete, die »Erlösung« unserer Zeitepoche sein müsse. Er forderte, daß es Aufgabe des Wissenschaftlers als »Arztes der Völker und Zeiten« sei, beizutragen »zu dem Heilsziele, den Menschen der ›Gegenwart‹ vom hypnotischen Band seines Zeit- und Volksmythos frei zu machen und ihn hierdurch für seine Gegenwarts- und Zukunftsaufgaben zu erlösen« (1933, S. 228). Folgerichtig im Rahmen dieser stark religiös motivierten Zielsetzung mißverstand Scheler die Psychoanalyse als Heilslehre und okupierte ihre Methode für die katholische Kirche:

Vor uns Heutigen liegen heilsärztliche Aufgaben zur Erlösung unserer Zeitepoche vielleicht mehr denn je. Daraus ist wohlverständlich, daß es bereits eine neue Literaturgattung gibt, die nur in der Einheit ihrer Aufgabe mir noch nicht klar gewahrt erscheint und darum bald mit Philosophie, bald mit Ethik, Psychologie und Pädagogik, bald mit Geschichtserkenntnis verwechselt wird. Ich rechne insbesondere – wenigstens ihrer Wirkung nach – hierher einige Arbeiten von Max Weber, Werner Sombart, Ernst Troeltsch über den Ursprung des ›kapitalistischen Geistes‹ (des eigentlichen Mythos der gegenwärtigen Weltepoche, besonders Europas). (1933, S. 229)

Nachdem Scheler so deutlich machte, von welchem Mythos er den Menschen freimachen wollte, erklärte er weiter, welchen Beitrag seiner Meinung nach die Psychoanalyse hierzu leisten könne:

Die Mythenforschung und Sprachphilosophie (s. auch Schroeders Vortrag auf dem letzten Philologentag) der Freud-Schule gehört ebenso wie die Gegenwartskritik dieser Schule dem Sinne nach gleichfalls hierher; sie ist nur analog der individuellen Psychotechnik dieser Schule durch ihre naturalistischen Grundlagen, und noch mehr durch ihre überspannte Sexualtheorie, von der erstgenannten Schriftgattung ganz verschieden und nicht mit Unrecht stark kompromittiert. Eine Verwerfung ihrer in Bausch und Bogen wäre aber gleichwohl ganz ungerecht. Was sie an Wahrem enthält, ist vielmehr erst zu prüfen. Und auf alle Fälle kann dem Urheber dieser Schule das Verdienst nicht abgesprochen werden, die Idee einer *kathartischen Technik* überhaupt wieder aufgenommen zu haben und hierdurch an eine ganz vergessene, nur in der katholischen Kirche in gewissen Resten noch erhaltene Kunst der Menschheit wieder angeknüpft zu haben. (ebd., S. 230)

Trotz dieser seiner Vorbehalte setzte sich Scheler in seinen psychologisch-philosophischen Arbeiten über »Selbsterkenntnis«, »Schamgefühl«, »die Liebesarten« u. a. im Zusammenhang mit psychologischen Detailproblemen intensiver mit der Psychoanalyse auseinander. Sein Interesse an ihr war vorwiegend durch philosophische und metaphysische Überlegungen motiviert.

Dabei vermischte Scheler, der gesellschaftliche Realität ausschließlich als von menschlichen Trieben oder überzeitlichen Ideen bestimmt sah, häufig philosophische und ideengeschichtliche Ableitungen eines Begriffes mit empirischen Ergebnissen wie sie etwa auch der psychoanalytischen Theorie zugrunde lagen. Er versuchte nicht nur, die Psychoanalyse im Sinne des Pansexualismusvorwurfes von dem entsprechenden Triebbegriff zu reinigen, sondern deutete auch diejenigen Begriffe, die er von Freud übernahm, seinem eigenen ideologischen Verständnis entsprechend um. So wurde dann etwa das Schamgefühl, für Freud eine Funktion des Über-Ichs, ebenso wie sein Begriff der Liebe für Scheler zu einem »unabhängigen Akt unseres Geistes«; er schrieb:

Die Schamzensur mache, daß das Individuum sich nicht eingesteht, was es sich doch tatsächlich wünscht und vorstellt, oder daß es, wie Freud sagt, solche Erlebnisse ›verdrängt‹. In diesen Lehren steckt aber – so sehr gewisse Tatsachen dabei, obzwar einseitig und ungenau, gesehen sind – eine völlig *irrige Deutung* der Tatsachen. (...)

Aber diese Deutung der Sache ist nur eine Folge davon, daß Freud in jenen libidinösen Regungen, welche die Scham verdunkelt, eben die eigentliche Substanz und Wirklichkeit unseres Lebens sieht, um im oberbewußten Leben nur eine feinere und verwickelte Symbolik für dieses Wirkliche, d. h. ein bloßes ›Epiphänomen‹. Jeder, der so denkt, muß natürlich die Scham als eine organische Form der Selbstbelügung verdammen und ihr die echte Selbsterkenntnis gegenüberstellen.

Die Sache steht aber genau umgekehrt. Es ist unser ›überbewußtes‹ *geistiges Selbst*, das wir in der inneren Wahrnehmung stets wahrzunehmen intendieren, das wir aber faktisch nur so weit wahrzunehmen und zu leben vermögen, als es uns der ›innere Sinn‹ gestattet, d. h. jene Summe von sinnlichen Leibempfindungen und Impulsen, die in jedem Augenblick das Ganze unseres Bewußtseins einzunehmen suchen und uns von einem reinen und wahren Blick auf die Tiefe unseres Seins wegzudrängen streben. Was wir gemeinhin unser ›Bewußtsein‹ und seinen Inhalt nennen, das ist allerdings nur Zeichen, Symptom, Epiphänomen; aber nicht Zeichen unseres unterbewußten Trieblebens, sondern ein Zeichen des tiefen fortwährenden *Kampfes,* den unser höheres geistiges Selbst, die ›überbewußte‹ Sphäre unserer Existenz, mit der ›unterbewußten‹, dem sinnlichen Empfindungsleben, führt ... Die Scham ist also keine Form der Selbsttäuschung, sondern gerade eine Kraft ihrer *Aufhebung.* (1933, S. 114)

Zum Beleg bemühte Scheler praktische Beispiele und versuchte, in Anknüpfung an den bekannten Vorwurf, Freud nachzuweisen, daß er pathologische Befunde auf »normale« Menschen übertrage:

Und auch das habe ich häufig gefunden, daß insbesondere stark hysterische weibliche Individuen sich ihre tiefe organische, innerpsychische Schamlosigkeit, vermöge der ihr Schamgefühl die Vorstellungs- und Wunschbildung, die den libidinösen Regungen entspricht, nicht im Keime zu hemmen vermag, sondern diese sich breit und parasitär ausbreiten läßt – diese ihre organische Schwäche als eine besondere ›Wahrhaftigkeit und Ehrlichkeit gegen sich selbst‹ auslegen, indem sie bei ›anderen‹ analoge Phantasien und Wünsche voraussetzen – nur seien diese ›anderen‹ nicht ›ehrlich‹ genug, sie zu sehen. Da dieser Gedanke auch die Theorie von Freud ist, so scheint hier Freud selbst einer Art unbewußter Ansteckung seitens seiner Patienten verfallen zu sein. (. . .) Indem er diese Beobachtungen aber auch auf den normalen Menschen generalisierte, entstanden seine Irrungen, die übrigens die *medizinische* Bedeutung seiner diesbezüglichen Lehren an sich nicht notwendig tangieren. (ebd., S. 116)

Nachdem Scheler so in aller Deutlichkeit zu verstehen gegeben hatte, daß es ihm nicht um die Aufdeckung neurotischer Mechanismen, sondern im Gegenteil um die Hemmung libidinöser Impulse ging, schrieb er weiter im Zusammenhang einer Betrachtung der »Liebe« unter entsprechend scharfer Trennung von Geist und Körper, Trieb und Idee:

Liebe ist also auch als Geschlechtsliebe, nicht erst als ›Güte‹ niemals bloß ein ›verfeinerter Geschlechtstrieb‹ oder gar, wie Freud meint, eine Form der Libido. (. . .) Die Geschlechtsliebe ist, unabhängig selbst von der empirischen Kenntnis des Daseins eines anderen Geschlechts und seiner Beschaffenheit, eine besondere Artqualität und Richtung der Bewegung der Liebe selbst, die ein elementarer, *unableitbarer Akt unseres Geistes* ist. (ebd., S. 118)

Indem Scheler die idealistische Trennung und Gegenüberstellung von Trieb und Idee bzw. Trieb und Werthaltung explizit zur Grundlage seines Gesellschaftsbildes und seiner Theorie machte, mußte er sich folgerichtig gegen die Kernstücke der psychoanalytischen Theorie, Libido-Lehre und Verdrängungsbegriff zur Wehr setzen. Es blieb ihm von daher keine Möglichkeit, die Psychoanalyse unverfälscht, ohne Reinigung und Umdeutung Freudscher Kernsätze, zu rezipieren. Auf der Ebene der theoretischen Auseinandersetzung drückte sich dies im Vorwurf des Naturalismus und des Pansexualismus aus. Schelers idealistischer Ansatz ließ ihm so nur einen äußerst geringen Spielraum, die Ergebnisse psychoanalytischer Forschung aufzunehmen. Dennoch blieb seine Auseinandersetzung mit Freud für die deutsche Soziologie nicht ganz folgenlos. Einige Autoren griffen seine Kritik der Psychoanalyse auf oder wandten sich gegen sie, wie dies z. B. Vleugels bezüglich Schelers Verständnis des Libido-Begriffes tat. Insgesamt trug er durch seine frühe Auseinandersetzung mit der Psychoanalyse dazu bei, ihr zumindest in der kulturphilosophischen Diskussion als Trieblehre Beachtung zu verschaffen.

Max Weber

(1864-1920; Soziologe, Nationalökonom, Jurist; 1893 außerordentlicher Professor für Handelsrecht in Berlin; 1894 Professor für Nationalökonomie in Freiburg; 1897-1899 Professor in Heidelberg; Herausgeber des »Archiv für Sozialwissenschaft und Sozialpolitik«; im 1. Weltkrieg militärischer Leiter der Heidelberger Lazarette; Mitbegründer der »Deutschen Demokratischen Partei«; Teilnahme an den Versailler Friedensverhandlungen; Mitbegründer der Deutschen Gesellschaft für Soziologie; 1918 Professor in Wien, 1919 in München)

Obwohl Weber bereits vor dem 1. Weltkrieg mit der Psychoanalyse in Kontakt kam, nahm er in seinen umfangreichen soziologischen und politischen Schriften nie auf sie Bezug, noch berücksichtige er sie in irgendeiner Form: seine Bekanntschaft mit der Psychoanalyse war eher privater Natur.

Webers Begegnung mit psychoanalytischem Gedankengut fand, wie Marianne Weber in der Biographie ihres Mannes verdeutlichte, im Zusammenhang mit – für Weber hochpolitischen – Auseinandersetzungen um ethische Normen und Werte statt. Er sah im Zuge gesellschaftlicher Entwicklungen besonders Werte wie die Familie, die monogame Ehe, Treue, Verantwortung u. a. in Frage gestellt, wobei »sozialistische Ehetheorien, Nietzsche, Ellen Key, der Psychiater S. Freud u. a. (...) der auflösenden Richtung die geistigen Waffen lieferten« (1950, S. 491). Besonders durch die Lehren Freuds fühlte sich Weber nach Darstellung seiner Frau geradezu persönlich angegriffen. In einer brieflichen Begründung seines Vetos gegen die Veröffentlichung einer psychoanalytisch orientierten Abhandlung im »Archiv für Sozialwissenschaften und Sozialpolitik« wird seine stark moralisch und auch affektiv gefärbte Ablehnung der Psychoanalyse deutlich (21):

Die Theorien von S. Freud, die ich jetzt auch aus seinen größeren Schriften kenne, haben sich im Lauf der Jahre zugestandenermaßen stark gewandelt und sind nach meinem laienhaften Eindruck noch jetzt keineswegs in ihre endgültige Fassung gebracht –· wichtige Begriffe, wie z. B. der des

Abreagierens, sind gerade neuestens leider bis zur völligen Verschwommenheit verstümmelt und verwässert worden (in der »Zeitschrift für Religionspsychologie« vorerst, NB! ein Brechmittel, aus dem »heiligen Gott« und diversen erotischen Unappetitlichkeiten zusammengerührt, wie ich beiläufig bemerken möchte). Gleichwohl unterliegt es keinem Zweifel, daß Freuds Gedankenreihen für ganze Serien von kultur-, speziell *religions*historischen und sittengeschichtlichen Erscheinungen zu ‚einer Interpretationsquelle von sehr großer Bedeutung werden *können*, – wenn auch freilich von der Warte des Kulturhistorikers aus abgeschätzt, ganz entfernt nicht von so universeller, wie der sehr begreifliche Eifer und die Entdeckerfreude von Freud und seinen Jüngern dies annimmt. Vorbedingung wäre die Schaffung einer exakten Kasuistik von einem Umfang und einer Sicherheit, wie sie heute, trotz aller Behauptungen – eben nicht, sondern vielleicht in 2-3 Jahrzehnten bestehen wird: man muß nur verfolgen, was Freud alles in einem Jahrzehnt wieder geändert hat, und wie erschreckend klein, trotz allem, noch immer sein Material ist, was sehr begreiflich und gar kein Vorwurf ist. Statt dieser notgedrungen spezifisch *fach*mäßigen Arbeit sehen wir nun aber Freuds Anhänger, insbesondere Herrn Dr. X., sich teils metaphysischen Spekulationen, teils, und das ist schlimmer, den vom Standpunkt strenger Wissenschaft aus kindlichen Fragen zuwenden: »Kann man das essen?«, d. h. kann man nicht eine Weltanschauung praktischer Art daraus fabrizieren? (ebd., S. 415 f.)

Während Weber sich an dieser Stelle noch um eine vergleichsweise sachliche und kollegiale Stellungnahme zum damaligen Stand der Psychoanalyse als Wissenschaft zu bemühen schien, ihr zwar Spekulation, unklare und metaphysische Begriffsbildung vorwarf, aber zugleich Kompetenz für spezielle Fragen zugestand, griff er im Weiteren zum moralischen und ästhetischen Urteilen von einer Schärfe, die seiner persönlichen Haltung deutlichen Ausdruck verlieh:

Und allen leidenschaftlichen Protesten zum Trotz, welche diese Interpretation naturgemäß hervorrufen würde, ist doch der *ethische* Gehalt der neuen Lehre nur *dieser*, es steckt nichts, *gar* nichts sonst an Greifbarem dahinter, als diese Spießbürgerei: Wenn *jede* Unterdrückung von affektbetonten Wünschen und Trieben zur ›Verdrängung‹ führt – und die *Wort*fassung wenigstens enthält diese törichte Behauptung – und wenn die ›Verdrängung‹ als solche das absolute Übel ist, angeblich, weil sie zu innerer Unwahrheit, zu ›Irrtum und Feigheit‹ führe – in Wirklichkeit, weil sie vom *fach*menschlich *nervenhygienischen* Standpunkt aus die Gefahr der Hysterisierung oder der Zwangsneurose, der Phobie usw. mit sich bringt, *dann* mußte diese Nerven-Ethik überhaupt den Mut haben, mir zu empfehlen, *jeder* noch so hündisch gemeinen Regung meiner Begierden und meines Trieblebens zum Abreagieren – und das heißt: zu einer ihr *irgendwie* adäquaten Form der *Befriedigung,* – freie Bahn zu geben, weil andernfalls meine lieben Nerven Schaden nehmen könnten: Das ist der echte und wohlbekannte Standpunkt des medizinischen Banausen!

Tue ich der Theorie des Herrn Dr. X. etwa Unrecht? – Aber auf S. 9 des Aufsatzes finde ich ja expressis verbis den Satz, von den *Opfern,* welche die ›Anpassung‹ (d. h. die Unterdrückung von Wünschen um des Innehaltens der Normen willen) *kostet* – und diese Opfer sind eben *Gesundheits*opfer. Mir wird m. a. W. doch eben die Schäbigkeit zugemutet, ehe ich so handle, wie ich es meiner Menschenwürde schuldig zu sein glaube, zu berechnen: ›was kostet's?‹ (ebd.)

Wenn Weber der Psychoanalyse hier Überempfindlichkeit und Berechnung unterstellte, so schien dieser Vorwurf zunächst noch den ungenannten Schüler Freuds speziell zu treffen, aber darüber hinaus ließ er keinen Zweifel daran, daß er grundsätzlich der Psychoanalyse als Methode den Mangel aller ethischen Zwecke vorwarf; er schrieb:

... und um eine Repristination der *Beichte* – mit etwas anderer Technik – handelt es sich ja bei dem Freudschen Kurverfahren. Nur ist der Zweck hier *noch* weniger ein ethischer als es bei dem alten Ablaß Tetzels der Fall war. Wer sich selbst über sich betrügt und betrügen will und verlernt hat, sich der Dinge zu erinnern, deren er sich in seinem Leben zu schämen hat, und deren er sich zum recht erheblichen Teil sehr gut, wenn er will, erinnern *kann,* dem wird *ethisch* auch dadurch nicht geholfen werden, daß er sich Monate lang auf Freuds Kanapee legt und sich von ihm infantile oder andere Erlebnisse beschämender Art, die er verdrängt hat, ins Bewußtsein zurückrufen läßt. Freuds Kuren mögen für ihn *hygienischen* Wert haben – was ich z. B. aber dabei ethisch gewinnen sollte, wenn mir etwa irgendein sexueller Unfug, den meinetwegen ein Dienstmädchen mit mir getrieben hätte (Freudsche Beispiele!) oder eine schmutzige Regung, die ich verdrängt und vergessen habe, repristiniert würde – das weiß ich nicht. (ebd.)

Während Weber schlicht die Existenz des Unbewußten in Abrede stellte und an seiner Haltung zur menschlichen Sexualität als etwas Unsauberem kaum Zweifel aufkommen ließ, machte er deutlich, daß es für ihn solchen Regungen gegenüber nur die Macht des moralischen Anspruches gab, ein Maßstab, an welchem er jedes menschliche Verhalten unentschuldbar maß. Es leuchtet ein, daß einer solchen, traditionellen Normen verpflichteten und äußerst konservativen Haltung gegenüber die Psychoanalyse als Wissenschaft, die gerade die Wurzeln solcher und anderer Werthaltungen zum Gegenstand ihrer Untersuchungen machte, zur Gefahr werden mußte, die mit allen Mitteln zu bekämpfen war. Ging es doch um diejenigen Grundsätze, die der Person des Kritikers ihren Halt verliehen. Insofern die Psychoanalyse traditionelle ethische Normen angriff, verstand Weber sie mit Recht als Weltanschauung, die er konsequent vor dem Hintergrund seines eigenen – fragwürdigen – wissenschaftstheoretischen Postulats der »Wertfreiheit«, als Wissenschaft nicht akzeptierte:

Denn *Fach*wissenschaft ist Technik, lehrt technische Mittel. Wo aber um Werte gestritten wird, da wird das Problem in eine ganz andere, jeder beweisbaren ›Wissenschaft‹ entzogene Ebene des Geistes projiziert; präziser: eine gänzlich heterogene *Fragestellung* vorgenommen. Keine Fachwissenschaft und keine noch so wichtige wissenschaftliche Erkenntnis, und die Freudschen Entdeckungen, wenn sie sich endgültig bewähren, rechne ich ganz gewiß zu den wissenschaftlich wichtigen – gibt Weltanschauung. (ebd.)

So wurde die Psychoanalyse auf zweifache Art Weber zum Ärgernis. Zum einen stellte sie seine persönlichen ethischen Normen und Werte in Frage; zum anderen durchbrach sie, indem sie das tat, notwendigerweise auch sein Postulat der wissenschaftlichen Wertfreiheit; sie bezog eindeutig gegen das Absolutsetzen moralischer Normen Stellung. Webers Trennung von moralischem Engagement in persönlichem wie politischem Bereich und vorurteilsloser Objektivität im Bereich der Wissenschaft erwies sich vor dem Hintergrund analytischer Theorie als allzu fragwürdig. Von daher erscheint verständlich, daß Weber – wenn überhaupt – die Psychoanalyse nur als Fachwissenschaft und Technik gelten ließ, sie darüber hinaus in der dokumentierten Form bekämpfte und im übrigen schlicht ignorierte.

Franz Wilhelm Jerusalem

(geb. 1883; studierte Jura, Staatslehre, Soziologie; seit 1918 Lehrtätigkeit als Professor für Soziologie in Jena und Frankfurt)

Jerusalem gehörte zu den Autoren, die die Psychoanalyse durchaus wohlwollend erwähnten und in ihren eigenen theoretischen Ansätzen auch rezipierten, bzw. psychoanalytische Begründungen für ihre eigene Theorie anführten.

In seiner »Soziologie des Rechts« (1925) ging Jerusalem davon aus, daß das soziale Leben von Gesetzmäßigkeiten bestimmt und sein Grundprinzip die Gemeinschaft sei. Allem menschlichen Handeln wohne der Drang zur Gesetzmäßigkeit und zur ständigen Wiederherstellung derselben inne. Als Beweis für diese statische und im Grunde konservative Vorstellung zog er u. a. auch Freuds Theorie der Fehlleistungen heran: »Der Drang zur Wiederherstellung [der durch die Fehlleistungen durchbrochenen Norm] zeigt sich darin, daß die Gesetzwidrigkeit selbst nachträglich korrigiert wird. Freud hat auf dieses Bedürfnis der Korrektur beim Versprechen aufmerksam gemacht« (1925, S. 131).

Zum Beweis für seine Annahme einer Unzahl miteinander rivalisierender Aktionsformen, die im Menschen und seiner Gemeinschaft existierten, wurde ihm Freuds Erkenntnis der Ambivalenz im menschlichen Gefühlsleben: »Freud betrachtete bekanntlich das Seelenleben als einen ›Kampf und Tummelplatz entgegengesetzter Tendenzen‹. Zu ihnen gehören auch die Aktionsformen, welche sich in der einzelnen Persönlichkeit ausgebildet hatten oder von früheren Generationen übernommen worden waren, dann aber unterdrückt, ›verdrängt‹ wurden« (ebd. S. 136). So verstand er auch Kollektivismus und Individualismus als 2 Prinzipien, die sich in der Gemeinschaft gegenüberstehen und in der Entwicklungsgeschichte der Menschheit einander in ihrer Vorherrschaft ablösen. Als konstituierendes Moment des Kollektivismus sah Jerusalem dabei die Vorgänge der Einfühlung, bzw. Identifizierung, die ihm auch durch die psychoanalytische Theorie untermauert schienen: »Besonders die medizinische Praxis weiß von merkwürdigen Fällen solcher Identifizierung. Der berühmte Ödipus-Komplex von Freud beruht darauf. Diese Identifikation kann soweit gehen, daß der Träger der Einfühlung sich seiner eigenen Persönlichkeit völlig zu entäußern scheint, daß er nur noch in der fremden Persönlichkeit lebt, von ihr aus fühlt und denkt, handelt und tätig ist.« (ebd. S. 177)

So griff Jerusalem Bruchstücke aus der psychoanalytischen Theorie heraus, die Begriffe der Ambivalenz, der Identifizierung etc., und verleibte sie seiner eigenen Lehre ein. Er entnahm diese Begriffe der Psychoanalyse ungeachtet ihres dortigen Kontextes, wobei er auch gerade die Kernstücke der Freudschen Theorie und ihren gesamten inneren Zusammenhang außer acht ließ. So konnte es geschehen, daß sich Versatzstücke psychoanalytischer Theorie scheinbar bruchlos Jerusalems Lehre einfügten, die selbst ein sehr statisches und in sich geschlossenes Geschichts- und Gesellschaftsbild zum Gegenstand hatte.

Diese bruchstückhafte und willkürliche Rezeption der Psychoanalyse durch Jerusalem blieb für ihn wie für die gesamte deutsche Soziologie ohne Folgen; das genannte Buch war Jerusalems einzige Veröffentlichung, in welcher er zu Freud Stellung nahm. Von seiten anderer Autoren wurde zu seiner Rezeption der Psychoanalyse nie Stellung genommen.

Franz Oppenheimer

(1864-1943; bis 1896 praktizierender Art; dann Redakteur, freier Schriftsteller; während des 1. Weltkrieges Referent im Kriegsministerium; seit 1909 Lehrtätigkeit in Berlin; 1919-1929 Professor für Soziologie und ökonomische Theorie in Frankfurt; 1933 Emigration in die USA)

Der liberale Soziologe und Nationalökonom Oppenheimer erwähnte die Psychoanalyse in seiner sehr umfassenden und einflußreichen soziologischen Lehre kaum mehr als nur am Rande; auch fand er über ihre Erwähnung nicht zu einer weitergehenden inhaltlichen Auseinandersetzung.

So zitiert er Freuds Urhordenhypothese etwa im Zusammenhang anthropologischer Betrachtungen als eine wegen der ihr immanenten Gewalttätigkeit »ungünstige« Theorie, ohne aber darüber hinaus auf sie einzugehen (1922). In der Diskussion der »Introspektion« als einer »Quelle der Erfahrung« bezog er sich kurz auf die Psychoanalyse Freuds, deren thematische Nähe hier sicher breitere Würdigung erlaubt hätte:

Ebenso erfahren wir von jenen dunklen Schichten unseres Bewußtseins im Traum – hier sucht die Psychoanalyse den Weg zur Praxis der Heilung – und in den seltenen Fällen, wo wir das plötzliche »Aufsteigen« heftiger Leidenschaften: Enthusiasmus, Zorn, Haß, Ekel usw. in uns erleben als Tatsachen, denen oft genug unser Verstand und unsere Vernunft ratlos und mißbilligend gegenüberstehen. (1922, S. 195)

Oppenheimer berücksichtigte hier das Unbewußte im Sinne Freuds ausdrücklich in seiner soziologischen Theorie. Dabei war ihm dies so selbstverständlich, daß er Spann, einem konservativen und antisemitisch eingestellten Soziologen, der, wie an anderer

Stelle beschrieben, auch der Psychoanalyse mit starken irrationalen Vorbehalten gegenübertrat, einen Mann »voller ›verdrängter Komplexe‹, um mich in der Sprache der Psychoanalyse auszudrücken« (1928, S. 19), nannte.

Oppenheimers, trotz seiner breiten Auseinandersetzung mit sozialpsychologischen Fragestellungen nur sehr spärlichen Bemerkungen zur Psychoanalyse wirkten sehr distanziert; sie verrieten Kenntnis und auch Anerkennung der Psychoanalyse als sozialpsychologischer Theorie – nicht mehr.

Hermann Heller

(1891-1933; Staatsrechtler und Staatssoziologe; Lehrtätigkeit in Kiel, Berlin und Frankfurt)

Für den Staatstheoretiker Heller reihte sich die Psychoanalyse in seinem Werk »Staatslehre« in die Kette der Trieblehren ein, wie sie etwa auch von Schopenhauer, Nietzsche, McDougall und Scheler vertreten wurden (Heller, 1934, S. 78). Er würdigte dort zwar die Bedeutung von Trieblehren als »notwendige Voraussetzung einer Realsoziologie«, stellte aber zugleich ihre Beschränkung dar:

Wohl sind die tiefenpsychologischen Einsichten in die menschliche Triebstruktur von größtem Wert für die Erkenntnis der Möglichkeit eines gesellschaftlichen Zusammenhanges, für das Verständnis der potentiellen politischen Einung.

Auf keinen Fall kann die gesellschaftliche und politische Einung als ein bloßer »Überbau«, als Funktion oder Fortsetzung einer solchen Einung auf der vitalen Ebene begriffen werden (1934, S. 79).

Dementsprechend sah Heller die Psychoanalyse als eine naturalistische Trieblehre, damit aber nur als Lehre von der menschlichen Natur wichtig und ohne weitere Bedeutung für die Soziologie. Heller bemühte sich lediglich darum, immanent aus Freuds Massentheorie und seiner Gegenüberstellung von affektiver, »psychologischer« und organisierter, d. h. die Eigenschaften des Individuums übernehmender Masse den Nachweis für den »Naturalismus« der Psychoanalyse zu führen (Heller 1934, S. 80). Nachdem diese Zuordnung getroffen war, fand die Psychoanalyse in Hellers Staatslehre keine weitere Beachtung mehr.

Theodor Geiger

(1891-1952; Dr. jur.; ab 1928 Professur für Soziologie in Braunschweig; 1933 Emigration, Lehrtätigkeit zunächst in Schweden, später in Kanada)

Während seiner Tätigkeit in Deutschland vertrat Geiger die von Tönnies und Simmels begründete Richtung der formalen Soziologie, deren Ziel hauptsächlich die Erfassung der Formen sozialen Geschehens darstellte. Für Geiger selbst war Soziologie im wesentlichen eine Gruppenlehre, ein Ansatz, der ihn unmittelbar zu einer beschreibenden Gruppen- und Massentheorie führte, mit deren Formulierung er lange und intensiv befaßt war; allein zwischen 1926 und 1932 veröffentlichte er ein Dutzend Beiträge zu diesem Thema. Gemessen an dem Umfang seiner Arbeiten zu einer Theorie der Masse und verglichen mit den Stellungnahmen anderer Autoren blieb Geigers Rezeption der Psychoanalyse dabei allerdings sehr dürftig und bruchstückhaft.

So wies er etwa im Anhang seines Buches »Die Gestalten der Gesellung« (1928) darauf hin, daß Freud in seiner »Massenpsychologie und Ich-Analyse« das Problem der Masse vom psychoanalytischen Standpunkt her behandele und erklärte in dem Artikel (»Gesellschaft« im »Handwörterbuch der Soziologie« sogar, daß die »Trieblehre (. . .) der Freudschen Psychoanalyse wieder erhöhte Bedeutung in der Soziologie« gewinne (Vierkandt 1931, S. 201). Zwar stimmte Geiger – in bezug auf ein Detailproblem der Massentheorie – »Freud völlig darin bei, daß man nicht von Suggestion (einem Vorgang), sondern von der Suggerierbarkeit (einer Eigenschaft) sprechen müsse« (1926, Anm. S. 124), vermied aber trotz der Nähe seines Arbeitsgebietes zu psychoanalytischer Thematik jede weitere Auseinandersetzung. Lediglich indirekt, in der Kritik von Vleugels psychoanalytische Ansätze einbeziehender Massentheorie, nahm er zu Freuds Urhordenhypothese Stellung. Gegen Vleugels, der Freud folgend erklärte, daß in der affektiven und leicht zu beeinflussenden »psychologischen Masse« die Individuen durch alte primitive Verhaltensweisen miteinander verbunden seien (s. Dok. S. 80 ff.), schrieb er in schroffer Ablehnung: »Wenn nun aber behauptet wird, das von Urzeiten her dem Menschen Gegebene sei dies allen Gemeinsame, es sei sonst ›verdrängt‹, nunmehr hervortretender Besitz, so liegen hier Annahmen zugrunde, die (trotz Psychoanalytik) nicht haltbar sind« (1931, S. 99).

Ebenso erschienen ihm in seiner Schrift »Formen der Vereinsamung«, in welcher er pathologische Fälle und Einzelschicksale diskutierte, psychoanalytische Erklärungen individueller Schicksale schlicht »überflüssig«, die Psychoanalyse als eine »Mode« und ihr Zuspruch in der Berliner Oberschicht als Beispiel einer »Psychoepidemie« (1926, S. 174).

Geigers Distanz und Skepsis gegenüber der Psychoanalyse drückte sich nicht nur in diesen Andeutungen aus, sondern auch darin, daß er trotz seiner Kenntnis der einschlägigen Freudschen Schriften und trotz intensiver Beschäftigung mit den gleichen sozialpsychologischen Problemen wie Freud dessen theoretische Ansätze an keiner Stelle näher in seine Überlegungen einbezog.

Diese Haltung war symptomatisch für die Einstellung vieler Soziologen zu Freud und ein Teil der irrationalen Barrieren gegen die Rezeption der Psychoanalyse.

RICHARD BEHRENDT

(geb. 1908; Studium der Nationalökonomie in Deutschland und der Schweiz; 1931 Dr. rer. pol. in Basel; 1935-1940 Lehrtätigkeit in Panama; 1940-1953 an amerikanischen Universitäten; Wirtschaftsberater in verschiedenen südamerikanischen Staaten; seit 1953 Professor für Soziologie und internationale Wirtschaftsorganisation in Bern; Neoliberaler)

Wie die meisten anderen Autoren, kam Behrendt ausgehend von der Beschäftigung mit Problemen der Massenpsychologie zur Auseinandersetzung mit der Psychoanalyse. Dabei benutzte er diese als willkommene Hilfswissenschaft und baute sie, im Grunde sehr unkritisch, in sein eigenes Gesellschaftsbild und seine Gesellschaftstheorie ein. So war die Psychoanalyse für Behrendt zwar eindeutig individuell ausgerichtete Psychologie, aber darüber hinaus Bindeglied zwischen Psychologie und Soziologie. Ausgangspunkt für diese Einschätzung war für ihn die psychoanalytische Auffassung des Verhältnisses von Führer und Masse. In der »psychoanalytischen Bewegung« von 1930 schrieb er:

Das Ziel, das sich dieser kleine Versuch setzt, ist, die Bedeutung der psychoanalytischen Forschung, ihrer Methode und ihrer Resultate für die

Untersuchung der *sozialen Beziehungen zwischen dem Führer eines sozialen Gebildes* und dessen *übrigen Angehörigen* zu erkennen. (...)
Der Ursprung und die wohl auch heute noch grundlegende Bedeutung der Psychoanalyse ist in der Psychopathologie und der Individualpsychologie zu suchen. Die Psychoanalyse stellt ihrem Wesen und der Anschauung ihrer Begründer nach eine Heilmethode dar. (1930, S. 134)

Hier würdigte Behrendt die Psychoanalyse allgemein als eine Lehre, die über die bloße Beschreibung von Massenphänomenen hinaus Erklärungen für diese bereitstellt:

Solche Klassifizierungen und Fiktionen mögen durchaus notwendig sein, ungefährlich sind sie u. E. nur dann, wenn man sich darüber klar ist, daß ihre Feststellung fast völlig im Bereich der *Deskription* bleibt: sie setzt an Stelle besonders ausgeprägter Verhaltensweisen der Massenangehörigen *Benennungen,* die diese Verhaltensweisen *verdeutlichen,* aber *nicht erklären.* Hier erst müßte die Analyse beginnen, die es sich zum Ziel setzt, »die psychischen Wechselwirkungen zwischen den zu einer Masse vereinigten Individuen und die Modifikationen, die die Seele des einzelnen dadurch erfährt, zu untersuchen« (*Vleugels,* Wesen und Eigenschaften der Masse, S. 71) und die daher bestrebt sein muß, möglichst wenige eindeutige psychische Grundkomponenten aufzuzeigen. Und *hier setzt die Psychoanalyse ein.* (...)
Die Freudsche Massenpsychologie verdient diese Bezeichnung, das sei sofort gesagt, nur in dem Sinne, daß sie sich mit in einer Masse vergesellschafteten Menschen beschäftigt. Sie bleibt ihrer Methode nach völlig *Individual*psychologie, – muß es naturgemäß bleiben. Und wenn sie Erfolge zeitigte, so liegt gerade hierin die Hauptursache, wie wir glauben möchten und wie wir im folgenden zu zeigen versuchen werden. (ebd., S. 136)
Die Psychoanalyse bietet m. E. bisher die einzige Möglichkeit, die Prozesse der Vergesellschaftung auf den verschiedenen Stufen ihrer integrierenden Intensität psychologisch restlos zu unterbauen, zu deuten und in ihrer inneren psychischen Struktur zu erfassen. Statt »Herden«- oder »Gemeinschaftsinstinkt«, bloßen äußeren Benennungen ohne irgendwelchen erklärenden, geschweige analytischen Wert, gewinnen wir durch sie eine einheitliche, von einem Zentralpunkt, der Libido und ihren verschiedenen Ausformungen ausgehende Auffassung von menschlichen Seelenleben in der Vergesellschaftung. (1932, S. 8)

Im Gegensatz zu den meisten anderen Autoren, die die Freudsche Trieblehre als allzu einseitig und zu stark vereinfachend ablehnten, folgte Behrendt hier mit vordergründiger Begeisterung der psychoanalytischen Libido-Theorie. Zentral wurde dabei für ihn der Begriff des Ich-Ideals als des innerpsychischen Niederschlags des Vater-Sohn-Konfliktes und damit als theoretisches Bindeglied zwischen Individuum und Gesellschaft:

> Die unter systematischem Gesichtspunkt unlösbare *Verknüpfung zwischen dem Antagonismus Vater – Sohn und dem Antagonismus soziale Sphäre – Individuum ist damit ein für allemal konstituiert*. Alle soziale Integration, das heißt alle über das einzelne Individuum hinausreichende Bindung und Vergesellschaftung ist psychologisch nur durch Vermittlung dieser Instanz möglich. Denn jede Vergesellschaftung geht psychisch durch einen ganz bestimmten Prozeß im Ich-Ideal vor sich: auf dem Wege einer Ersetzung des eigenen idealen Ichs durch eine Führergestalt oder – unter besonderen Umständen – durch eine Institution, eine Idee und weiterhin, jedenfalls auf Grund dieses Vorganges, durch Identifizierung mit anderen Menschen auf Grund dieses gleichen Ich-Ideals. (1932/33, S. 295)

Trotz aller ausdrücklichen Wertschätzung der Psychoanalyse übernahm Behrendt weder Freuds Annahme eines Aggressionstriebes (»Aggression ist – vielleicht – ein essentielles Produkt der menschlichen Seele in ihrer sozifizierten Form, aber nichts scheint uns dazu zu zwingen, ihren Ursprung generell am für uns genetisch letzten Ort zu sehen«, 1932, S. 169), noch seine Urhordenhypothese: »Aber dies sind doch mehr oder weniger wahrscheinliche Hypothesen, die nicht untrennbar zur psychoanalytischen Führer-Theorie gehören« (1930, S. 148). Diese allerdings wurde für Behrendt zum Schlüssel zu einer Reihe sozialer Phänomene, wobei er mit der Anwendung psychoanalytischer Deutungen auf solche zum Teil äußerst freizügig verfuhr. So erschien ihm die »öffentliche Meinung« unter völligem Außerachtlassen aller politischen und ökonomischen Aspekte als Ergebnis und Ort der Austragung von Generationskonflikten, letztlich ödipaler Problematik:

> ... die öffentliche Meinung ist immer der Rechtfertigungsversuch der »Jetztzeit«, *das Bestreben der jeweiligen Generation, in Form einer Ideologie auf jedem Niveau* – von der Stammtischüberzeugung über den Leitartikel bis zum Literaturprodukt –, *ihre Lebensform vor der der früheren Generation zu rechtfertigen.* (1932/33, S. 292)

Verständlich ist nun die Tatsache, daß sich eine oppositionelle »*öffentliche*« Meinung dem Komplex von Wertungen und Normierungen entgegenstellt, die sich dem Individuum in seiner frühesten Entwicklung versagend und gebietend gleichfalls aus der sozialen Sphäre heraus ganz analog als öffentliche Meinung präsentiert hat. (...)

Wozu der Einzelne allein für sich, gegen eine geschlossene Front der in ihm selbst wirkenden Vergangenheit unfähig wäre, das besorgt so seine ganze Generation für ihn: sie »meint« oppositionell gegen die vorige Generation und gegen das väterlich konstituierte Ich-Ideal und konstiuiert und behauptet ein neues Ideal-Ich. Sie bietet ihm so die Sicherheit der umfassenden Sozialität, die er durch die Emanzipation von der »Vater-Gesellschaft« zu verlieren schien. Nur unter dieser Voraussetzung ist dem »Durchschnittsmenschen« überhaupt diese Loslösung möglich (...)

Aus dieser exquisit sozialen Funktion der öffentlichen Meinung ist ohne weiteres ihre im höchsten Grade uniformierende und normierende Kraft verständlich: gerade durch sie, durch die Produktion eines Gefühls des seelischen Eins-Seins mit vielen möglichst Gleichartigen, erfüllt sie diese Funktion. (ebd., S. 295)

Insgesamt galt Behrendts Hauptinteresse dem Problem des Führers: »Freud wirft zwar – und wahrscheinlich mit Recht – der bisherigen Massenpsychologie ihre mangelhafte Beschäftigung mit dem Führer vor und betont, ›daß das Wesen der Masse bei Vernachlässigung des Führers nicht zu begreifen sei‹ (Werke VI, S. 320), aber er selbst gibt über die psychische Lage des Führers gegenüber der Masse kaum mehr als einige Andeutungen« (1930, S. 148). Dieser, bei Freud seiner Meinung nach ungenügend beleuchteten Seite des Problems, widmete Behrendt sein 1932 erschienenes Buch »Politischer Aktivismus. Ein Versuch zur Soziologie und Psychologie der Politik«. Ausgehend von dem auch durch Freud postulierten grundsätzlichen Widerspruch von individuellen Bedürfnissen und herrschender soziokultureller Norm begriff Behrendt »die politischen Aktivisten«, d. h. Führer oder Führernaturen, als Individuen, die, gemessen an der kulturellen Norm, asoziale und tendenziell pathogene Charakterzüge durch politische Aktivität kompensieren. »Politische Aktivisten« unterwerfen sich nicht den Forderungen ihres Ich-Ideals, sondern leben ihre narzißtischen Bedürfnisse im sozialen Bereich aus, »so führt Asozialität zu Führertum« (1930, S. 151).

Behrendt übernahm hier für die Darlegung seines Führerbegriffes die psychoanalytische Narzißmustheorie und verwandte seine genannte Schrift darauf, mit ihrer Hilfe eine Reihe von politischen Führern der neueren Geschichte zur Untermauerung seiner These zu »analysieren«. Damit folgte Behrendt einem personalisierenden Ansatz der Geschichtsbetrachtung, der auch von psychoanalytischer Seite, etwa von E. Kohn oder E. Lorenz (s. Lit.) des öfteren versucht wurde und – besonders durch marxistische Autoren schärfstens kritisiert – die Psychoanalyse insgesamt in Mißkredit brachte. All diesen aufwendig betriebenen Versuchen einer Psychoanalyse führender Persönlichkeiten war gemeinsam, daß ihnen die Geschichte zu einer Abfolge von herausragenden psychisch abnormen Führerfiguren gerann, die sich der Massen bedienten und in deren Lebensgeschichte der Schlüssel zu den historischen Entwicklungen zu finden war. Auch wenn Behrendt in Rechtfertigung dieses Verfahrens schrieb, daß sein Ziel »ja nicht die spezielle psychologische Analyse, sondern Aufweis und Deutung sozialer Beziehungen und Gebilde mit Hilfe psychologischer Erkenntnisse« sei (1932, S. 29), so verblieb er in seiner Schrift doch im Bereich der Analyse eben jener Führerpersönlichkeiten, in deren Leben und Charakter zwar sicher ein Stück Sozialgeschichte ihren Niederschlag findet, welche aber letztlich für soziologische wie historische Analysen nur Illustration sein können.

Daß Behrendt über Freuds Massen-Psychologie hinaus sich die gesamte psychoanalytische Theorie einschließlich der sonst heiß umstrittenen Libido-Lehre, soweit diese im Zusammenhang seiner Thematik von Bedeutung war, so unmittelbar und ohne ernsthafte Kritik zu eigen machte, erscheint nicht zufällig: sie wurde ihm willkommenes Hilfsmittel, seine eigene stark personalistisch ausgerichtete Auffassung von Geschichte zu untermauern und zu illustrieren.

Behrendts Rezeption der Psychoanalyse blieb, obgleich sie bei anderen Autoren Parallelen fand (s. o.), in Deutschland ohne weitere Beachtung, zumal seine einschlägigen Veröffentlichungen auch erst kurz vor der Machtergreifung des Nationalsozialismus und des Autors Übersiedlung nach Amerika erschienen. Auch für Behrendt selbst blieb seine Auseinandersetzung mit Freud folgenlos; in seinen späteren Schriften wurde sie nicht mehr aufgegriffen.

Wilhelm Vleugels

(1893-1942; Politologe und Soziologe; 1922-1927 Assistent Leopold von Wieses; Lehrtätigkeit in Köln und Königsberg, ab 1934 an der Universität Bonn)

Vleugels war während der Weimarer Zeit neben Geiger, Vierkandt u. a. einer der Hauptvertreter der massensoziologischen Forschungsrichtung in der deutschen Soziologie; bereits seine

Promotion von 1921 hatte das Thema »Massen und Führer«. Darüber hinaus war Vleugels der einzige Autor aus der Reihe der Massensoziologen, der im Rahmen seiner Arbeiten zum Thema Masse zu einer intensiven Auseinandersetzung mit der Psychoanalyse und einer teilweisen Rezeption ihrer Ergebnisse kam. Dadurch, daß er die Psychoanalyse ausdrücklich in seine Ansätze zur Soziologie und Psychologie der Massen einbezog, wurde sie erst nachhaltig in die allgemeine Diskussion um die Massentheorien eingeführt; von Wiese, Geiger u. a. kamen anfänglich über die Auseinandersetzung mit Vleugels Schriften zu einer Stellungnahme gegenüber der Psychoanalyse.

Vleugels Interesse an der Psychoanalyse war zunächst nur das des Soziologen, der bei ihr ausschließlich nach Erklärungsmöglichkeiten des Massenverhaltens suchte. Wie die früheren Massenpsychologen (Tardé, LeBon, Sighele) befaßte sich Vleugels zunächst mit der »wirksamen« Masse, für ihn gekennzeichnet durch eine starke affektive, aber nur für kurze Zeit beständige Bindung ihrer Mitglieder untereinander, einhergehend mit einem Zurücktreten der individuellen Anteile und einem Absinken der intellektuellen Fähigkeiten. Er beschrieb die Aktionen der »wirksamen Masse« als zwanghaft unbewußt und meist destruktiven Charakters (1922).

In diesem Zusammenhang spielte für Vleugels »in der Masse das Unbewußte eine so außerordentliche Rolle, daß gerade auf diesem Gebiet eine Einschränkung auf das Studium nur der bewußten Beziehungen eine fruchtbare Forschung überhaupt unmöglich machen würde«. »Für den Soziologen ist daher das Studium des Unbewußten ebenso notwendig wie für den Psychologen« (1923/24, S. 43 u. 44). Im Gegensatz zu den meisten anderen Massensoziologen betonte Vleugels durchgängig den möglichen Beitrag der Psychoanalyse zur Massentheorie:

Eben hier liegt auch das Gebiet, auf dem Psychoanalyse und Soziologie zusammentreffen. Ihre Interessen sind dabei selbstverständlich nicht identisch, fallen aber teilweise zusammen. Der Soziologe, dessen Aufmerksamkeit letztlich den sozialen Produkten der zwischenmenschlichen Beziehungen gehört, wird sich bei deren *Erklärung* dankbar der Stützen, die ihm der Psychoanalytiker bietet, bedienen. (ebd.)

Vleugels griff eine Reihe von Erklärungen massenpsychologischer Phänomene aus der Freudschen Massentheorie heraus und übernahm sie in seinem eigenen Erklärungsansatz. Dies betraf als zentrale Punkte Freuds Auffassung des Verhältnisses von Masse und Führer, seine Gedanken zur Suggestibilität der Massenmitglieder, zur Panik und der Regression in der Masse:

Was die Beschreibung der Bindung an den Führer als einer Ichidealersetzung angeht, so erscheint sie uns, so viel an ihrer Analyse noch zu tun übrig bleiben mag, besonders glücklich. (ebd.)

Bezweifeln möchten wir jedoch Freuds Darstellung in dem Punkte, daß sich affektive Bindungen der einzelnen in der Masse aneinander nicht herstellen könnten, ehe es zum Auftreten eines Führers in ihr gekommen ist. Hier sei jedoch zunächst festgehalten, daß uns die Erklärung des Wesens der Masse aus der affektiven Bindung ihrer Glieder an den Führer und aneinander, mag letztere auch anders beschaffen sein, als Freud annimmt, richtig und fruchtbar erscheint. Wertvoller und verdienstlicher noch als diese Erklärung, die ja nicht gänzlich ohne Vorläufer ist, scheint mir die der *Panik* als einer Folge der »Lockerung in der libidinösen Struktur der Masse«. Hier erscheint also nicht die Angst als Ursache des Aufhörens der Gefühlsbindungen in der Masse, sondern umgekehrt. (ebd.)

Vleugels Kritik, daß Freud die Entstehung einer – wirksamen – Masse vom Vorhandensein eines Führers abhängig mache, wohingegen er selbst aus verschiedenen Beobachtungen schloß, daß eine solche auch ohne Führerfigur entstehen könne, deutete zugleich auch eine Reihe von Vorbehalten gegenüber der Libido-Theorie Freuds an:

Daraus folgt, daß wir – wenigstens für die primäre Masse – die Auffassung, daß die affektiven Bindungen in ihr *nur* durch den Führer vermittelt werden könnten, ebenfalls als unrichtig ablehnen. Mit diesem Verzicht wäre vielleicht für die Freudsche Darstellung auch das Opfer der Rückführung des Problems der Masse *lediglich* auf die »Libido« verbunden gewesen. Daß dieses Opfer nicht gebracht wurde, hat m. E. in diesem Zusammenhange unnötige Konstruktionen bedingt. (ebd. S. 50)

Indem er diese Vorbehalte weiter ausbaute, kam Vleugels über die recht formale Kritik des Freudschen Begriffes der »künstlichen Masse« zu einer ausführlicheren Auseinandersetzung mit der Urhordenhypothese:

Der Begriff der künstlichen, »gegliederten, hoch organisierten« Masse stellt eine unglückliche Bildung dar: er enthält eine Contradiktio in adjekto. Was die Tatsache der Organisation für eine Masse von Menschen bedeutet, das hat gerade Freud selbst (im Anschluß an Mac Dougall) am deutlichsten herausgearbeitet, wenn er sagt, daß durch Organisation die Masse die Eigenschaften des Individuums erwerbe. (...) Was diese

Unklarheit in der Freudschen Massen-Psychologie verschuldet hat, dürfte auf die gleiche Ursache zurückzuführen sein, wie die bereits aufgewiesenen Mängel: die Wahl des Führerproblems zum Ausgangspunkt der Darstellung. Geradezu erstaunlich ist es, daß Freud die Schwäche solcher Begriffsbildung nicht zum Bewußtsein gekommen ist, obwohl er die Masse als ein Wiederaufleben der Urhorde bezeichnet. (...) Diese Annahme erscheint, auf die Psychologie der *primären* Masse angewandt, einleuchtend. Das »in jedem einzelnen der Urmensch virtuell enthalten ist«, ist eine Behauptung, die aus allen massenpsychologischen Darstellungen gefolgert werden *könnte*, nicht dagegen der Schluß auf eine Urhorde. Es ist dies überhaupt ein nicht so »harmloser« Begriff, wie es auf den ersten Blick scheinen möchte. (ebd. S. 51)

Vleugels kritisierte an der Freudschen Urhordenhypothese zu Recht, daß sie auf kein empirisch gesichertes Material zurückgreifen könne. Auch ziehe Freud verkürzte Schlüsse aus den psychischen Störungen seiner Patienten auf die Psychologie der primitiven Völker:

So auffallend manche der »Übereinstimmungen im Seelenleben der Wilden und der Neurotiker«, wie Freud sie in »Totem und Tabu« aufweist, auch sind, so haftet den Deutungen des einen durch das andere doch der Charakter einer vor Gewaltsamkeiten nicht zurückschreckenden Konstruktion an. Die ethnologischen Unterlagen, auf die Freud sich stützt, scheinen insbesondere die ihnen zuteil gewordene Verallgemeinerung nicht zuzulassen. (...) Will man überhaupt schon den kühnen Schritt tun, von den Sitten der jetzt lebenden Primitiven auf die Urzeit des Menschen zurückzuschließen, dann darf man jedenfalls nicht auf einem willkürlich ausgewählten Material aufbauen. Freuds Behauptung, daß die psychoanalytische Auffassung kein spekulatives System sei, erscheint hier in einem eigenartigen Licht. (ebd. S. 53 ff.)

Vleugels bemühte sich, seine Kritik Freuds mit empirischen Daten und Ergebnissen ethnologischer und kulturanthropologischer Forschungen zu untermauern, wobei er allerdings der eigenen Deutung des Materials auch ohne eindeutige Begründung den Vorrang gab; so blieb auch seine eigene Argumentation häufig im Bereich von Hypothesen.

Daß für Vleugels noch andere als die angeführten, eher äußerlichen und formalen Argumente in seiner Rezeption der Psychoanalyse ausschlaggebend waren, wurde in seiner Kritik von Freuds Libido-Theorie und seinem Bild des Ödipus-Konfliktes deutlich. Nach Vleugels Meinung betonte Freud mit seinem Begriff der Libido allzu einseitig die Sexualität, und er rationalisierte diese grundlegende Kritik in verschiedenen Argumentationsketten. In Abgrenzung zu Freud wollte Vleugels menschliches Verhalten nicht auf das Wirken eines Grundtriebes zurückgeführt sehen, sondern auf eine Reihe verschiedener Triebe. Zwar war er bereit, Freud zu konzidieren, daß diese Triebe sich einmal aus einem gemeinsamen Urtrieb entwickelt haben könnten, hielt aber die Zurückführung menschlichen Verhaltens gerade auf sexuelle Triebe auch im Hinblick auf eine klare Begriffsbildung für unzureichend. Freuds »Libido« als Bezeichnung sexueller Triebenergie erschien ihm als ein völlig unzulänglicher und die äußeren Bedingungen menschlichen Verhaltens nicht erfassender Begriff; er kritisierte, daß Freud selbst seinem Begriff des Selbsterhaltungstriebes (später Ich-Triebe) keine ausreichende theoretische Berücksichtigung habe zuteil werden lassen. Auch hier orientierte sich Vleugels Kritik an den Erfordernissen eindeutiger Begriffsbildung einer erklärenden Soziologie und denen des »allgemeinen Sprachgebrauches«. So richtig diese formale Kritik auch vordergründig erscheinen mag, so wenig erfaßte sie die Bedeutung des Libido-Begriffes für die Freudsche Theorie. Gestattete dieser doch – selbst gewonnen aus empirischem Material –, gerade hinter der Vielfalt menschlicher Verhaltensweisen allgemeinere Gesetzmäßigkeiten zu erkennen, ohne auf eine diffuse Vielzahl von »Trieben« in der theoretischen Erklärung zurückgreifen zu müssen.

Im ersten Kapitel der vorliegenden Untersuchung stellten wir fest, wie weit die soziale Beziehungslehre sich die Ergebnisse der Freudschen Massenpsychologie zu eigen machen könne. Es mag aufgefallen sein, daß wir dabei die Bezeichnung der Bindungen der Menschen in der Masse an einander und an den Führer als »libidinöse« vermieden (soweit es sich nicht um Zitate handelte) und es vorzogen, uns mit der Feststellung, das *affektive* Bindungen das Wesen der Masse ausmachen, zu begnügen. So konnten wir Freud ein gut Stück seines Weges folgen, ohne die qualitative Färbung, die diese Bindungen durch die Benennung als libidinöse erhalten, als berechtigt anzuerkennen. (. . .)

Wir glauben, in den Trieben, die zur geschlechtlichen Vereinigung hindrängen und denen, die z. B. den Einzelnen mit dem Führervorbild verbinden, doch qualitative Unterschiede erkennen zu müssen, die ihre Vereinigung unter den nach sonst üblichem Sprachgebrauch der erstgenannten Kategorie vorbehaltenen Bezeichnung »sexuelle Triebe« verbieten müßten.

Hier wird auch eine unvermeidlich Verwirrung stiftende Kollision mit dem Sprachgebrauche geschaffen, der bei Freud einmal als vorbildlich anerkannt wird (Liebe) und gleich darauf wieder über Bord geworfen scheint, eine Kollision, die sich an ihrem Urheber rächen muß. Man kann erheblich im Zweifel sein, ob mit dieser einheitlichen Benennung qualitativ verschiedener Triebe – mag man sie auch (in historischer Betrachtung) auf eine Wurzel zurückführen können – für die psychoanalytische Methode eine großer (vielleicht heuristischer?) Wert verknüpft ist. Daß für die Soziologie ihre Eignung durch eine derartige grob quantifizierende Betrachtung erheblich herabgesetzt wird, kann hier schon gesagt werden; denn die soziale Beziehungslehre wird nicht darauf verzichten können, bei der Analyse sozialer Beziehungen gerade die Unterschiede in den ihnen zugrundeliegenden Trieben zu berücksichtigen und sie auch in einer differenzierten Terminologie zum Ausdruck zu bringen, wenn sie ihrem Ziele, der Vielgestaltigkeit des sozialpsychischen Geschehens und der davon mitbestimmten sozialen Gebilde gerecht zu werden, wenigstens im Rahmen des Möglichen folgen will. (ebd. S. 170 ff.)

Hier wird deutlich, daß Vleugels als im Sinne der formalen Soziologie Leopold von Wieses an der Beschreibung und systematisierenden Erklärung sozialer Beziehungen und Erscheinungen interessierter Soziologe der Psychoanalyse gegenübertrat. Da die Psychoanalyse wesentlich darauf abzielt, verallgemeinerbare Gesetzmäßigkeiten und Strukturen hinter dem Beobachtbaren zu erfassen, bleibt sie dem Vleugelsschen Ansatz einer beschreibenden sozialen Beziehungslehre völlig fremd. Die formale Soziologie mußte sich darauf beschränken, der psychoanalytischen Theorie einzelne Erklärungszusammenhänge zu entnehmen; entsprechend ihrem eigenen Ansatz blieb ihr nichts anderes übrig, als Einzelzusammenhänge und Hypothesen herauszugreifen und empiristisch an vorhandenen Daten und deren vordergründigen Erklärungen die psychoanalytischen Darstellungen zu »überprüfen«. Ein Beispiel hierfür bot Vleugels in seiner grundsätzlich gemeinten Kritik von Freuds Massentheorie:

Das Beispiel der Masse ist gut geeignet, zu zeigen, wie wenig diese verschiedenen Triebe miteinander zu tun haben; in der Masse sind nach Freud Liebestriebe wirksam, »die von ihren ursprünglichen Zielen abgelenkt sind«. Danach müßten also die Menschen im gleichen Maße, in dem ihre Liebestriebe ihr ursprüngliches Ziel zu erreichen pflegen, zur Massebildung unfähig werden und umgekehrt. Das Gegenteil dürfte aber eher richtig sein, worüber sich nähere Ausführungen wohl erübrigen. (ebd. S. 171)

Ähnlich verfuhr Vleugels bei seiner Kritik von Freuds Darstellung des Ödipus-Konfliktes. Er schrieb:

Es ist dies nicht die einzige Stelle in der Psychoanalyse Freuds, wo wir auf übereilte Verallgemeinerungen unter einseitiger Hervorhebung und Übertreibung der Beobachtungen, die für die psychoanalytische Theorie sprechen, und unter Außerachtlassung aller Momente, die ihnen widersprechen, treffen. Als klassisches Beispiel hierfür erscheint uns z. B. der bereits erwähnte Ödipuskomplex, der auch in den Kinderneurosen, auf die sich Freud bei der Konstruktion seiner Urhorden-Hypothese stützte, zum Vorschein kommt. Danach entspinnt sich im Schoße der Familie eine »Liebeskonkurrenz mit deutlicher Betonung des Geschlechtscharakters«. Schon als kleines Kind wendet der Sohn (bzw. die Tochter) der Mutter (bzw. dem Vater) eine besondere Zärtlichkeit zu und betrachtet den Vater als Konkurrenten im Kampf um den Alleinbesitz der Mutter mit feindseligen Regungen, die – bald mehr, bald weniger schwach entwickelt – bis zum Todeswunsche gehen können. Vorhanden sind sie nach Freud aber immer; die Tatsache, daß das Kind beiden Elternteilen Beweise seiner Zärtlichkeit gibt, kann diese Annahme nicht erschüttern; sie soll nur beweisen, daß solche ambivalente Gefühlseinstellungen (dem Vater bzw. der Mutter gegenüber) sich beim Kinde recht gut miteinander vertragen. Den Einwand, daß das Kind in seinem Benehmen rein egoistischen Motiven folge, und daß daher hier kein Raum zur Aufstellung eines erotischen Komplexes bleibe, will Freud nicht als stichhaltig anerkennen: das egoistische Interesse biete nur »die Anlehnung«, »an welche die erotische Strebung anknüpft«. Dafür werden folgende Beweise in Anspruch genommen: »Zeigt der Kleine die unverhüllteste sexuelle Neugierde für seine Mutter, verlangt er, nachts bei ihr zu schlafen, drängt sich zur Anwesenheit bei ihrer Toilette auf, oder unternimmt er gar Verführungsversuche, wie es die Mutter so oft feststellen und lachend berichten kann, so ist die erotische Natur der Bindung an die Mutter doch gegen jeden Zweifel gesichert.« Mir scheinen im Gegenteil angesichts solcher Beweisstücke die weitestgehenden Zweifel gerechtfertigt zu sein. Das Verlangen, bei der Mutter zu schlafen, wird vom kleinen Mädchen ebenso wie vom Knaben geäußert und bedarf überdies nicht einer so konstruierten Deutung; ähnlich verhält es sich mit der sexuellen Neugierde, dem Aufdrängen bei der Toilette; sie scheint mir zwangloser als Teil der allgemeinen, kindlichen Neugierde, die sich mit doppelter Lebhaftigkeit allen Verrichtungen gegenüber geltend macht, von denen das Kind mehr oder weniger systematisch ausgeschlossen wird, erklärt werden zu können.

Wenn endlich häufig der Knabe dem Vater, das Mädchen der Mutter gegenüber eine ambivalente Gefühlseinstellung an den Tag legt, so liegt auch hier die Deutung nahe, daß die unfreundlichen Gefühle *dem* Erzieher gelten, der vornehmlich die Rolle des Verbieters wahrnimmt; daß diese

Rolle beim Knaben dem Vater, beim Mädchen der Mutter zufällt, ist natürlich und daher die Regel. Wie oft aber wird die angeblich sexuelle Orientierung des Kindes bei der Wahl des bevorzugten Elternteils durch die Beobachtung Lügen gestraft! (...)
Die Ansicht, daß der unbewußte Wunsch, »den Vater zu töten und die Mutter zum Weib zu nehmen«, sich von Sage und Dichtung her als eine allgemein-menschliche Regung erweisen ließe, vermögen wir nicht zu teilen. Sage und Dichtung der Griechen sind voller Greueltaten, die als solche variieren; wenn aus ihnen eine zur Benennung des Ödipuskomplexes herausgegriffen wird, dürfte das schwerlich durch mehr als eine äußere Analogie zu rechtfertigen sein. (...)
All dies vermag daher nicht von der hervorragenden Bedeutung des Ödipuskomplexes für die Menschheit als Ganzes zu überzeugen. Die Freudschen Erklärungen legen vielmehr die Frage nahe, ob der Rückschluß vom Seelenleben der Neurotiker auf das normale nicht mit größerer Vorsicht geübt werden muß, ob er nicht überhaupt unzulässig ist bzw. von äußerst hypothetischem Werte bleiben muß. (ebd., S. 54 f.)

Vleugels Gegenbeweise und Interpretationen der Freudschen Beispiele richteten sich in aller Deutlichkeit und Schärfe gegen die Annahme sexueller Motivationen hinter dem beobachtbaren Verhalten; so wurde etwa die Existenz der kindlichen Sexualität von ihm strikt verleugnet. Da Vleugels auch den empirischen Weg Freuds, der diesen durch Sammlung und Interpretation durch subjektive Bedeutungsgehalte bestimmten Materials zu seinen theoretischen Aussagen führte, nicht nachvollzog oder nachvollziehen konnte, unterlag er bei der Beurteilung der Freudschen Beispiele meist seinen persönlichen, stark ideologisch gefärbten Wertungen. Diese erschienen entsprechend allgemeiner bürgerlicher Einstellungen stark sexualfeindlich und moralisch, an allgemein akzeptierten, nicht weiter hinterfragten Begriffen wie »natürlich«, »allgemeine kindliche Neugier«, »egoistischen Motiven« etc. und unverhüllten gesellschaftlichen Normierungen (»allgemeine Sprachregelung«) orientiert. Zwar verteidigte Vleugels Freud gegen den Vorwurf Max Schelers, daß Freud die Libido als seelische »Gesamtenergie« begreife, d. h. ausschließlich sexuelle Triebe annehme, mit dem Hinweis, daß dieser selbst das Wirken von Selbsterhaltungstrieben beschreibe, nahm aber zugleich selbst den Schelerschen Vorwurf des »Pansexualismus« wieder auf, indem er schrieb: »... ist es aber wichtig, hervorzuheben, daß diese ›praktische Seite‹ (der Selbsterhaltungstrieb, d. V.) bei Freud nur eine Nebenrolle spielt.« (ebd., S. 172)

Vor dem Hintergrund seines soziologischen Ansatzes kam Vleugels – notwendigerweise – zu folgender Einschätzung des Verhältnisses von Psychoanalyse und (formaler) Soziologie:

Eine solch vereinfachte Trieblehre ist für die Erkenntniszwecke der Soziologie nicht verwendbar; die beiden Sammelbegriffe Ich- und Sexualtriebe reichen zur Zergliederung des sozialpsychischen Geschehens ebensowenig aus wie die ältere Gegenüberstellung eines Selbsterhaltungs- und eines Gattungstriebes. Alle Arten sozialer Triebe auf Grund von Identitätsmerkmalen, wie den obenerwähnten, als sexuelle zu bezeichnen: das ist ein Verfahren, das sich die Beweispflicht der Identität sehr vereinfacht. (...)

Wir werden so zu der Vermutung gedrängt, daß Freuds Psychoanalyse zwar von ihrem überraschenden Charakter viel verlöre, wenn sie den beobachteten Erscheinungen nicht eine mit ziemlicher Willkür konstruierte Theorie aufzwänge, sondern sich strenger an die beobachteten Tatsachen hielte, damit aber den empirisch-deskriptiven Charakter erst gewönne, der jetzt nur *behauptet* wird. (...)

Was die soziale Beziehungslehre als empirische Soziologie von der Psychologie, die sie zur Unterlage ihrer Analysen machen könnte, fordern muß, sind nicht verallgemeinernde Konstruktionen auf der Grundlage ausgewählter Tatsachen, sondern nüchterne, streng logische Deutungen eines möglichst umfangreichen und gesicherten Materials. Damit soll keineswegs der Anspruch einer allgemeinen Ablehnung der Psychoanalyse für die Soziologie erhoben sein; es soll damit nur gesagt sein, daß die Soziologie (in der hier vertretenen Auffassung) der Freudschen Psychoanalyse in ihrem gegenwärtigen Zustande nur gelegentlich Ein- und Durchblicke abgewinnen kann, und auch das nur – wie wir am Beispiele der Masse sahen – unter mannigfaltigen Reserven und unter Herauslösung aus dem Freudschen, allzu einseitigen Begriffsapparate. (ebd., S. 174)

Hier wird eine wesentliche Grenze der Psychoanalyserezeption durch die formale Soziologie deutlich. Der Psychoanalyse als einer Theorie, die von strukturellen Gesetzmäßigkeiten hinter den oberflächlich beobachtbaren Verhaltensweisen und entsprechenden historischen Entwicklungen ausging, trat Vleugels mit einem völlig anderen Interesse entgegen. Als Vertreter der formalen Soziologie zielte er im wesentlichen auf die systematische Beschreibung beobachtbarer sozialer Erscheinungen ab, ohne sich darüber hinaus um historisch-strukturelle Ableitungen zu bemühen. Dementsprechend folgte er den psychoanalytischen Deutungen, etwa der des Massenverhaltens, nur in einem sehr begrenzten Rahmen, nämlich dem des »allgemeinen wissenschaftlichen Sprachgebrauches«, der sich aus dem damaligen Stand von Soziologie und Massenforschung ergab. Die Grenzen dieses Rahmens waren allerdings sehr eng gesteckt, gekennzeichnet etwa durch den schon angedeuteten Begriff des »natürlichen Verhaltens« bei Kindern. Vor dem Hintergrund einer derart formalen und den eigenen Ansatz kaum reflektierenden soziologischen Methode ist es verständlich, daß ihre Erklärungen sozialer Erscheinungen stark subjektiv gefärbt sind, ohne daß die da und dort einfließenden Anschauungen des Autors hinterfragt werden müßten. So fiel es dem formalen Soziologen Vleugels leicht, Freuds »Libido« mit Sexualität gleichzusetzen und über dieses – nicht zufällige – Mißverständnis in den Chor der Autoren einzustimmen, die der Psychoanalyse Einseitigkeit und »Pansexualismus« über Jahrzehnte hinweg vorwarfen.

Auch wenn Vleugels Erklärungszusammenhänge, die er von Freud übernahm, aus dem Zusammenhang der psychoanalytischen Theorie herausriß und von allen auf Sexualität bezogenen Inhalten gleichsam reinigte, so bleibt es dennoch verdienstvoll, mit welcher Ernsthaftigkeit und Intensität er sich im Gegensatz zu den meisten anderen Autoren mit Freuds Theorie auseinandersetzte.

Aber auch in seiner Haltung zur Psychoanalyse gab es deutliche Veränderungen: während Vleugels Rezeption psychoanalytischen Gedankengutes zu Anfang der 20er Jahre, wie oben dargestellt, eher eine distanzierte und skeptische Einstellung deutlich werden ließ, war seine Haltung acht Jahre später stark verändert und in mancher Hinsicht geradezu enthusiastisch, obwohl er seiner Kritik im Prinzip treu blieb. Die Psychoanalyse war für ihn noch immer eine uneinheitliche und von nicht abgesicherten Prämissen ausgehende Theorie, aus welcher sich nur Teile für die Soziologie als brauchbar erweisen könnten:

Denn schließlich verdanken wir ja die prinzipielle Einsicht in das Wesen und die praktische Bedeutung der Sublimierungsprozesse vornehmlich Freud. Daran wird grundsätzlich nichts geändert, wenn man es vorzieht, solche Grundbegriffe der Psychoanalyse aus dem Gesamtgefüge der psychoanalytischen Theorie herauszulösen. (1932, S. 20)

Ebenso blieb Vleugels Skepsis gegenüber Freuds Libidotheorie erhalten und er zog es vor, Freuds Triebbegriff durch Neudefinition zu entschärfen:

Durch die Differenzierung (Ableitung) werden die aus dem Geschlechtstrieb abgeleiteten Triebe auch qualitativ etwas anderes als der »Quelltrieb«, keine entscheidend wichtige Tatsache, die bei ihrer einheitlichen Benennung als Sexualtriebe (»a potiori und von ihrer Herkunft her«, Freud) zu kurz kommen, was m. E. schwerwiegende Mißverständnisse fast unvermeidlich macht. (1932, S. 21 Anm.)

Obwohl Vleugels seine grundsätzliche Kritik beibehielt, waren seine Äußerungen zur Einschätzung der Bedeutung der Psychoanalyse für Soziologie aus allerdings nicht ersichtlichen Gründen heraus erheblich positiver als vordem. So etwa in seiner Einschätzung des psychoanalytischen Beitrages zur Massensoziologie:

In sachlich weitgehender Übereinstimmung mit der älteren Massenforschung, jedoch mit tieferer theoretischer Begründung hat Freud das Wesen der Masse aus Art und Stärke der affektiven Bindungen erklärt, die die Massenmenschen untereinander verknüpfen. (1932, S. 22)
All das, was die genannte Literatur an haltbaren Einsichten über die Suggestibilität der Individuen in der Masse gewonnen hat, ist mit Freuds Identifizierungstheorie vereinbar und erfährt in ihr eine exakte Fassung. (ebd., S. 24)
Sobald man sich im Gebiete der Massenforschung um eine Klärung des »psychologischen Tatbestandes Masse« bemüht, bieten sich die Hilfsmittel der Freudschen Theorie als besonders glücklich dar, weil sie eine gleichzeitig plastische und exakte Darstellung gestatten. Aus dieser Überzeugung heraus möchte ich meine Ausführungen mit einigen Bemerkungen über die immer noch so leidenschaftlich umkämpfte Lehre Freuds beschließen: Ich habe meine Bedenken speziell gegen die Freudsche Libidotheorie seinerzeit rückhaltlos geäußert und kann die Dinge auch heute noch nicht entscheidend anders sehen. Hätte ich sie heute zu Papier zu bringen, so würde ich es freilich vorziehen, anders, in manchen Punkten zurückhaltender zu formulieren und *stärker* zu betonen, daß auch der Soziologe immer wieder mit Vorteil von auch für ihn fundamentalen Einsichten der Freudschen Psychoanalyse Gebrauch machen kann und muß, wenn er bei ihr auch die differenziertere Trieblehre, deren er bedarf, noch nicht »gebrauchsfertig« vorfindet, in welcher Blickrichtung ich seinerzeit zu stark befangen war. Das, was man gelegentlich leider auch im soziologischen Schrifttum an heftigen Ausbrüchen gegen die Psychoanalyse lesen kann, dient jedenfalls in keiner Weise der Förderung der Sache, weil es auf einer allzu oberflächlichen Kenntnis der so heftig befehdeten Theorie beruht und über all das, was uns Freud in jedem Falle an positiver Einsicht gegeben hat, völlig hinwegschreitet. Glitt doch ein Soziologe so bedauerlich aus, von einem »nicht ernst zu nehmenden Unfug der Freudschen Irr- und Irrsinnslehre« zu sprechen, der charakteristisch sei »für den philosophischen, aber auch für den moralischen Tiefstand unseres Zeitalters«. Trüge man einem Laien listig aus dem Zusammenhang der Freudschen Lehre herausgegriffene Bruchstücke vor, so wäre ein tempe-

ramentvoller Ausbruch der angedeuteten Art für mein Gefühl eine höchst natürliche Reaktion. Aber solche Stimmungsmache wäre doch ein wissenschaftlich unmögliches Verfahren. (ebd., S. 27)
Nur der ehrfürchtige und liebevolle Mensch kann auf eine solch geistige Weise unter der Unlogik und Ungerechtigkeit dieses Lebens leiden und – trotz allen Spottes und Hasses, den er auf sich zu laden wagte – mit wahrhaft herakleischem Mute seine Hades-Fahrten ins Unbewußte fortsetzen. Läßt der auch von jedem ernsthaften Gegner anerkannte reiche Ertrag, mit dem er davon zurückkehrte, nicht vermuten, daß Freud dabei das Licht des Glaubens voranleuchtete? Gewiß, ein »*verdrängter*« Glaube, der mitten in der so gewollt rationalistischen Theorie durchbricht. (ebd., S. 31)

Hier deutete sich bei Vleugels durch seine Lobrede auf Freuds Person hindurch eine anti-rationalistische und metaphysische Haltung an, die personalisierend dem Wissenschaftler Freud religiöse Motive unterschob, das göttliche Wirken im Menschen hervorhob und zugleich »die Aufklärer, die intoleranten Pfaffen des Unglaubens« als »in saturierter Selbstgefälligkeit mit gehaltlosen Antworten jede tiefer bohrende Frage abschneidend« abqualifizierte (1932, S. 31).

Kaum verdeckt von der Bewunderung der Person blieben vor dem Hintergrund irrationaler Werthaltungen Vleugels prinzipielle Einwände gegen die Psychoanalyse erhalten. Mit der schon dargestellten Übernahme einer Reihe von gleichsam gereinigten psychoanalytischen Erklärungen in seine Massensoziologie war Vleugels Rezeption der Psychoanalyse abgeschlossen. –

Während der 20er Jahre leistete Vleugels einen wichtigen Beitrag dazu, die Psychoanalyse in die soziologische Diskussion nicht nur im Rahmen der Massentheorie einzuführen. Mit der Machtübernahme der Nationalsozialisten fand auch Vleugels Auseinandersetzung mit Freud ein Ende. Vleugels selbst blieb in Deutschland und lehrte als Mitglied der Akademie für Deutsches Recht und des NS-Dozentenbundes Nationalökonomie an der Universität Bonn. Bis zu seinem Tod 1942 war in seinen Schriften, die sich meist mit ökonomischen und politischen Fragen befaßten, kein Hinweis auf psychoanalytisches Gedankengut mehr enthalten.

HANS KELSEN

(geb. 1881, 1906 Dr. jur. an der Universität Wien. Dort 1911 Privatdozent, 1919 ordentlicher Professor; 1929 an der Universität Köln; verließ Deutschland 1933; Professor für Völkerrecht in Genf; 1940-1942 Lehrtätigkeit in Cambridge/Mass.; danach bis 1952 Professor für Völkerrecht und Rechtsphilosophie in Berkeley/Californien; 1953 bis 1954 am U. S. Naval War-College in Newport [Rhode Island])

Der Wiener Staatsrechtler und bedeutendste Vertreter des Rechtspositivismus Kelsen kam im Zusammenhang mit seiner Entwicklung einer Staatslehre und eines Staatsbegriffes mit der Psychoanalyse Freuds in Berührung. In seinem Aufsatz »Der Begriff des Staates und die Sozialpsychologie« (1922) diskutierte er in ungewöhnlicher Breite und Ausführlichkeit die damals vorliegenden massenpsychologischen Theorien und besonders die sozialpsychologischen Ansätze Freuds aus »Massenpsychologie und Ich-Analyse« und »Totem und Tabu«. In seinem Versuch, sozialpsychologische Erklärungen für den Staat und seinen inneren Zusammenhalt zu finden, griff Kelsen direkt auf Freuds Massenpsychologie zurück, die er als am weitesten fortgeschrittene massenpsychologische Theorie begriff:

Allein das Problem der »Masse« muß sich schon bei einiger Vertiefung als das Problem der sozialen »Einheit« oder sozialen »Verbindung« schlechtweg erweisen. Das gerade zeigt die Darstellung Freuds, in deren letzter Konsequenz es gelegen ist, auch den Staat als eine – wenn auch komplizierte – »Masse«, oder doch als ein Phänomen der Massenpsychologie zu begreifen. (1922, S. 109)

Indem nun Freud an Le Bons Schilderung der Massenseele anknüpft, verfällt er durchaus nicht in den Fehler dieser Hypostasierung (gemeint ist die Gleichsetzung von Masse und Individuum, d. V.). Er leugnet mit dankenswerter Schärfe gleich zu Beginn seiner Untersuchungen den Gegensatz von Individual- und Sozialpsychologie (...) für Freud gibt es keine anderen als Individualseelen und seine Psychologie bleibt unter allen Umständen Individualpsychologie. Das ist gerade das Spezifische seiner Methode, daß er die Phänomene der sog. Massenseele als Erscheinungen der Individualseele aufzeigt.

Aber auch in anderer Hinsicht bedeuten Freuds Untersuchungen einen entscheidenden Fortschritt über Le Bon hinaus ... (1922, S. 112)

In überraschender Sachlichkeit diskutierte Kelsen die sozialpsychologischen Aussagen der Psychoanalyse, ohne dabei etwa in Wiederholungen der bekannten Vorwürfe des Pansexualismus, der Einseitigkeit, etc. zu verfallen; vielmehr sparte er diesen allgemein umstrittenen Teil der Lehre Freuds (die Libido-Theorie) bewußt aus seiner Diskussion aus, ohne dabei die Bedeutung der Psychoanalyse für seinen eigenen Ansatz zu mindern:

> Die Lehre von der »libidinösen Struktur der Masse« ist so eng, so innig mit der ganzen umfassenden psychologischen Theorie Freuds verbunden, daß sie, losgelöst von dem Boden der allgemeinen Psychoanalyse, ohne große Schwierigkeiten für das Verständnis und ohne die Gefahr, mißverstanden zu werden, nicht dargestellt werden kann. Indes kommt es in diesem Zusammenhange nicht so sehr auf den spezifischen Wert der Psychoanalyse zur Aufklärung der Phänomene der Massenpsychologie, sondern vielmehr darauf an, ob und in wieweit dieser Versuch, die soziale Realität psychologisch zu bestimmen, für Begriff und Wesen des Staates fruchtbar gemacht werden, ob der Staat als eine »psychologische Masse« der durch die Freudsche Psychoanalyse aufgehellten Struktur angesehen werden kann. (ebd., S. 113)

Kelsen würdigte besonders die von ihm als Kausalerklärung verstandene psychoanalytische Auffassung von der Übertragung frühkindlicher Abhängigkeiten auf Erscheinungen der Massenpsychologie, der Religion und Erscheinungsformen der Autorität in Familie wie Staat:

> Eben weil es in Freuds Psychologie ganz und gar nicht auf die normative Begründung der sozialen Pflichten durch die Aufrichtung eines obersten Wertes, einer höchsten »Autorität« in diesem ethisch-dogmatischen Sinne (...), sondern auf eine die Ursachen des menschlichen Verhaltens aufdeckende Analyse ankommt – weshalb seine Sozialpsychologie notwendigerweise Individualpsychologie sein muß – bedeutet die »Autorität« des Vaters, die durch die Psychoanalyse als ein Urtatbestand der menschlichen Seele zu Tage gefördert wird, nichts anderes als einen besonderen Fall der Motivation, eine Regel, derzufolge sich das Verhalten des einen Menschen nach dem Willen und Wesen des anderen orientiert. (ebd., S. 135)

Darüber hinaus sah Kelsen die Bedeutung der Psychoanalyse als moderne Sozialpsychologie darin, daß sie eben mit Hilfe solcher Kausalerklärungen dazu beitrug, in aufklärerischem Sinne alte und irrationale Theorien und Denkstrukturen abzubauen:

> Von einem erkenntniskritischen Standpunkt kommt es vor allem darauf an, die theologische Methode in den Geisteswissenschaften und speziell in den Sozialwissenschaften zu überwinden, den Systemdualismus zu beseitigen. Gerade in dieser Richtung aber leistet eine unschätzbare Vorarbeit die psychologische Analyse Freuds, indem sie aufs Wirksamste die mit der

ganzen Magie jahrhundertealter Worte ausgerüsteten Hypostasierungen Gottes, der Gesellschaft und des Staates in ihre individualpsychologischen Elemente auflöst. (ebd., S. 141)

So übernahm Kelsen als Staatsrechtler einen für seinen Bereich relevanten Beitrag der Psychoanalyse, den er auch durch eigene Überlegungen bestätigt fand. Dabei ging er soweit, daß er in einem gemeinsam mit Tönnies gehaltenen Vortrag zum Thema »Demokratie« auf dem 5. Soziologentag 1926 auf die psychoanalytische Erklärung autoritärer Abhängigkeiten in Staat und Gesellschaft zurückgriff.

Leopold von Wiese

(1876-1969; Nationalökonom, Soziologie; Lehrtätigkeit in Posen, Hannover; ab 1919 Professur für Wirtschaftslehre, Staatswissenschaft und Soziologie in Köln; Mitbegründer der »Deutschen Gesellschaft für Soziologie«; Herausgeber der »Kölner Vierteljahreshefte«; 1934 Emigration in die USA, dort Lehrtätigkeit; 1946 Rückkehr, erneut Lehrtätigkeit in Köln)

Von Wiese war einer der wichtigsten schulbildenden Repräsentanten der deutschen Soziologie der Weimarer Zeit. Er verstand seine Gesellschaftslehre wie Tönnies und Simmel als »formale Soziologie«, die sich auf eine »Gesamtheit von beobachtbaren Prozessen« in der menschlichen Gesellschaft bezieht und dabei von allen historisch-gesellschaftlichen Inhalten absieht. Von diesem Standpunkt aus entwickelte er seine »Allgemeine Soziologie als Lehre von den Beziehungen und Beziehungsgebilden der Menschen«, seine »Beziehungslehre« (1924). Dabei trennte er scharf die Soziologie, die das wahrnehmbare Verhalten in der »Außenwelt« der zwischenmenschlichen Beziehungen zum Gegenstand habe, von der auf das Individuum bezogenen Psychologie, die die Schau in das Innere des Einzelnen pflege; auf die Psychoanalyse bezog er sich dabei im Zusammenhang mit möglichen Motivationen individuellen Verhaltens: »Eine Bloßlegung der Wurzeln des Innenlebens ist dabei nicht unsere Aufgabe (lassen wir den Psychoanalytikern doch auch noch etwas Arbeit).« (1929)

Folgerichtig konnte die Psychoanalyse, obwohl sie im eigenen Verständnis ebenfalls gerade bei den sozialen Beziehungen der

Menschen (in der Familiengruppe) ansetzt, für von Wiese nur interessant werden, insofern sie allgemein anerkannte Bedeutung erlangte und Forschungsergebnisse zum menschlichen Sozialverhalten, etwa zur Massenpsychologie vorlegte. So nahm von Wiese im Rahmen seiner eigenen umfangreichen Arbeiten zur Massentheorie an zwei Punkten zu psychoanalytischen Aussagen Stellung; während Freud in seinem Bilde der »Massenbildung zu zweien« das Verhältnis des Führers zur Masse mit dem des Hypnotiseurs zu seinem Probanden vergleicht, interpretiert ihn von Wiese kurzschlüssig, er meine lediglich, daß »sich die Einflüsse der Massen auch beim Paar geltend machen können« (1933, S. 409). Auch seine Stellungnahme zur Urhordenhypothese blieb im Bereich formaler Bewertungen:

> Schon seit Sighele und Le Bon, dann bei Vierkandt, Freud und Vleugels wird die Ansicht vertreten, in der wirksamen Masse würden die Instinkte des Urmenschen wieder frei; das Irrationale in der Masse sei ein Atavismus, ein Zurücksinken in die Zeit der Vorkultur. Aber tatsächlich reagiert weder der großstädtische Pöbel noch die moderne revolutionäre Masse ›primitiv‹. Natürlich und primitiv sollte man nicht ohne weiteres gleichsetzen. Auch die Frage, ob man latente und künstliche Masse gleichsetzen darf, weckt den Zweifel. (. . .) Auf die Spitze getrieben ließe sich der (übertreibende) Satz aufstellen: Wirksame Massen sind nicht natürlicher und auch nicht primitiver als künstliche. (1933, S. 412)

In einer Buchrezension (1930) schloß sich von Wiese in seiner Beurteilung der Psychoanalyse endlich der Meinung des seit 1923 in Amerika lebenden russischen Soziologen Sorokin an; dessen Ansicht ging dahin, daß die Psychoanalyse »die ausschließliche Bedeutung des Geschlechtsinstinktes« betone, und er beurteilte von daher »solche unwissenschaftlichen Ansichten« als »völlig unzureichend und unbefriedigend« (Sorokin 1929).

Paul Plaut

(Daten zu Plauts Leben waren nicht in ausreichendem Maße zu erhalten; dennoch verdienen seine Äußerungen zur Psychoanalyse, die er als Soziologe und Völkerpsychologe tat, eine Darstellung)

Plaut, Berliner Völkerpsychologe und Soziologe, vertrat in seinen Arbeiten zum Verhältnis von Soziologie und Individualpsychologie (1927) und zur Massenpsychologie (1928) eine kritische, aber nicht eindeutige Einstellung zur Psychoanalyse. So sprach er in einer Rezension von Gieses »Psychoanalytische Psychotechnik«, einer Veröffentlichung, die sich mit der Anwendung psychoanalytischer Methoden in Berufsberatung und Wirtschaftspsychologie befaßte, von einer »Flucht (Gieses) in die Psychoanalyse« und schrieb: »Es ist ein Glück dabei, daß die Psychoanalyse in Deutschland bei den hier in Frage kommenden Kreisen die schärfste Ablehnung gefunden hat.« (1926, S. 279)

Plaut sah in der Psychoanalyse auch den Versuch einer soziologischen Theorie – er würdigte in diesem Zusammenhang besonders ihren Beitrag zur Massensoziologie –, die ihm aber hinsichtlich ihrer Libido-Theorie in einseitigen Erklärungen hängen zu bleiben schien; er formulierte den oft erhobenen Vorwurf des Pansexualismus in aller Schärfe:

Schon in dieser Verkoppelung des normalen und pathologischen Seelenlebens vermittels derselben *Methode* liegt eine der wesentlichsten problematischen Situationen der Psychoanalyse, die Freud selber nur dadurch bemänteln konnte, daß er neben die Lehre vom Unbewußten das Dogma der *pansexuellen Konstitution* stellte, die sich in allen interindividuellen Beziehungen als das entscheidende Agens manifestieren soll. Sicherlich ist sich Freud dieser Umbiegung des Sexuellen bewußt geworden, was schon daraus hervorgeht, daß er die Libido in eine Kampfbeziehung zu den Ich-Trieben setzt, aber das Entscheidende dieser Wendung, wie man es doch auffassen muß, ist, daß er sie nicht zum Anlaß nimmt, das Wesen des Sexuellen auf einen neuen begriffsinhaltlichen Boden zu stellen. Auch die Psychoanalyse kann man als eine soziologische Theorie auffassen, insofern als die Sexualität, eine der wichtigsten soziologischen Kriterien, zum Zentralproblem gestempelt wird und die gesellschaftlichen Zustände eingehender Kritik unterzogen werden, so besonders in Freuds »Massenpsychologie und Ich-Analyse«, in der Freud u. a. über die Bedeutung der Autorität spricht und das Phänomen der Abhängigkeit als »zur normalen Konstitution der menschlichen Gesellschaft« gehörig betrachtet. In seinen übrigen Arbeiten spielen die Familie, namentlich die *Konflikte* zwischen Eltern und Kindern, eine bedeutende Rolle, aber immer nur so, daß dem sexuellen Moment die dominierende Stellung gegeben wird, die notwendigerweise aus dem ganzen System zur Einseitigkeit und Verschwommenheit führen muß. (1927, S. 33)

Obwohl wir die *Psychoanalyse* als solche ablehnen, können wir es doch nicht in Abrede stellen, daß die psychoanalytische Methode manches zur Klärung der Massenpsychologie beigetragen hat, was eine eingehendere kritische Würdigung als es hier geschehen kann, verdiente. Freuds Verdienst ist es, den *Gegensatz von Individual-, Sozial- und Massenpsy-*

chologie, der von den meisten Forschern herausgearbeitet wurde, gemildert und diese drei *scheinbaren Sondergebiete miteinander in Einklang gebracht zu haben*. Vor allem aber versucht er es zumindestens, das *Problem* der Massenpsychologie überhaupt zu formulieren. (...)
 Was Freud zur Struktur der Masse beigetragen hat, bringt methodisch nichts Neues, da er ja auch in der Hauptsache nur Le Bon zu glossieren versucht. Eine Motivierung seiner Einteilung der Masse in *stabile* und *vergängliche* ist ihm nicht gelungen, ebensowenig wie das sehr wichtige Führerproblem. Hier gerät Freud in einen, wie er meint, »wissenschaftlichen *Mythus*« vom Urvater der Horde, in dem das ganze Problem der Masse wieder völlig in der Freud so eigenen Phrasenhaftigkeit verschwimmt. (...)
 Es ist ohne Zweifel, daß die Massenpsychologie sich mit dem Begriff der Libido, wenn auch in exakterer Form, als dies bei Freud geschehen ist, auseinandersetzen muß, da die Sexualität unseres Erachtens hier eine erhebliche Rolle spielt, wenn wir auch glauben, daß eine solche Betrachtung den Begriff des Triebes gerade auf den reinen sexuellen Hintergrund zurückführen muß. Bei Freud und seinen Anhängern bleibt aber der Sexualbegriff nur *Symbol*, das für alles herhalten muß, ein Jonglieren mit Formeln von Hemmung, Verdrängung und Unbewußtsein, dem die wissenschaftliche Nüchternheit fehlt. (1928, S. 242)

Hier bezog sich Plaut direkt auf Kolnais »Psychoanalyse und Soziologie« (vgl. Lit.), ein Werk, dem der Vorwurf des Jonglierens mit psychoanalytischen Begriffen in der Tat nicht zu ersparen ist. Unklar blieb dabei, welche Rolle Plaut, der hier einerseits die Bedeutung der Sexualität für die Gesellschaft betonte, andererseits den Vorwurf des Pansexualismus erhob, Freuds Libido-Begriff zukommen lassen wollte. Der Vorwurf des Pansexualismus in dieser unklaren Form durchzog neben der berechtigten Ablehnung von Freuds Urhordenhypothese und dem eher formalen Vorwurf mangelnder »wissenschaftlicher Nüchternheit« sowie unklarer Begriffsbildung Plauts gesamte Kritik der Psychoanalyse. Er akzeptierte zwar Freud als Theoretiker, der den Zusammenhang von Soziologie und Psychoanalyse am Beispiel der Massenpsychologie und der Familie ansatzweise herstellt, lehnt aber zugleich alle inhaltliche Auseinandersetzung mit der Psychoanalyse ab. Moralische und ästhetische Vorurteile sowie sachliche Kritik mischten sich in Plauts ablehnende Einschätzung in eigenartiger Weise; eine weitergehende Auseinandersetzung mit Freud fand von seiner Seite nicht statt.

Karl Mannheim

(1893-1947; Schüler Max Webers; 1930 Professor für Soziologie in Frankfurt; 1933 Emigration nach England, dort Lehrtätigkeit bis zu seinem Tode 1947)

Als Vertreter der »radikalen« Wissenssoziologie beschäftigte sich Mannheim in seinen Arbeiten während der Weimarer Zeit vordringlich mit dem Problem der historischen und sozialen Bedingtheit von philosophischer und soziologischer Erkenntnis. Im Sinne von Marx ging er davon aus, daß der soziale Standort eines Autors entscheidend seine Themen und die Formen seiner Erkenntnis soziologischer Zusammenhänge bestimmt, ein Ansatz, der auch in seiner Einschätzung und historischen Zuordnung der Psychoanalyse deutlich wurde.

So war Mannheims Interesse an der Psychoanalyse zunächst das des Wissenssoziologen, der sie als Lehre, ohne sich zunächst inhaltlich mit ihr auseinanderzusetzen oder gar psychoanalytische Begriffe zu übernehmen, ideengeschichtlich zuordnete. Dabei verstand er die Psychoanalyse als »generalisierende Trieblehre«, die »zur Hypostasierung des vom historisch-spirituellen völlig befreiten, ewig menschlichen Triebsubstrates« (1965, S. 219) gelangt. Eine solche Lehre ließe zunächst soziale und historische Zusammenhänge außer acht, sei aber in ihrer Weiterentwicklung gezwungen, mehr und mehr auf die Soziologie zurückzugreifen (1958, S. 149).

Erst während der Emigration befaßte sich Mannheim stärker inhaltlich mit der Psychoanalyse, zu einer Zeit, wo er sich unter dem Eindruck der Nazidiktatur in Deutschland stärker pragmatisch orientierten soziologischen Konzepten zuwandte. Im Sinne der amerikanischen Soziologie vertrat er dabei die Auffassung, daß zur Erhaltung der Demokratie die Gesellschaft nicht dem »freien Spiel der sozialen Kräfte« überlassen werden dürfe, da dies die Gefahr des Umschlages in eine Diktatur in sich berge. Das Interesse an aktiver und geplanter Veränderung gesellschaftlicher wie innerpsychischer Strukturen führte Mannheim zur weiteren Auseinandersetzung mit der Psychoanalyse:

Die *Tiefenpsychologie* gehört, ihrem Zugriffe nach zumindest, zu denjenigen Typen psychologischer Forschung, die den Menschen in seiner jeweiligen Vorfindbarkeit nicht als unveränderlich betrachten. Durch die

Entdeckung des Unbewußten soll auch in jene verborgenen Mechanismen eingedrungen werden, von denen aus seelische Fehlentwicklungen rückgängig gemacht werden können. (. . .)

In letzter Instanz will also – ohne damit entscheiden zu wollen, ob dies gelingen kann oder nicht – die Tiefenpsychologie den Menschen, das Individuum umbauen (. . .)

Der Wille zum Umbau und zum Planen äußert sich nun in der Verwegenheit, auch dasjenige im individuellen Seelenleben regulieren zu wollen, was bisher am ehesten verborgen war und als Naturkraft gewirkt hatte: die Anpassung des Unbewußten und dessen Fehlleistungen. Mit einem Wort: auch der Hemmungs- und Enthemmungsapparat des Individuums soll erkannt, durchschaut und in der Richtung eines Optimums gelenkt werden. Es soll die Traumarbeit überwacht und der durch eine Gesellschaftssituation in seinem seelischen Aufbau Geschädigte in seiner Gesamtpersönlichkeit rekonstruiert werden. Allerdings ist der Zugriff der Psychoanalyse ursprünglich rein individualistisch gewesen. Sie sah nur das in irgendeine abstrakte Gesellschaft hineingestellte Individuum mit seinen abstrakten Schädigungen. Sofern das Soziologische in Betracht kam, wurde nur das frühe Schicksal in der Kindheit mit ein paar schematisierten Situationen in Betracht gezogen, ohne dabei die soziale Besonderheit einer Familie (Proletarier – Bourgeoisfamilie etwa) zu berücksichtigen. Auch sollte das Individuum aus sich heraus umgebaut werden durch Prozesse der inneren Erhellung und durch die kathartische Wirkung der richtig geleiteten Tiefenforschung. Es fehlte also zur völligen Planung die zumindest in ihren Möglichkeiten bei den Tiefenpsychologen sehr oft nicht genügend ausgebeutete Einsicht des Pragmatismus, daß seelisches Sein und Tun zusammengehören und ein Mensch nur geändert werden kann, wenn neben dem Aufbrechen seiner mitgebrachten alten Fehleinpassungen und Schädigungen neue Situationen geschaffen werden, in denen das hergestellte geläuterte Individuum auch durch die Lebensweise in der richtigen Bahn bleibt. Es fehlte ferner die Einsicht, daß bestimmte Fehleinwirkungen ohne Änderungen des gesamten gesellschaftlichen Feldes nicht vollzogen werden können.

Die Ursprungssituation der Psychoanalyse, daß sie im Konsultationszimmer des Arztes entstand, ist im positiven und im negativen Sinne in ihren Entwurf eingegangen. Der konkrete Anschluß an die Psychiatrie gab ihr die empirische Chance der genau beobachtbaren Fälle, ließ aber die gesellschaftliche Umwelt nur in schattenhaften Umrissen sehen. Es fehlt mit einem Wort zum völligen Planen der Anschluß an die soziologische Erschließung des gesellschaftlichen Mechanismus; das Individuum wurde vom Individuum her reorganisiert, der Absicht nach allerdings in Tiefendimensionen, wie das früher nicht einmal auszudenken möglich gewesen wäre. Die Struktur des erfindenden Denkens ist noch insofern am Werke, als man das Einzelobjekt, den einzelnen Menschen herstellen will, ohne ihn in den konkreten Lebensraum wirklich hineinzustellen. Die planvolle Absicht ist aber insofern im Spiel, als der abstrakte Prozeß des Tuns, der richtigen und falschen Einpassung vom Standpunkte des gesamten seelischen Haushaltes genau verfolgt wird. Also gerade das, was der Behaviorismus völlig vernachlässigte, wird hier zum eigentlichen Problem gemacht. Aber all das, was uns in den ersten Phasen der Tiefenpsychologie noch als Produkt des liberal-individualistischen Zeitalters erscheint: die diagnostisch vollzogene Isolierung des Einzelnen, die Verdeckung der sozialen Interdependenz und die Schematisierung der Umweltverhaftung – all das wird Schritt für Schritt rückgängig gemacht und in einem bereits sichtbaren Prozeß der soziologischen Orientierung revidiert. In diesem soziologischen Konkretisierungsprozeß entdeckt man dann Differenzierungen: an Stelle der Familie tritt die Familie in einer sozialen Schicht, in einer bestimmten Epoche. Die Beobachtung der seelischen Krisen, die die Arbeitslosigkeit bei den verschiedenen Typen und in den verschiedenen Phasen ihres Ablaufs verursacht, wird zu einem zentralen Problem. An Stelle des abstrakten Problems der Kindheit tritt das Sonderproblem des proletarischen oder bürgerlichen Kindes usw. Der Prozeß der Symbolbildungen wird nicht nur im Leben des Individuums, sondern in dem der Masse untersucht. Die Massen werden nicht undifferenziert, sondern historisch und sozial geschichtet gesehen, und man verfolgt, wie der generelle Mechanismus Sondermechanismen in den verschiedenen historisch-sozialen Lagerungen erzeugt. (1935, S. 184 ff.)

In dieser sehr differenzierten Darstellung der Psychoanalyse und ihrer Entwicklung von Freud bis Reich und Fromm versuchte Mannheim, die Psychoanalyse vorurteilsfrei, wie kaum ein anderer Autor vor ihm, in ihrem historischen Kontext zu erfassen. Dabei übernahm er auch nicht wie andere Theoretiker psychoanalytische Begriffe und Erkenntnisse; seine Betrachtung galt der Psychoanalyse als einer sich entwickelnden Wissenschaft. Mannheims Interesse an der Psychoanalyse erwies sich als rein instrumentell, seine eigene Einstellung zu ihr als Theorie und Methode blieb im Dunkeln. Bedeutungsvoll erschien sie ihm im wesentlichen als Therapie, Anpassungstechnik, ein noch verbesserungsbedürftiges Instrument geplanter Veränderung von Mensch und Gesellschaft unter vielen anderen möglichen:

Es war die Psychologie, insbesondere die Psychoanalyse, die das Problem der subjektiven Seite der Anpassung in den Vordergrund schob. Obwohl ich dies gerne zugebe, betrachte ich die bloß individuelle Hilfe, die die psychoanalytische Methode bietet, nicht als endgültige Lösung des Problems sozialer und psychologischer Neugestaltung. (...)

Obwohl wir uns der Grenzen der Psychoanalyse wohl bewußt sind, bedeutet dies nicht, daß wir sie ablehnen. Im Gegenteil, die heilende Wirkung, die die wechselseitige Beziehung zweier Menschen ausüben kann, ist oft unersetzlich. Wir wollen nur die Tatsache betonen, daß die durch Psychoanalyse erzielte Neuanpassung nicht das ganze Gebiet der Neuanpassung umfaßt. Daneben gibt es andere Methoden, die eben ausprobiert werden. (1931, S. 123)

Paul Szende

(nähere Daten zu Szendes Leben waren nicht erreichbar; dennoch verdient seine Stellungnahn als Soziologe zur psychoanalytischen Theorie eine Darstellung)

Szende würdigte von soziologischer Seite her bereits Anfang der 20er Jahre die Bedeutung der Psychoanalyse für die Bestimmung des Verhältnisses von Individuum und Gesellschaft. Dennoch teilte er die Vorbehalte der meisten anderen Autoren, so den Vorwurf der Einseitigkeit, den des Pansexualismus und der Metaphysik. Er schrieb:

Die *psychoanalytische* Methode analysiert das Unterbewußtsein vom Isolationszentrum der sexuellen Triebe aus. Sie war eine Auflehnung gegen die heuchlerischen Abstraktionsmethoden der überlieferten Wissenschaft und Ethik, welche sowohl die normalpsychischen als auch die psychopathologischen Probleme mit Umgehung der sexuellen Beziehungen lösen wollten. Das unvergängliche Verdienst der Psychoanalyse besteht darin, daß sie die *soziale Bedingtheit des Unterbewußtseins* und des Verdrängungsprozesses, der mit der sexuellen Befriedigung (richtiger Unbefriedigung) verbundenen hysterischen und psychischen Erkrankungen aufzeigte. Ihre Zensurinstanz ist ein ausgesprochen sozialer Faktor. Sie demonstrierte die Auswirkungen der sexuellen Triebe auf den entlegensten Geistesgebieten und hatte den Mut, den großen Anteil der Sexualität auch in der Kinderpsychologie zu würdigen. Durch ihre großen Erfolge verblendet, maßte sie sich Allgemeingültigkeit an, strebte nach absoluter Geltung und vergaß dabei vollständig ihren Ursprung. Zwei Abstraktionen verdankte sie ihre Existenz. *Sie ist eine vornehmlich großstädtische Wissenschaft*, hervorgegangen aus der Betrachtung der sexuellen Befriedigungsmöglichkeiten und der damit verbundenen psychischen und hysterischen Erkrankungen *der ausnehmend geistig gerichteten, regsamen, überfeinerten, meistens jüdischen intellektuellen Schichten*. Die Lebenslage derselben ist so gestaltet, daß das sexuelle Problem sie übermäßig beschäftigt, anderseits sind die Hindernisse der Befriedigung mannigfaltiger als bei der Oberklasse und bei den großen Volksmassen. Sie ließen außer acht, daß die sexualpsychologische Betrachtung nur ein Isolationszentrum ist, nur einen Ausschnitt der reichhaltigen Wirklichkeit gibt und daß noch andere wichtige Bedürfnisse und Triebe die psychischen Vorgänge beeinflussen. Je mehr die Psychoanalyse nach Allgemeingültigkeit strebte, desto stärker ließ sie sich verleiten, alles Widerstrebende zu vernachlässigen, sogar gewaltsam hinwegzudekretieren. Nur ein Beispiel: Jeder Kenner weiß, wie die Psychoanalyse die Träume über Fliegen und Hindurchgehen durch enge Passagen deutet. Die mittelalterliche Medizin, die zwecks Diagnose und Therapie die Träume untersuchte, führte den ersten Fall auf krankhafte Leichtigkeit der Lebenssäfte, den Passagetraum auf Erkrankungen der Atemwege zurück. Ein objektives Urteil wird nicht verfehlen, festzustellen, daß die primitivere Methode nicht die der mittelalterlichen Medizin war.

Daß man den Weg zur Absolutität nicht unbestraft betreten kann, zeigt das letzte Buch Freuds, das eine regelrechte Metaphysik ist; die Natur, der Mensch wird hylozoistisch verbrämt, alles geht in einem All-Eros auf. Er gibt vollständig die empirische Grundlage auf, der die Psychoanalyse ihre großen Erfolge und ihre historische Bedeutung zu verdanken hat. (1923, S. 434 f.)

Wie u. a. auch Kautsky, Adler und andere marxisitisch orientierte Autoren sah Szende den sozialen Hintergrund, vor welchem die psychoanalytische Theorie entstanden war; allerdings geriet ihm, wie auch Kautsky und Thalheimer, die notwendige historische und soziale Zuordnung der Psychoanalyse lediglich zur Begründung der Vorwürfe von Pansexualismus und Metaphysik. So mutet auch seine Analogie mittelalterlicher Medizin und psychoanalytischer Deutungsmuster recht seltsam an, ebenso wie der durch nichts zu belegende Vorwurf, daß Freud in der Natur das Walten dämonenartiger Kräfte sähe. Fast scheint hier, daß solche Polemik wie auch der übliche Pansexualismusvorwurf Szende es erst ermöglichten, Verdienste der Psychoanalyse als einer Theorie des Unbewußten und der menschlichen Sexualität gleichsam nebenher zu würdigen.

Auch wenn Szende der Psychoanalyse nicht völlig ablehnend gegenüberstand, so war doch in seinen späteren Schriften kaum mehr ein Hinweis auf Freud oder die Rezeption seiner Theorie zu finden; Szendes Auseinandersetzung mit der Psychoanalyse fand, vielleicht wegen ihres recht allgemeinen Charakters und ihrer Betonung der doch sehr verbreiteten Vorbehalte, m. W. in der soziologischen Literatur keine Beachtung.

Hendrik de Man

(1885-1953; Tätigkeit in der Arbeiterbildung; ab 1922 Dozent an der Darmstädter Akademie der Arbeit; 1929 Professor für Sozialpsychologie in Frankfurt, Kontakt zum Frankfurter Institut für Sozialforschung; 2. Vorsitzender der Belgischen Sozialistischen Partei, mehrfach Minister; Abbruch der politischen Laufbahn während der deutschen Besatzungszeit wegen des Vorwurfes der Kollaboration, Emigration in die Schweiz)

Zunächst überzeugter, beinahe fanatischer Marxist, sah de Man gerade auch unter dem Eindruck des Ersten Weltkrieges stehend, die Gründe für das Versagen der Arbeiterbewegung fast aller europäischen Länder zunehmend mehr in außerökonomischen, psychischen Faktoren und wandte deren Studium sein Hauptinteresse zu. Während seiner Frankfurter Zeit, in der er, wenn auch nur sehr beschränkt, in Kontakt mit der Frankfurter Schule kam, erschienen seine wichtigsten Veröffentlichungen zu diesem Themenbereich.

In seinen Versuchen, die Verfallserscheinungen der Sozialdemokratie psychologisch zu erklären, griff de Man hauptsächlich auf die Psychoanalyse zurück, die ihm neben den psychologischen Theorien von Wundt und Adler besonders in seiner Schrift »Zur Psychologie des Sozialismus« das theoretische Instrumentarium lieferte. Hier wurde ihm die Psychoanalyse zum Mittel, persönliche Motive in den Lehren einzelner sozialistischer Autoren aufzuweisen, das Verhalten der Massen und ihrer Führer zu erklären, aber auch den Nachweis zu führen, daß sozialistische Ideen im Grunde Religionsersatz seien:

Man kann die Eigenart und Verschiedenheit der Lehren nur begreifen auf Grund einer Psychoanalyse der intellektuellen Motive, die bei jedem einzelnen sozialistischen Denker wenigstens bei jedem der auf Ursprünglichkeit Anspruch hat, dessen Anschauungen zugrunde liegen. (...)
... denn Gedanken sind das Werk der Persönlichkeit, nicht das Ergebnis eines Parallelogramms gesellschaftlicher Massenkräfte. (1926, S. 17)

Man braucht nicht Freud und Ferenczi gelesen zu haben, um zu wissen, daß die Führerauslese auf einem ähnlichen Vorgang der Identifizierung des Ich mit einem Ichideal beruht, wie sie zuerst das Kind vornimmt, wenn es unter dem Einfluß der Eltern oder Erzieher sein Ichbewußtsein in ein unbefriedigendes eigentliches Ich und ein fremdes Ideal-Ich zu zerlegen beginnt. (ebd., S. 110)

Wenn der »wissenschaftliche« Sozialismus nur wissenschaftlich genug sein wollte, um in seinen eigenen Lehren einen Gegenstand wissenschaftlicher Psychoanalyse zu sehen, so würde er finden, daß auch Begriffe wie die soziale Revolution, die proletarische Diktatur oder der Zukunftsstaat sozialpsychologisch betrachtet Mythen sind, d. h. Glaubenssymbole in Gestalt historischer Erzählungen.

Der Grund, warum es so schwer ist, mit Hilfe kritischer Zergliederung hinter den wissenschaftlichen Inhalt des marxistischen Begriffs der Klasse zu kommen, ist, daß dem proletarischen Klassenbewußtsein in der marxistischen Literatur und Ausdrucksweise eine mythische und mystische Bedeutung innewohnt. Dem Marxismus ist die Klasse eine *Substanz* im Sinne der Religionspsychologie. (ebd., S. 116)

Mit besonderer Vorliebe griff de Man einzelne zentrale Begriffe wie den des Komplexes, der Kompensation u. a. heraus, um an und mit diesen seine Thesen psychologisch zu untermauern. Dabei entnahm er diese Begriffe und ihre jeweiligen Erklärungszusammenhänge ziemlich wahllos den Lehren Freuds, Jungs, Adlers, Bergsons und Wundts, wobei er der Freudschen Psychoanalyse den Vorrang gab. Gerade auch in seinen späteren Schriften zollte er dieser kaum eingeschränkte Bewunderung und setze sie in ihrer Bedeutung der Marxschen Theorie gleich:

Die Psychoanalyse und die auf ihr fußenden sogenannten tiefenpsychologischen Schulen wurden von Medizinern begründet. Sie waren von keinem anderen Interesse getrieben, als dem Interesse des Arztes an der Gesundheit seiner Patienten. Sie hatten es nur darauf abgesehen, Neurosen zu heilen; dennoch ist es sehr zweifelhaft, ob ihre Leistung auf diesem Gebiete sich an historischer Bedeutung auch nur entfernt messen kann mit den geistesgeschichtlichen Rückwirkungen der ihnen zugrunde liegenden Theorien und Hypothesen.

Ein englischer Literaturkritiker schrieb vor einigen Jahren, wenn eine Welt die Literatur der Nachkriegszeit von der des neunzehnten Jahrhunderts trenne, so liege das vielleicht noch mehr an Sigmund Freud als am Weltkrieg; und diese Behauptung ist wohl weniger übertrieben als sie klingt, zum mindesten was die angelsächsischen Länder betrifft, in denen die Umwälzung der sittlichen Anschauungen durch die Erschütterung des im neunzehnten Jahrhundert herrschenden Sexual-Tabus besonders stark von Literatur und Bühne beeinflußt worden ist. Ebensoviel Wahrheit enthält der oft gehörte Satz, Freud sei »der Karl Marx der Psychologie unserer Zeit«. Man kann manches an seinen Lehren für überspitzt oder gar für falsch halten, ohne ihm deswegen die Anerkennung zu versagen, (. . .)

Aber die Ähnlichkeit der Leistungen des großen Entzauberers der Gesellschaftswissenschaft und des großen Entzauberers der Psychologie beschränkt sich nicht auf das Kritische und Zerstörerische. Auch im

Hinblick auf das positive Menschenbild läßt sich der Freudsche Vorstoß in den »Unterbau« des menschlichen Unterbewußtseins dem Marxschen Vorstoß in den »Unterbau« der menschlichen Gesellschaft an die Seite stellen. Freud hat gezeigt, daß das menschliche Unterbewußtsein nicht bloß passiv Eindrücke aufnimmt, sondern auch die Kräfte enthält, deren Richtung dem menschlichen Leben den Charakter einer zweckbestimmten Tätigkeit verleiht. Seine Theorie der Triebe hat für das persönliche Verhalten der Menschen eine ähnliche Bedeutung wie die Marxsche Theorie der Interessen für ihr Kollektivverhalten; (. . .)

Wenn man die Tiefenpsychologie, deren Bahnbrecher Freud gewesen ist, nicht nur im engen Sinne einer Schulorthodoxie als psychoanalytische Heilmethode oder als reine Sexualtriebspsychologie auffaßt, und wenn man die gemeinsamen Grunderkenntnisse aller tiefenpsychologischen Schulen herausstellt, so wird der Parallelismus ihrer Gesamtrichtung mit der des Sozialismus noch einleuchtender. Sie enthalten, wenn nicht das in der Marxschen Lehre noch fehlende Glied zwischen gesellschaftlicher Determination und psychologischer Motivation, so doch die wichtigsten wissenschaftlichen Materialien für die Herstellung dieses Gliedes. (. . .)

Sie können eine Auffassung des Sozialismus begründen, die, ausgehend von dem Grundgedanken des sozialen Schuldgefühls, der sittlichen Zensur, der Überwindung der Angst und der Ermutigung zur Erfüllung der Forderungen des Gemeinschaftsgefühls, das sozialistische Wollen nicht bloß als Veränderung der Umwelt sondern auch als Verwandlung der handelnden Personen erkennt. (1933, S. 213 f.)

Auffällig an de Mans Rezeption psychoanalytischer Theorie war neben ihrer Selbstverständlichkeit die fehlende Auseinandersetzung mit Freud. De Man übernahm, entsprechend seinem eigenen Interesse an einer Kritik des Sozialismus mit den Mitteln der Psychologie, psychoanalytische Theoreme und Begriffe, ohne sie weiter zu überprüfen und dies auch wenn sie, wie einige Aussagen der verschiedenen tiefenpsychologischen Schulen, einander ausschlossen oder sich widersprachen. So war es ihm etwa selbstverständlich, im Zusammenhang mit der Massentheorie Freuds Urhordenhypothese als psychologische Erklärung zu übernehmen, ebenso wie die Jungsche Auffassung eines kollektiven Unbewußten und eines artbedingten phylogenetischen Erbes, durch welches soziale Verhaltensweisen tradiert würden.

Insgesamt erscheint Psychologie, speziell die Psychoanalyse, bei de Man als ein weitgehend wahllos und unkritisch übernommenes Mittel, eine Waffe in seiner persönlichen Auseinandersetzung mit der Sozialdemokratie und dem Marxismus, eine Vorgehensweise, bei der ihm der Vorwurf des Psychologismus nicht zu ersparen blieb.

Um so erstaunlicher war es, daß einige sozialistische Autoren, die seine individualistische und antimarxistische Haltung kritisierten, ihre Kritik an de Mans politischer Position durchaus von einer Kritik der Psychoanalyse trennten – ganz im Gegensatz zu der ca. 10 Jahre früher geführten Auseinandersetzung um Kolnais Versuch einer Verbindung von Soziologie und Psychoanalyse. So bezog sich etwa Karl Schröder in seinem Beitrag »Marxismus oder Psychologismus?« (1926) auf de Mans Gleichsetzung von Marx und Freud in dem er schrieb: »Mehr als das, vielen von ihnen [den Marxisten] erscheint die Psychoanalyse als eine der Marxschen gesellschaftlichen Relativierung nachkommende Anwendung der Relativierung auf die Bewußtseins-, auf die Ichtheorien, ohne daß freilich alle Konsequenzen aus ihr bisher schon von den Psychologen gezogen wären (. . .). Man kann eben als Psychologe dieser Art offensichtlich Marxist und Nichtmarxist sein« (1926, S. 250). Und in einer anderen Kritik von de Mans viel beachtetem Buch »Zur Psychologie des Sozialismus« hieß es: »Oft wird es mir unmöglich, den kritischen Maßstab anzulegen, denn ich bin kein Fachmann der Psychologie oder der Psychoanalyse« (Egner, 1927, S. 585).

Obwohl de Man nicht nur Parallelen zwischen Marxismus und Psychoanalyse feststellte, sondern auch eine Verbindung beider Lehren zumindest seinem Anspruch nach anstrebte, hat doch seine antimarxistische und auch der Psychoanalyse gegenüber sehr unkritische Haltung dazu geführt, daß er nie in näheren Kontakt mit dem Institut für Sozialforschung und der »Frankfurter Schule« kam bzw. von ihrer Seite kaum beachtet wurde. Insgesamt erscheint de Mans Werk als ein sehr undifferenzierter, wenn auch breit angelegter Versuch, psychoanalytische Theorie zu übernehmen, der zwar seinerzeit starke Beachtung fand, aber doch, infolge auch wohl der überdeutlichen Indienstnahme der Psychoanalyse für eher persönliche Interessen des Autors, später nicht mehr beachtet wurde. Hinzu kommt, daß de Man auch durch seine Haltung gegenüber der nationalsozialistischen Besatzungsmacht in Belgien sich selbst und seine theoretischen Ansätze diskreditierte.

Max Adler

(1873-1937; Jurist, Philosoph, Soziologe; seit 1919 Professor für Soziologie in Wien; führender Vertreter des Austro-Marxismus)

Während der gesamten Zeit seines Wirkens als Philosoph und Soziologe war Adler aktives Mitglied der sozialdemokratischen Partei Österreichs und neben Otto Bauer, Karl Renner und Rudolf Hilferding einer der führenden Vertreter des sog. »Austro-Marxismus«. In seiner philosophischen und soziologischen Theorie versuchte er eine Verbindung von Kant und Marx, verblieb aber im Gegensatz zu ähnlichen Versuchen anderer sozialistischer Theoretiker, wie etwa Karl Vorländers in Deutschland, auf dem Boden der materialistischen Geschichtsauffassung. In deren konsequenten Vertretung ging Adler soweit, daß er während der 20er Jahre in Konflikt mit seiner Partei geriet, als er sich öffentlich gegen die von der SPÖ propagierte Politik der Umwandlung der bürgerlichen Gesellschaft auf parlamentarischem Wege wandte.

Als einziger Vertreter des Austro-Marxismus setzte sich Adler mit der Psychoanalyse auseinander, wobei er sie aber von vornherein als Psychologie in den Bereich des Individuellen verwies und streng von der Soziologie abtrennte: »Soziologie ist immer Erforschung der Gesellschaft, Psychologie immer Erforschung des Individuums, auch wenn sie Sozialpsychologie ist« (1932, S. 92). Nachdem er der Psychoanalyse dergestalt ihren Bereich zugewiesen hatte, würdigte er sie wohlwollend, wenn auch nicht ohne zum Teil recht grundsätzliche Kritik, als eine Psychologie, die sowohl Bewußtseinsvorgänge erklärt, als auch ihre gesellschaftlichen Anteile deutlich macht. In seiner Schrift »Natur und Gesellschaft«, dem 1932 erschienenen 2. Band seiner wissenssoziologischen Untersuchung »Soziologie des Marxismus« nahm Adlers Auseinandersetzung mit der Psychoanalyse einen vergleichsweise breiten Raum ein:

Die großartige Psychologie des Unbewußten, die Professor Freud und seine Schule herausarbeiten, wird einen nicht zu entbehrenden Beitrag zum Verständnis des geistigen Dynamismus leisten, der innerhalb der menschlichen Vergesellschaftung wirksam wird. Wir haben schon früher auf den merkwürdigen Parallelismus hingewiesen, der zwischen der Ideologieanalyse bei Marx und der Psychoanalyse bei Freud besteht, indem Marx schon lange vor Freud auf die Notwendigkeit verwies, von dem offenbaren (manifesten) Bewußtseinsinhalt einer Zeit, nämlich von dem, was sie von sich selbst glaubt und hält, von ihrer Ideologie, auf die derselben wirklich zugrundeliegenden und unbewußt wirkenden Motive zurückzugehen, wobei auch die »Tradition«, das Hineinragen von Ideologien längst vergangener ökonomischer Situationen, als eine Art soziologische Regression mitzubeachten ist. Diese soziologischen Regressionen zusammen mit der Sublimierung zutiefstliegender ökonomischer Interessen und der Verdrängung offenbar störender Momente spielen eine entscheidende Rolle in der materialistischen Geschichtsauffassung ganz unabhängig und schon lange vor Freud. Sie zeigen auch gleichzeitig, wie das Unbewußte sowohl in seiner individualen wie in seiner kollektiven Bedeutung nur innerhalb des ökonomischen Prozesses zu seiner spezifisch gesellschaftlich-geschichtlichen Wirkung kommt. Alle diese von Professor Freud aufgezeigten Prozesse des Unbewußten vollziehen sich sowohl in der Form der Sublimierung und Verdrängung als auch in der Form des primären Triebmechanismus immer bereits in historisch-sozial bestimmten Gestaltungen, die ihr »Milieu« bilden und daher in letzter Linie auf die ökonomischen Grundbedingungen zurückleiten.

Dies ist um so mehr zu betonen, als die letzten Schriften Freuds seit seiner berühmten Abhandlung über »Totem und Tabu« (1913) immer entschiedener die Richtung auf soziologische Probleme eingeschlagen haben, die besonders in seiner Lehre von der Entwicklung des Über-Ich einen interessanten Ausdruck gefunden hat. Hier ist nicht der Ort, auf alles dies kritisch einzugehen. Nur so viel ist in bezug auf das hier in Betracht kommende Verhältnis dieser psychoanalytischen Sozialforschung zur materialistischen Geschichtsauffassung, vielmehr zum soziologischen Standpunkt, zu sagen, daß auch hier der Bereich dieser Forschungen über das Psychologische nicht hinausgeht und daß ihre vermeintlich soziologischen Resultate sich nur durch unkritisierte stillschweigende soziologische Voraussetzungen ergeben. Auch die Freudsche Trieblehre in ihrer jüngsten Gestalt, in welcher sie neben die libidinösen die verschiedenen Arten des Todes- oder Zerstörungstriebes setzt, reicht nicht aus, zur Tatsache der Vergesellschaftung zu führen, sondern kann nur innerhalb derselben ihre aufklärende und durch die Vergesellschaftung begrenzte Wirkung haben. Dies ergibt sich insbesondere daraus, daß die beiden Begriffe, die bei Freud überhaupt erst auf das soziale Gebiet führen, der Begriff der Sublimierung und der Begriff des Über-Ichs, nur scheinbar sich von selbst aus dem Triebleben ergebende Erscheinungen sind. In Wirklichkeit aber enthalten sie beide unbewußte Erschleichungen des soziologischen Begriffsinhaltes, den sie ganz naiv mit sich führen. Das Rätsel, wie aus dem an und für sich ganz individualistischen Sexualtrieb in seinen verschiedenen Formen durch Desexualisierung und Umbiegung aller Art schließlich der Erfolg sozialer Verbundenheit und sozialer Leistungen hervorgehen soll, scheint durch den Begriff »Sublimierung« hinlänglich »erklärt« zu sein, während dieses Wort doch in Wirklichkeit nur die Tatsache einer grundlegenden Veränderung bedeutet. (...)

Hierbei ist also diese Qualität des Sozialen ebenso vorausgesetzt wie die Möglichkeit der Umgestaltung des Unsozialen in das Soziale. Mit anderen Worten: Jede Sublimierung ist nur innerhalb der Vergesellschaftung und durch diese möglich.

Ebenso ist es mit der Gründung des sozialen Zusammenhanges auf das »Über-Ich« bestellt, das nach der seltsamen Auffassung Freuds in letzter Linie dem Todestrieb entspringt, so daß die Psychoanalyse zu der furchtbaren Paradoxie führt, daß das soziale Leben eigentlich eine Funktion der Lebensfeindschaft in sich hat, woraus denn auch nach dem jüngsten Buche Freuds sich »das Unbehagen der Kultur« als ein notwendiges Übel erklärt. Aber ohne auf alles dies hier eingehen zu können, nehmen wir einmal die Entstehung des »Über-Ichs« im Sinne der Freudschen Theorie als gegeben an. Dieses Über-Ich bedeutet eine oberste Zensurinstanz, die, wie Freud sagt, mit einer geradezu sadistischen Grausamkeit das Ich tyrannisiert, indem es ihm Verbote und Gebote seines Handelns auferlegt. Aber mit alledem wäre doch nur dargetan, daß das Ich sich selbst peinigen kann, daß es seine Aggression gegen sich selbst wenden kann. Daß aber diese Selbstpeinigung als ein Sollen empfunden wird, mit der dem Sollen eigentümlichen, nicht weiter beschreib-, sondern nur erlebbaren Qualität einer Allgemeinverbindlichkeit, das ergibt sich nicht bereits aus dem Prozeß der »nach innen vertierten Aggression« und überhaupt nicht aus bloßem Triebleben. Auch die Vorstellung eines »unbewußten Schuldgefühles« (von Freud selbst als eine kühne Annahme bezeichnet), das von Vorzeiten her ererbt als Angst wirkt, und ebensowenig die unbewußte Identifizierung mit dem Vater, der als Vorbild gilt, helfen hier nicht weiter. Denn alle diese Begriffe enthalten bereits das Sollen, das aus ihnen angeblich erst entstehen soll. Das Schuldgefühl ist nämlich nicht Angst vor etwas, sondern die innere Unruhe einer Bewußtseinslage, die sich nur mit den Worten schildern läßt: »Das hätte nicht sein sollen«. Und ein Vorbild ohne ein Sollen, welches verlangt, diesem Vorbild zu entsprechen, ist nicht zu denken. Denn sonst handelt es sich nicht um ein Vorbild, sondern um eine bloße triebartige Nachahmung, aus der niemals eine Zensurinstanz entstehen könnte. In dem Verkennen der Eigenbedeutung des Sollens als einer besonderen Bewußtseinsgesetzlichkeit rächt sich die Problemblindheit für das erkenntniskritische Problem, das die Psychoanalyse mit dem ihr nahestehenden Materialismus teilt. So ergibt sich also aus alledem, daß die Psychoanalyse zu ihren soziologischen Leistungen ein Begriffssystem voraussetzt, das ihr nur die erkenntniskritische und soziologische Forschung geben kann. Und speziell die Verwertung der psychoanalytischen Erkenntnisse zur Aufhellung konkreter gesellschaftlicher Tatbestände kann nur innerhalb der soziologischen Grunddetermination derselben, nämlich innerhalb der materialistischen Geschichtsauffassung erfolgen. (1932, S. 101 f.)

Auch wenn Adler hier – wie auch andere Autoren mit den unterschiedlichsten Ansätzen, so Wilhelm Reich, Hendrik de Man, Otto Jensen u. a. – zumindest eine Verwandtschaft marxistischer und psychoanalytischer Methode feststellte, so wirkte sein Versuch einer soziologischen Zuordnung der Psychoanalyse doch vergleichsweise dürftig. Insbesondere erschienen seine Übertragungen psychoanalytischer Kategorien auf die marxistische politische Ökonomie als eine sehr zweifelhafte und kurzschlüssige Analogie. Wenn Adler etwa vom Begriff der »soziologischen Regression« sprach, der ihm zum Beweis wurde, daß im Marxismus die Psychoanalyse bereits vorweggenommen sei, so schien er hier die Begriffe ökonomisches Interesse und Bedürfnis miteinander zu verwechseln, die zwar in Beziehung miteinander stehen, aber durchaus nicht identisch sind.

Auffallend war Adlers Bemühen, die Psychoanalyse von der Soziologie abzugrenzen und sie ihr unterzuordnen. Die Begründung hierfür sah er – im Bereich des Begrifflichen – darin, daß die Soziologie bereits in den historischen Voraussetzungen der Psychoanalyse und deren Gegenstandes (der menschlichen Seele) enthalten sei – ein Formalismus, wenn man davon ausgeht, daß alle Lehren unter bestimmten gesellschaftlichen Bedingungen und als deren Ausdruck entstehen. Zwar war sicher richtig, daß denjenigen Psychoanalytikern, die sich mit soziologischen Problemen befaßten, entsprechendes soziologisches Wissen oft abging; dennoch erscheint die Schärfe, mit welcher Adler die Psychoanalyse auf den Bereich des Individuums verwies, nicht einsichtig.

Zu Adlers Würdigung der Psychoanalyse als eine »großartige Psychologie des Unbewußten« bildete dies einen seltsamen Gegensatz, ebenso wie die teilweise banalen Mißverständnisse, die in seiner Schrift auftauchten. So entsprang etwa Adlers Annahme, daß Freud das Über-Ich aus dem Todestrieb ableite, schlichter Unkenntnis, ebenso wie seine Auffassung des Identifizierungsvorganges als eines Problems des »Sollens«.

Im Gegensatz zu vielen anderen Autoren, denen besonders die Libido-Lehre als Kernstück von Freuds Theorie zum Ärgernis wurde, berührte Adler diese und andere zentrale Probleme der Psychoanalyse überhaupt nicht. Sie blieb für ihn im wesentlichen eine Psychologie, die er dem historischen Materialismus ein- und unterzuordnen bemüht war, ohne sie inhaltlich näher zu kennen oder sogar ihre Ergebnisse zu rezipieren. Obwohl Adler in seinen

Schriften nicht weiter auf die psychoanalytische Theorie zurückgreift, so gehört er doch zu den ganz wenigen materialistischen Theoretikern der Weimarer Zeit, die die Psychoanalyse nicht zum Gegenstand wilder Polemik nahmen, sondern sich zumindest um eine sachliche Einschätzung bemühten.

OTTO JENSSEN

(Über Otto Jenssen war nicht ausreichendes biographisches Material aufzufinden; als Theoretiker trat er überhaupt nur mit 2 kurzen Aufsätzen in Erscheinung; sein Beitrag zur Rezeption der Psychoanalyse erscheint aber dennoch darstellenswert)

Der Sozialdemokrat Jenssen gehörte zu den wenigen sozialistischen Autoren, die eine theoretische Verbindung von Marxismus und Psychoanalyse nicht nur forderten, wie etwa de Man, Max Adler und andere, sondern sie auch in der eigenen theoretischen Arbeit an bestimmten Gegenständen versuchten. Jenssen strebte eine solche Verbindung in den allerdings sehr enggefaßten Bereichen der Massenpsychologie und der Religionskritik an.

Ausgehend von Kautskys Massentheorie setzte er sich mit Freuds »Massenpsychologie und Ich-Analyse« und »Totem und Tabu« in dem Versuch auseinander, die psychoanalytischen Ansätze für soziologische Theorie fruchtbar werden zu lassen. Dabei folgte er Freud, dessen soziologische Einseitigkeit und die Grenzen der analytischen Methode durchaus sehend, sogar bis zur Urhordenhypothese. In seiner 1924 erschienenen Schrift »Zur Psychologie der Masse. Kautsky und Freud« führte Jenssen aus:

Es ist hier die »Tiefen-Psychologie« von Sigmund Freud, erwachsen aus der sogenannten Psychoanalyse, die einige wichtige Gesichtspunkte bietet, die in isoliert psychologischer Betrachtung die Vorgänge nicht restlos erklären, aber in Kontakt mit der soziologischen Beschreibung das massenpsychologische Bild bereichern und in manchem neu beleuchten. Eine Vereinigung der Ergebnisse marxistischer Soziologie und psychoanalytischer Forschung, so dringend sie mir geboten erscheint, begegnet großen Schwierigkeiten. Es ist nicht leicht, beide Gebiete souverän zu beherrschen, zudem ist die Psychoanalyse noch sehr im Werden, und im einzelnen weichen die Meinungen der verschiedenen Richtungen stark voneinander ab. Die Vertreter der Psychoanalyse, zumeist Ärzte, sehen die Dinge nur psychologisch und entstammen Schichten, in denen der

Marxismus starken Vorurteilen begegnet. Die Psychoanalyse hat zudem sich erst im Kampfe mit der Universitätswissenschaft ihre Stellung erringen müssen und hat ihre besonderen Methoden naturgemäß stark betont. Sie ist erwachsen aus einer Methode zur Behandlung bestimmter Nervenleiden (Neurose) und geht erst jetzt dazu über, eine systematische Psychologie zu entwickeln. Bezeichnend ist, daß Sigmund Freud in seinem ausgezeichneten Buch »Totem und Tabu« die wirtschaftlichen Bedingungen der Entwicklung des Totemismus, d. h. das Fortschreiten vom niederen zum höheren Jägertum und dann zum niederen und höheren Ackerbau gar nicht erwähnt, sondern die Entwicklung der totemistischen Vorstellungen als eine rein seelische Entwicklung darstellt, deren Bedingungen doch aber von den Entwicklungen des Produktionsprozesses unzertrennlich sind.

Sehen die Marxisten in erster Linie den »Hunger«, so steht bei den Psychoanalytikern die »Liebe« im Mittelpunkt ihrer Betrachtungen. Es ist doch das Hauptverdienst von Freud, den Begriff der Libido (des Geschlechtstriebes) erweitert und verfeinert zu haben. Die Bedeutung und Verästelung dieses Triebes spielt für ihn auch eine wichtige Rolle bei der Betrachtung der Psychologie der Masse, über die er einige noch nicht abschließende, aber außerordentlich anregende Gedanken in seiner Schrift »Massenpsychologie und Ich-Analyse« formuliert hat. Es trifft sich, daß Freud in dieser Schrift sich mit dem gleichen französischen Massenpsychologen Le Bon auseinandersetzt, den Kautsky mit Recht so scharf kritisiert. (1924, S. 593 f.)

Jenssen übernahm weitgehend Freuds Analyse der Massen und ihrer Gefühlsbindungen und zog daraus, die Psychoanalyse gleichsam praktisch politisch wendend, Folgerungen für die politische Organisation der Massen:

Immerhin geht die Entwicklung mit fortschreitender Bewußtwerdung auch hier von der Vaterhorde zum »Bruderclan«, die Organisation und vor allem die bewußte Schulung der Masse, die beginnende Organisation der Gesellschaft in der Umwandlungsperiode zum Sozialismus müssen allmählich die Bedingungen schaffen, die sowohl die Bedeutung der unorganisierten Masse, als auch unreflektierter Libidobindung herabmindern. Das schließt natürlich die Wichtigkeit der Libidotriebe als sozialer Bindungen nicht aus, im Gegenteil, dieses Gebiet muß eingehend erforscht werden, um das Unterbewußte bewußt zu machen und die neuen Erkenntnisse in den Dienst sozialer Massenorganisation zu stellen. Psychoanalyse und Marxismus haben hier eine gleichgerichtete Mission: Bewußtmachung des Unbewußten. Ist es die Aufgabe der Marxisten, das Bewegungsgesetz der Gesellschaft zu enthüllen, so ist es den Psychoanalytikern möglich, uns neue Einblicke in das Kräftespiel der Seele zu geben. Gerade in der Übergangszeit zum Sozialismus wird uns hier klar, daß es sich hier nicht nur um ein ökonomisch-organisatorisches Problem, sondern auch um ein psychologisches Problem allererster Ordnung handelt. Bei Anerkennung der verschiedenen Methoden und Betrachtungsweisen kann eine gegenseitige Befruchtung beider Forschungsmethoden zu wichtigen theoretischen Ergebnissen und praktischen Anwendungen führen. (ebd., S. 598)

So kann uns zwar die Psychoanalyse wichtige Aufschlüsse geben über die Triebdynamik des Einzelnen in der Masse, aber über die Bedeutung dieser Triebe in der sozialen Entwicklung, über ihre Zielrichtung und ihre Erfolgsmöglichkeiten kann nur eine Verbindung von Psychologie mit ökonomischer und sozialer Dynamik bestimmteres aussagen. (...)

Es gilt, diese Libidobindungen zu erkennen und nutzbar zu machen, nicht zur willenlosen Beherrschung der Masse, wie es meisterhaft die Jesuiten verstanden und bis zu einem gewissen Grade auch die Bolschewiki, sondern zur Erziehung der Masse von der Vaterhorde zur Gemeinschaft mit selbst gewählten Führern. Die Spannung zwischen dem primären Narzißmus (ursprüngliche Selbstliebe) und dem sekundären Narzißmus (abgeleiteter, auf ein nichtsexuelles Objekt abgelenkter desexualisierter Narzißmus) darf nicht so groß werden, daß der Rest des primären Narzißmus rebelliert und die Organisation sprengend wirkt. Das ist die Psychoanalytische Begründung der Demokratie in der Organisation. (...)

So werden wir gezwungen, auch in der organisierten Masse den Gefühlswerten Rechnung zu tragen und die libidinös belegte Idee in künstlerischen Symbolen in Massenveranstaltungen usw. zu gestalten. Gedanke und Erlebnis muß zur sozialpsychologischen Einheit werden, um so mehr, da, wie schon vorher bemerkt, die gefühlsmäßige Bindung an den einzelnen Führer schon wegen Umfang und Art der heutigen Organisation geringer werden muß. (ebd., S. 601 f.)

Hier ging Jenssens Identifizierung mit der Theorie Freuds noch so weit, daß er in ihr ein Mittel gegen die Bürokratisierung in Partei und Gewerkschaftsapparat sah und psychoanalytische Termini auch in der Polemik gegen die radikale Linke einsetzte.

Fünf Jahre später ließ seine religionskritische Schrift »Die Illusion ohne Zukunft« eine distanziertere, aber nicht weniger differenzierte und positive Einschätzung der Psychoanalyse deutlich werden. So rückte er zum Beispiel im Sinne Kautskys von der Freudschen Urhordenhypothese ab:

Hiergegen hat Karl Kautsky in seiner »materialistischen Geschichtsauffassung« zahlreiche berechtigte soziologische Einwände erhoben. Er geht darin m. E. zu weit, wenn er das Prinzip der Tiefenpsychologie überhaupt verwirft. Die Freudsche (Urhorden-)Hypothese ist aber gar nicht notwendig, um die Stärke des Vaterkomplexes in späteren Gesellschaftsformen zu erklären. (1929, S. 258)

Die Psychoanalyse trat nun für Jenssen mehr in den Hintergrund, wurde für ihn eher zur Hilfswissenschaft einer historisch-materialistischen Soziologie, ohne daß er ihre Bedeutung herabgewürdigt oder sie grundsätzlich in Frage gestellt hätte. So schrieb er über die Religion als Mittel zur Ausübung politischer Herrschaft:

> Dieses im einzelnen nachzuweisen und in seinen mannigfachen sozialpsychologischen Erscheinungen darzustellen, wäre die Aufgabe einer von psychoanalytischen Erkenntnissen befruchteten marxistischen Religionsgeschichte. (ebd., S. 259)

Jenssen erklärte, daß dem historischen Materialismus Priorität zukomme und daß sozio-ökonomische Erklärungszusammenhänge nicht durch psychologische ersetzt werden könnten, er fuhr fort:

> Heißt das nun, daß wir die Grundthese von Freud ablehnen? Mit Nichten. Wir sind sogar zuversichtlicher als er. Wir wissen, daß der Kapitalismus die ökonomischen Bedingungen einer neuen klassenlosen Gesellschaft vorbereitet, in der eine weitgehende Triebbefriedigung möglich sein wird, gepaart mit umfassender Natur und gesellschaftswissenschaftlicher Erkenntnis. (ebd.)

Insgesamt bemühte sich Jenssen um eine differenzierte und realistische Einschätzung der Psychoanalyse und ihres Verhältnisses zur marxistischen Soziologie und bezog psychoanalytische Überlegungen und Ergebnisse in seinen eigenen soziologischen Ansatz mit ein. Bei seinem Versuch einer theoretischen Integration kam er allerdings über die noch recht eng gefaßten Bereiche der Massenpsychologie und der Religionskritik kaum hinaus, dies zumal sein Interesse an der Psychoanalyse, gemessen an seinen Einschätzungen in der zweiten Veröffentlichung, bereits nachzulassen schien.

Von Jenssen erschienen keine weiteren Beiträge mehr zu diesem Thema; auch über sein weiteres Schicksal, besonders nach 1933, ist mir nichts bekannt.

Karl Kautsky

(1854-1938; Studium der Philosophie, Vorgeschichte, Geschichte, Ethnologie und Nationalökonomie in Wien; seit 1880 in Zürich gründete er 1883 die sozialdemokratische Monatsschrift »Die neue Zeit«; 1918 Mitglied der deutschen Sozialisierungskommission; starb 1938 als Emigrant in Amsterdam)

Kautsky galt als maßgebender Theoretiker des historischen Materialismus. Der österreichische Sozialist vertrat in den Auseinandersetzungen innerhalb der Sozialdemokratie nach Aufhebung des Sozialistengesetzes den radikalen, »orthodoxen« Flügel gegenüber dem von Bernstein geführten »revisionistischen« Flügel. Als Verfechter des »demokratischen Sozialismus« lehnte Kautsky den Generalstreik als Waffe im politischen Kampf der Arbeiterbewegung ab und geriet damit in Gegensatz zum linken Flügel, gebildet von Rosa Luxemburg, Karl Liebknecht und Paul Ledebour. Nach dem Ersten Weltkrieg grenzte sich Kautsky gegen diese Gruppe noch eindeutiger ab, wandte sich scharf gegen den »Bolschewismus« und, im Sinne seines »demokratischen Sozialismus«, gegen jede Form gewaltsamer Veränderung der Gesellschaft; der Auseinandersetzung mit dem »Bolschewismus« und dem Ausbau seines eigenen evolutionären Verständnisses des Marxismus widmete Kautsky seine letzten Lebensjahre.

Besonders in seinen während der Generalstreiksdebatte entstandenen Schriften setzte sich Kautsky mit den Problemen der Masse und ihrer Psychologie auseinander. Als Sozialist versuchte er eine Analyse des Verhaltens und der politischen Aktionsmöglichkeiten der Massen ohne diese wie Le Bon und eine Reihe anderer bürgerlicher Soziologen dabei zu diskriminieren und zu verteufeln. Wie Freud unterschied er zwischen organisierter und nicht organisierter Masse und versuchte, über den Begriff der Suggestion als Erklärung des Verhältnisses von Masse und Führer hinauszugehen. Obwohl er sich dabei inhaltlich der psychoanalytischen Auffassung sehr näherte, nahm er Freuds »Massenpsychologie und Ich-Analyse« kaum zur Kenntnis, polemisierte aber in anderem Zusammenhang um so schärfer gegen die analytische Theorie. Kautskys Begegnung mit Freud war gekennzeichnet von emotionalen Vorwürfen und moralischer Abwehr, wobei Kautsky dennoch die Psychoanalyse einer intensiveren Auseinandersetzung für Wert zu erachten schien. Seine Argumentation blieb allerdings meist im Bereich von Unterstellungen und affektiver Ablehnung. Besonderes Ärgernis waren für ihn im Rahmen seiner soziologisch-anthropologischen Studien Freuds Urhordenhypothese, seine Vergleiche des Seelenlebens der Neurotiker mit dem der Primitiven sowie dessen Entdeckung der kindlichen Sexualität und des Ödipus-Konfliktes. In seiner Schrift »Die materialistische Geschichtsauffassung« führte er 1927 aus:

... Und derartige zwingende Beweise sollen uns bewegen, anzunehmen, daß Wilde und Neurotiker übereinstimmen! Dabei leben die Wilden in Verhältnissen, in denen nur körperlich und geistig völlig gesunde Menschen sich zu behaupten vermögen. Ein Neurotiker dagegen steht selbst in der Kulturwelt völlig hilflos und lebensunfähig da. Und der Naturmensch ist tagaus, tagein in frischer Luft, ohne Nachtleben, ohne Überarbeit, ohne Erschöpfung durch übermäßiges Genußleben, ohne Rauschgifte usw. Wahrhaftig der Gedanke ist absurd, daß man im Ordinationszimmer des Professors Freud an den Abfallprodukten der Zivilisation das Wesen des Naturmenschen, wie er vor aller Kultur war, studieren könnte.

Damit soll nichts gegen die Bedeutung der Freudschen Hypothesen für die medizinische Wissenschaft gesagt sein. Sie mögen sie sehr befruchten, darüber kann ich nicht urteilen. Aber der Gegenstand, dem sie gelten, das Unbewußte, verlangt mehr als jeder andere zu seiner Erforschung schärfste Selbstkritik, Nüchternheit und Präzision. Und gerade er verführt am leichtesten zu willkürlichen Konstruktionen, Übertreibungen und übereilten Hypothesen. Unglücklicherweise neigt Freud sehr zu solchen Exzessen und viele seiner Jünger übernehmen vom Meister nicht das Genie, sondern die Exzesse.

Was soll man dazu sagen, wenn Freud selbst es fertig bringt, uns zu versichern:

»Das Kind verlangt von diesen geliebten Personen und Pflegeeltern alle Zärtlichkeiten, die ihm bekannt sind, will sie küssen, berühren, beschauen, ist neugierig, ihre Genitalien zu sehen und bei ihren intimen Exkretionsverrichtungen anwesend zu sein.« (Massenpsychologie und Ich-Analyse, Wien 1921, S. 128)

Das behauptet Freud nicht etwa von einigen, sondern von allen Kindern. Wer von uns war wohl je als Kind neugierig, die Genitalien der Eltern zu sehen und die Eltern auf dem Abort zu belauschen? Es müssen saubere Exemplare sein, an denen Freud seine Studien macht. Aber sie kennzeichnen nur die Kreise, aus denen seine Patienten stammen. Es ist eine willkürliche und grobe Übertreibung, gleich für alle Kinder Schlüsse aus den paar erlesenen Objekten zu schließen, die der Freudschen Psychoanalyse überantwortet werden.

Auf der gleichen Höhe steht der Wunsch, den Freud bei den, nicht bloß bei einigen Syphilitikern entdeckt haben will, »ihre Infektion auf andere auszubreiten« (Massenpsychologie, S. 97). Diesen Wunsch bringt er ohne weiteres mit dem Verlangen nach »sozialer Gerechtigkeit« in Zusammenhang. »Denn warum sollen sie allein infiziert und von so vielen ausgeschlossen sein und die anderen nicht?«

Man braucht nicht zu bezweifeln, daß es derartige krankhaft veranlagte Individuen wirklich gibt. Aber daraus gleich zu schließen, daß jeder Mensch, der das Pech hat, syphilitisch angesteckt zu werden, zu der Niedertracht herabsinkt, allen anderen das gleiche zu wünschen, heißt doch in geradezu leichtfertiger Weise verallgemeinern.

Wenn man Freud liest, könnte man glauben, der ganze Mensch sei nur ein Anhängsel seiner Geschlechtsteile. (1927, S. 218 f.)

Der Kern der Freudschen Hypothese, ja seiner ganzen Lehre, ruht in der Behauptung, daß die Männer von Kindheit an das Verlangen nach Blutschande in sich tragen. (...) Freud behauptet weiter, das geschlechtliche Verlangen nach der Mutter erzeuge in den Knaben nicht bloß Haß gegen den Vater, den Nebenbuhler, sondern sogar den Wunsch, ihn zu töten. Für diese Denkart hat Freud eine besondere Bezeichnung gewählt, die bereits zum geflügelten Wort geworden ist. Er nennt sie den Oedipuskomplex. Oedipus hat nämlich seinen Vater erschlagen und seine Mutter geheiratet. Es geniert Freud wenig, daß Oedipus am wenigsten in der Lage war, die seelischen Motive des Oedipuskomplexes zu entwickeln. Denn er wuchs als Findelkind auf, ohne Vater und Mutter zu kennen. Als erwachsener Mensch kommt er bei einer Wanderung in Streit mit einer ihn begegnenden Gesellschaft, wobei er alle erschlägt. Einer unter ihnen ist sein Vater, wovon er keine Ahnung hat. Er wandert dann weiter, besiegt die Sphinx, die Thebens Umgebung verheert, und gewinnt als Siegespreis die Hand der Witwe des Königs von Theben – seiner Mutter. Er war also ganz außerstande, wegen des Verlangens nach seiner Mutter den Vater zu hassen und zu töten, da er die Mutter erst kennenlernte, nachdem der Vater schon tot war.

Die seelischen Motive des Oedipus passen auf den Oedipuskomplex wie die Faust aufs Auge. Aber woher sonst einen klassischen Beleg für diesen Komplex nehmen?

Daß es Konflikte zwischen Vätern und Söhnen gibt, ist eine sehr allgemeine Erscheinung, aber daß die Ursache davon das gemeinsame geschlechtliche Verlangen nach der Mutter ist, das hat bisher niemand gemerkt. Es scheint, als könne man eine Frau so heftig begehren, daß man bereit ist, für sie Mord und Totschlag zu vollführen, und doch keine Ahnung davon haben, daß man sie begehrt – bis die Psychoanalyse das finstere Geheimnis aufdeckt.

Doch wird Freud kaum jemals in die Lage kommen, beobachten zu können, daß einer seiner Patienten den Vater tötet, um in den Besitz der Mutter kommen zu können. Die Urmenschen, wie Freud sie sich vorstellt, sind eine seltsame Bastardierung wutschnaubender, robuster Hengste und dekadenter Schwächlinge aus der Wiener Literaten- und Lebewelt. Die Urmenschen waren nach Freuds Annahme geschlechtlich aufs höchste erregt und nach Weibern so lüstern, daß sie den Vater töteten, um zu Weibern zu kommen. Und dabei waren sie so eifersüchtig, daß kein Mann einen anderen in der Horde duldete, jeder mit jedem anderen in einen Kampf auf Leben und Tod eintrat. Und dieselben Menschen sollen, nachdem sie den Stammvater um der Weiber willen getötet, sich nicht auf sie gestürzt und um sie einen wütenden Streit ausgefochten haben, der die Horde sprengte, sondern sich, von moralischem Katzenjammer erfaßt, ruhig und friedfertig zusammengesetzt haben, um eine neue Religion und eine neue soziale Ordnung einzuführen, durch die sie sich selbst verboten, die Weiber des Stammes zu berühren und Tiere einer bestimmten Art zu verzehren, die man als Vaterersatz proklamierte, auch wenn man von nagendem Hunger gequält wurde?

Aber Freud verlangt noch mehr von uns, als die Anerkennung dieser Fülle von Unwahrscheinlichkeiten, die durch keine einzige an Wilden oder Tieren beobachtete Tatsache plausibel gemacht wird. Er verlangt auch, es für möglich zu halten, daß der moralische Katzenjammer, der der *einmaligen* Tat primitiver Vatermörder folgte, bei allen ihren Nachkommen durch *Hunderttausende von Jahren hindurch* bis heute unvermindert in dem Abscheu vor dem Inzest nachwirkt, obwohl bis heute der Wunsch, den Vater zu töten und die Mutter geschlechtlich zu besitzen, im Menschen immer noch aufs stärkste lebendig sein soll – allerdings für niemand bemerkbar, der nicht von der Psychoanalyse Winke bekommt. (...)

Die Freudsche Hypothese ist aufgebaut auf der Annahme einer »Übereinstimmung im Seelenleben der Wilden und der Neurotiker«. Sie beweist in der Tat, daß dieselbe kritiklose Phantastik, die den Kollektivvorstellungen der Wilden eigen ist, auch noch heute, nicht bloß bei Kindern, sondern auch bei erwachsenen Neurotikern und noch mehr bei manchen ihrer Ärzte zu finden ist. Dabei zeigen jedoch die Phantastereien der Willen eine weit größere Mannigfaltigkeit, als die der Freudschen Psychoanalyse, die alles Ach und Weh der Neurotiker nur aus *einem* Punkte zu kurieren und für jede, auch die harmloseste Äußerung, für jeden, auch den vagsten Traum eines Kindes oder eines Narren nur *eine* Deutung weiß: den »Ödipuskomplex«, den Wunsch, den Vater zu töten und die Mutter geschlechtlich zu besitzen. Nicht zufrieden damit, sieht er darin auch die Wiege aller Kultur. (ebd., S. 335 ff.)

Zu einer besonders zynischen und recht viel Ressentiment verratenden Einschätzung der Psychoanalyse und ihrer Auswirkungen kam Kautsky im Zusammenhang mit dem Begriff der Kastrationsangst:

Aber noch interessanter ist es wohl, woher »unsere Kinder, die von diesem Sachverhalt nichts wissen können«, mit der Kastration so genau Bescheid wissen. Es liegt nahe, anzunehmen, daß die Psychoanalyse die von den Herren Analytikern befragten Kinder in dieser Beziehung durch ihre Fragen erst mit dem Sachverhalt bekanntgemacht und die Kastrationsfurcht ihnen eingeflößt hat.

Das erinnert an jene geilen Beichtväter, die durch ihr Fragen die unschuldigen Beichtkinder erst mit der Unkeuschheit und ihren verschiedenen Formen bekanntmachen und die »Libido« in ihnen wachrufen, die der Beichtvater dann als schon vorher vorhanden »feststellt«, um sie zu bannen.

Die Freudsche Psychoanalyse in der ärztlichen Praxis scheint mir im Grunde nichts anderes zu sein, als die Übertragung mancher Technik des katholischen Beichtstuhles in das Ordinationszimmer des Arztes.

Ob diese Methode mehr Unheil als heilende Wirkung mit sich bringt, entzieht sich meiner Beurteilung. Für die Soziologie bedeutet sie gewiß keine Bereicherung unseres Wissens. Nur weil sie so sehr in die Mode gekommen ist, mußten wir uns mit ihr so eingehend beschäftigen. (ebd.)

Obwohl damit sein letztes Wort gefallen schien, versuchte Kautsky dennoch – erstaunlicherweise in ein und demselben Buche – eine etwas sachlichere Beurteilung der Psychoanalyse, ihre Beziehung zur Soziologie und seiner eigenen Einstellung zu ihr, indem er schrieb:

Unter denjenigen, die in neuester Zeit das Unbewußte stark betonen und zu erforschen suchen, macht der schon gewürdigte Sigmund Freud wohl am meisten von sich reden. Vielfach wird jetzt versucht, die marxistische mit der Freudschen Auffassung zu versöhnen. Ein Dr. Paul Krische hat diesem Streben ein eigenes Schriftchen gewidmet, betitelt »Marx und Freud, neue Wege in der Weltanschauung und Ethik der Freidenker«. (Leipzig 1924)

Warum ich bei dieser neuesten Synthese nicht mittun kann, habe ich schon bereits dargelegt. Doch erkenne ich gerne an, daß die Psychoanalyse, auch in der Freudschen Fassung, insofern für den Marxismus wichtig ist, als sie sich gegen die Unterschätzung des Trieblebens im Menschen wendet, wie sie bisher üblich war. (ebd., S. 397)

Wiederholt bin ich aufgefordert worden, Ergebnisse der Psychoanalyse meiner Geschichtsauffassung einzuverleiben. Doch habe ich noch keines gefunden, das neues Licht auf den geschichtlichen Prozeß werfen würde. Ich sehe daher keine Veranlassung, mich auf diesen, einstweilen wenigstens für mich als Laien noch sehr unsicheren Boden zu begeben.

Wollen andere, die mit dem Wesen der Psychoanalyse besser vertraut sind, sie zur Lösung historischer Probleme heranziehen, so ist nichts dagegen einzuwenden, nur ist zu verlangen, daß sie nicht bloß von Psychoanalyse etwas verstehen, sondern auch von Geschichte und Nationalökonomie. Ohne die eine ist Geschichtsauffassung unmöglich. (ebd., S. 219)

Kautsky vermied es von vornherein, sich weiter auf die Psychoanalyse, besonders auf ihre Libido-Lehre, einzulassen. Neben der zum Teil noch recht sachlichen und engagierten Auseinandersetzung mit Freuds anthropologischen Aussagen standen entrüsteter Unglaube und Sarkasmus bezüglich analytischer Erkenntnis über die kindliche Sexualität und platt formale Argumentationsketten wie etwa die zitierte zum Begriff des Ödipus-Komplexes. Insgesamt erschien Kautskys Auseinandersetzung mit Freud sehr affektiv und engagiert, getragen von Ressentiments, ästhetischen wie moralischen Urteilen, wobei allerdings seine oben zitierte Einschätzung ein Stück dieser Haltung zurücknahm. Immerhin zeigte sie die Distanz des Autors zu seinem Gegenstand und verhinderte so, daß, wie etwa bei Max Weber, Othmar Spann und anderen, der Eindruck einer verbissenen, auf persönlichen Verletztheiten beruhenden Gegnerschaft aufkommen konnte. Mit seiner dennoch hauptsächlich auf persönlichen Ressentiments wie auf schlichter Unkenntnis beruhenden affektiv-ideologischen Ablehnung der Psychoanalyse reihte sich Karl Kautsky auch in die Gruppe der marxistischen Theoretiker ein, die die Psychoanalyse zwar nicht ausdrücklich bekämpften, wie etwa Sapir, Stoljarov und Thalheimer, eine Rezeption ihrer Theorie aber strikt ablehnten.

August Thalheimer

(1884–1948; Studium von Völkerkunde, Anthropologie, Sprachwissenschaft; 1907 Promotion in Straßburg; ab 1909 Chefredakteur der »Freien Volkszeitung Göppingen«, Eintritt in die SPD; Mitglied des Spartakusbundes und der KPD seit ihrer Gründung; 1924 Emigration in die UdSSR, dort Lehrtätigkeit; 1928 Rückkehr nach Deutschland; 1929 Ausschluß aus der KPD, Eintritt in die »KPD-Opposition«, 1933 Emigration nach Frankreich; weitere Emigration 1941 nach Kuba; starb 1948 in Havanna)

Der Völkerkundler und Sprachwissenschaftler Thalheimer nahm zur Psychoanalyse im Rahmen von politischen Auseinandersetzungen Stellung, an welchen er als führendes Mitglied der Kommunistischen Partei Deutschlands aktiv und engagiert beteiligt war. 1925 wandte er sich in der Zeitschrift »Unter dem Banner des Marxismus« in einer scharfen Stellungnahme gegen führende Vertreter der österreichischen Sozialdemokratie, Kautsky und die sog. Austro-Marxisten, denen er vorwarf, theoretisch wie praktisch die Prinzipien des historischen Materialismus verraten zu haben. Für Thalheimer, der selbst 5 Jahre später wegen »Rechtsabweichung« aus der KPD ausgeschlossen wurde, war in seiner Polemik gegen die »Austro-Marxisten« u. a. die Übernahme psychoanalytischer Gedanken durch Otto Jenssen ein Beweis für ihre Verbürgerlichung. In diesem Zusammenhang gab er eine eindeutige Erklärung zur Psychoanalyse, welche er von vornherein als bürgerlich und konterrevolutionär einschätzte, ab. In der Polemik gegen Kautsky und seine Schüler schrieb er:

Kautsky und der Kautskyanismus muß es sich am Ende von seinem ergebensten Jünger, Otto Jenssen, gefallen lassen, mit dem Freudismus verkuppelt zu werden. Dies bewerkstelligt Jenssen in dem Aufsatz »Zur Psychologie der Masse. Kautsky und Freud«. Dabei muß man Jenssen zugeben, daß seine Ableitungen und Erläuterungen in der Tat eine Fortsetzung der von Kautsky eingeschlagenen Linie sind. Nur, wo Kautsky nüchtern, platt-philiströs ist, ist es unser Jenssen phantastisch-überschwenglich, eben freudistisch. Daß mit Otto Jenssen der Freudismus und der Kautskyanismus sich vermählen, nimmt nicht weiter wunder. Zwei Momente sind es, die Freud zum Propheten eines bestimmten Stadiums bürgerlichen Verfalls gemacht haben. Erstens das Hinabtauchen aus der Oberwelt des hellen Bewußtseins in die Unterwelt des dunklen »Unterbewußtseins« und der dunklen Triebe. Damit zugleich ihre Rechtfertigung, die Rehabilitierung dessen, was zum Vorschein kommt, wenn man den Durchschnittsphilister kratzt. Zweitens das Geschlechtliche als die Drehachse der Welt. In dieser Beziehung war Freud der Künder speziell des liederlichen Wiener Philisters. Das Charaktermerkmal des Philisters überhaupt ist, seine *Privatexistenz* und was sich darauf bezieht an Leidenschaften, Trieben, Vorstellungen in den Mittelpunkt der Welt zu rücken. Sein Schoppen, seine Tabakspfeife, seine geschlechtlichen Genüsse. Das besondere Kennzeichen des Wiener Philisters ist die Wichtigkeit, die er dieser letzteren Seite seiner Privatexistenz zuschreibt. Jede Periode der Reaktion und der Konterrevolution treibt die Leidenschaften und Interessen auf der konterrevolutionären und reaktionären Seite aus dem Gebiet der öffentlichen Angelegenheiten in die Sphäre der privaten und allerprivatesten. Erotik, Sexualität, Pornographie rücken in den Mittelpunkt des Interesses der betreffenden Schichten. Wo die öffentlichen Angelegenheiten zu privaten werden, da werden die privaten zu öffentlichen. Und was das Orakeln aus dem »Unterbewußtsein« und ähnlichen dunklen Regionen anlangt, so ist das bekanntlich das beliebte Steckenpferd jeder verfallenden Gesellschaftsschicht, deren Auge das Tageslicht des hellen Bewußtseins nicht mehr verträgt. Vermöge dieser seiner beiden Seiten ist der Freudismus eine internationale Bourgeoismode, wenn man will Popularphilosophie, Psychologie und noch einiges andere geworden. Was wunder, daß der Kautskyanismus in der »vierten Phase« seines Weltlaufs auch für diese Fäulnisbazillen der bürgerlichen Gesellschaft reif geworden ist.

Nachdem Thalheimer so, ganz im Sinne auch anderer halboffizieller Stellungnahmen von kommunistischer Seite (Sapir, Stoljarov und Lukacs), die Psychoanalyse als Rechtfertigungstheorie einer niedergehenden Klasse abgestempelt hatte, wandte er sich besonders noch ihrer Stellungnahme zur Massenpsychologie zu. Dabei wandte er sich insbesondere gegen die Indienstnahme psychoanalytischer Erklärungen des Massenverhaltens als politisches Kampfmittel zur Verunglimpfung der revolutionären Massenaktionen von bürgerlicher Seite im Gewande »wissenschaftlicher« Theorien, eine Verfahrensweise, die in der Massenpsychologie durchaus üblich war (z. B. bei Le Bon und Vertretern von Elitentheorien wie Michels).

Der Ausgangspunkt für Jenssens freudistische Spaziergänge sind jene für Kautskys Bruch mit dem Marxismus und mit der proletarischen Revolution charakteristischsten »psychologischen« Scheingründe gegen Massenaktion, die psychologische Verdonnerung der »unorganisierten« Masse und ihrer Aktion, besonders in der Auseinandersetzung mit dem linken Flügel des Marxismus über den *Massenstreik* und die Formen der Massenaktion aus dem Jahre 1910. Kautsky griff damals aus dem reichen Arsenal der französischen bürgerlichen »Massenpsychologie« alle wissenschaftlich verbrämten Invektiven gegen die Qualitäten und Aktionen der Masse auf, die nicht in der Hand sozialdemokratischer Führer waren. Das ganze Entsetzen des philiströs-pedantischen *reformistischen* Organisationsbürokraten vor der Gewalt der breit entfesselten revolutionären Leidenschaften trat darin zutage. Aus diesem Schrecken mußte natürlich ein psychologisches »System« gemacht werden. Und Jenssen findet, daß für diesen Zweck der Wiener Freud noch besser sei als der Franzose Le Bon.

Jenssen schwatzt denn auch mit einer fast rührenden Treue jeglichen phantastischen Unsinn nach, den Herr Freud aus der psychologischen Unterwelt erzählt. Was die Freudsche Methode anlangt, so ist sie im Wesen dieselbe, wie die aller ähnlichen Propheten seit Adam: die Willkür des phantastischen Einfalls, des Traumes, der losen Ideenassoziation. Und bei ihm, wie bei allen solchen Propheten, erweisen sich bei näherem Zusehen die vermeintlichen Entdeckungen aus der psychologischen Unterwelt als dürftige Kombinationen von Vorstellungs- und Begriffsbruchstücken, die das helle Bewußtsein liefert: eine absurde prosaische Poesie, wie wir deren viele gesehen haben, deren besonderes Kennzeichen die Philisteriosität. Wirkliche Entdeckungen, in der Psychologie wie anderwärts, macht nur das helle, verstandesklare und vernünftige Bewußtsein.

Mit Le Bon und Kautsky erklärt Jenssen die unorganisierte handelnde Masse für »nur« zerstörend, für unwissend, blind.

Nachdem Thalheimer sich so gegen psychoanalytische Argumentationen im Dienste, wie er meinte, antisozialistischer Theorien abgegrenzt hatte, nahm er noch einmal zur psychoanalytischen Methode selbst Stellung:

Das hat mit Marxismus und mit Wissenschaft überhaupt so wenig oder soviel zu tun, wie die Praktiken des afrikanischen Regenmachers oder des yakutischen Schamanen. Ja, es ist geradezu das Gegenstück zur marxistischen Methode. Dieser hat die Mythen, Legenden, die erstarrten religiösen Zeremonien und Gebräuche, die Psychologie der Vergangenheit, des primitiven Menschen der Geschichte, aus materiellen, sozialen Erscheinungen abzuleiten, sie als ihre phantastischen Niederschläge aufzulösen. Nur so, aus der materialistisch-historischen Analyse gewinnen wir den Schlüssel für die Psychologie, Mythologie usw., einer fernliegenden Vergangenheit oder niedriger Kulturzustände. Umgekehrt, einen Ausschnitt aus der Psychologie des heutigen Bourgeois als Schlüssel für alte, ganz anderen Gesellschaftszuständen entsprungene und sie widerspiegelnde Mythologeme zu nehmen, die mythologischen Fiktionen dann in historische Tatsachen zu verwandeln und aus ihnen umgekehrt die mehr oder weniger verkrüppelte sexuelle Psychologie der heutigen Bourgeoisfamilie abzuleiten, das ist in jedem Punkt das Gegenteil des historischen Materialismus: es ist einerseits ungeschichtlich, die Leugnung der historischen Entwicklung, die psychologische Absolutierung der Geschichte, andererseits Idealismus in der gröbsten, absurdesten Form. Die Psychologie des Trieblebens in der zerfallenden, verfaulenden bürgerlichen Familie wird verabsolutiert, geschichtlich verallgemeinert, transvertiert – das ist das platte Geheimnis des freudianischen Tiefsinns, der eben darum willig von der angefaulten bürgerlichen Welt aufgenommen wird. (...)

Die Reihe Karl Kautsky, Max Adler, Otto Bauer, Kranold, Graf, Jenssen ist eine Kette, in der sich ein Glied ans andere schließt. Vom Neukantianismus zum historischen Relativismus und Pragramatismus zum konfusen idealistischen Naturalismus, zur Anal-Psycholyse, Verzeihung Psycho-Analyse, zur »Synthese« mit dem historischen Pornographismus. »Neuland« in der Tat!

Anknüpfend an durchaus richtige Einschätzungen wie der, daß

die psychoanalytische Theorie selbstverständlich auch entsprechend ihrer Herkunft bürgerliche Züge tragen mußte, übersteigerte Thalheimer die bekannten antipsychoanalytischen Argumente zu extremer Polemik. Besonders der Pansexualismusvorwurf und die Behauptung, Freud projizierte die Strukturen der bürgerlichen Familie auf die Gesellschaft, benutzte er als Argumente gegen die Psychoanalyse und als Grundlage für ihre Einschätzung als eine naturalistische Wissenschaft. Im Zusammenhang dieser Argumentationsweise völlig uneinsichtig wandte Thalheimer sich auch noch mit besonderer und sachlich nicht zu rechtfertigender Schärfe gegen den Begriff des Unbewußten. Allerdings schienen dabei noch andere, eher persönliche Hintergründe in der Auseinandersetzung mit der Psychoanalyse eine Rolle zu spielen, die mit den politischen Auseinandersetzungen, zwischen deren Fronten die Psychoanalyse hier geraten war, direkt keine Verbindung hatten.

Insgesamt gesehen reihte sich Thalheimer mit dieser seiner Stellungnahme gegenüber der Psychoanalyse in die Front der anderen Theoretiker des Marxismus-Leninismus, Sapir, Stoljarov, Jurinetz, ein. Wesentlich für die Diskriminierung der Psychoanalyse von Seiten dieser Autoren war dabei, daß sie zu dieser Zeit in der Tat bereits von anderer Seite auch für politische Zwecke in Dienst genommen war. Dementsprechend mußte ihre Einschätzung gerade auch in der politischen Diskussion diesen Hintergrund widerspiegeln.

III Anmerkungen

1 Franz Alexander ging 1930 in die USA, wo er in Chicago einen Lehrstuhl für Psychoanalyse übernahm. Dort baute er auch ein Psychoanalytisches Institut nach Berliner Muster auf, welches er 25 Jahre lang leitete.
2 Zu den frühen psychoanalytischen Veröffentlichungen zum Thema Religion bzw. Gesellschaft zählen vor allem folgende Aufsätze:
Sandor Radó: »Das fünfte Gebot«, 1923;
Theodor Reik: »Probleme der Religionspsychologie. Das Ritual«, 1919, »Der eigne und der fremde Gott«, 1923, »Dogma und Zwangsidee«, 1927;
Otto Fenichel: »Psychoanalyse und Metaphysik«, 1923.

3 Hierzu schreibt Heinrich Meng: »Das Institut stand unter Leitung von Karl Landauer und mir. Außer uns beiden lehrten Frieda Fromm-Reichmann, Erich Fromm und S. F. Fuchs. Letzterem war die Poliklinik für seelisch Kranke anvertraut. Die Vorlesungen behandelten vor allem Psychoanalyse in ihrer Beziehung zur Charakterkunde, Neurosenproblematik, Erziehung, Pädagogik, Soziologie, Kriminalität und Sexualforschung. Die Seminare führten in die Hauptschriften Freuds ein. In der Erziehungsberatung wurden Kolloquien mit Lehrern, Lehrerinnen und Eltern gehalten. Einzelne Frankfurter Schulen wandten sich an das Institut zur Mitberatung, vor allem bei Delikten der Schüler.« (Meng 1971)
4 Besonders W. Jurinetz griff in seinem 1925 erschienenen Aufsatz »Psychoanalyse und Marxismus« Kolnai an, indem er ihm »blinden, wütenden Haß« gegen den Marxismus vorwarf (vgl. Sandkühler 1970).
5 Zu den wenigen Analytikern, die diesen Versuchen Reichs, Bernfelds und später Erich Fromms positiv gegenüberstanden, gehörten Fenichel (»Rezension: Wilhelm Reich, Dialektischer Materialismus und Psychoanalyse«, in: Gente 1970) und Ernst Simmel. Auch aus anderen Fachrichtungen gab es im Deutschland der Weimarer Zeit nur wenige Autoren, die ähnliche Versuche unternahmen (so: Paul Krische: »Marx und Freud: Neue Wege in der Weltanschauung und Ethik des Freidenkers«, 1922); häufigere Versuche, Marxismus und Psychoanalyse miteinander in Beziehung zu setzen, wurden erst während der 30er Jahre im englischsprachigen Ausland von verschiedenen Autoren unternommen (vgl. hierzu Jones 1962, S. 401 f.).
6 Als ein im Vorkriegsdeutschland weitgehend unbeachtet gebliebener Versuch, psychoanalytische und soziologische Fragestellung miteinander zu vermitteln, muß an dieser Stelle Fritz Gieses »Psychoanalytische Psychotechnik« (Wien 1924) genannt werden. In seinem Bändchen versucht Giese, die Ergebnisse psychoanalytischer Forschung und Teile der psychoanalytischen Methode auf Praxisprobleme der Berufsberatung und der Werbung anzuwenden. Diese frühen Versuche einer praktischen Anwendung psychoanalytischer Kenntnisse außerhalb des klinischen Bereichs wurden m. W. erst Jahrzehnte später in den USA aufgegriffen und bis heute weiter entwickelt.
7 Bereits während der 50er Jahre deuteten Veröffentlichungen wie Alexander Mettes »Sigmund Freud« (Berlin 1956), Paul A. Barans »Persönlichkeit und Gesellschaft« (in: Periodicum für wissenschaftlichen Sozialismus Nr. 14, 1959) und F. W. Bassins Aufsatz »Freuds Lehre im Licht der gegenwärtigen wissenschaftlichen Diskussion« (in: Fragen der Psychologie, Moskau 1958) an, daß die Psychoanalyse als Wissenschaft nicht zu übergehen sei, auch wenn in diesen Schriften die scharfe ideologische Ablehnung Freuds wie sie seit den 20er Jahren

bestanden hatte, nochmals unterstrichen wurde. Erst in neueren Veröffentlichungen wie Igor S. Kons »Soziologie der Persönlichkeit« (Berlin 1971) oder W. Königs »Zur Notwendigkeit weiterer Auseinandersetzungen mit der Psychoanalyse und anderen psychotherapeutischen Schulen« (in: »Neurosen«, Berlin 1971), findet allmählich eine eingehendere und sachlichere Diskussion psychoanalytischer Theorie und Methode statt; so schreibt König: »Durch Freud und andere Psychoanalytiker sind eine Reihe Neurosen psychologischer und psychotherapeutischer Erfahrungen in die Praxis der Psychotherapie auch innerhalb der DDR eingegangen. So entdeckte Freud verschiedene psychotherapeutisch bedeutsame Erscheinungen wie beispielsweise Übertragung, Widerstand und Abwehrmechanismen, deren Existenz kaum abzustreiten ist, . . .«.

8 So neben Max Adler auch noch Karl Renner, Rudolf Goldscheid und Rudolf Hilferding.

9 In ihrer Schrift »Der Umschwung in der geistigen Lage und die neuen Aufgaben des Sozialismus« (Zürich 1930) würdigt Henriette von Roland-Holst im Zusammenhang mit einer Darstellung des Standes der Psychologie als Wissenschaft die Psychoanalyse Freuds mit folgenden Worten: »Inmitten der psychologischen Bestrebungen der Gegenwart nehmen die psychoanalytischen Schulen einen zu wichtigen Platz ein, als daß wir sie stillschweigend übergehen könnten. Die neuen psychologischen Theorien, welche diese Schulen aufstellen, haben tiefgehende weltanschauliche Konsequenzen. An ihrer Spitze steht die hervorragende Gestalt Sigmund Freuds, des großen Entzauberers, den man nicht mit Unrecht den Karl Marx der Psychologie unserer Zeit genannt hat. (. . .) Freuds Lehre ist ein kühner Versuch, die Analyse des Bewußtseinsinhalts von einem einzigen Prinzip aus durchzuführen. (. . .) So wie der Marxismus glaubte, im ökonomischen Materialismus eine Generalformel der Welt entdeckt zu haben, so stellt diese Psychoanalyse eine solche Formel in der infantilen Sexualität auf. Jedoch ungeachtet aller Einseitigkeit, Übertreibung und Dogmatik hat Freud außerordentliche Verdienste. Er trat auf als der große Entschleierer, der die gesellschaftliche Verlogenheit auf einem äußerst wichtigen Lebensgebiet aufdeckte und die dunklen Gewalten der menschlichen Sexualität ins Licht stellte. Er machte deutlich, wie das Unbewußte nicht passiv Eindrücke aufnimmt, sondern selbst aktiv ist, wie in diesem verborgenen Reiche beständig eine intensive Arbeit vor sich geht. Ihm ist es auch zu verdanken, wenn die Forschung an psychisch erkrankten Personen nicht länger nach naturwissenschaftlichem Vorbild generalisierend betrieben wird, sondern in ein individualisierendes Verfahren überging. (. . .) Der Psychoanalyse ist es gelungen, die unbewußten Bestände im Menschen ans Licht zu ziehen: Sie hat es durchgesetzt, daß diese Bestände

heute als zum Gesamtmenschlichen gehörig betrachtet werden.« (S. 15 f.)

10 So etwa Freuds »Krankengeschichten. Frau Emmi von N. u. a.« (1895d), »Bruchstück einer Hysterieanalyse« (1905e [1901]), »Analyse der Phobie eines fünfjährigen Knaben« (1909b), »Bemerkungen über einen Fall von Zwangsneurose« (1909d) u. a. (vgl. Ges. Werke Bd. 1).

11 So schrieb etwa Kuno Mittenzwey in seinem 1924 erschienenen Aufsatz »Zur Soziologie der psychoanalytischen Erkenntnis« über die Zusammensetzung von an der Psychoanalyse interessierten Gruppen: »Trotzdem wird, wer die Mitglieder psychoanalytischer Versammlungen unvoreingenommen betrachtet, ein ganz unfragliches Überwiegen des »typus nervosus« konstatieren. Diese Versammlungen sind schon noch in anderen Prozentverhältnissen nervös zusammengesetzt als die heutige Kulturmenschheit. Wichtig ist, daß alle diese Menschen ihre tiefere oder leichtere neurotische Verwirrung zum Gegenstand systematischer Behandlung, ja zeitweilig zum Mittelpunkt des ganzen Lebensinteresses gemacht haben. . . . So schlummert unter der Beschäftigung mit den neurotischen Phänomenen, wie sie in den psychoanalytischen Vereinigungen gepflegt wird, verkappt eine immer wiederholte Beschäftigung mit dem eigenen Ich und seinen Mechanismen. . . . So glaubt man, Wissenschaft zu treiben und streichelt doch nur immer wieder das endlos geliebte eigene Ich.«

12 Vgl. hierzu Malinowski 1962: Im Vorwort bezeichnet Malinowski diese 1925 erschienene Studie als »die erste Anwendung der psychoanalytischen Theorie auf die Erforschung des Lebens der Primitiven« und den Beginn seiner Auseinandersetzung mit der Psychoanalyse, welcher gegenüber er aber bereits damals eine sehr viel distanziertere Haltung einnahm« (ebd.).

13 Joseph Schumpeter schrieb im Zusammenhang mit einer Betrachtung der Magie: »Die Ähnlichkeit dieses Typs des Denkprozesses mit den Denkprozessen von Neurotikern ist von G. Dromard gezeigt worden und von S. Freud. Es folgt jedoch nicht daraus, daß er dem Denken des Normalmenschen unserer eigenen Zeit fremd ist. Im Gegenteil: Jede Diskussion politischer Probleme kann den Leser davon überzeugen, daß unsere eigenen geistigen Prozesse zu einem großen und – für das Handeln – höchst wichtigen Teil genau gleicher Natur sind.« (Schumpeter 1946)

14 Zu den Autoren, die sich über Jahre mit besonderer Intensität und besonderem Aufwand zur Soziologie und Psychologie der Massen äußerten, gehörten u. a. Kurt Gever, Theodor Geiger, Robert Michels, Gerhard Colm, Wilhelm Vleugels.

15 Das Problem einer Massenpsychologie existierte für die deutschen Sozialisten nur im Hinblick auf die den politischen Zielen angemes-

sene Organisation der Massen und ihrer Kampf-, bzw. Aktionsformen; ein Beispiel hierfür bietet die u. a. von Karl Kautsky zu Beginn des Jahrhunderts mitgeführte Auseinandersetzung um den Massenstreik als adäquates Kampfmittel zur Durchsetzung politischer Forderungen.

16 Neben Wilhelm Reichs Schrift »Massenpsychologie des Faschismus« (Kopenhagen, Prag, Zürich 1933) sind hier besonders folgende Arbeiten zu nennen: Erich Fromm: »Über Methode und Aufgabe einer analytischen Sozialpsychologie: Bemerkungen über Psychoanalyse und historischen Materialismus« (in: Zeitschrift für Sozialforschung, Frankfurt 1932), »Escape from freedom« (New York 1947), Theodor W. Adorno: »Zum Verhältnis von Soziologie und Psychologie« (in: Soziologica 2, Frankfurt 1955), Adorno u. a.: »Die autoritäre Persönlichkeit« (New York 1950), Herbert Marcuse »Triebkultur und Gesellschaft« (1957), »Psychoanalyse und Politik« (Frankfurt 1968).

17 Auf eine diesbezügliche Anfrage antwortete Theodor W. Adorno in seinem Brief vom 14. Mai 1969 an J. Cremerius: »Ihre Frage ist für mich etwas schwer zu beantworten. Tatsächlich habe ich mich längst vor 1933, sicherlich seit den frühen 20er Jahren, mit Freud intensiv beschäftigt. . . .« Und Max Horkheimer schreibt in einem ebenfalls unveröffentlichten Brief an J. Cremerius vom April des gleichen Jahres nur: »Sogleich nach meiner Ernennung zum Ordinarius an der Universität Frankfurt sowie zum Direktor des Instituts für Sozialforschung habe ich im Institut eine Gruppe von Psychoanalytikern eingeladen, regelmäßig Vorlesungen und Seminare zu halten. Dazu gehörten u. a. Karl Landauer, Heinrich Meng und Erich Fromm.«

18 Schriften wie z. B. Aurel Kolnais »Psychoanalyse und Soziologie« (1920), Fedor Vergins »Das unbewußte Europa. Psychoanalyse der europäischen Politik« (1931) und Sandor Ferenczis »Versuch einer Genitaltheorie« (1924) haben mit ihren überzogenen und unrealistischen Deutungsversuchen vielen Vorurteilen gegen die Psychoanalyse Vorschub geleistet.

19 Lukács ging in seinem Gesamtwerk nur an 2 Stellen sehr knapp und ohne weitere Ableitung auf die Psychoanalyse ein. Seine Beurteilung der Freudschen Theorie ist mit folgendem Zitat zu umreißen: »Ein solches Verfahren [der Ablenkung von »Moralischen Krisen« der Mitglieder der herrschenden Klasse] war die Ketzer- und Hexenverfolgung des späten Mittelalters, ein solches stellen in unseren Tagen die Lehre Freuds und anderen Abarten der »Tiefenpsychologie« dar. Viele Mitglieder, auch der herrschenden Klasse, erleben, um Freuds Worte zu gebrauchen, ein »Unbehagen an der Kultur«, daß sich nicht selten zu einer den ganzen Menschen erfassenden moralischen Krise steigert, zu einer Krise der bürgerlichen Moral überhaupt, zu Zweifeln

an der Möglichkeit, weiter der eigenen Klasse zugehören zu dürfen. Der Freudismus »löst« diese Krisen mit einer Pseudokatharsis, durch die Vorspiegelung falscher Ursachen der real vorhandenen moralischen Krise, die freilich sehr geschickt so gewählt und geordnet sind, daß sie sich der unmittelbaren Erlebniswirklichkeit der Bürger anpassen, dem unmittelbaren Vorherrschen rein subjektiver, erotischer, sexueller Motive. Durch eine solche Pseudokatharsis wird die Krise des Einzelnen – angeblich – gelöst und zwar so, daß der Betreffende nach der ›Reinigung seiner Leidenschaften‹ mit gutem Gewissen in den Reihen der Bourgeoisie verbleiben kann.« (Lukács, Werke Bd. 4, 1968, S. 448 f.)

20 Die ebenfalls sehr unterschiedlichen anglo-amerikanischen Stellungnahmen der Soziologie zur Psychoanalyse spiegelten sich in verschiedenen deutschsprachigen Veröffentlichungen während der zwanziger und dreißiger Jahre wider. So z. B. in den in von Wieses »Kölner Vierteljahresheften« erschienenen Beiträgen Eliots über »Die Verwendbarkeit psychiatrischer Begriffe bei der Analyse sozialen Verhaltens« (1930/31), Becker und Pruners über »Tabu und Totemismus« (1933/34) sowie in Sorokins Einschätzung der Psychoanalyse in seinen »Soziologischen Theorien« (s. Lit.), welche auch durch von Wiese selbst aufgegriffen wurde.

21 Bei dieser Veröffentlichung handelt es sich um einen Beitrag, den Otto Gross, ein Schüler Freuds, 1907 eingesandt hatte. In ihm verteidigte er die Freiheit der Frau gegen die Zwänge des Patriarchats. Max Weber schrieb den nachfolgenden, ablehnenden Brief an Edgar Jaffe, schickte ihn aber an dessen Frau Else, über die er die Ideen von Gross kennengelernt hatte (Green, 1974, S. 74) [Anmerkung des Herausgebers].

IV Bibliographie

Adler, Max: »Natur und Gesellschaft«, Wien 1964; Bd. 2 des 3bändigen »Lehrbuches der materialistischen Geschichtsauffassung«

Adorno, Theodor W., E. Frenkel-Brunswik, D. J. Levinson and R. N. Sanford: »The authoritarian personality«, New York 1950

Aron, Raymond: »Die deutsche Soziologie der Gegenwart«, Stuttgart 1953

Bannach, Hans-Jürgen: »Die wissenschaftliche Bedeutung des alten Berliner Psychoanalytischen Instituts«, in: Psyche 1971

Behrendt, Richard: »Das Problem Führer und Masse und die Psychoanalyse«, in: »Die psychoanalytische Bewegung«, Wien 1930

– »Politischer Aktivismus«, Leipzig 1932

- »Die öffentliche Meinung und das Generationenproblem«, in: Kölner Vierteljahreshefte 11/1932/33
- Le Bon: »Die Psychologie der Massen«, Stuttgart 1973 (erstmals 1895)
- Cremerius, Johannes (Hrsg.): Vorwort zu: »Karl Abraham: Psychoanalytische Studien zur Charakterbildung«, Frankfurt 1969
- Dräger, Käthe: »Bemerkungen zu den Zeitumständen und zum Schicksal der Psychoanalyse und der Psychotherapie in Deutschland zwischen 1933 und 1949«, in: Psyche 1971
- Egner, Erich: »Zur Psychologie des Sozialismus«, in: Zeitschrift für die gesamte Staatswissenschaft, Bd. 82, 1927
- Federn, Paul: »Zur Psychologie der Revolution: Die vaterlose Gesellschaft«, Wien 1919
- Fleming, Donald; Bailyn, Bernard: »The intellectual migration«, Cambridge/Mass. 1969
- Freud, Sigmund: Ges. Werke 1-18, London 1952
- »Freud in der Gegenwart«. Frankfurter Beiträge zur Soziologie, Bd. 6, Frankfurt 1957
- Fromm, Erich: »Die Entwicklung des Christusdogmas«, Wien 1931
- Geiger, Theodor: »Die Gestalten der Gesellung«, Karlsruhe 1928
- »Gesellschaft«, in: Handwörterbuch der Soziologie«, Stuttgart 1931
- Gente, Hans-Peter (Hrsg.): »Marxismus, Psychoanalyse, Sexpol«, Frankfurt 1970
- Giese, Fritz: »Psychoanalytische Psychotechnik«, Leipzig, Wien, Zürich 1924
- Haseloff, Otto Walter: »Zur Soziologie psychoanalytischen Wissens«, in: Kölner Zeitschrift für Soziologie und Sozialpsychologie Nr. 14, 1962
- Heller, Hermann: »Staatslehre«, Leiden 1934
- Horkheimer, Max (Hrsg.): »Studien über Autorität und Familie«, Paris 1936
- Jay, Martin: »The dialectical imagination«, London 1973
- Jenssen, Otto: »Zur Psychologie der Masse. Kautsky und Freud«, »Die Illusion ohne Zukunft, Marx und Freud«, in: Urania, Jena 1929
- Jerusalem, Franz Wilhelm: »Soziologie des Rechts I. Gesetzmäßigkeit und Kollektiv«, Jena 1925
- Jones, Ernest: »Das Leben und Werk von Sigmund Freud«, 3 Bände, Bern 1962
- Kautsky, Karl: »Die materialistische Geschichtsauffassung«, Bd. 1 u. 2, Berlin 1927
- »Natur und Gesellschaft«, in: Die Gesellschaft, 6/II, 1929
- Klages, Helmut: »Geschichte der Soziologie«, München
- König, René: »Sozialpsychologie heute«, in: Kölner Zeitschrift für Soziologie und Sozialpsychologie, Bd. 14, 1962
- »Soziologie der 20er Jahre«, in: Reinisch (Hrsg.): »Die Zeit ohne Eigenschaften«, Stuttgart 1961

König, W.: »Zur Notwendigkeit weiterer Auseinandersetzungen mit der Psychoanalyse und anderen psychotherapeutischen Schulen«, in: Höck, Szewczyk, Wendt (Hrsg.): »Neurosen«, Berlin 1971
Kohn, Erwin: »Lassalle der Führer«, Wien 1926
Kolm, Gerhard: »Masse«, in: »Handwörterbuch der Soziologie«, Stuttgart 1931
Kolnai, Aurel: »Psychoanalyse und Soziologie«, Wien 1920
– »Max Schelers Kritik und Würdigung der Freud'schen Libido-Lehre«, in: Imago 11, 1925
Kon, I. S.: »Soziologie der Persönlichkeit«, Berlin 1971
Lorenz, Emil: »Der politische Mythus«, Leipzig, Wien, Zürich 1923
Lukács, Georg: »Gesammelte Werke«, 4 und 5, Neuwied, Berlin 1968
Malinowski, Bronislaw: »Geschlecht und Verdrängung in primitiven Gesellschaften«, Reinbeck 1962
De Man, Hendrik: »Psychologie des Sozialismus«, Jena 1926
– »Die sozialistische Idee«, Jena 1933
Mannheim, Karl: »Ideologie und Utopie«, 4. Auflage, Frankfurt 1965
– »Mensch und Gesellschaft im Zeitalter des Umbaus«, Darmstadt 1958
– »Mensch und Gesellschaft im Zeitalter des Umbaus«, Leiden 1935
– »Diagnose unserer Zeit«, Zürich, Wien, Konstanz 1951
McDougall: »The Group Mind«, Cambridge 1920
Meng, Heinrich: »Leben als Begegnung«, Stuttgart 1971
Menzel, Adolf: »Grundriß der Soziologie«, Wien, Baden, Leipzig 1938
Mette, Alexander: »Sigmund Freud«, Berlin 1956
Michels, Robert: »Massenpsychologie, Wirtschaft und Psychoanalyse«, in: K. Mittenzwey und H. Prinzhorn: »Krisis der Psychoanalyse«, Bd. 1, Leipzig 1928
Mittenzwey, Kuno: »Zur Soziologie der psychoanalytischen Erkenntnis«, in: Max Scheler (Hrsg.): »Probleme einer Soziologie des Wissens«, 1923/24
– »Geisteswissenschaften und Psychoanalyse«, in: Dioscuren 2, München 1923
Müller-Lyer, Franz-Carl: »Soziologie der Leiden«, 1914
Neurath, Otto: »Empirische Soziologie«, Wien 1931
Oppenheimer, Franz: »System der Soziologie«, Bd. 1, Jena 1922
– »Richtungen der neueren deutschen Soziologie«, Jena 1928
Plaut, Paul: »Das soziologische Element in der Individualpsychologie«, in: Zeitschrift für Völkerpsychologie und Soziologie 3, 1927
– »Prinzipien und Methoden der Massenpsychologie«, in: Abderholden (Hrsg.): »Handbuch der biologischen Arbeitsmethoden«, Berlin, Wien 1928
Pross, Harry: »Politischer Versuch über Freud«, in: Deutsche Rundschau Nr. 82, 1956

Pross, Helge: »Die deutsche akademische Emigration nach den Vereinigten Staaten 1933-41«, Berlin 1955
Reich, Wilhelm: »Massenpsychologie des Faschismus«, Kopenhagen, Wien, Zürich 1933
Reiwald, Paul: »Vom Geist der Massen«, Zürich 1946
Riesman, David: »The lonely Crowd«, New Haven 1950
Robinson, Paul A.: »The Freudian Left: W. Reich, G. Roheim, H. Marcuse« New York, Evanston, London 1969
Roland-Holst, Henriette: »Der Umschwung in der geistigen Lage und die neuen Aufgaben des Sozialismus«, Zürich 1930
Sandkühler, Hans Jörg: »Psychoanalyse und Marxismus. Dokumentation einer Kontroverse«, Frankfurt 1970
Simmel, Ernst: »Zur Geschichte und sozialen Bedeutung des Berliner Psychoanalytischen Instituts«, in: Almanach der Psychoanalyse 1931
Sapir, I.: »Freudismus, Soziologie, Psychologie«, in: Unter dem Banner des Marxismus, 3, 4, 1929/1930
Scheler, Max: »Die Wissensformen und die Gesellschaft«, Leipzig 1923, zit. nach: Gesammelte Werke Bd. 8, Bern, München 1960
- »Schriften aus dem Nachlaß«, Bd. 1, Berlin 1933, zit. nach: Gesammelte Werke Bd. 10, Bern, München 1957
Schröder, Karl: »Marxismus oder Psychologismus?«, in: Die Gesellschaft, 3. Jahrg. 1926
Schumpeter, Joseph: »Kapitalismus, Sozialismus und Demokratie«, Bern 1946
Sombart, Werner: »Der proletarische Sozialismus«, Jena 1925
- »Vom Menschen«, Berlin 1938
Sorokin, Pitirim: »Soziologische Theorien im 19. u. 20. Jahrhundert«, München 1931
Spann, Othmar: »Gesammelte Schriften«, 7 und 12, Graz 1965-1971
- »Erkenne Dich selbst«, Jena 1935
- »Der Streit und die Möglichkeit um das Wesen der Gesellschaftslehre«, in: Zeitschrift für Volkswirtschaft und Sozialpolitik, Bd. 2, 1922
Stok, Wilhelm: »Geheimnis, Lüge und Mißverständnis«, Köln 1929
Stoljarov, Alexander: »Der Freudismus und die ›Freudo-Marxisten‹«. In: H.-J. Sandkühler (Hrsg.): »Psychoanalyse und Marxismus«, Frankfurt 1970
Szende, Paul: »Eine soziologische Theorie der Abstraktion«, in: Archiv für Sozialwissenschaft und Sozialpolitik, Bd. 50, 1923
Thalheimer, August: »Die Auflösung des Austro-Marxismus«, in: »Unter dem Banner des Marxismus«, Bd. 1, 1925/26
Thiel, Rudolf: »Siegmund Freud – oder der Selbstverrat der Wissenschaft«, in: Thiel (Hrsg.): »Die Generation ohne Männer«, Berlin 1932
Vergin, Fedor: »Das unbewußte Europa. Psychoanalyse der europäischen Politik«, Wien, Leipzig 1931

Vleugels, Wilhelm: »Zu Freuds Theorien von der Psychoanalyse«, in: Kölner Vierteljahreshefte für Soziologie, 3. Jahrg. 1923/24
- »Soziologie und Psychologie in der Massenforschung«, in: Zentralblatt für Psychotherapie und ihre Grenzgebiete, 5, 1932
- »Die Masse«, Leipzig 1930

Weber, Marianne: »Max Weber. Ein Lebensbild«, Heidelberg 1950

Westphalen, Ferdinand A.: »Sociology and economics in austria«, Washington 1953

von Wiese, Leopold: »Allgemeine Soziologie als Lehre von den Beziehungen und Beziehungsgebilden der Menschen«, München, Leipzig 1924
- »System der allgemeinen Soziologie als Lehre von den sozialen Prozessen und sozialen Gebilden der Menschen«, Leipzig 1933
- »Soziologie«, Berlin, Leipzig 1926

Periodica

Archiv für Sozialwissenschaft und Sozialpolitik
Tübingen, erschienen 1888 bis 1933, Hrsg.: Max Weber, Werner Sombart
Unter dem Banner des Marxismus
Wien, Berlin, erschienen 1925-1936
Die Gesellschaft. Internationale Revue für Sozialismus und Politik.
Berlin, erschienen 1924-1938, Hrsg.: Rudolf Hilferding
Psychoanalytische Bewegung
Wien, erschienen 1929-1932, Hrsg.: Storfer
Verhandlungen des Deutschen Soziologentages.
Schriften der Deutschen Gesellschaft für Soziologie; seit 1910
Zeitschrift für Sozialforschung
Frankfurt, Paris, erschienen 1932-1941, Hrsg.: Max Horkheimer
Zeitschrift für Völkerpsychologie und Soziologie ab 1932: Soziologicus
Berlin, erschienen 1925-1932, Hrsg.: Richard Thurnwald
Imago
Wien, Berlin, erschienen 1912-1937
Internationale Zeitschrift für Psychoanalyse
Leipzig, Wien, Zürich, erschienen 1913-1941
Kölner Vierteljahreshefte für Soziologie. Köln, erschienen 1921-1933, Hrsg.: Leopold von Wiese, später:
Kölner Zeitschrift für Soziologie und Sozialpsychologie
Köln, seit 1948, Hrsg.: René König

Heike Brodthage und Sven Olaf Hoffmann
Die Rezeption der Psychoanalyse in der Psychologie im deutschsprachigen Raum bis 1933

Inhalt

I Orientierung 136
1. Arbeitsdefinitionen 136
2. Die wissenschaftliche Situation von Psychologie und Psychoanalyse in den deutschsprachigen Ländern zwischen 1895 und 1933 141
3. Die Intensität der Auseinandersetzung der Psychologie mit der Psychoanalyse 148
3.1. Die Intensität der Auseinandersetzung der Psychologie mit der Psychoanalyse am Beispiel der »Zeitschrift für Psychologie« 148
3.2. Die Intensität der Auseinandersetzung der Psychologie mit der Psychoanalyse am Beispiel von Lehrbüchern und Standardwerken 149
4. Die Auseinandersetzung der Psychologie mit der Psychoanalyse als Theorie 152
4.1. Die inhaltliche Auseinandersetzung am Beispiel der »Traumdeutung« (1900) und der »Drei Abhandlungen zur Sexualtheorie« (1905) 152
4.1.1. Die Aufnahme der »Traumdeutung« (TD) 152
4.1.2. Die Aufnahme der »Drei Abhandlungen zur Sexualtheorie« (DAS) 158
4.2. Die inhaltliche Auseinandersetzung mit der Psychoanalyse am Beispiel ausgewählter psychologischer Autoren 165
4.2.1. Rudolf Allers 165
4.2.2. Karl Bühler 166
4.2.3. Willy Hellpach 169
4.2.4. Hans Henning 170
4.2.5. Ludwig Klages 172
4.2.6. Eduard Spranger 174
4.2.7. William Stern 175
5. Die Rezeption der Psychoanalyse in der Psychologie-Diskussion 176
5.1. Allgemeine Überlegungen 176

5.2. Übersicht: Die von psychologischer Seite *gegen* die Psychoanalyse geführte Argumentation 178
5.3. Übersicht: Die von psychologischer Seite akzeptierten Positionen der Psychoanalyse 182
5.4. Versuch einer Würdigung 183
6. Zusammenfassung 189

II Dokumente 190
1. Meumann 190
2. Zeitschrift für Psychologie – Inhalt 191
3. R. Müller-Freienfels 193
4. W. Stern 200
5. W. Hellpach 203
6. A. Friedländer 206
7. Warnung vor den Übergriffen der Jugend-Psychoanalyse 207
8. Eine Verwahrung gegen irrtümliche Beurteilung der Jugend-Psychoanalyse 208
9. Protesterklärung katholischer Lehrerinnen 208
10. W. Stern 210
11. E. Hitschmann 226
12. K. Bühler 227
13. H. Henning 231
14. L. Klages 240
15. F. Krueger 244

III Anmerkungen 247

IV Bibliographie 248

I Orientierung

1. Arbeitsdefinitionen

Der Titel unserer Untersuchung wirft erste Probleme auf: Was ist Psychoanalyse? Was ist Psychologie bzw. »die Psychologie«?

Die Be- und Abgrenzung von Psychoanalyse und Psychologie untereinander und gegenüber anderen Fächern ist um 1900 keineswegs klar umrissen. Andererseits ist für uns eine gewisse Festlegung als Arbeitsgrundlage erforderlich. Es kann hier nicht darum gehen, umfassende Basisdefinitionen zu liefern, sondern wir beschränken uns auf eine ad hoc-Definition, d. h. wir beschreiben, was wir im Sinne unserer Untersuchung als Psychoanalyse bzw. Psychologie bezeichnen. Auch der »deutschsprachige Raum«, wie ihn der Titel nennt, bedarf einer Festlegung. Schließlich muß auch unsere Auffassung des Begriffes der Rezeption klargestellt werden.

a. Psychoanalyse

Mit Psychoanalyse ist in unserem Zusammenhang gemeint die Lehre Freuds, wie sie sich in seinen Schriften bis 1933 niederschlägt. Freuds eigene Definition aus dem Jahre 1923 – also dem letzten Drittel des von uns bearbeiteten Zeitraums – erfaßt die Psychoanalyse wie folgt: »Psychoanalyse ist der Name 1. eines Verfahrens zur Untersuchung seelischer Vorgänge, welche sonst kaum zugänglich sind; 2. einer Behandlungsmethode neurotischer Störungen, die sich auf diese Untersuchung gründet; 3. einer Reihe von psychologischen, auf solchem Wege gewonnenen Einsichten, die allmählich zu einer neuen wissenschaftlichen Disziplin zusammenwachsen«. (S. 211).[1]

Nach dieser Festlegung ist mit Psychoanalyse eine Lehre, eine psychologische Theorie, eine Form der Psychotherapie gemeint. Das bedeutet, daß die Rezeption der Person Freuds, das ist die des Mannes, des Wissenschaftlers, des Forschers, der Persönlichkeit, von uns *nicht* untersucht wird.

Es war damals offenbar üblich, wissenschaftliche Auseinandersetzungen mit Bemerkungen zur Person des Autors zu versehen. So weisen einige scharfe Kritiken der Freudschen Werke durchaus anerkennende Worte zu seiner Person auf – wiederholt wird von »Genie« oder »genial« gesprochen. In Ansätzen deutlich wird dabei eine Tendenz, die abgelehnten Inhalte der psychoanalytischen Theorie als Übertreibungen der »Jünger« abzutun und den »Meister« von der Kritik auszunehmen. Gleichzeitig finden sich ausgesprochen abwertende Formulierungen zur Person Freuds, die von Klages' »kein überlegener Geist ... enger Gesichtskreis« bis zu der F. Krueger zugeschriebenen Bemerkung vom »Lustlümmel aus der Berggasse« reichen.

b. Psychologie

Als Psychologie fassen wir hier die von Psychologen vertretene Wissenschaft auf.

Als Psychologen sehen wir folgende Personen an:

1. Wissenschaftler, die einen Lehrstuhl für Psychologie (Lehrstuhlbezeichnung Psychologie oft auch neben einem anderen Fach, häufig Philosophie) innehaben oder an einem solchen Lehrstuhl arbeiten.
2. Autoren, die in psychologischen Zeitschriften publizieren und sich in ihrem Selbstverständnis nicht eindeutig anders definieren.
3. Wissenschaftler, die sich mit überwiegend psychologischen Fragestellungen befassen.

c. Deutschsprachiger Raum

Darunter verstehen wir im engeren Sinne die Gebiete von Deutschland, Österreich (-Ungarn) und der Schweiz im Rahmen der damaligen politischen Erstreckung. Im weiteren Sinne kommen traditionell an der deutschsprachigen Literatur orientierte Länder hinzu wie z. B. Holland oder Schweden. Autoren aus diesen Ländern erfahren bei uns nur vereinzelt eine Behandlung.

Nicht berücksichtigt werden fremdsprachige Autoren in deutschen Zeitschriften.

d. Rezeption

Einer Erörterung bedarf auch dieser Begriff. Er ist denkbar unscharf, damals wie heute. Generell wird als Rezeption die Aufnahme, kritische Verarbeitung und Einarbeitung des Stoffes eines fremden oder neuen Sachgebietes in das eigene verstanden. Wie wird man diese Aspekte sondern oder untersuchen? Wie wird man etwa – um ein umrissenes Problem aufzugreifen – nachweisen, ob ein bestimmter Sachkomplex bei einem bestimmten Autor aus der Psychoanalyse entlehnt ist, wenn sich der Autor nicht dazu bekennt? Oder wie wird man ein so grundlegendes psychoanalytisches Konzept wie die Lehre vom Unbewußten gegenüber den anderen Auffassungen vom Unbewußten in der Psychologie abgrenzen?

Um bei diesem Beispiel zu bleiben:

In der Psychologie gibt es eine Tradition von Konzepten vom Unbewußten, die vor und neben Freud bestand. Diese reicht von Leibniz über Herbart bis zu den »Unbewußten Schlüssen« von

Helmholtz und Fechners »Unbewußtem Seelenleben« (s. Dorer 1932; Buggle u. Wirtgen 1968). W. Hellpach (1908) hat 8 Bedeutungen des Terminus Unbewußtes »bei den heutigen Kämpfen« herausgearbeitet, bei denen er bezeichnenderweise das Konzept vom Unbewußten als Verdrängung, das ist das Konzept vom *dynamischen Unbewußten*, wie Freud es als für die Psychoanalyse charakteristisch betrachtet, als entbehrlich ansieht.

Solche Überlegungen zwingen uns auch den Rezeptionsbegriff ad hoc zu umreißen.

Als Rezeption im hier verwandten Sinn fassen wir auf:

1. Darstellungen der psychoanalytischen Theorie und Lehre in psychologischen Originalarbeiten in Büchern und Zeitschriften, ohne Berücksichtigung, inwieweit diese Darstellung als zutreffend erscheint oder nicht.
2. Rezensionen, Besprechungen und Kritiken Freudscher Arbeiten in psychologischen Büchern und Zeitschriften.
3. Ausführung eigener Konzepte durch Psychologen, die direkt oder indirekt vom Autor auf Freudsche Gedanken zurückgeführt werden.

Es ist klar, daß wir so ausschließlich die Autoren erfassen, die die Herkunft in Frage stehender Kenntnisse oder Konzepte aus der Psychoanalyse offenlegen oder sich mit der Psychoanalyse direkt auseinandersetzen. Systematisch nicht erfaßt werden auf diese Weise Autoren, die psychoanalytisches Gedankengut nicht als solches definiert in ihre eigene Arbeit eingehen lassen. Um die Genese solchen Materials aus der Psychoanalyse eindeutig nachweisen zu können, ist man großenteils auf die eigene »Intuition« und die »Fündigkeit« der getroffenen Literaturauswahl angewiesen. Die größten Fehlerquellen unseres Vorgehens liegen daher darin, daß diese Auswahl der bearbeiteten Literatur in jedem Falle beschränkt bleiben muß.

Anderer Art ist eine weitere Form des Umgangs mit psychoanalytischen Gedanken, die auch zur Rezeption gehört: Das Fehlen oder Fortlassen – kurz alle Formen von Nichtberücksichtigung – psychoanalytischer Aussagen in der Behandlung von Themen, bei denen die Psychoanalyse einen gewissen Beitrag geleistet hat. Hierin sehen wir ebenfalls einen Indikator für die Rezeption der Psychoanalyse. Um hier ein »Totschweigen« unterstellen zu können, ist natürlich eine angemessene zeitliche Frist zur Rezeption des betreffenden Materials anzusetzen. Dieser Zeitraum ist nicht einheitlich zu behandeln. Bei Kongreßberichten etwa wird man eine rasche Besprechung erwarten können, während für das »Durchdringen« eines Buches im Fachgebiet eher ein Zeitraum von mehreren Jahren angesetzt werden muß.

Um das Problem aufzuzeigen: Wenn etwa W. Stern als Mitherausgeber der Zeitschrift für angewandte Psychologie (1908) in einem umfangreichen Aufsatz über »Tatsachen und Ursachen der seelischen Entwicklung« mit keinem Wort Freuds »Drei Abhandlungen zur Sexualtheorie« (1905) erwähnt, könnte man eine »Rezeptionsverweigerung« postulieren. Eine Fußnote jedoch weist die Arbeit als Erweiterung eines Vortrags aus dem Jahre 1906 aus – also könnte man auch mangelnde Kenntnis von Freuds rezenter Publikation annehmen. Bedenkt man wiederum, daß der Vortrag auf dem »Ersten Kongreß für Kinderforschung« zum Thema »Grundfragen der Psychogenesis« gehalten wurde, dann neigt man schließlich eher zur Vermutung, daß die inhaltliche Aussage Freuds durch Nichterwähnung »erledigt« wird. Gestützt wird diese Vermutung auch dadurch, daß Stern bereits 1901 eine Besprechung der »Traumdeutung« verfaßt hatte, Freud also kannte.

Ein weiteres Rezeptionsproblem stellt der rasche Begriffswandel in der Geschichte der Psychoanalyse dar. Betrachtet man z. B. den Wandel der Triebtheorie zwischen 1905 und 1930, so lassen sich nicht weniger als drei deutlich gesonderte Konstruktionen unterscheiden (s. Nagera 1974). Für die ständig mit der Literatur vertrauten Psychoanalytiker hält sich dieses Problem in Grenzen. Für den nur sporadisch psychoanalytische Werke lesenden Psychologen ergibt sich eine verständliche Quelle von Verwirrung. Größer noch wird diese Schwierigkeit beim veränderten Bedeutungsgehalt weiterhin identisch benutzter Begriffe (z. B. der Sinnwandel des Ich-Konzepts von den ersten Schriften bis 1923). So verwundert auch weniger, daß einer Reihe von Psychologen der Umbruch der psychoanalytischen Theorie von 1921 bis 1926 (»Jenseits des Lustprinzips«, 1920; »Das Ich und das Es«, 1923; »Hemmung, Symptom und Angst«, 1926) praktisch völlig entging und für diese Psychoanalyse identisch blieb mit dem Theoriestand vor Ausarbeitung der Ich-Psychologie.

2. Die wissenschaftliche Situation von Psychologie und Psychoanalyse in den deutschsprachigen Ländern zwischen 1895 und 1933

Die wissenschaftliche Situation der Psychologie in den deutschsprachigen Ländern war im angegebenen Zeitraum alles andere als übersichtlich. Gegen Ende des 19. Jahrhunderts beginnt sich die Psychologie erst als eine eigenständige Wissenschaft zu etablieren. Zwei Berufsgruppen sind es hauptsächlich, deren Vertreter sich zunehmend der Psychologie zuwenden bzw. psychologische Fragestellungen bearbeiten: die Philosophen und die Physiologen. Diese zwei Strömungen bestimmen die zukünftigen Grundausrichtungen des jungen Faches: die »Verstehende Psychologie« (Dilthey, Spranger, Klages u. a.) und die »nomothetisch«[2] ausgerichtete Sichtweise, die sich am naturwissenschaftlichen Modell der Physiologie und Psychophysik orientiert (Fechner, Wundt, Mach u. a.). Müller-Freienfels (1929) spricht von der »subjektivierenden« und der »objektivierenden« Psychologie. Bedenkt man, daß z. B. Wundt oder Mach auch stark philosophisch interessiert waren, wird das Bild noch unübersichtlicher.

Die Fehden, die die Vertreter dieser verschiedenen Schulen miteinander ausfochten, die langen Polemiken, die die Zeitschriften füllen, lassen sich vielleicht so verstehen wie Alexander und Selesnick es vorschlagen: »Die Psychologie versuchte sich verzweifelt vor dem schlechten Ruf, dem die Philosophie zu verfallen begann, zu bewahren« (1968, S. 237). Auf den Universitäten werden zunehmend Lehrstühle für Psychologie getrennt von denen der Philosophie errichtet. Pamphlete der Philosophen versuchen die Übergriffe der experimentellen Psychologie auf philosophische Lehrstühle zu verhindern (s. Hillebrand 1913, »Die Aussperrung der Psychologen«). Hillebrand sieht in dieser Auseinandersetzung den »Ausbruch einer Krise, die in latentem Zustand schon seit einer Reihe von Jahren besteht« (S. 1). Er begrüßt die Auseinandersetzung ihres klärenden Charakters wegen. Ähnlich interpretiert Bühler (1927) die Situation: Er leugnet das Problem einer »Zerfallskrise« und diagnostiziert eine »Aufbaukrise«, die letztlich einen »embarras de richesse« mit sich bringe. Zu diesem Zeitpunkt allerdings hatte die objektivierende Psychologie bereits an Terrain gewonnen, ohne daß man sagen könnte, daß dies auf Kosten der subjektivierenden Psychologie geschah, die als Ausdruckspsychologie in den dreißiger Jahren noch einmal eine Spätblüte feiert.

Ein anschauliches Bild über den Entwicklungsprozeß der Psychologie ergibt sich aus einer Betrachtung der sie repräsentierenden Zeitschriften.

W. Wundt, mit dem das psychologische Selbstverständnis meist die wissenschaftliche Psychologie beginnen läßt (Hilgard 1967[4], Buggle u. Wirtgen 1968) begründet 1883 die Zeitschrift »Philosophische Studien«. Bei aller naturwissenschaftlichen Orientierung vertrat Wundt weiterhin die Ansicht, daß der psychologische Fachvertreter auch Repräsentant des Faches Philosophie (s. Hillebrand 1913) sein sollte. 1902 wird das Erscheinen dieser Zeitschrift eingestellt, ab 1906 erfolgt eine Wiederaufnahme unter dem Titel »Psychologische Studien«. Herausgeber bleibt Wundt. 1890 wird die »Zeitschrift für Psychologie und Physiologie der Sinnesorgane« von Ebbinghaus und König begründet. 1906 erfolgt eine Aufgliederung in zwei Abteilungen; der psychologische Part heißt jetzt »Zeitschrift für Psychologie«. Eine Reihe von psychologischen Publikationen erschien auch in »Pflügers Archiv für die gesamte Physiologie«. Die Titeländerung in »Pflügers Archiv für die gesamte Physiologie des Menschen und der Tiere« kann man vielleicht als Konzession an die Psychologen auffassen. Die »Zeitschrift für pädagogische Psychologie« (begründet 1899) ist von Anfang an als psychologisches Organ ausgewiesen, die erfolgende Titelveränderung (»Zeitschrift für Pädagogische Psychologie und experimentelle Pädagogik«) läßt vermuten, daß hier durch demonstriertes Methodenbewußtsein um wissenschaftliche Anerkennung gerungen wird. Der »Kampf« um wissenschaftliche Emanzipation wird vollends deutlich im Vorwort des 1903 gegründeten »Archiv für die gesamte Psychologie«. Der Herausgeber Meumann, seines Zeichens Professor der Philosophie an der Universität Zürich, definiert sein Periodikum als Nachfolgeorgan der 1902 eingegangenen »Philosophischen Studien« von W. Wundt. Gleich dem Anspruch fast aller anderen Zeitschriften will er die seine als Sammlungsort und Forum der jungen Wissenschaft verstanden wissen. (Ein Auszug des Gründungsvorworts befindet sich in Dok. Nr. 1, unten, S. 190 f.). Trotz solcher Ambitionen überlebt dieses Organ nicht lange. Die »Zeitschrift für angewandte Psychologie und psychologische Sammelforschung« tritt 1908 auf den Plan. Im Untertitel weist sich dieses von Stern und Lipmann herausgegebene Organ als der experimentellen Methodik verpflichtet aus. Die »Psychologische Forschung« (gegründet 1922 von Wertheimer) wird zum führenden Organ der Gestaltpsychologie »mit der Zielsetzung auch den Arbeitsbeziehungen, welche die Psychologie zu anderen Wissenschaften hat oder haben müßte, zu dienen« (Impressum der Ersterscheinung).

Es wird deutlich, daß die nach 1900 gegründeten Zeitschriften sich als spezifisch psychologische verstehen. Die führende Zeitschrift des von uns untersuchten Zeitraums bleibt fraglos die »Zeitschrift für Psychologie und Physiologie der Sinnesorgane«, bzw. die »Zeitschrift für Psychologie«. In dieser Zeitschrift wird durch die Auswahl der Mitarbeiter (Helmholtz, Hering, v. Kries, Exner, Th. Lipps, G. E. Müller, Stumpf, Preyer) deutlich, auf welche Zielsetzung und auf welche Methodik der Herausgeber Ebbinghaus 1890 seine Hoffnungen richtete: Von den führenden Psycho-Physiologen fehlte eigentlich nur E. Mach. Dieses Programm einer einheitlichen Orientierung der Psychologie um das naturwissenschaftliche Konzept war damals noch weit vom Erfolg entfernt. Müller-Freienfels (1929) sieht in seiner Analyse der Gegenwart der Psychologie vor allem drei Richtungen, die den naturwissenschaftlichen Anspruch bedrohen: das »Neuerwachen der Philosophie«, das Aufkommen der Psychoanalyse und die neue Charakterologie. Für die Kritik an der naturwissenschaftlichen Orientierung lassen sich vielfältige Zeugnisse erbringen, insbesondere von seiten der »Verstehenden Psychologie«. Als Beispiel sei Lersch genannt, der die naturwissenschaftliche Methodik als dem Gegenstand inadäquat ansieht und die Psychologie zwischen Natur- und Geisteswissenschaft ansiedeln möchte (Lersch 1958[7], S. 70). Von den »Anstößen« der Psychologie vor 1930, die Müller-Freienfels nennt, interessiert hier in erster Linie die Psychoanalyse. Heiss umreißt diese Entwicklung rückblickend mit folgenden Worten: »Und plötzlich trat in die Psychologie die ärztliche Wissenschaft ein, während die ältere Psychologie ihren Ursprung einmal aus der Philosophie und dann aus dem naturwissenschaftlich-mechanischen Denken hatte«. (1956, S. 14). »Ärztliche Wissenschaft« heißt hier Psychoanalyse.

Wir möchten zusammenfassen: Zum Zeitpunkt des Auftretens der Psychoanalyse rang die (akademische) Psychologie noch deutlich um ihr Selbstverständnis und war nach Ansicht von führenden Fachvertretern stark zersplittert. Die Besetzung von

Lehrstühlen an den Universitäten war beschränkt und wurde zu Beginn des Jahrhunderts teilweise noch von den Philosophen streitig gemacht. Die wissenschaftliche Position des Faches erwies sich als wenig gefestigt und Angriffen ausgesetzt. Der Bezug zur Praxis war anfangs kaum vorhanden. (Obwohl erste Intelligenztests bereits in den letzten zwei Dekaden des 19. Jahrhunderts entwickelt wurden, kamen Testuntersuchungen zum erstenmal in größerem Maßstab im Ersten Weltkrieg in der amerikanischen Armee zur Anwendung.) Die Ergebnisse der psychologischen Wissenschaft blieben über den engeren Fachbereich hinaus vermutlich unverständlich.[3]

Wie sah nun die *wissenschaftliche Position der Psychoanalyse* zu jener Zeit aus?

Sie läßt sich ungleich leichter umreißen, da die Psychoanalyse bis 1895 Freuds Privatangelegenheit war. Auch bis 1910 bleibt die Psychoanalyse personell im wesentlichen ein privater Zirkel um die Person Freuds. Richtungskämpfe innerhalb der Psychoanalyse setzen erst mit den aufkommenden Divergenzen Freuds mit Adler (1911), Steckel (1912), Jung (1913), Rank (1924) – um nur die wichtigsten zu nennen – ein. Bis dahin war der noch blutjungen Wissenschaft eine Einheitlichkeit nicht abzusprechen. Aber auch über die »Abfallbewegungen« hinaus erhält sich in der Person Freuds letztlich immer eine Garantie für die authentische Interpretation dessen, was Psychoanalyse sei (s. Jones 1962, Bd. 2; Alexander und Selesnick 1969). Ein Gerangel um Lehrstühle an den Universitäten entfiel für die Psychoanalytiker, da nur Freud eine lang verschleppte Professur an der Wiener Universität innehatte. Daneben hatten noch Jones (in Kanada) und Ferenczi (in Ungarn) kurzzeitig Lehraufträge. Damit ist auch der soziale Rahmen umrissen: Die Psychoanalyse war zu jener Zeit eine Privatwissenschaft. Nachdem anfänglich noch Arbeiten Freuds in den nervenheilkundlichen Periodika erschienen waren, schuf sich die Psychoanalyse zunehmend ihre Organe selbst, darunter einige von nur kurzer Dauer. Erst die von Freud herausgegebene »Internationale Zeitschrift für Psychoanalyse« (gegründet 1913) hatte eine solide Basis. Sie bestand bis zu ihrer Auslöschung durch die Folgen des Naziterrors 1941. Andere bekannte psychoanalytische Periodika in diesem Zeitraum waren das »Jahrbuch für psychoanalytische und psychopathologische Forschungen« (1909) und »Imago« (eine Zeitschrift für angewandte Psychoanalyse,

1912-1937, bzw. 1941 – vereinigt mit der »Internationalen Zeitschrift«).

Die Psychoanalyse war anfangs ein Zweig der Medizin. Während die Psychologie schwer um ihre Anerkennung als wissenschaftliches Fach ringen mußte, war die Medizin, von außen gesehen, immer Wissenschaft – von Hippokrates bis Virchow. Die Kranken, und das sind potentiell alle, konnten es sich zu keiner Epoche leisten, den einzigen Heilbringer, die Medizin, als das zu sehen, was sie über weite Strecken ihrer Entwicklung war: Eine von jeder Empirie abgelöste Institution, die sich von Scharlatanerie und Aberglauben kaum abgrenzen ließ. Dieser Rückkoppelung zur publikumswirksamen Praxis mußte die damalige Psychologie weitgehend entbehren. Solche Praxisorientierung auf konkurrenzlosem Gebiet garantierte der Medizin immer »Wissenschaftlichkeit« und Ansehen a priori – auch wenn das Methodenbewußtsein in der Forschung für ein sich als naturwissenschaftlich verstehendes Fach noch heute manche Lücke aufweist.

Genaugenommen verstand Freud sich nicht als Mediziner und beklagte auch der Kollegen feindliche Haltung ihm gegenüber. Das, was der Psychologe Heiss 50 Jahre später als »ärztliche Wissenschaft« (s. o.) auffaßt, erscheint dem Psychiater Aschaffenburg (Herausgeber eines Handbuches) 1906 als »in den meisten Fällen falsch, in vielen Fällen nicht einwandfrei und in allen überflüssig« (zitiert nach Jones 1962, S. 138). Freuds Selbstverständnis vom Berufsbild her war gespalten: Er arbeitete und praktizierte als Arzt, er publizierte und theoretisierte als Psychologe (»Die Psychoanalyse ist ein Stück der Seelenkunde der Psychologie« – 1940, S. 142). Die von ihm gegründete Wissenschaft bezeichnet er wiederholt als Psychologie bzw. als Tiefenpsychologie.

Während jedoch in der Hochschulpsychologie der Streit um die Frage ging, ob die Psychologie Natur- oder Geisteswissenschaft sei, war für Freud diese Sache entschieden. »Die Psychologie ist auch eine Naturwissenschaft. Was sollte sie denn sonst sein?« (1940, S. 143). Auch schon früher hatte er die Psychoanalyse eindeutig zu den empirischen Wissenschaften gerechnet (1923, S. 229). Diese Einschätzung ordnet sich konsequent in den persönlichen Werdegang Freuds ein. Im physiologischen Laboratorium Brückes hat er Jahre gearbeitet und diese als für sein Wissenschaftsverständnis prägend erlebt (Jones 1960). Brücke und

Exner standen wiederum im engen wissenschaftlichen Kontakt zu Helmholtz.

Somit verwundert auch nicht, daß Freuds erstes publiziertes Persönlichkeitsmodell, das sogenannte Reflexbogenmodell, wie er es im 7. Kapitel der »Traumdeutung« entwickelte, noch weitgehend dem physiologischen Reiz-Reaktions-Modell entspricht. Lapidar heißt es: »Der Reflexvorgang bleibt das Vorbild auch aller psychischen Leistung« (1900, S. 543). Habermas (1968, S. 300 ff.) hat Freuds wissenschaftliches Selbstverständnis als »szientistisches Selbstmißverständnis« bezeichnet. Freud habe gemeint, eine Naturwissenschaft einzuführen, tatsächlich habe er aber eine neue Humanwissenschaft geschaffen. Wir verzichten an dieser Stelle auf eine Diskussion der heute stark beachteten Habermasschen Position. Betrachtet man sie einmal als gegeben, dann wären für die Rezeption der Psychoanalyse in der Psychologie mindestens zwei Hypothesen zu formulieren:

1. Den naturwissenschaftlich orientierten Psychologen müßte Freud aufgrund seiner »einwandfreien« wissenschaftlichen Herkunft aus dem Labor Brückes nahestehen. Andererseits ist zu erwarten, daß der psychologische (humanwissenschaftliche) Gehalt von Freuds Aussagen bei dieser Gruppe auf Unverständnis stößt.

2. Den geisteswissenschaftlich ausgerichteten Psychologen müßte Freud aufgrund seiner Selbstdarstellung als Naturwissenschaftler verdächtig sein; aber die Vertreter dieser Richtung müßten sich eigentlich durch Freuds eher geisteswissenschaftliches Vorgehen (historische Methode) mit ihm verwandt fühlen.

Offenbar liegt der Fall nicht so einfach. In einer akademischen Bestandsaufnahme aller Psychologen von Aristoteles bis Wundt aus dem Jahre 1921 taucht Freuds Name nicht einmal im Literaturverzeichnis auf (Marcuse, 1972, S. 79).

Was könnten die Gründe für ein solches Übergehen Freuds sein? Es scheinen uns mehrere Faktoren vorzuliegen, die die Psychoanalyse für Psychologen seinerzeit unattraktiv machte.

1. Ihren Lebensunterhalt mit der Psychoanalyse (als Psychotherapeuten) konnten, wenn überhaupt, nur Ärzte verdienen. Nichtärztlichen Psychoanalytikern drohte, wenn sie praktizierten, der Prozeß wegen Kurpfuscherei. Daran änderte auch nichts, daß Freud selbst Nicht-Ärzte sehr wohl für Psychotherapie qualifiziert hielt (1926: »Die Frage der Laienanalyse«).

2. Die Psychoanalyse war praktisch nicht an den Universitäten repräsentiert. Für jeden an einer akademischen Laufbahn interessierten Psychologen bot die Psychoanalyse auch hier kein berufliches Weiterkommen.

3. Das Fach Psychologie, insbesondere die naturwissenschaftlich orientierte Sparte, war im Beginn des Jahrhunderts im Begriff, wissenschaftliche Anerkennung und Renommee zu erwerben. Dazu hatte nicht zuletzt der engagierte Kampf um die Methoden beigetragen. Solidarisierung mit einer »Privatwissenschaft«, die Therapie und Forschung nicht trennte, konnte nur von Nachteil sein.

4. Die Gruppe um Freud hatte sich emotional eng zusammengeschlossen. Sie empfand sich selbst als »psychoanalytische Bewegung« (so auch der Titel einer kurzlebigen Zeitschrift). Dieses Sendungsbewußtsein ist einerseits als Folge der erfahrenen öffentlichen Ablehnung und als Selbstschutz zu verstehen. Andererseits ist zu erwarten, daß dieser enge Zusammenschluß auf Außenstehende befremdlich wirkte. So spricht der gegenüber der Psychoanalyse sachliche Müller-Freienfels (1929, S. 104) vom »Charakter einer fanatischen Sekte«. Friedländer hebt diesen Sachverhalt ebenfalls hervor.[4]

5. Der Kreis um Freud bestand bis auf wenige Ausnahmen (Jung, Jones) aus Juden. Auch dies war im deutschsprachigen Raum, wie Freuds eigenes Beispiel zeigt, Hochschulkarrieren nicht unbedingt förderlich. Die Ereignisse nach 1933 in Deutschland und Österreich machten etwas sichtbar, was sich als bürgerlicher Antisemitismus bereits vorher abzeichnete. Einschränkend ist festzuhalten, daß eine Reihe von Psychologen ebenfalls Juden waren.

Diese realen Aspekte lassen vermuten, daß es der Psychologie von vorneherein eher schwerfallen mußte, sich der Psychoanalyse anzunähern bzw. sie zu rezipieren.

3. Die Intensität der Auseinandersetzung der Psychologie mit der Psychoanalyse

3.1. Die Intensität der Auseinandersetzung der Psychologie mit der Psychoanalyse am Beispiel der »Zeitschrift für Psychologie«

Um uns einen Eindruck von der Intensität der psychologischen Auseinandersetzung mit der Psychoanalyse zu verschaffen, haben wir jahrgangsweise Zeitschriften durchgesehen. Dabei zeigte sich, daß eine Reihe von Zeitschriften kaum psychoanalytische Beiträge enthält oder referiert. Ein Beispiel dafür ist die »Psychologische Forschung« oder, um eine ältere Zeitschrift zu nennen, die »Psychologischen Studien«. Dieses verwundert insofern nicht, als die eine Zeitschrift das Organ der naturwissenschaftlichen Psychologen, die andere das der Gestaltpsychologen war. So kann man es sehen. Man kann aber auch das redaktionelle Vorwort der »Psychologischen Forschung« ernst nehmen, wonach die Zeitschrift unter anderem Arbeitsbeziehungen zu anderen Wissenschaften fördern soll. Danach wäre die Psychoanalyse keine Wissenschaft und nicht förderungswürdig. Wie auch immer es sich verhält: Die Zeitschrift mit dem breitesten wissenschaftlichen Spektrum ist die »Zeitschrift für Psychologie und Physiologie der Sinnesorgane«, bzw. die »Zeitschrift für Psychologie«. Wir können daher erwarten, in dieser Zeitschrift den intensivsten Niederschlag an analytischer Literatur zu finden. Die systematische Durchsicht dieser Zeitschrift bestätigt diese Erwartung.

Unsere Übersicht ergibt: Bis 1900 finden sich bereits Rezensionen früher Freudscher Arbeiten, die sich regelmäßig auch in den ersten Jahren des Jahrhunderts fortsetzen. Dabei ist die Tendenz ab 1905 deutlich zunehmend und erreicht ihren Höhepunkt zwischen 1910 und 1925. Danach erfolgt eine deutlich rückläufige Entwicklung, die nach 1930 wieder den Stand von 1900 erreicht bzw. sogar unterschreitet, wenn man die Pamphlete gegen die Psychoanalyse, die zunehmend eindeutig faschistischen Charakter tragen, einmal nicht mitrechnet.

Um dieses Auf und Ab zu verdeutlichen, geben wir in den Anmerkungen einen Auszug aus dem Inhaltsverzeichnis der »Zeitschrift für Psychologie und Physiologie der Sinnesorgane« systematisch im 5-Jahres-Abstand von 1890-1935. Wir haben dabei alle Originalarbeiten (so gut wie keine) und alle Rezensionen psychoanalytischer Arbeiten berücksichtigt. Darüber hinaus haben wir Besprechungen einbezogen, deren Autor Psychoanalytiker war oder diesem Fach nahestand (s. Dok. Nr. 2, unten, S. 191 ff.).

3.2. Die Intensität der Auseinandersetzung der Psychologie mit der Psychoanalyse am Beispiel von Lehrbüchern und Standardwerken

Um das Bild der Intensität der Rezeption psychoanalytischer Gedanken in der Psychologie genauer zu erfassen, ist eine weitere Quelle von Interesse: die Lehrbücher und Standardwerke der Psychologie des entsprechenden Zeitabschnitts. Natürlich besteht auch hier eine quantitative Begrenzung für die Auswertung, unter anderem auch aus dem einfachen Grund, daß viele damals zitierte Werke heute kaum noch verfügbar sind.

Bei der inhaltlichen Auseinandersetzung, d. h. bei der Untersuchung der Rezeption einer bestimmten psychoanalytischen Schrift, oder bei der Bearbeitung der Rezeption durch einen bestimmten Autor können wir nur auf *erfolgte* Stellungnahmen zurückgreifen. Bei der systematischen Durchsicht von Zeitschriften und Lehrbüchern haben wir zusätzlich die Chance, auch die *nicht-erfolgte* Auseinandersetzung zu erfassen.

Dazu ist folgendes anzumerken. Wird die Psychoanalyse von einem Autor nicht erwähnt, so kann das mehrere Gründe haben:

1. Der betreffende Autor hat bisher nichts von der psychoanalytischen Theorie vernommen – angesichts der damals heftigen Polemik eine wenig wahrscheinliche Feststellung.

2. Der betreffende Autor betrachtet die Psychoanalyse als nicht zum Gebiet der Psychologie oder zu seinem engeren Fachgebiet gehörig. Das dürfte bei mehreren der von uns gesichteten Bücher der Fall sein. Nicht scharf abzugrenzen ist eine dritte Möglichkeit.

3. Der Autor besitzt Kenntnis von der Psychoanalyse, hält sie aber für indiskutabel und einer Auseinandersetzung nicht wert – was einige vernichtend-disqualifizierende Bemerkungen nicht ausschließt. Ein Beispiel für dieses Vorgehen liefert Lindworsky (1923b): »Daß wir die phantastische Metaphysik Freuds und

seinen Pansexualismus ebenso wie die durchaus unwissenschaftliche Deutungsmethode verwerfen, brauchen wir kaum eigens auszusprechen«. Das ist der einzige Satz, den Lindworsky in der 3. Auflage von »Der Wille« (S. 261) der Psychoanalyse gewidmet. Dazu eine entsprechende Äußerung von W. Stern: »Vom rein wissenschaftlichen Standpunkt aus wäre Nichtachtung das allein richtige Verhalten« (1913, S. 22). Dieser Stil des Umgangs mit einer dem eigenen Standpunkt unsinnig erscheinenden Position war damals wie heute anzutreffen. Zum damaligen Zeitpunkt scheint er unter Psychologen und Psychoanalytikern gleichermaßen verbreitet. So ärgert sich z. B. Paul Plaut, ein gewissenhafter und konstanter Rezensent psychoanalytischer Arbeiten, zu Recht in einem seiner Sammelberichte (1926). Er kritisiert dort die Hartnäckigkeit, mit der die Psychoanalytiker sich weigerten, psychologische Literatur zur Kenntnis zu nehmen (siehe dazu auch Hitschmann, Anm. 12). An dieser Stelle sei auch die Beschwerde Friedländers erwähnt, daß Psychologen in den psychoanalytischen Zeitschriften so gut wie nicht zu Worte kämen. Diese Überlegungen scheinen uns für die Erörterung der Autoren, die die Auseinandersetzung mit der Psychoanalyse – auf welche Weise auch immer – umgehen, von Wichtigkeit.

Unser summarischer Überblick über die Lehrbücher und Standardwerke von 1895-1933 ergibt folgendes Bild:

In seinem »Leitfaden« (1906²), wie auch in seinen »Psychologischen Untersuchungen« (1905, 1912) erwähnt Th. Lipps die Psychoanalyse mit keinem Wort. Dies gilt auch für sein späteres Buch »Vom Fühlen, Wollen und Denken« (1926³). Lipps hatte sicher Kenntnis von der Psychoanalyse, wie seine (ablehnenden) Buchrezensionen zeigen.

Die »Grundzüge« von Münsterberg (1900) dürften für eine Rezeption der Psychoanalyse zu früh erschienen sein. Der »Grundriß« von W. Wundt (1907⁸) erwähnt die Psychoanalyse nicht, während die »Grundzüge« (1911⁶) drei Seiten sarkastischer Bemerkungen bringen, auf die wir bei der Rezeption der »Traumdeutung« noch eingehen. Keine Erwähnung findet die Psychoanalyse bei Erismann (1924), Jaensch (1927) und Köhler (1933). 1929 findet sich das Wort »Psychoanalytiker« bei Jaensch in einem nichtssagenden Nebensatz. Auch das »Seelenleben des Kindes« (1923) von K. Groos erwähnt die Psychoanalyse nicht.

In den »Grundzügen« von Ebbinghaus und Dürr (1913) wird die

Traumtheorie kurz erwähnt, worauf unten eingegangen wird. Ein Positivum der Psychoanalyse sei, daß sie »wertvolle Bausteine einer Psychologie des künstlerischen Schaffens« zusammengetragen habe. G. Störring (»Psychologie des menschlichen Gefühlslebens«, 1916) geht über 4 Seiten auf die psychoanalytische Neurosenlehre ein, wobei er sich gegen die »phantastischen Konstruktionen von verdrängten Vorstellungen« (S. 146) verwahrt.

Die scharfe Kritik, die J. Lindworsky in seiner »Experimentellen Psychologie« (1923a³) der psychoanalytischen Traumtheorie angedeihen läßt, wird ebenfalls unten referiert. Sonst kein Kommentar zur Psychoanalyse. O. Külpe geht in seinen »Vorlesungen« mehrfach sachlich auf die Psychoanalyse ein (1920); er äußert Kritik an der Traumtheorie und sachliche Bedenken gegen die psychoanalytische Behandlungsmethode. Sehr sachlich und informativ sind auch die wiederholten Erwähnungen der Psychoanalyse von Hans Driesch in seinen »Grundproblemen« (1929²). Er befaßt sich insbesondere mit Freuds »Komplexen« und setzt sie in Beziehung zu Arten des Unbewußten und verschiedenen Ich-Zuständen. Von der Freudschen Traumtheorie akzeptiert er das Konzept der Wunscherfüllung und der Zensur, fragt aber, ob die dahinter stehenden Motive immer sexueller Natur sein müßten.

Fröbes bespricht in seinem »Lehrbuch« (1929) wiederholt psychoanalytische Gedankengänge. Er erweist sich dabei als ein guter Kenner der Psychoanalyse, insbesondere der Traumtheorie. Die kritische Diskussion der »Traumdeutung« hat er aufmerksam verfolgt (siehe unten).

Koffkas kurze Erwähnung der Psychoanalyse schließlich (»Principles«, 1935) ist abgeklärt und distanziert: Er prophezeit der Psychoanalyse weitere positive Entwicklung, wenn sie sich von der mechanistischen und vitalistischen Voreingenommenheit befreie, die ihr aufgrund ihrer Entstehungsgeschichte anhafte.

Das Gesamtbild läßt sich so *zusammenfassen:* Die Mehrzahl der zeitgenössischen Lehrbücher und Standardwerke der Psychologie erwähnt die Psychoanalyse entweder kurz und ablehnend oder überhaupt nicht. Informierte Referate und sachliche Kritik finden sich nur in einer Minderheit der Werke.

4. Die Auseinandersetzung der Psychologie mit der Psychoanalyse als Theorie

Da die damalige Psychologie keine therapeutische Praxis kannte, ist die Hauptauseinandersetzung mit der Psychoanalyse auf theoretischem Gebiet zu erwarten. Müller-Freienfels: »Die zweifellos meistumstrittene Richtung in der neueren Seelenforschung ist die »Psychoanalyse«. ... Man hat ihr vorgeworfen, sie sei Pornographie, Charlatanerie, eine magische Praxis ..., nur Psychologie sei sie nicht. Wir versuchen an dieser Stelle die Psychoanalyse ... zu prüfen, in Hinsicht darauf, was sie für die allgemeine Seelenkunde bedeutet, ein Gesichtspunkt, unter dem ihre therapeutische Brauchbarkeit nur an der Peripherie auftaucht« (1929, S. 98) (s. Dok. Nr. 3, unten, S. 193).

4.1. Die inhaltliche Auseinandersetzung am Beispiel der »Traumdeutung« (1900) und der »Drei Abhandlungen zur Sexualtheorie« (1905)

Diese beiden Werke fanden die stärkste Beachtung innerhalb des Freudschen Gesamtwerks. Sie sind die mit Abstand von Psychologen meistdiskutierten bis 1933. Eine Darstellung der Geschichte ihrer Rezeption läßt paradigmatisch das seinerzeitige Interesse, sowie Annahme und Ablehnung wichtiger psychoanalytischer Thesen sichtbar werden.

4.1.1. Die Aufnahme der »Traumdeutung« (TD)

Die TD ist wiederholt als ein »Jahrhundertbuch« bezeichnet worden und gilt als Freuds bedeutendstes Werk. Sie enthält die Grundtheorie zu Freuds Traumverständnis, entwickelt im 7. Kapitel das erste Persönlichkeitsmodell der Psychoanalyse (Reflexbogen-Modell) und führt die zentralen Begriffe der Verdrängung und des Unbewußten aus. Die erste Auflage bestand aus 600 Exemplaren. Die zweite Auflage datiert aus dem Jahre 1909. Bis 1929 erschienen insgesamt acht Auflagen ohne wesentliche Veränderungen. Lediglich der Abschnitt über den Symbolismus erfuhr eine nennenswerte Umarbeitung. Bis 1934 wurde das Buch in 7 Sprachen übersetzt (6 europäische Sprachen und japanisch).

Die erste Rezension in einer psychologischen Zeitschrift erfolgt ein Jahr nach Erscheinen. Es ist die Besprechung von W. Stern (damals in Breslau) in der Z. Psychol. Physiol. Sinnorg. Stern tut sich mit diesem »merkwürdigen Buch« sichtlich schwer. Den Anfang bildet ein Referat der Konzeption des Traumes als Wunscherfüllung. Auf die Ausführungen des 7. Kapitels wird nicht eingegangen. Nach einigen höflichen Bemerkungen (»Neuartige Betrachtung des Traumlebens ... interessante Perspectiven«) setzt Stern zu einem generellen Verriß an: »Dagegen muß leider der Hauptinhalt des Buches als verfehlt und unannehmbar bezeichnet werden« (S. 132). Die Kritik geht kaum auf den Inhalt der Traumtheorie ein, sondern basiert auf Methodenfragen, insbesondere der Art der Datenerhebung und Datenverarbeitung im psychoanalytischen Verfahren. Der Hauptvorwurf richtet sich gegen die Methode der Deutung: »Legt ihr's nicht aus, so legt was unter« (Goethe, Xenien, von Stern offenbar aus dem Gedächtnis und falsch zitiert). Zusammenfassung: »An diesem Verfahren ist nicht weniger als alles zu bestreiten« und »die Unzulässigkeit dieser Traumdeuterei als wissenschaftliche Methode mußte mit aller Schärfe betont werden; denn die Gefahr ist groß, daß unkritischen Geistern dieses interessante Vorstellungsspiel behagen könnte ...« (S. 133) (s. Dok. Nr. 4, unten, S. 203).

Läßt man diese Besprechung auf sich wirken, so fragt man sich, was Stern zu einer so vernichtenden Kritik veranlaßt haben könnte. Die Persönlichkeitstheorie, wie sie in der TD entwickelt wird, mußte Stern als Psychologen in Teilen vertraut sein. Auf diese Abschnitte geht er jedoch nicht ein. Auch die entscheidenden Neuerungen, die von Freud herausgearbeiteten Gesetzmäßigkeiten des Traums (Primärvorgang, Prinzipien der Verdichtung und Verschiebung) erfahren keine Erwähnung. Die eigentliche Kritik geht nicht darauf ein. Letztlich basiert diese im Kern auf methodischen Überlegungen (Vorwurf der Suggestion), die bei ihm auch 10 Jahre später in gleicher Form weiterbestehen (Stern 1911, S. 44).

Vergleicht man die Besprechung Sterns mit einer Rezension Giesslers, Erfurt, die dieser in der gleichen Zeitschrift 1902 veröffentlicht, so ist der Niveauunterschied auffallend. Zwar bespricht Giessler die kleinere Arbeit Freuds »Über den Traum« (1901), aber diese Schrift enthält eigentlich alle Thesen der TD in Kurzform. Hier wird das erfaßt und referiert, was auch heute noch als der eigentliche Beitrag von Freuds Traumtheorie von Interesse ist, insbesondere die Rolle des Primärvorgangs. Beurteilend stimmt Gießler in diesem Bereich Freud durchaus zu, während er sich genauso wie Stern gegen die These vom Traum als Wunscherfüllung wendet. Diese Ablehnung baut sich auf Gießlers eigenen Arbeiten über den Traum auf, die den Traumzustand nicht als Sinn, sondern als Zerfall interpretieren. Formal ist diese Rezension sachlich und gemäßigt (»Der Ansicht des Verf. . . . kann Ref. leider nicht beistimmen«). Berücksichtigt man, daß Gießler genaugenommen nicht die TD bespricht, so bleibt Sterns Beitrag für 10 Jahre die einzige uns bekannte Reaktion in einer psychologischen Zeitschrift.[5]

Eine intensivere Auseinandersetzung findet die 2. Auflage. Semi Meyers (Danzig) Bemerkung anläßlich ihrer Besprechung der 2. Auflage in der Z. Psychol., 1910, Freud beklage sich zu Unrecht über mangelnde wissenschaftliche Beachtung, wirkt angesichts einer einzigen psychologischen Besprechung der 1. Auflage verfehlt. Sie bezieht sich allerdings auf die neurologische Literatur, wo die Thesen Freuds zu nervösen Erkrankungen diskutiert wurden. In ihrem Referat der TD basiert die Kritik auf dem Vorwurf mangelnder methodischer Überprüfbarkeit und einer Überschätzung des Erotischen in der Psychoanalyse. So stellt sie richtig: »Es gibt keine Harmlosigkeit, die der Verf. nicht ins Erotische umzudeuten weiß« (S. 225).

Für W. Wundt (1911[6]) erübrigt sich die TD gänzlich. Sie liegt »abseits von den Wegen der experimentellen Psychologie« und ist »ein echtes Produkt einer Wiedergeburt alter Traummystik in moderner, mit Hysterie und Sexualpathologie reichlich ausgestatteter Form« (S. 637).

Keller hat in einer Sammelbesprechung von Traumliteratur in der Z. angew. Psychol. (1911) die 2. Auflage der TD und »Über den Traum« untersucht. Die nüchterne, einem Oberlehrer zustehende Rezension, berichtet korrekt Freuds Traumtheorie. Er akzeptiert die Formel von der Wunscherfüllung teilweise, bezweifelt aber, daß sich alle Träume nach diesem Muster aufbauen. Den »Hauptwert des Buches« sieht er darin, »daß uns Freud eine klare und einleuchtende Darstellung des Traummechanismus in seiner Theorie der Verschiebungen, Entstellungen und Verdichtungen gegeben hat« (S. 101).

Ein Sammelreferat (»Systematische Traumbeobachtungen mit besonderer Berücksichtigung der Gedanken«) F. Hackers im Arch. ges. Psychol., 1911, geht ebenfalls auf die 2. Auflage der TD ein. Die Kritik am Theorem der Wunscherfüllung, dem der Autor »den besonderen physiologischen Zustand« des Schlafes entgegensetzt, ist die Hauptaussage dieser ebenfalls sachlichen Betrachtung (»Diese eigentümliche Anschauung Freuds über die Wirksamkeit des Unbewußten ist natürlich weder zu beweisen noch zu widerlegen«, (S. 124).) Schärfer im Ton wird Hacker in einer 1912 (Arch. ges. Psychol.) erfolgenden Sichtung der 2. Auflage von »Über den Traum«. Der systematische Aufbau der Theorien und die glänzende Darstellungsweise Freuds würden zwar seine Gegner nicht überzeugen, aber gewiß doch seine kritiklosen Anhänger vermehren. Seine Kritik stellt sich jetzt stärker als eine methodische dar.

Von wohlwollendem Interesse getragen ist die Besprechung der 3. Auflage der TD und der 2. Auflage von »Über den Traum« durch W. Hellpach (Z. Psychol., 1913). Einem sachkundigen Referat schließt sich eine vorwiegend formale Kritik an: Die TD gehöre zu Freuds »gedankenreichsten«, aber auch zu seinen »am wenigsten durchsichtig komponierten Untersuchungen«, ein Eindruck, der durch die zusätzlichen Anmerkungen noch verstärkt werde. Hellpach vermißt auch eine eingehende Behandlung des Problems der Denktätigkeit im Traum. – Die kleinere Schrift wird als »fesselnde, knappe Einführung« in die Traumlehre und Gedankenwelt Freuds aufgefaßt (s. Dok. Nr. 5, unten, S. 206).

Ebbinghaus und Dürr kritisieren Freud in »Grundzüge der Psychologie« wieder unter methodologischem Aspekt. Seine Traumtheorie bestehe aus lauter Behauptungen, es fehlten die Fakten. Der Beweis werde mittels Symboldeutungen geführt, die vollkommen willkürlich und einer »Widerlegung weder fähig noch bedürftig« seien. (Heute würden wir von mangelnder Falsifizierbarkeit der Theorie sprechen.) Dennoch halten die Autoren eine zu Heilzwecken durchgeführte Psychoanalyse auf der Grundlage von Traumberichten für gerechtfertigt.

Ficker (1914) kann für die 4. Auflage der TD bereits auf eine Besprechung verzichten, weil die »Freudschen Lehren«, durch die »Gegnerschaft, die sie erfahren haben« weithin bekannt seien. Ficker selbst bezieht eine wohlwollende Stellungnahme und empfindet das Buch keineswegs als schwer lesbar.

Anathon Aall, ein schwedischer Autor, weist 1914 im Rahmen einer Arbeit, »Der Traum«, kritisch auf die Freudschen Schriften hin. Er beanstandet in erster Linie das Übergewicht der Sexualphantasien für die Erklärungen des Traumes und die negative Rolle, die Freud seines Erachtens den »Furcht-, Angst- und Abwehrvorstellungen« zuschreibt.

Külpe (1920) übernimmt einige Positionen Freuds. So akzeptiert er den Traum als »Wächter des Schlafes«. Er stimmt Freud zu, daß der Traum im Zusammenhang zu »Wünschen, Hoffnungen und Erwartungen des wachen Seelenlebens« stehe.

H. Keller, der bereits 1911 die 2. Auflage der TD besprochen hat, führt dieses Werk in einer Sammelbesprechung 1921 nicht mehr an. 1931 weist der gleiche Autor ebenfalls in einer Sammelbesprechung auf die vorangegangenen Rezensionen der TD hin und empfiehlt ein kritisches Studium des Buches, ohne sich selbst noch einmal damit auseinanderzusetzen.

Eine knappe Besprechung der 6. Auflage stammt von J. H. Schultz (1921). Der in Sachen Psychoanalyse wohlwollende Rezensent empfindet das Buch »wie am ersten Tag aufreizend, spannend, überraschend und in seiner unmethodischen Nachtwandlerart etwas stark beängstigend. . . . Ein Buch, an dem kein Fachgenosse oder Nachbar vorübergehen kann«. Schultz bemerkt wie Keller und andere auch, daß die Neuauflagen des Buches keine prinzipiellen Änderungen enthalten, was auch zum Gegenstand der Kritik gemacht worden war.

So verweist auch Schumann (1922) bei der Besprechung der 6. Auflage des »allgemein bekannten Buches« auf die bereits vorliegenden Rezensionen.

Der Kommentar von Lindworsky (1923[3]) ist wieder ein Totalverriß der Freudschen Konzeption. Nach einer zwölfzeiligen Darstellung der psychoanalytischen Traumtheorie (kurz, aber sachlich) heißt es: »Diese Begriffsdichtung einer ausschweifenden Fantasie hat in psychologisch ungeschulten Kreisen eine ganz außergewöhnliche Verbreitung gefunden. Da sie frei ersonnen ist, brauchen wir sie nicht besonders zu widerlegen«. Einige »richtige Grundgedanken« Freuds, das sind solche, die zu Lindworskys eigener Traumtheorie passen, läßt der Verfasser gelten: Bisweilen greift der Traum in die Kindheit zurück, ist manchmal der Ausdruck eines gerade herrschenden Wunsches und findet hie und da auf dem Wege der Assoziation Vorstellungen, die dem augenblicklichen Zustand analog sind. »Aber die ganze Fantastik« Freudscher Theorien entbehrt jeder wissenschaftlichen Begründung (S. 289 f.).

Ähnlich negativ ist auch die Bewertung von H. Henning (1925). Sie lehnt den Traum als Wunscherfüllung ab und ironisiert die nächtliche »Sexualmaskerade«. (Wegen ihrer grundsätzlichen Äußerungen kommen wir auf diese Arbeit zurück.)

Prinzipiell ist die Kritik, welche I. E. Orlow (1929) in »Das Problem des Traumes vom Standpunkt der Reflexologie« einnimmt: »Ein Untersuchen von Träumen als rein psychischer Phänomene ist ziellos« (S. 233). Eine Klärung könne nur bei gleichzeitiger Beachtung der »Gesetze der Hirnmechanik« erwartet werden. Ohne Berücksichtigung bleibt aber, daß Freud ausführlichst im 7. Kapitel der TD zu eben diesen Gesetzen Stellung nimmt. Fast könnte man annehmen, daß das Original, in dem Freud den Reflexvorgang das Vorbild auch aller psychischen Leistungen nannte (1900, S. 543), gar nicht gelesen wurde.

Ähnlich voreingenommen mutet der Beitrag von Ilse Frank (1932) an (»Die Weisen des Gegebenseins im Traum«): Freuds Suche nach einem Sinn muß verfehlt sein, da nur die phänomenologische Betrachtungsweise dem Traum gerecht werden kann.

J. Fröbes' Darstellung der Freudschen Traumtheorie in seinem Lehrbuch (1929[3]) unterscheidet sich in ihrem Niveau deutlich von den bisher referierten Rezensionen. Der Autor ist in gleichem Maße informiert wie sachlich. Einem Referat über die TD läßt er einen Überblick über die bisherige Kritik folgen. Er arbeitet dabei drei Sachverhalte heraus. (1.) Das Problem der Gewinnung der Traumgedanken über die freie Assoziation, (2.) die Wunscherfüllungstheorie, (3.) die Tätigkeit der unbewußten Zensur. In diesem Zusammenhang referiert er die Aufnahme der TD ähnlich wie wir (siehe oben). Hinzu kommen ausländische Autoren und Psychiater. Nach dieser kritischen Übersicht, deren Argumenten er sich teilweise anschließt, würdigt Fröbes Freuds Beitrag wie folgt: »Freud hat in der Tat den Weg zum Verständnis des Traumes als eines Ganzen eröffnet. Wahre Elemente seiner Lehre sind, daß im Traum ein Streben liegt, verdrängte Triebe sich auszudrücken, auch Sexualität, daß man eher in Bildern denkt, was zu Symbolen führt; auch manche der Umbildungen wie die Verdichtung, die ja auch im Wachen nicht ganz fehlen« (S. 46).

Diese Übersicht soll abgeschlossen werden mit Sterns Beitrag aus der 1. Auflage seiner »Allgemeinen Psychologie« (1935). Verglichen mit seiner Besprechung aus dem Jahre 1901 ist der Ton deutlich ruhiger geworden, der Tenor ist jedoch unverändert.

Wieder erfolgt die Warnung vor »restloser Deuterei«. Zentral erfolgt die Kritik am reduzierten Erklärungsmodell der Psychoanalyse: »Der Mensch ist ja seelisch viel reicher als eine solch einseitige Theorie es wahrhaben will«.

Faßt man zusammen, so ergibt sich folgendes Bild: Die Werkrezeption der TD von psychologischer Seite ist bis 1910 ausgesprochen spärlich, wenn man sich an den offiziellen Rezensionen orientiert. Die späteren Auflagen erfahren regelmäßige, häufig summarische Besprechungen. Die kritischen Argumente überwiegen die zustimmenden. (Wir greifen die inhaltliche Auseinandersetzung erneut am Ende der vorliegenden Schrift auf.) Gegen 1930 muß danach unter Psychologen der Bekanntheitsgrad der Freudschen Traumtheorie ein relativ großer gewesen sein.

4.1.2. Die Aufnahme der »Drei Abhandlungen zur Sexualtheorie« (DAS)

War die Kritik an der TD teilweise schon heftig, so gehen bei der Besprechung der DAS die Wogen vollends hoch. Das Buch ist das seinerzeit von allen Freudschen Werken wohl am schärfsten kritisierte. Es wird andererseits von der Psychoanalyse als »Freuds bedeutendster, originellster Beitrag zur Wissenschaft vom Menschen aufgefaßt« (J. Strachey 1972, S. 39).

Das Buch wurde in 9 Sprachen übersetzt und erfuhr zu Freuds Lebzeiten 6 Auflagen. Die 1000 Exemplare der 1. Auflage wurden in 4 Jahren verkauft. Ein ähnlich zögerndes Interesse spiegelt sich in der Rezension wider.

1908 muß Moll in seinem Vortrag über »Das Sexualleben des Kindes« die »Übertreibungen Freuds mit größter Entschiedenheit« zurückweisen. Sexuelle Vorgänge beim Kind sind entweder reflektorisch oder krankhaft. »Ebenfalls ist es notwendig, ein vorzeitiges Erwachen des Geschlechtstriebes zu verhindern«. In verschiedenen Artikeln des von ihm selbst herausgegebenen »Handbuches der Sexualwissenschaften« behält Moll (1912) seine ablehnende Haltung gegenüber der psychoanalytischen Konzeption von Sexualität bei (»Grundirrtum von Freud«). Diese Ansicht Molls ist von großer Wichtigkeit, da er seinerzeit als Autorität auf dem Gebiete der Sexualwissenschaften galt. Seine Ablehnung wurde viel zitiert.

Mit dem Thema der DAS, wenn auch nicht mit der Arbeit selbst, befaßt sich A. A. Friedländer (Hohemark i. T.) 1910 in seiner

Besprechung des ersten Jahrbuchs für psychoanalytische und psychopathologische Forschung. Der Stil, wie Friedländer sich mit Freuds Arbeit »Analyse der Phobie eines 5jährigen Knaben« auseinandersetzt, ist bei aller Kritik gemäßigt: »Ich empfehle Freuds Arbeit dem Studium jedes Psychologen, aber ich warne Eltern und Pädagogen, sich auf dieses Gebiet mit den Freudschen Vorurteilen zu begeben...« (S. 147).

Zwei Punkte erscheinen uns an Friedländers Position bemerkenswert. Zum einen ist seine Warnung ein Vorläufer, der in den kommenden Jahren erscheinenden Aufrufe und Pamphlete. Zum anderen wird die Tendenz deutlich, gegen den aufklärenden Ansatz des psychoanalytischen Therapieverfahrens »geistiges und körperliches Training«, also Triebunterdrückung und Verstärkung der Abwehr zu setzen (s. Dok. Nr. 6, unten, S. 206).

Eine Ausnahme im allgemeinen Tenor der Rezensionen der DAS macht die Besprechung von G. Major (1911). Der Rezensent hält sich in wohlwollender Distanz: Auch wenn man sich Freud nicht sklavisch anzupassen brauche, so habe er sicher Recht, wenn er der kindlichen Sexualität mehr Beachtung schenke als es bislang der Fall gewesen sei. »Die Sexualtheorie Freuds ist allen ernsten Erziehern zum Studium zu empfehlen.«

Von weitreichender Bedeutung ist eine Schrift von W. Stern (1913): »Die Anwendung der Psychoanalyse auf Kindheit und Jugend. Ein Protest«. Wie bereits 1901 die TD für W. Stern ein »merkwürdiges Buch« war, so behandelt er jetzt die »merkwürdige Bewegung, die sich Psychoanalyse nennt«. Von Interesse für uns ist eine Erklärung, die Stern an den Anfang stellt: Die Psychologie müsse jetzt auch zur Psychoanalyse Stellung nehmen, wenn man deren Anspruch, angewandte Seelenheilkunde zu sein, ernst nehme. Unseres Wissens wird hier erstmals von einem Psychologen die Psychoanalyse als Teilgebiet der Psychologie aufgefaßt.

Inhaltlich setzt sich Sterns 1901 begonnene vernichtende Kritik der Psychoanalyse fort. Neben dem obligaten Tribut – vorwiegend auf das Konto von A. Adler, der sich inzwischen von Freud getrennt hatte (»Die Gerechtigkeit verlangt...« »*einiges* Wertvolle...«) – bietet Stern Polemik, die die Psychoanalyse im Wesentlichen mit einer gefährlichen Krankheit gleichsetzt: »Die Hauptinfektionsherde befinden sich gegenwärtig in Wien und in Zürich« (S. 10). Auch sonst ist Stern deutlich. Die Freudianer gleichen den

»Total-Farbenblinden«, sie haben ein »Sündenregister«, auf dem die Jugend-Psychoanalyse den schlimmsten Posten darstellt, sie wagen sich auf Gebiete, auf denen ihnen »jede wahre wissenschaftliche Sachkenntnis« fehlt. Wie sehr der Autor sich von seiner Polemik fortreißen läßt, mag folgende »charakteristische Probe« verdeutlichen: »In Zürich soll es ferner einen psychoanalytischen Lehrerverein geben, von welchem Hoche auf der Psychiaterversammlung folgende charakteristische Probe erzählte: ...« So etwas passiert Stern, der so gern der Psychoanalyse mangelnde Ernsthaftigkeit vorwirft.

Neben Freud besteht die Fundgrube der Kritik Sterns aus einem Aufsatz von Hans Blüher über die Homoerotik in der Wandervogelbewegung und einer Schrift von Hermine v. Hug-Hellmuth über das Seelenleben des Kindes. Hier wird zum erstenmal Sterns persönlicher Ärger verständlich, denn er muß sich gefallen lassen, daß die Autorin ihn kritisiert und zudem noch seine Protokolle über die Entwicklung seiner Kinder psychoanalytisch uminterpretiert. Einen Anhang bildet die Kritik von Clara und William Stern an Freuds Krankengeschichte vom »Kleinen Hans«. – Versucht man die verschiedenen Angriffe einmal zu ordnen, so kommt man zu folgenden Punkten:

1. Methodenkritik am Deutungsprinzip. (a) Die Interpretation im Rahmen der Datengewinnung ist ein »magisch-mystisches System der Zeichendeuterei«, auf tieferem Niveau als die alte Phrenologie und Chiromantik. (b) Als Methode innerhalb der Therapie ist sie eine »Entharmlosung«, die »negative Wirkung der Bewußtmachung«.

2. Mangelnde logische Falsifizierbarkeit (manifestes wie fehlendes sexuelles Material ist gleicherweise Beleg für die Rolle der Sexualität in der Kindheit).

3. Überschätzung der Bedeutung von Sexuellem (»allseitiges Wittern von Sexuellem«). Hier werde generelle mit differentieller Psychologie verwechselt. Die Hyperthrophie der Sexualität komme allenfalls einem bestimmten psychologischen Typ, nicht aber allen Menschen zu.[6]

4. Das Konzept der infantilen Sexualität, das »nun gänzlich ins Gebiet der Absurdität« falle (»Baby-Sexualität«, »die Kinderseele voll von sexuellen Perversitäten«).

5. Mangelnde Sachkenntnis auf kinderpsychologischem Gebiet.

6. Suggestive Methodik bei der Materialgewinnung, demonstriert am Beispiel des »Kleinen Hans«.

Was die Auseinandersetzung mit Arbeiten dieser Art erschwert, ist das Nebeneinander von gut nachvollziehbarer und solcher Kritik, die befremdend wirkt – sei es für den Psychoanalytiker oder sei es für den Leser einer inzwischen 60 Jahre alten Polemik. Fühlt man sich angesprochen durch die für die damalige Zeit treffende Methodenkritik, so reagiert man eher amüsiert auf den Abschluß dieser Arbeit: »Die Freudsche Psychoanalyse – speziell in ihrer Anwendung auf das Kind – ist nicht nur eine wissenschaftliche Verirrung, sondern eine pädagogische Versündigung.«

1913 wurde anläßlich des Breslauer Kongresses für Jugendbildung und Jugendkunde eine »Warnung vor den Übergriffen der Jugend-Psychoanalyse« verabschiedet, die nach der Art der Argumentation zu urteilen, offensichtlich von W. Stern verfaßt wurde. Darin heißt es: »Die Freigabe der psychoanalytischen Methode zur Anwendung in der Praxis der normalen Erziehung ist verwerflich«. Durch die Methode der Psychoanalyse werde »verheerender Schaden ... in der unentwickelten Seele angerichtet ...«

Diese Warnung erschien in einer Reihe von pädagogischen und psychologischen Zeitschriften. Sie fand eine Erwiderung (»Eine Verwahrung gegen irrtümliche Beurteilung der Jugend-Psychoanalyse«), die unter Federführung von Pfarrer Oskar Pfister verfaßt wurde. Teilweise wurden die Warnung und die Verwahrung nebeneinander abgedruckt (Z. angew. Psychol., 1914; Z. Päd. Psychol. u. exp. Päd., 1914), in der zweitgenannten Zeitschrift mit dem ausdrücklichen Ziel, die »Verwahrung« zu disqualifizieren (»Warnung« und »Verwahrung«, s. Dok. Nr. 7 und Nr. 8, unten, S. 207 f.). Die »Warnung« war unter anderen von C. und W. Stern, G. Bäumer, G. Kerschensteiner unterschrieben. Die »Verwahrung« billigten – um nur diese zu nennen – E. Claparede, Th. Flournoy, F. Bovet, O. Pfister.

Welchen Eindruck Sterns bereits referierter Protest gegen die Psychoanalyse hatte, zeigen nicht nur Warnungen und Verwahrungen, sondern auch Besprechungen des »Protestes« in den Fachzeitschriften. Diese reichen von begeisterter Zustimmung (nicht-gezeichneter Artikel in Z. Päd. Psychol. u. exp. Päd., 1913) bis zu nüchternem Referat der Sternschen Bedenken (Hinrichsen in Z. Psychol., 1914). Zu einem auf der gleichen Seite gedruckten

Beitrag über die Krankengeschichte des »Kleinen Hans« teilt Hinrichsen die Sternschen Befürchtungen, daß aus dem Knaben ein »Sexualmonomane« gemacht werde. In der Tradition dieser Aufrufe steht der Beitrag Isserlins (1922). Dort wird die Psychoanalyse zur »Grundlage für den geistigen Ausbau der systematischen Pervertierung der Jugend«. Auch die katholischen Lehrerinnen protestieren, wenn auch etwas verspätet (1929). Dieser Protest erfolgt pikanterweise aufgrund der Lektüre eines Probeheftes der Z. psa. Päd., das von den einzelnen Aufsätzen nur jeweils eine Seite – eben zur Probe – enthält (s. Dok. Nr. 9, unten, S. 208 f.).

Die Vorwürfe dieser Stellungnahmen könnten z. B. auf R. Allers zurückgehen, der der Psychoanalyse ebenfalls »Pan-Sexualismus« und Gefährdung der christlichen Sittenordnung vorgeworfen hatte (siehe unten). Letztlich sind sie aber zu unspezifisch und zu jener Zeit populär. Eine Kurzbesprechung der DAS von Hinrichsen, 1916, macht noch einmal auf das Werk aufmerksam. Danach findet sich der Bezug darauf eher indirekt, d. h. es erfolgen keine weiteren Rezensionen.

Von den Originalarbeiten, die sich ausführlich mit Freuds Theorie von der infantilen Sexualität auseinandersetzen, ist eine weitere Arbeit William Sterns – »Psychologie der frühen Kindheit und Psychoanalyse« (1923) – zu nennen (s. Dok. Nr. 10, unten, S. 210 ff.). Inhaltlich schließt diese an den »Protest« an, genaugenommen ist sie nur ein Auszug aus der neuesten Auflage der »Psychologie der frühen Kindheit«. Einige Änderungen der Argumentation sowie größere Sachlichkeit fallen auf.

1. Die Psychoanalyse wird jetzt als Elementen-Psychologie aufgefaßt und zitiert, denn »Übereinstimmungen in Elementen geben uns eben niemals das Recht, eine Identität der Erlebnisganzheiten anzunehmen«. Auf die infantile Sexualität bezogen heißt dies, daß man die Organlust der Säuglinge »großenteils anerkennen könne, ohne ... sexualistischen Deutungen Recht geben zu müssen« (S. 285).

2. Weitere Kritik gilt der Methode der Datengewinnung: »Symbolisch erdeuten läßt sich alles aus allem« (S. 286).

3. Noch ein Vorwurf gilt ebenfalls wieder der Datengewinnung, bzw. der Vernachlässigung entwicklungspsychologischer Gesichtspunkte. Es sei einfach unzulässig, die »Rückwärtsprojektionen« des Erwachsenen und die »Kindheitserinnerungen der

Neurotiker« mit den Vorgängen im Kinde selbst gleichzusetzen.

4. Nicht akzeptabel erscheint ferner die Begriffserweiterung der Sexualität. Lustvolle Vorgänge im Kinde sollten konzeptuell von der Erwachsenensexualität getrennt werden. Die Bemerkungen zum Adlerschen Konzept werden hier nicht erörtert.

Die wenigen anerkennenden Äußerungen Sterns der Psychoanalyse gegenüber wirken nicht mehr so aufgesetzt und pflichtgemäß als beim frühen Stern. So hält er am Verdrängungsbegriff als einem der »bedeutendsten Verdienste der Psychoanalyse« fest, wenngleich er sich gegen dessen Anwendung auf die frühe Kindheit ausspricht. Hier erscheint Stern in seiner Beurteilung erheblich differenzierter als in seinen frühen Werken, in denen ein Vergnügen an Polemik die sachliche Betrachtung oft trübte.

Zum Punkt der infantilen Sexualität bleibt der Autor in der Sache hart, in der Art und Weise ist er zu Konzessionen bereit: Es sei nötig »die sehr wertvollen – früher ungebührlich vernachlässigten – Tatsachenfeststellungen von den daran geknüpften Deutungen zu trennen« (S. 295). Eine Fußnote Sterns macht seine Verunsicherung in der Frage der infantilen Sexualität noch deutlicher.[7]

Am differenziertesten geht wohl Charlotte Bühler mit dem Konzept der frühkindlichen Sexualität um. In ihrem Buch »Kindheit und Jugend« (1931³) fehlt eine Polemik gegen Freud, obwohl sie sich an vielen Punkten von der psychoanalytischen Position absetzt. Immerhin: »Für das Vorhandensein von Sexualität in der Kindheit ist ... der Beweis erbracht« (S. 202). Voraussetzung für diese Feststellung ist – wie die Autorin ausführt – ein Verständnis der Sexualität als »die durch bestimmte Ausdrucksbewegungen charakterisierte Wollust«. Kein Platz in diesem Begriff der Sexualität ist nach Ch. Bühler für ein orgasmusähnliches Erleben wie Freud es auch beim Kind postuliert. Die für spätere Partnerschaften prägenden Erfahrungen erfolgen durch die Zärtlichkeitsobjekte im sozialen Kontakt und nicht durch die Sexualität. – Bei diesen umständlichen Formulierungen meint man zu verspüren, daß die Autorin das Konzept des Ödipuskomplexes kritisiert, ohne diese infantile Sexualkonstellation beim Namen zu nennen. Den weiteren Verlauf der kindlichen Sexualität hält Frau Bühler zu diesem Zeitpunkt für offen und ungesichert. Insbesondere hält sie die Synthese von Zärtlichkeit und Sexualität für ein Ergebnis der Pubertät.

Es ist reizvoll, diese Ausführungen mit Freuds sehr ähnlichen aus dem Jahre 1912 zu vergleichen (»Über die allgemeinste Erniedrigung des Liebeslebens«). Wie bei Bühler bestimmt für Freud die Zärtlichkeit die primäre kindliche Objektwahl und wie bei Bühler fließen die »zärtliche« und die »sinnliche Strömung« erst in der Pubertät voll ineinander. Im Gegensatz zu Bühler nimmt Freud allerdings eine mit fortschreitendem Alter zunehmende Beimengung von Sinnlichkeit zur Zärtlichkeit an.

Im gleichen Jahr wie Charlotte Bühlers »Kindheit und Jugend« publizieren Clara und William Stern eine Arbeit über »Dauerphantasien im 4. Lebensjahre« (1931). Bei ihrer Betrachtung des kindlichen Seelenlebens um das 4. Lebensjahr und dessen Vergleich mit der Pubertät wird die Rolle des Sexuellen als geringfügig dargestellt. Obwohl sie direkt auf Freud und Bühler Bezug nehmen, müssen die beiden Autoren ihre ablehnende Position gegenüber der Freudschen Sexualtheorie nochmals zum Ausdruck bringen.

Faßt man wieder zusammen, so ergibt sich folgendes Bild: Die Werkrezeption der DAS im besonderen, der psychoanalytischen Sexualtheorie im allgemeinen, verlief noch lebhafter wie die der TD. Schon bei der Rezension der TD war das Konzept der frühkindlichen Sexualität wiederholt ein Stein des Anstoßes gewesen. Um so vehementer äußert sich der Ärger der Fachpsychologen im Anschluß an das Erscheinen der Originalarbeit. Die Aufnahme erfolgt insgesamt zögernd. Wir vermuten, daß gerade Sterns »Protest« gegen die Theorie der infantilen Sexualität (1913) es war, der die Auseinandersetzung mit dieser Thematik begünstigte. Während die eigentlichen Besprechungen der DAS nur wenige bleiben, findet sich das Gedankengut dieser Schrift in der Folge in den meisten einschlägigen Publikationen. Die anerkannten Entwicklungspsychologen dieser Zeit (Clara und William Stern, Charlotte und Hans Bühler, E. Spranger) haben sich alle mit diesem Konzept auseinandergesetzt. Auch hier überwiegen – wie bei der TD – die kritischen Argumente die zustimmenden. (Auf die inhaltliche Auseinandersetzung wird noch einmal am Ende eingegangen.)

4.2. Die inhaltliche Auseinandersetzung mit der Psychoanalyse am Beispiel ausgewählter psychologischer Autoren

Ein weiterer Ansatz zur Untersuchung der Psychoanalyse-Rezeption geht von ausgewählten psychologischen Autoren der Zeit aus. Bei der Auswahl dieser Fachvertreter ließen wir uns von zwei Gesichtspunkten leiten:

1. Der Autor mußte sich explizit mit der Psychoanalyse auseinandergesetzt haben und
2. mußte zu seiner Zeit Reputation und Einfluß innerhalb der Psychologie haben – unabhängig davon ob er heute noch anerkannt ist.

Wir stellen im Anschluß 7 Psychologen dar, bei denen uns diese Bedingungen in besonderem Maße erfüllt scheinen.

4.2.1. Rudolf Allers
(Psychiater, Psychologe und Philosoph; Prof. in München, Wien und Washington)

Rudolf Allers, ein heute wenig bekannter Autor, führte neben O. Pötzl (1917) die ersten experimentellen Untersuchungen zu psychoanalytischen Thesen durch (1924a). Er gehört zu den gleichermaßen kenntnisreichsten wie schärfsten Gegnern der Psychoanalyse. Seine anfangs scharfsinnige Auseinandersetzung ging später in undifferenzierte Polemik über.

Allers' bekannteste Kritik ist ein Beitrag aus dem Jahre 1923 (»Über Psychoanalyse«). Diese Arbeit zeichnet sich dadurch aus, daß sie viele Positionen der Psychoanalyse teilt bzw. anerkennt, die Methode der Materialgewinnung jedoch angreift. Drei erkenntnistheoretische Argumente führt Allers gegen die psychoanalytische Datengewinnung an:

1. Die Rolle des Widerstandes beim freien Assoziieren kann nur über eine Petitio principii erklärt werden. Die analytische Theorie erklärt die Lücke in den Assoziationen aus dem Widerstand und den Widerstand aus der Lücke.
2. Die kausale Bedeutung der durch die Analyse festgestellten Zusammenhänge existiert in Wirklichkeit nicht. Die kausale Rolle sinnvoll-logischer Zusammenhänge werde nicht durch die Methode festgestellt, sondern vom Analytiker vorausgesetzt.
3. Eine dritte Petitio principii hängt eng zusammen mit dem

zweiten Argument. Allers meint, daß auch das Kriterium der Richtigkeit der Rekonstruktion, der sinnvolle Zusammenschluß des Ganzen, vorausgesetzt werde und kein Resultat der Methode sei.

Weitere Kritik Allers' richtet sich gegen den Begriff der Sexualität und die energetische Auffassung der Libidotheorie. Nach Allers leidet die Psychoanalyse an einer unglücklichen Verquickung von verstehender Psychologie und Rationalismus.

Nach dieser scharfen Methodenkritik verwundert es, welche Ergebnisse der Psychoanalyse Allers mit zum Teil starker Zustimmung akzeptiert: die wichtige Rolle der Sexualität, die Bedeutung der infantilen Erotik, die Erschließung des Unbewußten und anderes mehr. Da sie nicht auf der fehlerhaften Methode beruhen können, sind sie durch die »geniale Intuition Sigmund Freuds« gewonnen.

Die Diskussionsbemerkungen von Analytikern, die sich an der Diskussion beteiligten, bewegen sich auf gleich gutem Niveau, wie der Allersche Vortrag. Hitschmanns (1924) Rezension des Aufsatzes hingegen mutet an wie eine ungewollte Bestätigung des von Psychologen erhobenen Vorwurfs, daß mit Psychoanalytikern nicht zu diskutieren sei (s. Dok. Nr. 11, unten, S. 226 f.).

1924 (b) greift Allers die »naturalistische Denkweise« der Psychoanalyse an, die die Einmaligkeit der Person verfehle. Die Psychoanalyse sei ein Durchgangsstadium, über das die Entwicklung hinausgehen werde. Auch hier fehlt nicht die Apotheose vor Freud. Die Art der Kritik ist jetzt eher idealistisch, während sie früher als eher rationalistisch zu bezeichnen war.

Vor katholischem Publikum erweist sich Allers (1929) dann als weltanschaulicher Kritiker der Psychoanalyse. Sie sei mit der katholischen Weltanschauung unvereinbar, weil sie die Freiheit leugne, Pansexualismus und Triebfreundlichkeit vertrete, das Gewissen als triebhaft-soziale und nicht als sittlich-ideale Norm auffasse, dem Hedonismus huldige und dem Marxismus nahestehe.

4.2.2. *Karl Bühler*
(1879-1963; Psychologe, Prof. in Deutschland, Österreich und USA)

Karl Bühler hat sich in seinem vielbeachteten Werk »Die Krise der Psychologie« (1927) differenziert mit Freud auseinandergesetzt (s. Dok. Nr. 12, unten, S. 227 ff.). Die Arbeit ist von einem ironischen Grundton getragen, in den psychoanalytischen Detailkenntnissen zutreffend und in der Kritik an Freud grundsätzlich und weitreichend. Bühler erhebt eine Reihe kritischer Einwände Freud gegenüber, die sich wie folgt darstellen:

1. Freud folgt der »Herbartschen Vorstellungsmechanik«. Solche Grundbegriffe wie Hemmung, Verdichtung, Verschiebung, Verdrängung stammen aus diesem Arsenal.

2. Ein weiterer von Bühler kritisierter Begriff ist das Symbolprinzip der Psychoanalyse (»gummiartig dehnbar«).

3. Der gewichtigste Vorwurf gegenüber der Freudschen Theoriebildung geht dahin, daß sie nur den Inhalt, nicht aber Formprinzipien berücksichtigt. Freud ist für Bühler ein »Stoffdenker«. Diese Charakterisierung verdeutlicht Bühlers Ausgangsposition: Er argumentiert vom »modernen Gestaltgedanken« aus. »Die Gestaltpsychologie bildet den reinsten Gegenpol zu seiner (Freuds; Anm. d. Ref.) Art des Denkens« (S. 178). Insofern ist folgerichtig, daß Bühler immer wieder mit Begriffen wie »Funktionslust«, »Schöpferfreude«, »Automatisierungstendenzen«, »Rhythmik«, »Periodik« und anderen argumentiert. An die Stelle inhaltlich definierter früher Erlebnisse, wie von Freud vertreten, will Bühler formale Gestaltprinzipien setzen, die das weitere Leben im Gegensatz zum Freudschen »Historismus« bestimmen.

4. In engem Zusammenhang hiermit steht der Vorwurf, daß Psychoanalyse ein retrospektives Erklärungsprinzip vertritt.

5. Am Beispiel der Angsttheorie kritisiert Bühler Freuds Vermischung von psychologischen und physiologischen Faktoren in der Phänomenerklärung.

6. In der Fortführung dieser Kritik an der Angsttheorie macht Bühler auch den Vorwurf des Darwinismus: Er meint damit, daß Freud die Affekte als Reproduktionen alter, lebenswichtiger, eventuell vorindividueller Ereignisse ansieht.

7. Bei Freuds Interpretation des Lebens als Stoffgeschichte – so wie Bühler ihn interpretiert – stört den Gestaltpsychologen am meisten, daß diese Stoffgeschichte Sexualgeschichte ist. Hier ordnet sich die Kritik der infantilen Sexualität und des Ödipuskomplexes ein. Interessant erscheint uns, daß Bühler die intensiven Zärtlichkeitsgefühle des Kindes den Eltern gegenüber um das 4. Lebensjahr herum als »wohlbegründet« ansieht, das Bestehen aggressiver oder rivalisierender Phantasien aber bestreitet.

8. Im Zusammenhang mit der infantilen Sexualität erfolgt eine Kritik an der Materialgewinnung für die psychoanalytischen Thesen. Hier wird suggestiv in die Kinder hineingefragt und von Erwachsenen zurückgeschlossen.

9. Von den zur Triebtheorie gehörigen Teilen erfahren das Lustprinzip und der Wiederholungszwang Kritik, während dem Realitätsprinzip »vorbehaltlos« zugestimmt wird. Gegen Freuds Erklärung der Wiederholung im Leben setzt Bühler die unter 3. erwähnten Gestaltprinzipien. Wo Freud bei den Neurosen von Regression spricht, möchte Bühler auch Neubildungen berücksichtigen. Wiederholung gehört zu den »grundlegenden Gestaltungsmomenten, Formmomenten«.

Die Kritik des Lustprinzips und des Wiederholungszwanges und -triebes nimmt bei Bühler sehr viel Raum ein. Sie basiert zum Teil auf Karl Groos' Buch über das Spiel des Kindes, das Freud nun seinerseits gern gelesen und ausgiebig zitiert hat. Es ist sicher zutreffend, daß Freud eine ganze Dimension der Grooßschen Ansichten nicht rezipierte (siehe Hoffmann 1972). Nur wird diese durch die Bühlerschen Ausführungen (»Stammt der Rhythmus aus dem Jenseits oder Diesseits des Lustprinzips?«, S. 194) keineswegs klarer. Vielleicht hat Plaut (1926) diese Passagen vor Augen, wenn er Bühlers Psychoanalysekritik als »nicht ganz durchsichtig« bezeichnet. Gleichzeitig läßt sich aber gerade in diesen Passagen, die Freuds Gleichsetzung vom Lustprinzip mit Wunsch nach Erregungslosigkeit, das ist Todeswunsch, kritisieren, eine heute auch unter Analytikern geläufige Freud-Kritik erkennen. Der Freudsche Kulturpessimismus, den Bühler sehr scharf erkennt, ist ein echtes Problemstück der psychoanalytischen Theorie.

Nachdem Bühler Freud lange in dessen »bewundernswerter Konsequenz seines axiomatischen Denkens« gefolgt ist, kommt er zu der folgenden Stellungnahme: »Die tiefste Anerkennung, die ich dem Denker *Freud* zu zollen vermag, der mit einem Griff eine umfassende Theorie der animalischen Triebkräfte, der menschlichen Interessen als solcher von unten her gesehen, entwickelt hat, ist in dem Satze beschlossen, daß dies Unternehmen der Psychologie unentbehrlich ist, und daß kein moderner Psychologe vor ihm das Ganze dieses Gebietes *als eine Sinneinheit* zu konzipieren vermochte oder wagte« (S. 199). Betrachtet man diese intensive Auseinandersetzung mit der Psychoanalyse in der »Krise der Psychologie«, dann verwundert, daß Bühler 3 Jahre später in »Die geistige Entwicklung des Kindes« (1930) Freud völlig übergeht. Man fühlt sich zu dem Verdacht gedrängt, daß für Bühler Psychoanalyse zwar viel mit einer Krise der Psychologie zu tun hat, aber wenig mit der Entwicklung des Kindes. – Die Interpretation solcher »Auslassungen« der Psychoanalyse hatte uns eingangs bereits beschäftigt. Bei Bühler besteht kein Zweifel, daß dieses Vorgehen Methode ist. Schon 1925 hatte er zu diesem Mittel gegriffen. In einem Kongreßreferat über »Die Instinkte des Menschen« erwähnt der Autor 200 Arbeiten, die seit 1900 zu dem Thema erschienen seien und er geht auf 63 näher ein. Die Psychoanalyse wird mit keinem Wort erwähnt. Dabei kann man der Psychoanalyse gewiß viel vorwerfen – einen Mangel an triebtheoretischer Konzeptbildung allerdings wohl kaum. (1925 waren Freuds wichtige Arbeiten über das Triebleben zwischen ein und zwei Jahrzehnten alt.)

4.2.3. Willi Hellpach
(1877-1955; Psychologe, Mediziner und Politiker; Prof. in Karlsruhe und Heidelberg; 1924/25 badischer Staatspräsident)

W. Hellpach hat sich in seinen frühen Arbeiten wiederholt mit der Psychoanalyse auseinandergesetzt.[8] Seine Besprechung der TD haben wir bereits aufgegriffen. Auch seine Grundsatzarbeit über das Unbewußte (1908) wurde schon erwähnt. Hellpach unterzieht Freud in dieser Arbeit einer sehr modern anmutenden Kritik. Der entscheidende Vorwurf ist, daß Freud das Unbewußte nicht als hypothetisches Konstrukt betrachtet – um diesen von Mac Corquodale und Meehl (1948) umrissenen Begriff zu benutzen – sondern als etwas, das reale Existenz hat. Das ist die Feststellung einer Reifikation von Theorieteilen. »Die Begeisterung, die eine wertvolle Analogie in ihren Erfindern und Bekennern zu erzeugen pflegt, mag sich mit dem *Denk*wert des Gefundenen nicht begnügen und fordert den *Existenz*wert« (S. 328). Dies hält Hellpach für die prinzipielle Gefahr jedes analogistischen Deutungsverfahrens, so auch der Psychoanalyse. Insofern befindet sich Freud in Hellpachs Augen auf einem Irrweg, wenn er sich eine Verbesserung der »Kenntnis« des Unbewußten erhoffe und nicht danach strebe, die Thesen über das Unbewußte »theoretisch befriedigender« zu gestalten. Der Wert hypothetischer Deutungen könne nie in ihrer Richtigkeit liegen, sondern er liege in ihrer heuristischen, anregenden Kraft. Die eigentliche Leistung Freuds sieht Hellpach gerade in einer solchen Anregung. »Ich stehe nicht an zu bekennen, daß mir der prinzipielle Versuch Freuds, unter allen, die heute vorliegen, als der entschieden ernsthafteste und besonnenste erscheint ... Der Kampf richtet sich gegen Details, gegen die ›analytische‹, d. h. assoziationenaufstöbernde Exploration, gegen die erotophile Note und gegen die *einzelnen* Deutungsversuche« (S. 330). Im großzügigen theoretischen Entwurf liege Freuds Stärke, in den Details seine Schwäche.

Die methodologische Kritik des analytischen Verfahrens hatte Hellpach 2 Jahre früher (1906) aufgenommen. Hier sieht er das Verdienst Freuds darin, daß dieser die Aufmerksamkeit auf die langen reproduktiven Reihen in der Selbstbeobachtung gelenkt habe. Zwei Probleme tun sich nach Hellpach auf. Zum einen fehle der bündige Beweis dafür, daß die assoziativen Reihen auch einmal psychische Kausalreihen gewesen sind. Zum zweiten erfahre das reproduzierte Material durch den einfühlenden Akt des Psychoanalytikers von vornherein eine methodische Verzerrung im Hinblick auf die geplante Rekonstruktion. Die anschließende Darstellung psychometrischer Verfahren zeigt, daß Hellpach generell die subjektive Verzerrung bei der Beobachtung kritisiert.

Die Auseinandersetzung Hellpachs mit Freud beginnt eigentlich mit seiner Arbeit über »Grundlinien einer Psychologie der Hysterie« (1904). Diese Arbeit enthält die bisher ausgeführten Gedanken im Keim. Trotz aller kritischen Einwände ist die wohlwollende Einstellung Freud gegenüber deutlich spürbar. Hellpach bringt offen zum Ausdruck, daß er Freud für denjenigen hält, dessen Konzepte *den* Fortschritt für das Verständnis der Hysterie ermöglichten.

4.2.4. *Hans Henning*

(1885-1946; Pädagoge, Psychologe und Philosoph; Prof. in Frankfurt/M. und Danzig)

Von Hans Henning, einem regelmäßigen Rezensenten psychoanalytischer Publikationen – siehe auch Anmerkung 6 –, stammt eine wichtige Auseinandersetzung der Psychoanalyse in seinem Buch »Psychologie der Gegenwart« (1925) (s. Dok. Nr. 13, unten, S. 231 ff.). Wichtig – weniger wegen der Schärfe der Argumente als der harten Polemik. Ein sachliches Referat Freudscher Gedanken fehlt. Kritik und Wiedergabe überschneiden sich ständig. Im wesentlichen stützt er sich auf folgende Argumente:

1. Die Psychoanalyse ist zutiefst mechanistisch.
2. Die Symbole sind ohne »autorisierte Deutekunst« beliebig interpretierbar.
3. Gegen das Konzept der infantilen Sexualität wird kommentarlos der »Aufruf« der Breslauer Psychologentagung gestellt (siehe Anmerkung 9).
4. Die Sexualität wird überbewertet. Jegliches Phänomen des Lebens erfährt eine »sexuelle Umdeutung«. An diesem Punkt ist die Wissenschaft zu Ende. »Forscher der Geisteswissenschaften lege die Feder hin! Alles ist enträtselt, die Generalformel der Welt ist in der infantilen Sexualität gefunden!« (S. 83).
5. Psychoanalytische Neueinführungen wie die Verdrängung sind der Psychologie seit jeher bekannt.
6. Aussagen des Kindes und des Erwachsenen werden kritiklos gleichgesetzt. Diese Methodenkritik erfolgt im Hinblick auf die Belege der Psychoanalyse für die Existenz der infantilen Sexualität.

Was bleibt für Henning an der Psychoanalyse akzeptabel, denn Freud hat »außerordentliche Verdienste«?

1. Der naturwissenschaftlichen generalisierenden Methode der bisherigen Psychologie und Psychiatrie stellte Freud ein »individualisierendes Verfahren« gegenüber: »Ihn interessiert gerade diese individuelle Person mit ihrem individuellen seelischen Schicksal, welches nur für ihn, aber für keinen zweiten Menschen gilt« (S. 85). Henning anerkennt, daß so der Boden für ein Verständnis der psychogenen Krankheiten von psychischer Seite her bereitet wurde.
2. Als weitere Anerkennung Hennings erstaunt den Leser ein Lob des Konzepts vom dynamischen Unbewußten.
3. Schließlich vermeint man nicht mehr den gleichen Autor zu lesen, wenn als das große Verdienst Freuds herausgestellt wird, daß er der »Aufklärungsbewegung der menschlichen Sexualität ... zum Rechte verhalf« (S. 86).

Daß Hennings Einstellung zur Psychoanalyse nun aber von keinem Leser mißverstanden wird, dafür sorgen der anschließende Satz (»Kein einziger Gedanke von Freud ist reines Gold«) und weitere 5 Seiten Kritik.

4.2.5. Ludwig Klages
(1872-1956; Philosoph und Psychologe; München und Kilchberg/ Zürich)

Als ein sehr schroffer Kritiker der Psychoanalyse tritt Ludwig Klages in Erscheinung. Zwar wird von ihm eine »große Hochachtung vor der Forscherpersönlichkeit Freuds« konzidiert – bei gleichzeitig scharfer Ablehnung seiner Lehre. Doch lassen seine Äußerungen über Freuds Person Zweifel an dieser Hochachtung entstehen. Die Wertschätzung Freuds geht auf eine persönliche Begegnung der beiden Wissenschaftler im Jahre 1912 in Wien zurück. Freud hatte Klages eingeladen, einen Vortrag über seine Charakterologie vor einer Vereinigung von Psychoanalytikern zu halten.

Rund 15 Jahre später nimmt Klages in »Die Grundlagen der Charakterkunde« (1926a[4]) Stellung zur Psychoanalyse im allgemeinen und zu Freud im besonderen. In einem Kapitel »Vom Charakter der Hysterie« disqualifiziert Klages die Psychoanalyse, ohne sie beim Namen zu nennen, mit ein paar Zeilen. In einer drei Seiten umfassenden Anmerkung jedoch wird er um so deutlicher (s. Dok. Nr. 14, unten S. 240 ff.): »Die sogenannte Psychoanalyse (= Seelenauflösung) ist geistesgeschichtlich der unglaubwürdige Bastard aus einer noch unglaubwürdigeren Mißheirat: der Mißheirat nämlich von *Herbarts* Vorstellungsatomistik mit *Nietzsches* Philosophie der Selbsttäuschung« (S. 225). Nach einem ausführlichen Hinweis auf den philosophischen Hintergrund des psychoanalytischen Gedankengutes erfolgt die eigentliche Kritik an der Psychoanalyse, die von zwei grundsätzlichen Punkten ausgeht: (a) Der psychoanalytischen Situation, bei der der Analytiker aus seinem Patienten »Bekenntnisse ... durch Befragung am Leitfaden, wie er meint, sogenannte Assoziationen herausholt«. Die Behandlung bezeichnet Klages als »Beichte« und »durch Jahre fortgesetzte Bekenntnisprozedur«, bei der »der Sinn der Sache, den der Prüfer zur Bestätigung seiner Lehre braucht, von ihm hineingetragen wird«. Zu diesem Zweck hat er sich »ein Schema sexueller Gleichnissprache zurechtgemacht, das, ohne Übertreibung gesprochen, auf jeden beliebigen Gegenstand des Weltalls angewendet werden kann!« (S. 227). (b) Die »Heilerfolge« der Psychoanalyse. Diese werden von Klages stark bezweifelt mit dem Hinweis, daß die psychoanalytische Behandlung »zum Erstaunen genau auf gewisse Bedürfnisse einer gerade *heute* blühenden Spielart von Neurotikern zugeschnitten ist, mit der sie aufkommen mußte und mit der sie auch wieder untergehen wird« (S. 228). Klages hebt hervor, daß er sich mit »dieser Saisonangelegenheit der Wissenschaft« lediglich befasse, da er selbst eine Theorie über den hysterischen Charakter entwickelt habe.

In einem sarkastisch anmutenden Stil äußert sich Klages abschließend zur Person Freuds: »Ausdrücklich sei jedoch hinzugefügt, daß vorstehende Andeutungen über die Natur des Psychoanalytikers auf *einen* unter ihnen uneingeschränkt *nicht* passen: nämlich auf Freud. Der Begründer einer Religion, der Initiator einer Richtung – und jede Richtung hat nur einen Initiator – ist aus gänzlich anderm Holz geschnitzt als die Jünger! ... Gesagt sei nur: diesem Mann eignet sicher ein Stück Forschersinn, dazu Temperament und ein zäher Eigenwille. Leider hat er keinen überlegenen Geist und nur einen engen Gesichtskreis (...) Man möchte das nicht nur aus sachlichen Gründen bedauern; denn so viel rassige Energie hätte es verdient, wirkliche und nicht bloß vermeinte Entdeckungen zu machen!« (S. 228). Erwähnenswert erscheint uns, daß Klages diese Anmerkung vom Erscheinen der 4. Auflage der »Charakterkunde« an konstant im gleichen Wortlaut beibehält.

2 Jahre später (1928) weist Klages nochmals auf die Ineffektivität der psychoanalytischen Methode hin. In einem Aufsatz »Bemerkungen der sogenannten Psychopathie« führt er aus, daß selbst nach einer »jahrelangen« psychoanalytischen Behandlung sich in den Schriftproben der Behandelten »in keinem Fall an den graphischen Indizien der Psychopathie auch nur die allergeringste Minderung« feststellen lasse. Mit dieser Feststellung, die gerade für Ärzte einiges Interesse haben soll, schließt Klages seinen Aufsatz ab.

In seinen weiteren Werken läßt Klages die Psychoanalyse außer Acht. Selbst in der Arbeit »Über Eros und Sexus«, (1926b), findet die Psychoanalyse keine Erwähnung. Es scheint als habe Klages, der im übrigen die Priorität der Freudschen Ideen aus »Das Ich und das Es« für sich beanspruchte, die rivalisierend anmutende Auseinandersetzung mit dem Urheber der Psychoanalyse im wesentlichen mit einer Anmerkung zu erledigen gesucht.

Die Vorwürfe Klages gegenüber der Psychoanalyse lassen sich wie folgt aufgliedern:

1. Zur Theoriegenese (Vorstellungsatomistik)
2. Zur Methode der Materialgewinnung (suggestives Hineinfragen)
3. Zur Methode der Deutung (beliebig anwendbare sexuelle Gleichnissprache)
4. Zur Behandlungsmethode (graphologisch belegte Ineffektivität).

4.2.6. *Eduard Spranger*
(1882-1963; Philosoph, Pädagoge, Psychologe; Prof. in Leipzig, Berlin, Tübingen)

Wie Stern faßt auch Spranger die Psychoanalyse als einen Teil der Psychologie auf. Sie wolle allgemeine psychologische Entwicklungstheorie sein und aus diesem Grunde könne man nicht an ihr vorübergehen. Innerhalb seiner »Psychologie des Jugendalters« (1925^3) widmet Spranger der Psychoanalyse einen größeren Abschnitt und setzt sich durchgehend sachlich mit ihr auseinander. Diesem Hauptvertreter der verstehenden Psychologie sagen zwei Aspekte an der Vorgehensweise der Psychoanalyse zu: Erstens verfolge sie den Grundsatz »Psychologica psychologice« – auf dem Gebiete der Psychologie soll psychologisch vorgegangen werden. Zum zweiten werde das bewußte Seelenleben in seine unbewußten Sinnzusammenhänge hinab verfolgt und darum auch als Tiefenpsychologie bezeichnet. »In der Tat ist sie eine Art von Seelengeologie ... Die beiden bezeichneten Tendenzen der Freudschen Psychologie halte ich für wesentliche Bereicherungen unserer Methode und ich gehe bis zu diesem Punkte durchaus mit« (S. 130). Damit endet Sprangers Zustimmung. Das Konzept der hinter allen Motiven stehenden sexuellen Triebe erscheint Spranger als zu »primitiv«, als »psychologischer Materialismus«, als »naturalistischer Pansexualismus«. Als eklatantesten Verstoß gegen eine saubere Theoriebildung findet Spranger die Umwandlungen und Verwandlungen der Libido, insbesondere das Konzept der Sublimierung. Durch solch eine »geistige Alchymie« (M. Scheler), durch solch ein »generatio aequivoca« versage die Theorie, erweise sich nicht als Tiefenpsychologie, sondern in Wahrheit als Oberflächenpsychologie. »Sie hält sich an das sinnlich Greifbarste, behauptet es stehe hinter allem, als die eigentlich erzeugende Kraft« (S. 134).

Eine Kritik der Psychoanalyse als therapeutischer Methode liefert Spranger nur am Rande; zentral geht es ihm um inhaltliche Theoriekritik der Psychoanalyse. Auch formal nimmt er Anstoß. Wegen der ständigen Rückkehr in die empirischen Grundlagen sei die Psychoanalyse als Theorie niemals scharf formuliert worden.

Sprangers Psychoanalyse-Kritik von 1928 entspricht weitgehend den bisherigen Ausführungen. Er schützt dort noch einmal nachdrücklich den »Eros« vor dem Verdacht, bloßes Sublimierungsprodukt der Sexualität zu sein.

4.2.7. *William Stern*
(1871-1938; Philosoph und Psychologe, Prof. in Breslau, Hamburg, Cambridge [Mass. USA], Durham [N. C. USA])

William Stern gehört zu den Psychologen, die sich am ausgiebigsten mit der Psychoanalyse auseinandergesetzt haben. In den Berichten über die Werkrezeption der TD und der DAS sind bereits mehrfach Stellungnahmen Sterns referiert worden, darunter Zeitschriftenbeiträge und entsprechende Passagen aus den Hauptwerken. Hier soll Sterns Position lediglich ergänzt werden.

Sterns Kritik an der Psychoanalyse durchzieht fast den gesamten von uns bearbeiteten Zeitraum. Mit ihr beginnt die Rezeption der TD, 1901, und noch 1935 in seiner »Allgemeinen Psychologie« taucht dieses Thema auf. Die bislang nicht referierten Arbeiten Sterns enthalten in Sachen Psychoanalyse kaum neue Aspekte. 1918 sieht er die Psychoanalyse nochmals der Astrologie und Chiromantik benachbart, aber es gibt noch Hoffnung: Aus der Astrologie hat sich ja die Wissenschaft der Astronomie entwickelt. Die weitere Kritik wendet sich wie gehabt gegen die »Deuterei« und die »mechanistische Persönlichkeitstheorie«. Andere Bedenken Sterns richten sich gegen die völlige Vernachlässigung der »ich-gemäßen« Erlebnisse, die das »Ich-Bewußtsein« nur als »gewaltigen Täuschungskomplex« verstehen läßt. Auch in dieser Kritik zeigt sich eine zugleich ambivalente und rivalisierende Einstellung Sterns, die nach unserem Verständnis seine gesamte Stellungnahme zur Psychoanalyse kennzeichnet. So fährt er fort: »Andererseits müssen wir in der Aufdeckung solcher Selbsttäuschungsmomente sogar noch über die Gesichtspunkte hinausgehen, welche die Psychoanalyse vorbrachte« (S. 255).

Den für uns relevanten Abschnitt aus der Neuauflage »Psychologie der frühen Kindheit« (1923³) haben wir bereits im Zusammenhang mit der Rezension der DAS besprochen (s. Dok. Nr. 10, unten, S. 210ff.). Hier nur noch ein kurioser Versuch des Autors zur Widerlegung der Theorie von der infantilen Sexualität: Was die Psychoanalytiker für »onanistische Manipulationen« ansähen, seien »lediglich Abwehrbewegungen gegen Juckreize, die durch Ekzeme oder Würmer an den Geschlechtsteilen hervorgerufen werden« (S. 389).

Die »Studien zur Personwissenschaft« (1930) bringen wieder eine Verteidigung der wissenschaftlichen Methode gegen »fessellose Deutelsucht, das Schwelgen in Symbolismen, unkritische Symptomriecherei« (S. 70).

Es wurde bereits erwähnt, daß Sterns Auseinandersetzung mit der Psychoanalyse im Laufe von über drei Jahrzehnten an Sachlichkeit deutlich zunimmt. Zeitgenössische Psychoanalytiker (Bernfeld 1931) meinten gar eine gewisse Konvergenz von Sterns Personalismus einerseits und der psychoanalytischen Betrachtung des Menschen andererseits zu entdecken. – Eine Aufgliederung der Argumente von W. Stern wurde schon in dem Bericht über die Rezeption der DAS gegeben. Neues kommt nicht hinzu.

5. Die Rezeption der Psychoanalyse in der Psychologie-Diskussion

5.1. Allgemeine Überlegungen

Die Psychologie ist offensichtlich vom Erfolg der Psychoanalyse überrascht worden. Plötzlich gerät eine Sparte der Psychologie in einem Ausmaß ins öffentliche Interesse, wie das bis dahin kein anderer Zweig des Faches erreicht hatte. Während sich das Gesamtfach in einer Krise nach innen und außen befindet, konsolidiert sich die Psychoanalyse innerlich und gewinnt nach außen an Interesse und Ansehen.

In psychoanalytisch-dynamischer Terminologie könnte man vielleicht von einer Bedrohung oder Kränkung reden, die die Psychologie erfährt. Nachdem die große Mehrzahl der Fachvertreter die junge Wissenschaft massiv kritisiert und sich mit Aufrufen und anderem zur Wehr gesetzt hat, muß sie den Erfolg der Psychoanalyse als ungerechtfertigt erleben. Dies scheint uns mit einiger Wahrscheinlichkeit der Fall zu sein. Es gibt in der von uns bearbeiteten Literatur eine von Anfang an nachweisbare Tendenz, die sich bemüht, den Erfolg der Psychoanalyse als einen außerwissenschaftlichen zu deklarieren. Darunter fallen diverse Hinweise auf mittelalterliche Mystik, Chiromantik, Phrenologie, Astrologie, kurz jede Form des Aberglaubens, den die Wissenschaft überwunden hat. Diese Tendenz geht eindeutig in die Richtung, die Psychoanalyse als unwissenschaftlich, vorwissenschaftlich und außerwissenschaftlich zu decouvrieren. Selbst Freuds glänzender Stil wird gehässig zur Erklärung seines Erfolges bemüht. Kein Wunder also, wenn ihm die kritiklosen Literaten nachliefen.

Womit auch immer der Erfolg dieser neuen Schule zusammenhängt, soviel ist für zahlreiche ihrer Gegner in der Psychologie sicher: Er gründet sich nicht darauf, daß von der Psychoanalyse etwas Richtiges, etwas Sinnvolles, etwas heuristisch Fruchtbares, etwas Aufklärendes und den Menschen Befreiendes erbracht wurde. Bei einem besonnenen Kritiker – Karl Bühler – findet sich der Vorwurf des außerwissenschaftlichen Erfolges noch in Form witziger Ironie: »Dichter und Nervenärzte haben sich zur Psychoanalyse bekannt, zwei gewichtige Zeugen« (1927, S. 162). Felix Krueger, der Hasser der Psychoanalyse, sagt es unverblümt und direkt in seinem Artikel »Die Psychoanalyse und das wirkliche Seelentum« (1933) (s. Dok. Nr. 15, unten, S. 244 ff.): »Nun aber lagert um diese Aufgabe viel Dunst, Geschrei, Interessenkampf, auch Lebens- und Weltanschauungsnot. Eine Propaganda ohnegleichen hat die Meinungen und Behauptungen jener Analytiker beinahe allen Zeitungslesern eingehämmert. Seelsorger suchen dort Religionsersatz. Künstler wie H. Hesse, der zarte Erzähler, sind davon erschüttert.«

An so etwas muß Eysenck wohl denken, wenn er 1973 (zusammen mit Wilson) meint, nur ein gütiger »Zeitgeist« (dt. im engl. Org.) habe der Psychoanalyse ihre Verbreitung ermöglicht und das Schicksal erspart, auf dem Kehrrichthaufen der Wissenschaftsgeschichte zu landen. Im weiteren Verlauf des Kruegerschen Artikels macht dieser das Ausmaß der Bedrohung deutlich, das die Psychoanalyse für ihn darstellt. In bezug auf Freud sagt er: »Seine Denkart breitete sich schier ins Unbegrenzte aus. Gegenwärtig beeinflußt sie bei den zivilisierten Völkern das gesamte Leben, sonderlich der Großstädte, und beschäftigt die Forschung nahezu auf allen Gebieten« (a. a. O.). Gilt es als Auszeichnung jeder Wissenschaft, wenn sie anregt, so sind die Gesetze für die Psychoanalyse offenbar andere, zumindest bei Krueger.

Das Gleiche meint wohl Hans Henning, wenn er vom »lawinenartigen« Anwachsen der psychoanalytischen Bewegung spricht, »getragen von Ärzten, Dichtern, Feuilletonisten« (1925, S. 81). Das Bedrohungserlebnis der Psychologen, das wir postulierten, wird hier wieder sichtbar. Folgt man wieder Krueger, dann war es die Einigkeit der Psychoanalytiker und ihr sektenartiger Zusammenschluß, der diesen Erfolg ermöglichte. Die wissenschaftliche Kritik erscheint ihm wie gelähmt. Aber in diesem Punkt irrt Krueger ganz gewiß: Sofort mit ihrem Erscheinen war die Psychoanalyse massiver Kritik ausgesetzt. Unsere Aufgabe ist es, die psychologische Kritik zu untersuchen.

Bisher folgten wir den Argumenten einzelner Autoren. Nachstehend soll eine Gesamtdarstellung dieser Kritik gegeben werden, die sich an der Art der Argumentation orientiert.

5.2. Übersicht: Die von psychologischer Seite *gegen* die Psychoanalyse geführte Argumentation

Versucht man eine Synopsis aller kritischen Argumente, die zwischen 1895 und 1933 von seiten der Psychologie für und gegen die Psychoanalyse geäußert worden sind, so muß eine derartige Übersicht ein Stück weit vergröbern. Das zeigt sich z. B. darin, daß ein sehr differenziertes Argument und ein sehr wenig ausgearbeitetes in derselben Rubrik zusammengefaßt werden, wenn sie sich auf den gleichen Punkt beziehen. Auch stellt die Zuordnung in einzelne Rubriken bereits eine Ungenauigkeit dar, weil mit einiger Berechtigung sich das Argument X auch in einer anderen Rubrik unterbringen ließe. So könnte eine Reihe der unter 1 (»Die Psychoanalyse enthält überwundene Theorien«) angeführten Punkte auch unter 3 (Formale Beurteilung der Theorie) oder unter 5 (Inhaltliche Beurteilung der Theorie) erscheinen. Eine gewisse Willkür, die wir möglichst klein zu halten trachteten, ist nicht zu vermeiden. Schließlich ist festzuhalten, daß die Zusammenfassung der Argumente unter Gesichtspunkten erfolgt, die in dieser Form und Gültigkeit erst einer späteren Entwicklung der Psychologie entstammen.

Die angegebenen Autorennamen sollen Illustrationen für prominente oder typische Vertreter der entsprechenden Ansichten sein. Die Aufzählung erhebt keinen Anspruch auf Vollständigkeit. Auch hier trifft zu, daß sehr differenzierte Autoren neben schlichten Polemikern erscheinen.

Die Argumente:

1. Die Psychoanalyse ist unwissenschaftlich (»Fantastik«, »Aberglaube«, »frei ersonnen«). – Lindworsky, Wundt.

Dies ist die generelle Disqualifikation der Psychoanalyse, die bereits oben beschrieben wurde. Die Autoren finden die Psychoanalyse keiner Auseinandersetzung wert, bei großzügigerer Interpretation ließe sich die Anzahl der aufgeführten Wissenschaftler beträchtlich vergrößern. Hierunter muß auch ein Teil der Autoren gefaßt werden, die die Psychoanalyse nicht erwähnen.

2. Die Psychoanalyse enthält von der Psychologie »überwundene« Theorien, bzw. Theorieanteile.

Im einzelnen werden nachstehende Theorien als in der Psychoanalyse enthalten beschrieben und kritisiert:

a) Herbartsche Vorstellungsmechanik, »Physikalismus«, »Mechanismus«, Elementen-Psychologie. – K. Bühler, Müller-Freienfels, Utitz, Henning, Klages

b) Assoziationismus – Müller-Freienfels, Henning

c) Darwinismus – K. Bühler

d) Naturalismus – Henning, Spranger

e) Materialismus, Marxismus – Allers, Krueger, Utitz, Spranger

f) Historismus – K. Bühler

g) Schellingscher Hypnotismus – Wundt

h) Gedankengut von Nietzsche – Henning, Klages

i) Gedankengut von Schopenhauer – Klages, K. Bühler

3. Die psychoanalytische Theorie hat wesentliche formale Mängel.

Die Argumente zu diesem Punkt gliedern sich wie folgt auf:

a) Es besteht generell eine unzureichende Theoriekonstruktion. – Spranger, Hellpach

b) Es besteht eine mangelnde logische Falsifizierbarkeit. (»Alles kann alles erklären«). Hierbei wird insbesondere der Symbolbegriff stark kritisiert. – W. Stern, Ebbinghaus-Dürr, K. Bühler, Henning, Utitz

c) Die Theorie verwendet mehrfach eine Petitio principii (Das

Erklärende ist nicht ausreichend vom zu Erklärenden getrennt). – Allers

d) Es besteht eine Reifikation von Begriffen statt heuristischen Umgangs mit hypothetischen Konstrukten. – Hellpach

e) Es werden nur inhaltliche und nicht formale (Gestalt-) Kriterien beachtet. – K. Bühler

f) Es liegt eine Vermischung unterschiedlicher Erklärungsprinzipien vor (gemeint sind psychologische und physiologische). – K. Bühler

g) Die Theorie ist einseitig psychologisch. – Orlow

h) Die beschriebenen Konzepte sind redundant (»Kannte Psychologie immer schon«). – Henning, Plaut

i) Es erfolgt eine Verwechslung von genereller und differentieller Psychologie. – W. Stern

4. *Die Validität der psychoanalytischen Theorie ist unzureichend.*

a) Es besteht generell eine »mangelnde Überprüfbarkeit«. – S. Meyer, Ebbinghaus-Dürr

b) Die Methoden der Datengewinnung sind invalide.

aa) Die Daten sind durch suggestives Fragen verfälscht. – W. Stern, K. Bühler, Friedländer, Klages, Gaupp

bb) Die die Kindheit betreffenden Daten sind durch Rückprojektion vom Erwachsenen (und nicht durch Beobachtungen am Kinde) gewonnen. – Stern, K. Bühler

cc) Das Verfahren der freien Assoziation ist invalide (»Assoziationskette ist nicht Kausalkette«). – Allers, Utitz, Hellpach

dd) Das Verfahren der Interpretation (»Deutungsprinzip«) verfälscht die Basisdaten (»legt ihr's nicht aus, so legt was unter«). Dieser Punkt entspricht formal der mangelnden logischen Falsifizierbarkeit. – Stern, Henning, Moll

ee) Die an Neurotikern gewonnenen Daten lassen sich nicht auf Gesunde übertragen (s. auch 3.i.). – Müller-Freienfels, Friedländer

ff) Die Empathie des Analytikers erschwert die objektive Beobachtung. – Hellpach

5. *Die psychoanalytische Theorie von der Sexualität ist unzureichend.*

Dieser Kritikpunkt ist bei Anlegung eines strengen Maßstabs die einzige inhaltliche Kritik an der Psychoanalyse. Sie läßt sich wie folgt untergliedern.

a) Das Triebkonzept der Psychoanalyse ist unzureichend (Libidotheorie und abgeleitete Konzepte wie Energie, Sublimierung, Wiederholungszwang, Lustprinzip). – Allers, Spranger, K. Bühler

b) Die Rolle der infantilen Sexualität wird falsch eingeschätzt (Phasen der psychosexuellen Entwicklung, Ödipuskomplex). Dieser Punkt ist von fast allen Autoren kritisiert worden. – Stellvertretend seien C. und W. Stern genannt.

c) Das Konzept der Sexualität ist unzulässig ausgeweitet worden (Gleichsetzung von erwachsener und infantiler Sexualität, Eros und Agape). – Stern, Spranger

d) Es besteht eine generelle Überschätzung sexueller Motive (z. B. im Alltagsleben, in den Träumen, in den Neurosen. Vorwurf der »Erotophilie«, des »Pansexualismus«, der »Hypertrophie der Sexualität«). Auch hier sind praktisch fast alle Autoren zu nennen, wobei die Kritik allerdings ein weites Spektrum einnimmt, das von sachlicher Kritik in einem Nebensatz (Hellpach) bis zu seitenlanger Polemik (Stern) reicht.

e) Das Aufdecken sexueller Motive ist gefährlich. (Gefahr besteht besonders für Kinder und Jugendliche: »Entharmlosung«, Triebstimulation). – W. Stern, Moll

6. Die therapeutische Methode der Psychoanalyse ist unzulänglich.

a) Die Erfolge der Methode sind nicht belegt. – Klages, W. Stern, Wundt

b) Die Methode ist gefährlich (Überschneidung mit 5.e.: Gefahr der Triebstimulation, der »Entharmlosung«, der Verschlimmerung von Krankheiten). – W. Stern; siehe auch die entsprechenden »Warnungen«.

c) Die Wirkungsweise der Methode ist anders als von der Psychoanalyse behauptet (vorzugsweise Suggestion). – Klages, Jaensch

d) Das therapeutische Verfahren begünstigt den primären Krankheitsgewinn. – Klages

7. Die psychologische Sachkenntnis der Psychoanalytiker ist unzureichend.

(»Ihr lest uns nicht«, »Ihr versteht nichts von der Materie, über die Ihr sprecht«). Diese Kritik wird mehr oder minder deutlich von vielen Autoren vertreten. – Friedländer, Plaut, Henning, W. Stern

8. *Weltanschauliche Kritik.* (Die Psychoanalyse ist gegen das natürliche Sittengesetz, gegen die Ethik, gegen das Christentum usw.). – Allers, Krueger, Klages, Spranger, W. Stern, Isserlin

5.3. Übersicht: Die von psychologischer Seite akzeptierten Positionen der Psychoanalyse

Die Argumentation *für* die Psychoanalyse, bzw. die Anerkennung psychoanalytischer Positionen ist nicht annähernd so deutlich aufzugliedern wie die negative Kritik. Dafür gibt es mehrere Ursachen. Die zustimmenden Äußerungen sind vereinzelter und fast immer erheblich knapper als die kritischen Bemerkungen. Häufig dienen sie der Milderung ablehnender Einwände und ihr Überzeugungsgehalt ist dementsprechend gering. Oft sind sie allgemein gehalten und stehen neben einigen artigen Worten über die Person Freuds. Die folgende Aufgliederung kann daher nicht differenzierter sein als die Argumente selbst:

1. Die Psychoanalyse hat methodische Verdienste.

a) Die Psychoanalyse folgt der Regel »Psychologica psychologice«. – Spranger

b) Die Methode der freien Assoziation ist bedeutsam. – Hellpach

c) Die Psychoanalyse hat ein individualisierendes Verfahren (gegenüber dem generalisierenden der Naturwissenschaft). – Henning

2. Die Psychoanalyse hat eine Reihe von sinnvollen Einzelkonzepten beigetragen.

Es werden genannt:

a) der Verdrängungsbegriff – Stern, Friedländer

b) das Konzept vom Unbewußten – Allers, Utitz, Moll

c) das Realitätsprinzip – K. Bühler

d) das Triebkonzept – Utitz

3. Die Psychoanalyse lieferte sinnvolle Beiträge zum Traumverständnis (besonders der Ausschluß der Zufälligkeit als Erklärungsprinzip, die Ausarbeitung des Primärvorgangs, das ist die Verschiebung und Verdichtung von Inhalten, das Konzept der Wunscherfüllung, der Traum als »Wächter des Schlafes«). – W. Stern, Hellpach, Keller, Külpe, Fröbes, Driesch

4. Anerkennung des Konzeptes der infantilen Sexualität und des psychoanalytischen Beitrags zur Sexualaufklärung.

Gerade hier sind die Äußerungen extrem widersprüchlich. Fast alle Autoren, die Lobendes sagen, kritisieren am gleichen oder anderen Ort denselben Punkt heftig – Allers, Henning, Major, Friedländer, Moll

5. Die Psychoanalyse hat eine geschlossene Motivationstheorie geschaffen (einschließlich triebhafter und unbewußter Motive). – K. Bühler, teilweise Spranger

6. Die Psychoanalyse hat wichtige Beiträge zur Theorie des künstlerischen Schaffens geliefert. – Dürr, Ebbinghaus

5.4. Versuch einer Würdigung

Die inhaltliche Würdigung des zeitgenössischen psychologischen Pro und Kontra, genaugenommen des zeitgenössischen Kontra und Pro in Sachen Psychoanalyse erscheint ausgesprochen schwierig. Zum einen sind die Verfasser dieser Übersicht Psychoanalytiker und damit parteiisch. Zum anderen ist die Einschätzung, ob ein Argument zum damaligen Zeitpunkt sehr treffend oder sehr schwach war, problematisch. Hierbei muß ständig berücksichtigt werden, was die seinerzeitige Theoriekritik und Theorierezeption in der Psychologie leisten konnte und vielleicht auch leisten wollte. Schließlich muß der ganze historische Hintergrund, der eingangs dargestellt wurde, gesehen werden: Es konnte wirklich für einen Hochschullehrer im Bereich der Psychologie nicht rühmlich sein, die Sache einer jüdischen Sekte zu vertreten, die sich mit Traumdeuterei und Sexualität befaßte. Aus diesen Gründen sind unsere abschließenden Bemerkungen zurückhaltend formuliert.

Der Vorwurf, daß eine andere Wissenschaft unwissenschaftlich sei, läßt sich praktisch von jeder wissenschaftlichen Position aus machen und auch begründen. Man muß nur die Standards von Wissenschaft so definieren, daß die andere Position nicht darunter fällt. Vom naturwissenschaftlichen Standpunkt aus war die Psychoanalyse seinerzeit unwissenschaftlich und ist es auch heute noch. Berücksichtigt man, daß die Psychologie ihre Anerkennung als Wissenschaft zum Teil gerade dadurch errungen hatte, daß sie ein ausgesprochenes (natur-)wissenschaftliches Methodenbewußtsein entwickelte, so wird die besondere Allergie gegenüber der Psychoanalyse hier nachvollziehbar.

Die Feststellung, daß die Psychoanalyse Anteile älterer Theorien enthält, ist zutreffend. Unseres Erachtens sind praktisch alle Einzelfeststellungen der verschiedensten Autoren korrekt: Freud hat wahrscheinlich Herbart selbst noch gelesen und sich auf Fechner, Darwin, Nietzsche und Schopenhauer mehrfach bezogen. Die Anteile der Assoziations- und der Elementenpsychologie sind mühelos erkennbar, genauso wie die physikalistischen und mechanistischen Konstruktionen. Auch die historische Dimension ist unübersehbar, ja sie bildet eine Grundbetrachtungsweise der psychoanalytischen Theorie. Daß die Psychoanalyse dem Materialismus und Marxismus nahesteht, wurde und wird von einigen Psychoanalytikern selbst vertreten, von Marxisten in der Mehrzahl jedoch abgelehnt. Für Wundts Feststellung (1911), daß die Psychoanalyse dem Schellingschen Hypnotismus nahesteht, konnten wir keine Belege finden. Gerade die Hypnosepraxis hatte Freud rasch verlassen und als unzulänglich empfunden. Hier scheint Wundt nur oberflächlich informiert und bei den allerersten Anfängen Freuds stehengeblieben. Eine andere Frage ist aber, ob die Feststellung von Elementen älterer Konzepte in einer Theorie etwas Negatives sein muß. Jede Theorie wird ja solche historischen Spuren aufweisen. Die alleinige Feststellung, daß der Herbartsche Mechanismus in ihr noch nicht überwunden sei, genügt wohl kaum. Hier geht die Kritik bei mehreren Psychologen allerdings in eine inhaltliche über. Es wird die Verwendung mechanistischer Begriffe in der Psychologie generell verworfen. Nicht angegeben wird, warum das ein Schade ist. Dabei fällt hier und an anderen Stellen der stark idealistische Charakter der Kritik auf: »Der Mensch ist ja seelisch viel reicher...« – so etwa läuft eine Hauptargumentationslinie bei Stern, Spranger, Klages und Allers.

Für den Psychoanalytiker, wenn er ein gewisses »theoriekritisches Bewußtsein« hat, ist die Kritik an den formalen Unzulänglichkeiten der psychoanalytischen Theorie vielleicht noch am leichtesten nachzuempfinden. Auf uns wirkte die scharfsinnige Argumentation Hellpachs, der insbesondere den Vorwurf der Verdinglichung von Begriffen macht und – mit einem Abstand – des frühen Allers am überzeugendsten. Die logische Falsifizierbarkeit ist ein Problemstück geblieben, wobei unseres Erachtens die Schwierigkeit hauptsächlich auf der Ebene der theorieimmanenten Logik und weniger der Validität liegt. Es ist unseres Erachtens eine noch keinesfalls entschiedene Frage, ob eine Theorie eo ipso in dem Maße besser wird, in dem ihre experimentelle Überprüfbarkeit zunimmt. Hier sei nur auf die Überlegungen von Habermas hingewiesen, der sozialwissenschaftliche Theorien als hermeneutische Erklärungssysteme verstehen will. Das Problem dieser Position wiederum ist, daß die inhaltlichen Aussagen eine große Beliebigkeit erlangen. Vielleicht kann dieser Nachteil teilweise durch straffe logische Strukturierung der Theorie ausgeglichen werden. – Problematisch bleibt die unzureichende logische Falsifizierbarkeit der psychoanalytischen Theorie in jedem Falle. Andere Kritik an der Formalisierung der psychoanalytischen Theorie ist heute nicht mehr so gut nachvollziehbar: Daß Gestaltkriterien vor die inhaltlichen Kriterien zu treten hätten, wie K. Bühler es meint, wird nur noch von einer kleinen Anzahl von Psychologen vertreten. Der Vorwurf, daß die Psychoanalyse verschiedene Erklärungsprinzipien (psychologische und physiologische) vermenge, steht in einem genauen Gegensatz zum Vorwurf von Naturwissenschaftlern, daß die Psychoanalyse einseitig psychologisch argumentiere. Im letztgenannten Punkt hatte Spranger gerade einen Ruhmestitel der Psychoanalyse gesehen, und Freuds (fast) strikt psychologische Argumentation gehört aus unserer Sicht zu den Verdiensten der Psychoanalyse. Der Vorwurf schließlich, daß die Psychoanalyse Positionen vertrete, die der Psychologie längst vertraut seien, steht in einem merkwürdigen Gegensatz zum Ärger und zur Ablehnung, die die Psychoanalyse hervorrief. Die Aussage, daß von irgend jemand irgendwo alles schon einmal gesagt wurde, ist immer zu belegen. Relevant erscheint ausschließlich, inwieweit diese Inhalte in der gerade herrschenden Wissenschaft Geltung haben. Hier muß man einfach festhalten, daß es schon vor und neben Freud ein Konzept des Unbewußten gab, daß es aber vor der Psychoanalyse keine Psychologie gab, die ihre Theorie um das Konzept eines dynamischen Unbewußten zentriert hätte.

Den Vorwurf der mangelnden Validität gegenüber der Psychoanalyse muß man auch als von Leuten erhoben einschätzen, deren eigene theoretische Konstruktionen aus heutiger Sicht kaum valider als die Psychoanalyse waren. Wenn die *naturwissenschaftlich* orientierten Psychologen beharrlich diesen Punkt betonen, so ist das im Sinne des oben Ausgeführten durchaus folgerichtig.

Sinnvoll und heute bereits weitgehend in das Methodenbewußtsein vieler Psychoanalytiker eingedrungen ist die Kritik an der Datengewinnung und Dateninterpretation. Mit Sicherheit wird kein Psychoanalytiker heute mehr eine derart suggestive Fragetechnik anwenden wie sie etwa der Vater des kleinen Hans in dessen Analyse praktiziert. Das Bewußtsein um die Mikro-Sensibilität im menschlichen Interaktionsprozeß ist durch die Bearbeitung der Vorgänge von Übertragung und Gegenübertragung an zentraler Stelle innerhalb der Psychoanalyse heute dem Methodenbewußtsein der Hochschulpsychologie in diesem Punkte sogar überlegen. Doch ist das eine Entwicklung der letzten drei Jahrzehnte, die allerdings noch von Freud induziert wurde. Auch die naive Gleichsetzung der Assoziationskette mit einer Kausalkette wird in dieser Form kaum ein Psychoanalytiker heute noch akzeptieren, wenn es auch damals der Fall gewesen sein mag. Aber wichtige Theoriestücke von Freud, insbesondere die über die Rolle der Phantasien der Neurotiker lassen an der generellen Verbreitung einer solchen Gleichsetzung schon zum damaligen Zeitpunkt zweifeln. Die Kritik am damaligen Interpretationskonzept der Psychoanalyse ist durchaus zutreffend, soweit dieses historische Vorgänge rekonstruieren wollte. Heutzutage ist – es sei dahingestellt ob zum Vor- oder Nachteil der Psychoanalyse – die Deutung im Rahmen der Rekonstruktion historischer Vorgänge stark in den Hintergrund getreten. Eine Trauminterpretation nur anhand eines Symbolkatalogs ist in der Tradition der klassischen Psychoanalyse unvorstellbar. Andererseits entzog sich aber schon damals der Kritik am Deutungsbegriff, daß es sich hier unter anderem um Vorgänge innerhalb eines therapeutischen Prozesses handelte, deren primäre Aufgabe nicht unbedingt die war, historische Wahrheit wieder aufzudecken, auch wenn dies vielleicht damals in der Theorie noch eher angenommen wurde. Die Frage der Übertragung am Neurotiker gewonnener Befunde auf den Gesunden ist sicher problematisch, – allerdings nicht minder problematisch als die Übertragung von an Tieren gewonnenen psychologischen Gesetzen auf den Menschen, was sich in der damaligen Psychologie gerade durchzusetzen begann. An vielen Punkten, z. B. der Methodenkritik W. Sterns, zeigt die Psychologie eine Scharfsicht, die ihr für die eigene Position durchaus fehlt. Wenn Stern immer wieder naiv betont, daß er in seinen Beobachtungsdaten keinerlei Hinweise auf das Vorliegen infantiler Sexualität gefunden habe, dann fehlt gerade jene Reflektion der eigenen

Datenauswahl (als Vorentscheidung), deren Nichtbeachtung er den Psychoanalytikern vorwirft.

Das Zentrum der inhaltlichen Kritik an der Psychoanalyse war der Punkt der Sexualität. Wenn wir unsere Meinung zusammenfassen, so haben wir den Eindruck, daß in diesem Punkt die damalige Kritik am Ziel vorbeischoß wie bei keinem zweiten. Dabei ist völlig unbestritten, daß in der seinerzeitigen psychoanalytischen Literatur gerade mit den verschiedenen Facetten des Konzeptes von der Sexualität teilweise abstruser Unsinn verzapft wurde. Wo die Kritik diesen Übertreibungen gilt, ist sie berechtigt. Es dürfte für die damaligen Psychologen wohl auch schwierig gewesen sein, zwischen Übertreibungen und wesentlichen Fortschritten zu differenzieren. Teilweise waren sich die Psychoanalytiker in dieser Frage selbst uneins. Kaum einer der Autoren erfaßte jedoch seinerzeit, welch wichtigen Fortschritt das psychoanalytische Konzept des als Libido aufgefaßten Sexualtriebes zusammen mit dem Konzept vom Unbewußten für die Motive des gesunden und des kranken Menschen bedeutete. Fast alle Zustimmung, die hier gebracht wird, ist gleichzeitig so relativiert, daß man sie kaum ernst nehmen kann. Und fast alle Ablehnung ist so persönlich affektiv verfärbt und verzerrt, daß man die Auffassung der damaligen Psychoanalytiker, diese Reaktion bestätige doch gerade die Richtigkeit ihrer Theorie, keineswegs zur Seite schieben kann. Wenn Professoren in einer wissenschaftlichen Sitzung Wutanfälle bekommen und in Sachen Psychoanalyse nach der Sittenpolizei rufen (dieser »Ausfall« geht allerdings auf das Konto von Psychiatern, nicht von Psychologen), dann besteht die Frage zu Recht, wo denn nun eigentlich das wissenschaftliche Problem dabei liegt. In engem Zusammenhang mit diesem Punkt steht ein Großteil der weltanschaulichen Kritik, die wie alle Kritik gegenüber der Aufklärung natürlich auch den Vorwurf des »Verderbnis der Jugend« an erster Stelle bringt. Die Psychoanalyse hat in den letzten Jahrzehnten auch ihre Position zur Rolle der Sexualität innerhalb der menschlichen Motivation deutlich verändert und relativiert. Wahrscheinlich ist die Psychoanalyse aber weiterhin in keinem Punkt von der heutigen Psychologie so sehr getrennt wie in der Einschätzung der Rolle der Sexualität (und der Aggression) sowie des Unbewußten für die menschliche Motivation.

Der Vorwurf der mangelnden Sachkenntnis auf psychologischem Gebiet trifft für Freud wie auch die Mehrzahl der frühen

Psychoanalytiker zu. Wenn allerdings Freud vorgeworfen wurde, daß er sich um die psychologische Rezension seiner Werke nicht schere, dann muß man feststellen, daß die Mehrzahl dieser Rezensionen so verfaßt war, daß eine positive Rezeption durch die Psychoanalyse erschwert wurde. Der Vorwurf der mangelnden Sachkenntnis meint aber auch das Monopol der eigenen Forschungsmethode. Hier lassen sich die Andersdenkenden wieder leicht zu wissenschaftlich nicht Ausgewiesenen erklären. Die Kritik der Entwicklungspsychologen, daß die Psychoanalyse nicht über Direktbeobachtungen an Kindern verfüge, scheint auf fruchtbaren Boden gefallen zu sein. In den letzten Jahrzehnten sind eine Reihe von Psychoanalytikern mit Untersuchungen an Kindern hervorgetreten, die auch innerhalb der Hochschulpsychologie Anerkennung fanden. Andererseits wurde in der späteren Entwicklung der Psychologie gerade das psychoanalytische Gedankengut für die Hypothesenbildung zu diesem Punkt von Bedeutung.

Zur weltanschaulichen Kritik an der Psychoanalyse läßt sich wenig sagen. Sie ist eben weltanschaulich.

Die positive Rezeption der Psychoanalyse in der deutschen Psychologie verdient das Gesamtprädikat »ausgesprochen dürftig«. Einige Einzelkonzepte, einige Beiträge zum Verständnis von Träumen und ganz wenige Hinweise auf die Rolle der Sexualität für die menschliche Motivation wurden rezipiert. Der Tenor z. B. der Lehrbücher ist eher der, daß die psychoanalytischen Ansichten im günstigsten Falle freundlich referiert, aber an kaum einer Stelle integriert werden. Daß die Psychoanalyse eine geschlossene Theorie der menschlichen Motivation schuf, die gerade über das Triebkonzept eine dialektische Interaktion zwischen Innenwelt und Außenwelt erfaßt, entging praktisch der gesamten Psychologie. Hier muß als große Ausnahme der Name von Karl Bühler genannt werden, der bei aller Kritik der Psychoanalyse gerade diesen Punkt nachhaltig unterstrich. Auch Eduard Spranger hat im Rahmen seiner scharfen Kritik Beiträge der Psychoanalyse zu einer Theorie der menschlichen Motivation erfaßt und gewürdigt. Die Auffassung von Bry und Rifkin (1962), daß die zeitgenössische Rezeption der Psychoanalyse – am Beispiel der »Traumdeutung« – eher intensiv war, erscheint uns für den Bereich der Psychologie eine Fehleinschätzung. So ist z. B. deren Beurteilung der Sternschen Rezension der »Traumdeutung« als wohlwollend kaum nachvollziehbar.

Ein eindrücklicher Beleg, wie wenig die Psychoanalyse von der Psychologie zwischen 1895 und 1933 im deutschsprachigen Raum rezipiert wurde, erscheint uns die Kenntnis, die dem heutigen Psychologiestudenten über die Psychoanalyse vermittelt wird. Diese Kenntnis, wenn eine Vermittlung überhaupt erfolgt, entstammt fast ausschließlich der angelsächsischen Literatur. Da eine deutschsprachige Überlieferung offenbar nicht besteht und die Kontakte der zeitgenössischen deutschen Psychologie zur zeitgenössischen deutschen Psychoanalyse denkbar flüchtig sind, werden die klassischen Begriffe aus dem Amerikanischen ins Deutsche zurückübersetzt, so daß ein Psychoanalytiker Mühe hat, sie wiederzuerkennen. Da wird von »Instinkten«, »Verteidigungsmechanismen«, »Kathexen« (statt von Trieben, Abwehrmechanismen und Besetzungen) usw. geredet, daß einem rasch deutlich wird, in welchem Maße Freud für die deutsche Psychologie ein »vergessener Autor« geworden ist. Vor 50 Jahren war im deutschsprachigen Raum die Psychoanalyse der Psychologie zumindest die Auseinandersetzung wert.

6. Zusammenfassung

Untersucht wird die Rezeption der Psychoanalyse in der Psychologie im deutschsprachigen Raum zwischen 1895 und 1933. Nach operationaler Festlegung der verwandten Begriffe wird die wissenschaftliche Situation der Psychologie und der Psychoanalyse im angegebenen Zeitraum umrissen. Die Intensität der Auseinandersetzung wird durch systematisches Studium von Zeitschriften und Lehrbüchern erfaßt. Die inhaltliche Rezeption der Psychoanalyse wird dargestellt am Beispiel der »Traumdeutung« und der »Drei Abhandlungen zur Sexualtheorie« sowie sieben ausgewählter Autoren. Die Ergebnisse lassen sich zusammenfassen: 1. Die Intensität der Auseinandersetzung ist mäßig. 2. Die Kritik überwiegt die Zustimmung bei weitem. 3. Die formale Kritik ist stärker vertreten als die inhaltliche. 4. Die schärfste inhaltliche Kritik richtet sich gegen die psychoanalytische Sexualtheorie. 5. Von einer Integration psychoanalytischer Ansätze in die Psychologie ist wenig zu verspüren.

/ II Dokumente

Dokument Nr. 1

Meumann (1903)

(Aus dem Vorwort des 1. Bands des »Archiv für die gesamte Psychologie«)

Als ein Dokument dieses wachsenden Bewußtseins der Gemeinsamkeit der Arbeit und der Gleichheit der Ziele will das Archiv für die gesamte Psychologie betrachtet sein. Es tritt nicht als eine neue Zeitschrift unter zahllosen andren auf den Plan, sondern als die erweiterte Fortsetzung der Philosophischen Studien, die lange Zeit als das alleinige Organ für die Veröffentlichung experimentell-psychologischer Arbeiten dastanden. Die »Studien« Wundts waren, entsprechend der Entwicklung der experimentellen Psychologie, anfangs ein Kampforgan, das der neuen psychologischen Methode die Wege bahnen sollte und gebahnt hat. Durch die Erweiterung ihres Programms zu einer allgemein psychologischen Zeitschrift möchten die Herausgeber bekunden, daß sie die Zeit für gekommen erachten, um auf dem einstigen Kampfesboden zahlreiche Psychologen zu gemeinsamer Arbeit zu vereinigen.

Damit aber dürften die Bedürfnisse nicht erschöpft sein, denen eine allgemeine psychologische Zeitschrift in unsrer Zeit zu dienen hat!

Der heutigen Psychologie droht eine andre größere Gefahr als der Mangel an Einigkeit unter den Psychologen: es ist die Zersplitterung der psychologischen Einzelforschung, die einerseits durch die immer weiter getriebene Spezialisierung der Probleme, sodann aber mindestens ebenso durch die beständig fortschreitende Erweiterung des Umfangsbereichs der psychologischen Forschung, den Überblick über das Ganze immer schwieriger macht. Nicht nur, daß neben die fast unübersehbare Stoffmenge der Individualpsychologie das weite Feld der völkerpsychologischen Untersuchungen getreten ist, wir müssen sogar auf fernere Gebietserweiterungen hoffen, auf den Anbau der Kinderpsychologie, der Tierpsychologie und der Entwicklungspsychologie. Zu dem Ruf nach Einheit und Verständigung gesellt sich so das lebhafte Verlangen nach Konzentration der Forschung! Die Zusammenfassung der gesamten psychologischen Arbeit wird allmählich eine Lebensfrage der Psychologie. Ihr werden zwar in letzter Linie nur übersichtliche Kompendien und erschöpfende und zugleich sichtende Gesamtdarstellungen dienen können, aber das vorbereitende Organ für diese ist die zentralisierende Zeitschrift!

Im Interesse der Einigung und Konzentration der psychologischen Arbeit will das Archiv für die gesamte Psychologie zu wirken suchen. Aber damit soll nicht einem sinnlosen Sammeln von Einzelheiten und einem prinziplosen Eklektizismus das Wort geredet sein! Die Herausgeber hoffen nicht nur dem Verlangen nach Konzentration, sondern auch den Anforderungen an eine kritische Sichtung der Ergebnisse der psychologischen Einzelarbeit durch die äußere Einrichtung des Archivs gerecht zu werden. Neben Abhandlungen aus allen Gebieten der Psychologie wird das Archiv ausführliche kritische Besprechungen wichtiger Werke und in zusammenfassenden Literaturberichten eine Übersicht über den Fortschritt der Forschung im ganzen Interessenbereiche des Psychologen zu geben versuchen, Berichten, denen ebensowohl die Aufgabe der Zusammenfassung des Wertvollen, wie die Ausscheidung des Minderwertigen obliegt.

Dokument Nr. 2

Zeitschrift für Psychologie: Auszug aus den Inhaltsverzeichnissen

1890
Bd. 1 entfällt

1895
Bd. 8 Peretti, 1895, Rezens. Freud, S. »Quelques considérations pour une étude comparative des paralysies motrices organiques et hystériques«, Publications du Progrès méd. Extrait des Archives de Neurologie 77
Peretti, 1895, Rez., S. Freud: »Die Abwehr-Neuro-Psychosen« Neurol. Zentralblatt, 1894, 10 u. 11

1900
Bd. 22 entfällt
Bd. 23 Gaupp, 1900, Rez.: S. Freud: »Über Deckerinnerungen« Monatsschr. f. Psychiatr. u. Neurol. 6, 1899
Bd. 24 entfällt

1905
Bd. 38 K. Abraham, 1905, Rez.: R. Gaupp: »Über den heutigen Stand der Lehre über den ›geborenen Verbrecher‹«, Monatsschr. f. Kriminalpsych, u. Strafrechtsreform, 1904, 1
Bd. 39 entfällt

1910
Bd. 54 Meyer, Semi, 1910, Rez.: S. Freud: »Die Traumdeutung« 2. verm. Aufl., Leipzig und Wien, 1909
Bd. 55 entfällt
Bd. 56 Frischeisen-Köhler, 1910, Rez.: A. Adler: »Die Theorie der Organminderwertigkeit und ihre Bedeutung für Philosophie und

Psychologie«, Wiss. Beilage z. 21. Jahresbericht (1908) d. Philos. Ges. a. d. Univ. Wien, Leipzig, 1908
Umpfenbach, 1910, Rez.: J. Breuer und S. Freud »Studien über Hysterie«, 2. Aufl, Leipzig und Wien, 1909
E. Laqueur, 1910, Rez.: E. Jones »An Attempt to Define the Terms Used in Connection with Right-Handedness«, Psychol. Bulletin 6 (4), 1909

Bd. 57 A. A. Friedländer, 1910, Rez.: Jahrbuch f. psychoanalyt. und psychopathol. Forschung, Hrsg. E. Bleuler, S. Freud, Redig. C. G. Jung, 2 Bde., Leipzig und Wien, 1909
S. Meyer, 1910, Rez.: K. Abraham »Traum und Mythus. Eine Studie zur Völkerpsychologie«, Schriften z. angew. Seelenkunde, Hrsg. S. Freud, Leipzig und Wien, 1909

1915
Bd. 70 Lipps, 1915, Rez.: S. Freud »Totem und Tabu«, Imago 1 u. 2, 1912/13, Leipzig und Wien

Bd. 71 H. Henning, 1915, Rez.: O. Pfister »Prof. Dr. Ernst Dürr und seine Stellung zur Psychoanalyse«, Intern. Z. f. ärztl. Psychoanalyse 2 (1), 1914
S. Meyer, 1915, Rez.: P. Janet »La Psycho-Analyse« J. d. Psychol. norm. et pathol. 8, 1914
H. Henning, 1915, Rez.: K. Weiss »Vom Reim und Refrain«, Imago 2 (6), 1913

Bd. 72 S. Meyer, 1915, Rez.: C. G. Jung »Contribution à l'Etude des Types psychologiques«, Arch. d. Psychol. 13 (52), 1914
H. Henning, 1915, Rez.: S. Freud »Die Traumdeutung«, 4. verm. Aufl. m. Beitr. v. Dr. O. Rank, Leipzig und Wien, 1914
S. Meyer, 1915, Rez.: E. Régis u. A. Hesnard »La Psychoanalyse des Névroses et Psychoses. Ses applications médicales et extramédicales«, Paris, 1914
S. Meyer, 1915, Rez.: Th. Ribot »La Logique affective et la Psychoanalyse«, Rev. philos. 39 (8), 1914

Bd. 73 entfällt

1920
Bd. 83 H. Henning, 1920, Rez.: P. Schilder »Wahn und Erkenntnis« Monogr. a. d. Gesamtgeb. Neurol. u. Psychiatr. 15, Berlin 1918

Bd. 84 J. Fröbes, 1920, Rez.: E. Jones »The Theory of Repression in its Relation to Memory«, Brit. J. o. Psychol. 8 (1), 1915
J. Fröbes, 1920, Rez.: J. C. Flügel »Freudian Mechanisms as Factos in Moral Development«, Brit. J. o. Psychol. 8 (4), 1917
H. Henning, 1920, Rez.: O. Kinberg »Kritische Reflexionen über die psychoanalytischen Theorien« Z. f. d. ges. Neurol. u. Psychol. 37 (3/4), 1917

Koffka, 1920, Rez.: O. Pfister »Psychoanalysis and the Study of Children and Youth«, Amer. J. o. Psychol. 26 (1), 1915

H. Henning, 1920, Rez.: E. Simmel »Kriegsneurosen und ›psychisches Trauma‹«, Leipzig-München, 1918

Bd. 85 H. Henning, 1920, Rez.: P. Schilder »Projektion eigener Körperdefekte in Trugwahrnehmungen« Neurol. Zentralbl. 38 (9), 1919

1925

Bd. 96 K. Goldstein, 1925, Rez.: P. Schilder »Seele und Leben«, Monogr. a. d. Gesamtgeb. d. Neurol. u. Psychiatr. 35, 1923

Düring, 1925, Rez.: A. Adler »Praxis und Theorie der Individualpsychologie«, 2. Aufl., München, 1924

Bd. 97 K. Goldstein, 1925, Rez.: P. Schilder »Medizinische Psychologie«, Berlin 1924

1930

Bd. 114 entfällt

Bd. 115 entfällt

Bd. 116 entfällt

1935

Bd. 134 H. F. Hoffmann, 1935, Rez.: W. Steckel »Der Seelenarzt«, Leipzig-Amsterdam-Wien, 1933

Bd. 135 entfällt

Bd. 136 entfällt

Dokument Nr. 3

R. Müller-Freienfels (1929)

Die Psychoanalyse

Die zweifellos meistumstrittene Richtung in der neueren Seelenforschung ist die »Psychoanalyse«. Sie ist auch in Laienkreisen weithin bekannt geworden, nicht nur trotz, sondern auch infolge der Proteste und Polemiken, die ihr Aufstieg hervorrief. Man hat ihr vorgeworfen, sie sei Pornographie, Charlatanerie, eine magische Praxis, die im besten Fall neben Schamanentum oder Gesundbeterei gehöre, nur Psychologie sei sie nicht. Wir versuchen an dieser Stelle die Psychoanalyse sine studio et ira zu prüfen in Hinsicht darauf, was sie für die allgemeine Seelenkunde bedeutet, ein Gesichtspunkt, unter dem ihre therapeutische Brauchbarkeit nur in der Peripherie auftaucht.

Zuzugeben ist, daß in ihren Ursprüngen die Psychoanalyse kein System der Psychologie war. Aber sie ist eines geworden. Ob man sie so, wie sie heute ist, als Sondergebiet innerhalb der übrigen Seelenforschung oder neben ihr ansehen will, scheint uns eine unwesentliche Frage. Soweit die

Psychoanalyse wertvolle Einsichten erbracht hat, wird die übrige Psychologie jedenfalls gut tun, diese in ihr Gebiet einzubeziehen, statt sie bloß darum zu negieren, weil sie durch eine andere Methode erworben wurden.

Stellen wir zunächst die wichtigsten Etappen der Entwicklung der Psychoanalyse fest: Sie war zuerst eine Behandlungsmethode für neurotische Störungen, besonders für hysterische Phänomene. Unter Ausnutzung und Erweiterung der zunächst zufällig, in der Praxis, gefundenen Voraussetzungen für diese Behandlungsweise wurde sie eine Methode zur Untersuchung seelischer Zustände, die sonst schwer zugänglich sind. Darüber hinaus wuchsen ihr die so gewonnenen Erkenntnisse zu einem komplizierten System, einer besonderen wissenschaftlichen Disziplin zusammen, die von der übrigen psychologischen Wissenschaft in fast allen Grundlehren abweicht. Und letztlich hat man von diesem System aus eine Neufundamentierung der gesamten Kulturwissenschaft versucht.

Wir haben es in unserm Zusammenhang vor allem mit dem Versuch der Psychoanalytiker zu tun, eine systematische Aufhellung des Seelenlebens zu geben. Indessen schicken wir eine kurze Darstellung auch der vorhergehenden Etappen voraus.

Zum ersten Male vor die Öffentlichkeit trat die Psychoanalyse im Jahre 1893 mit der vorläufigen Mitteilung »Über den psychischen Mechanismus hysterischer Phänomene«, der 1895 ein Buch »Studien über Hysterie« folgte. Verfasser waren die beiden Wiener Ärzte Josef Breuer und Sigmund Freud. Der erstere hatte bereits in den Jahren 1880 und 1881 ein an schwerer Hysterie erkranktes Mädchen zu behandeln gehabt, und es war ihm gelungen, sie von ihren Lähmungen und Bewußtseinsstörungen zu befreien, indem er sie in der Hypnose zur Mitteilung der sie beherrschenden Stimmungen und Gedanken veranlaßte. Als einige Jahre später Freud, der in Paris die Schule Charcots kennengelernt hatte, nach Wien zurückkehrte, durchschaute er die prinzipielle Bedeutung des Breuerschen Falls und veranlaßte diesen zu gemeinsamer Durcharbeitung des Problems. Sie nannten das Heilverfahren, dem sie zustrebten, das »kathartische« und begründeten es so, daß sie es als Anlaß der hysterischen Störungen ansahen, wenn ein stark affektbetonter seelischer Vorgang gleichsam »eingeklemmt«, das heißt an der normalen »Abreaktion« verhindert wurde, dadurch auf Abwege geriet und einen Abfluß in die Körperinnervation fand, was die Verfasser als »Konversion« bezeichneten. Die Gelegenheiten der Entstehung solcher pathogenen Vorstellungen nannten sie »psychische Traumen«. Das Heilverfahren, die Katharsis, bestand darin, den eingeklemmten Affekt zum Bewußtsein und normaler Abreaktion zu führen. Damit waren bereits einige Grundgedanken der Psychoanalyse, die Lehre von der Verdrängung, von der Bedeutung, des Unbewußten und der Durchbrechung der Zensur durch das Bewußtsein keimhaft ausgesprochen. Der weitere Ausbau dieser Erkenntnisse zur eigentlichen

Psychoanalyse ist in erster Linie das Werk Freuds. Breuer zog sich zurück.

Freuds Arbeit ging nun zunächst daraus aus, die Voraussetzungen jenes Heilverfahrens zu klären und auszubauen. Die hypnotische Behandlung zur Aufhellung der unbewußten affektiven Tatbestände ließ er fallen und setzte an dessen Stelle eine Wachbehandlung. Er bildete ein Verfahren aus, mit Hilfe der »freien Assoziation« die Patienten zum Bewußtmachen und zur Mitteilung der eingeklemmten Zustände, für die jetzt die Bezeichnung »Verdrängung« eintrat, zu veranlassen. Das gelang besonders dadurch, daß die gegen die Bewußtmachung und Mitteilung bestehenden Hemmungen hinweggeräumt wurden. Auf diese Weise erhielt Freud eine Menge von Material, das auf einen verborgenen Sinn hinwies. Die Aufgabe des Arztes dem so gewonnenen Material gegenüber war die einer »Deutung«. Es galt die Aussagen der Patienten so aufzufassen, als seien sie Anspielungen auf ein bestimmtes, zu erratendes Thema. Diese Deutung war zunächst Sache einfühlenden Taktes, wurde jedoch allmählich in gewisse methodische Formen gebracht.

Zu Hilfe kamen dem Verfahren der freien Assoziation weitere Möglichkeiten: das Verständnis von Fehlleistungen und Zufallshandlungen, die Deutung der Träume und die Enthüllung der im Traum, aber auch im Wachleben allenthalben eintretenden symbolischen Verhüllung. In mehreren umfangreichen Werken hat Freud diese Möglichkeiten erörtert. In seinem Buche »Zur Psychopathologie des Alltags« behandelt er die Probleme des Vergessens, des Versprechens, des Vergreifens, des Aberglaubens und des Irrtums; und zwar sucht er allenthalben zu zeigen, daß hier nicht bloßer Zufall spiele, sondern daß strenge Determinierung durch das Unbewußte vorliege und man aus solchen Fehlleistungen die verdrängten Komplexe in den Untergründen der Seele erschließen könne. – In ähnlicher Weise suchte er auch das Traumleben nicht als Ausgeburt leerer Phantasie, sondern als sinnvolle Offenbarung der Tiefenschichten der Seele zu verstehen. Der Traum erscheint in der Regel als »Wunscherfüllung« des Unbewußten. Daß das nicht immer ohne weiteres durchschaut wird, liegt nach Freud daran, daß die Traumphantasie sich in »archaischen« Formen ausspricht und zugleich einer »Zensur« unterliegt, die von jenen seelischen Kräften ausgeübt wird, die während des Wachlebens die unbewußten Wunschregungen verdrängen. Daher kommt es denn auch, daß sich der Traum mannigfacher »Symbole« bedient, die sich auch im Wachleben, in sprachlichen Metaphern und mythologischen Vorstellungen, finden. Aufgabe der Deutung ist es, gleichsam hinter diese Symbolik zu schauen und die wahren Motive aufzuspüren.

Auf diese Weise nun ergab sich für Freud, daß die wichtigste Rolle unter den Verdrängungskomplexen des Unbewußten die Sexualität, die Libido, spiele, und so kommt es, daß die Psychoanalyse sich besonders der Erforschung des Sexuallebens zugewandt hat. Gerade die subtile Sexualtheorie Freuds hat der Psychoanalyse den sensationellen Charakter gegeben, wegen dessen sie berühmt und berüchtigt ist.

Die wichtigste Neuerung, die die psychoanalytische Sexualtheorie gebracht hat, ist die, daß sie das Sexualleben nicht etwa, wie es sonst üblich war, mit der Pubertät beginnen ließ, sondern den ausführlichen Nachweis unternahm, daß es schon eine infantile Pubertät gäbe, die in der Zeit vom ersten bis fünften Lebensjahre sich deutlich offenbare. Es wird eine Entwicklungsfolge von mehreren Organisationsstufen der Libido, die aus Partialtrieben zusammengesetzt gedacht wird, konstruiert. Die erste, prägenitale Stufe ist die orale, in der die Mundzone des Säuglings die Hauptrolle spielt. In erster Linie wird hier das Lutschen (Freud sagt zumeist »Ludeln«) als Sexualäußerung gefaßt. »An der sexuellen Natur dieses Triebes hat noch kein Beobachter gezweifelt« meint Freud in bezug auf das Wonnesaugen und die damit verknüpften Betätigungen. Die zweite Stufe ist die »sadistisch-anale«, worin der Partialtrieb des Sadismus und die Afterzone eine besondere Rolle spielen sollen. Die dritte und endgültige Organisationsstufe ist die Zusammenfassung der meisten Partialtriebe unter dem Primat der Genitalzonen. »Sie hat einen Vorläufer in der phallischen Genitalorganisation, welche schon in der Kindheit erreicht wird und sich dadurch auszeichnet, daß sie nur ein Genitale, das männliche, kennt. Diese Entwicklung wird in der Regel rasch und unauffällig durchlaufen, doch bleiben einzelne Anteile der Triebe auf den Vorstufen des Endausgangs stehen und ergeben so die Fixierungen der Libido, welche als Dispositionen für spätere Durchbrüche verdrängter Strebungen wichtig sind und zur Entwicklung von späteren Neurosen und Perversionen in bestimmter Beziehung stehen.«

Objekte der infantilen Sexualität sind einerseits der eigne Körper, anderseits die Mutter, resp. der Vater. Jenes führt zum »Autoerotismus«, dieses zum »Ödipuskomplex«. Mit dem von Havelock Ellis stammenden Ausdruck »Autoerotismus« bezeichnet Freud den Tatbestand, daß der Sexualtrieb nicht auf andre Personen gerichtet ist, sondern sich am eignen Körper befriedigt. Die meisten Partialtriebe der Libido machen nach Freud eine Periode intensiver autoerotischer Befriedigung durch. Daneben stellt sich schon in den ersten Jahren eine Zusammenfassung der Sexualstrebungen des Knaben in Richtung auf die Mutter her, zumeist begleitet von Rivalitätsgefühlen in bezug auf den Vater. Daraus erwächst später unter Einfluß der Inzestschranken der Ödipuskomplex. In der Pubertät lebt die kindliche Objektwahl wieder auf. Normale Individuen kommen darüber hinweg, Neurotiker nicht und schwere Störungen können daher sich ergeben.

Aus der Fortsetzung des Studiums der verdrängten seelischen Zustände hat sich nun in neuester Zeit ein ziemlich ausgeführtes psychologisches System herausentwickelt, das in wesentlichen Zügen abweicht von dem, was die sonstige psychologische Wissenschaft lehrt. Es ist zwar zum Teil implicite schon in früheren Schriften Freuds enthalten, hat jedoch beträchtliche Wandlungen durchgemacht und ist heute vor allem in den Spätschriften »Jenseits des Lustprinzips«, »Massenpsychologie und Ichanalyse« und »Das Ich und das Es« zu finden. Zum Aufbau dieses Systems hat auch die Arbeit anderer Psychoanalytiker (denn die Bewegung hat sich in den letzten Jahrzehnten über fast alle Kulturländer ausgebreitet) mancherlei beigetragen.

Im Mittelpunkt des Interesses bleibt nach wie vor das »Unbewußte«. Die Psychoanalyse verlegt nicht, wie die meisten Psychologen, das Wesen alles Psychischen ins Bewußtsein, sondern sieht das Bewußtsein nur als eine Qualität des Psychischen an, die zu andern Qualitäten hinzukommen oder wegbleiben mag. Der Begriff des Unbewußten spaltet sich jedoch in mehrere Unterabteilungen: das Vorbewußte, das heißt das Latente, aber Bewußtseinsfähige, und das Verdrängte, das heißt das an sich und ohne weiteres nicht Bewußtseinsfähige. Dies durch die Verdrängung Beseitigte stellt sich in der Analyse dem Ich gegenüber, und es ist die Aufgabe der Psychoanalyse, die Widerstände aufzuheben, die das Ich gegen die Beschäftigung mit dem Verdrängten äußert. Freilich ist nicht alles Unbewußte verdrängt; es gibt noch eine weitere Sphäre des Unbewußten. Alles Unbewußte jedoch faßt nun Freud (mit einem Ausdruck von Groddeck) zusammen als das Es; dies ist ein System von Psychischem, dem das Ich aufsitzt, wie die Keimscheibe dem Ei. Schematisch wird das folgendermaßen dargestellt:

Das Ich ist entwickelt aus dem System der Wortvorstellungen, an die die vorbewußten Inhalte sich anlehnen, während für die unbewußten Inhalte, das Es, diese Anlehnung fehlt. Das Ich repräsentiert, was man Vernunft und Besonnenheit nennen kann, das Es dagegen enthält die Leidenschaften. Die Wahrnehmung spielt für das Ich die Rolle, welche im Es dem Trieb zufällt. Dem Ich kommt normalerweise die Herrschaft über die Motilität zu. Überhaupt spielt der eigne Körper eine große Rolle für die Absonderung des Ich vom Es.

Indessen ist innerhalb des Ich noch eine Differenzierung vorzunehmen, eine besondere Stufe, die Freud das Ich-Ideal oder das Über-Ich nennt. Die Entstehung dieses Ichideals wird nun auf infantile sexuelle »Objektbesetzung« und »Identifizierung« zurückgeführt, denn hinter ihr verbirgt sich die erste und bedeutsamste Identifizierung des Individuums, die mit dem »Vater«, die normalerweise eintritt, wenn der Ödipuskomplex untergeht. So erfährt die Männlichkeit im Charakter des Knaben eine Festigung, während beim Mädchen die Ödipuseinstellung in eine Identifizierung mit der Mutter ausläuft, wodurch der weibliche Charakter des Kindes festgelegt wird. Bei Neurotikern dagegen sind Komplikationen enthalten, insofern hier der »vollständigere Ödipuskomplex« anzunehmen ist, der ein positiver und negativer ist, abhängig von der ursprünglichen Bisexualität des Kindes: das heißt der Knabe hat nicht nur eine ambivalente Einstellung zum Vater und eine zärtliche Objektwahl für die Mutter, er benimmt sich auch gleichzeitig wie ein Mädchen, er zeigt die zärtliche feminine Einstellung zum Vater und die ihr entsprechende eifersüchtig-feindselige gegen die Mutter. Indessen ist das Über-Ich nicht bloß ein Residuum der ersten Objektwahlen des Es, sondern hat auch die Bedeutung einer energischen Reaktionsbildung gegen dieselben. Es herrscht auch als Gewissen und oft als unbewußtes Schuldgefühl über das Ich. Das Ich-Ideal ist die Repräsentanz unsrer Elternbeziehung: als kleine Kinder haben wir diese als höhere Wesen gekannt, bewundert, gefürchtet, später sie in uns selbst aufgenommen. Während das Ich vermutlich Repräsentant der Außenwelt, der Realität ist, ist das Über-Ich Anwalt der Innenwelt. Was im einzelnen Seelenleben dem Tiefsten angehört hat, wird durch die Idealbildung zum höchsten der Menschenseele im Sinne der ethischen Werte.

Von der Erkenntnis der Gliederung des seelischen Lebens in ein Es, ein Ich und ein Über-Ich sollen sich nun neue Einblicke in die Dynamik der seelischen Beziehungen ergeben. Freud unterscheidet zwei Triebarten: die Sexualtriebe oder Eros einerseits, und andrerseits den Todestrieb, dem die Aufgabe zufällt, das organisch Lebende in den Zustand der Leblosigkeit zurückzuführen.

Eine sachliche Würdigung der Psychoanalyse ist heute außerordentlich schwer. Zunächst ist die ganze Forschung noch nicht abgeschlossen, sondern in lebhaftem Flusse. Dazu haben viele unkritische Jünger gewisse Einseitigkeiten ins Absurde übersteigert, also daß die Bewegung vielfach den Charakter einer fanatischen Seite annimmt, die jeder Kritik unzugänglich ist. Man hält sich daher am besten an die Schriften des Meisters selbst.

Anzuerkennen ist da zunächst, daß Freud mit genialischem Scharfblick zunächst Sonderphänomene im Seelenleben aufgedeckt hat, an denen die Psychologie bisher achtlos vorübergegangen war. Die Tatsache der Verdrängung, überhaupt die Bedeutung des Unbewußten, das zu einem ganz neuen Begriff wird, ferner die starke Betonung der Wirksamkeit der sexuellen Libido, die Traumpsychologie, die Erkenntnis der Rolle der Eltern, alles das sind zweifellos höchst wertvolle Entdeckungen. Vermindert wird allerdings dieser Wert – und hier hat die Kritik vor allem eingesetzt – durch Einseitigkeiten und Übertreibungen. Dazu gehört vor allem die Überbetonung der Sexualität. Freud hat als Arzt seine Beobachtungen vor allem an pathologischem Material gemacht und diese Beobachtungen nun ohne weiteres auf die Seele überhaupt übertragen. Dadurch wird auch die prinzipielle Systematik, die uns hier vor allem angeht, in ihrer Allgemeingültigkeit stark herabgesetzt. Alles Seelenleben erscheint letztlich nur als Manifestation der sexuellen Libido, und das ist eine unhaltbare Übertreibung, auch wenn man zugibt, daß die Sexualität in allen Seelenregungen eine größere Rolle spielt, als man gemeinhin angenommen hatte.

Gerade in der Fassung des Libidobegriffs sind daher auch zahlreiche Schüler Freuds, außer dem gesondert zu betrachtenden Alfred Adler vor allem die Züricher Schule unter Führung C. G. Jungs, von Freud abgewichen. Bei diesen wird der Begriff der Libido so erweitert, daß die Sexualität stark zurücktritt, und Libido fast gleichbedeutend mit Lebenskraft, élan vital, dem »Willen« Schopenhauers wird. Jungs am meisten beachtete Arbeit ist eine Typologie, in der er eine fundamentale Zweiheit statuiert: den Introversions- und den Extraversions-Typus. Jener ordnet das Ich und den subjektiven Vorgang dem Objekt und dem objektiven Vorgang über, sieht das Subjekt auf höherem Wertniveau. Der extravertierte Typus dagegen ordnet das Subjekt dem Objekt unter, wobei dem Objekt der überragende Wert zukommt. Diese beiden Typen werden von Jung zur Erklärung einer Menge geisteswissenschaftlicher Probleme herangezogen, wobei das »Unbewußte« sehr stark herangezogen wird, die Sexualität jedoch im Vergleich zu der älteren Schule Freuds zurücktritt.

Nachdem wir kurz die Hauptgedanken der Psychoanalyse und ihre Wandlungen skizziert haben, müssen wir die Stelle rechtfertigen, die wir ihr innerhalb unsrer Systematisierung der psychologischen Bestrebungen angewiesen haben. Es ist dabei zuzugeben, daß Freud in der Hauptsache sich seinen Weg gesucht hat, ohne auf die Einzelergebnisse der übrigen Psychologie einzugehen. Auch ist ferner zuzugeben, daß er als Sohn des neunzehnten Jahrhunderts in seinen Anfängen durchaus abhängig ist von dem Assoziationismus und Mechanismus dieser Epoche. Er spricht auch heute noch gern von Mechanismen und legt seinen Darstellungen des Seelenlebens ein Denkmodell zugrunde, das durchaus der Physik entnommen ist, also daß er sich z. B. die Libido als »Energie« vorstellt, die verwandelbar ist wie die »Energie« in der Physik, wogegen man mit Recht Einwände erheben kann. Trotzdem stecken in seinen Lehren Elemente, die seine Psychoanalyse durchaus zur Gruppe der subjektivierenden Forscher hinüberführen. Schon die Erkenntnis der fundamentalen Bedeutung des Trieb- und Affektlebens, als dessen Abhängige die Vorstellungswelt gedacht wird, unterscheidet ihn stark von der objektivierenden Psychologie. Auch ist ihm die Analyse des Bewußtseins niemals Selbstzweck, sondern wesentlich ein Mittel, um dahinter, in den Tiefen, die eigentlichen Motive zu entschleiern, von denen das Bewußtsein dirigiert wird. Er weicht allerdings insofern von den meisten andern subjektivierenden Psychologen ab, als er das Ich als bewußt faßt und ihm das Unbewußte gegenüberstellt, während sonst das Ich als ein das Bewußtsein und das Unbewußte übergreifendes Ganzes gefaßt wird. Indessen ist dieser Unterschied mehr terminologischer Art, da ja auch die andern Denker innerhalb ihres Ichbegriffs eine Bewußtseinssphäre von einer Sphäre des Unbewußten unterscheiden müssen. Von der reinen Kausalitätstheorie unterscheidet sich Freud weiterhin, daß er im Seelenleben allenthalben, wenn auch unbewußt, teleologische Tendenzen annimmt. Die Verdrängung, die Zensur, auch die Sublimierung und andere Prinzipien der Psychoanalyse werden durchaus von Zielstrebigkeit beherrscht, also daß auch bei Freud das Ich letztlich als teleologisches Prinzip erscheint.

Auch die Anwendung der Psychoanalyse beweist, daß ihre Tendenz in der Richtung der subjektivierenden Psychologie liegt. Sie sucht nicht die Elemente des Bewußtseins zu ermitteln, sondern strebt danach, Individuen in ihrer gesamten Lebenshaltung zu verstehen. Trotz ihres naturwissenschaftlich-medizinischen Ausgangs hat sie sich daher auch geisteswissenschaftlichen Problemen zugewandt, da sie überzeugt ist, von ihren Entdeckungen aus ein neues Verständnis der Kulturerscheinungen zu erschließen. Sie kann gerade hier darauf hinweisen, daß bereits Nietzsche manche Anregungen gegeben hat, die in der Psychoanalyse erweitert werden. So hat man vor allem das Schaffen der Künstler unter psychoanalytische Betrachtungsweise gerückt, so hat man sittliche und religiöse Erscheinungen unter diesem Gesichtspunkt studiert (Freud selbst vor allem die Begriffe des Totem und des Tabu), ja selbst die Philosophie erscheint als Sublimierung und Wunschbefriedigung der Libido. Wie überall in der psychoanalytischen Forschung steht auch hier Wertvolles dicht neben Absurdem. Es wird Aufgabe jeder künftigen Seelenforschung sein, hier das Halt- und Fruchtbare von nachweisbar Irrtümlichem und Verzerrtem zu sondern. *(Aus: »Die Hauptrichtungen der gegenwärtigen Psychologie«, Leipzig 1929, S. 98 ff.)*

Dokument Nr. 4

W. Stern (1901)

(Rezension von S. Freud, »Die Traumdeutung«, Leipzig und Wien, Deuticke, 1900, 371 S.)

Das merkwürdige Buch des Wiener Nervenarztes sucht dem so oft bearbeiteten und doch immer nicht geklärten Problem des Traumes von einer gänzlich neuen Seite her nahe zu kommen. Wie schon der Titel ergibt, sieht F. im Traum nicht ein Phänomen, das lediglich in seiner, der Wahrnehmung und Erinnerung zugänglichen, unmittelbaren Beschaffenheit aufgefaßt und beurtheilt werden will, sondern ein solches, das auf irgend etwas nicht direct Gegebenes *deutet*, das einen wirklichen *Sinn* hat. Natürlich ist seine Traumauslegung nicht mit der der alten Seher und der neuen Traumbücher zu identificiren; sie geht nicht auf etwas Äußeres, Objectives, Zukünftiges, sondern auf etwas Subjectives, auf tieferliegende, vollwichtige und sinnvolle psychische Acte, durch welche der so absurde, ideenflüchtige, verworrene und unzusammenhängende Trauminhalt in allen seinen Theilen Bedeutsamkeit und innige Beziehungen zu wesentlichen Zügen der träumenden Persönlichkeit erhalten soll.

Die Hauptgedanken des Werkes lassen sich in folgenden Sätzen zusammenfassen: *Jeder Traum stellt eine Wunscherfüllung dar.* Nicht so sehr Wünsche momentaner Art, sondern chronische, meist schon von der Kinderzeit her im Unbewußten schlummernde Wunschtendenzen sind es, die im Traume Verwirklichung erfahren. Nur selten freilich ist der manifeste Trauminhalt eine directe Darstellung des Wunschzieles (so wenn das Kind den von den Eltern versagten Genuß als erreicht träumt). Meist dagegen zeigt der unmittelbare Aspect nichts von einem Wunsche, oft vielmehr sehr Unerwünschtes, Trauriges und Ängstliches, oft auch gänzlich Indifferentes; aber hier läßt eine an der Traumerinnerung arbeitende Analyse erkennen, daß die scheinbar sinnlosen Bestandtheile des Traumes vermöge mannigfacher oft höchst krauser Associationen (die stets an indifferente Eindrücke des letzten Tages anknüpfen) auf Vorstellungen zurückweisen, welche mit Wünschen des Träumenden in innigem Zusammenhang stehen; diese so nachgewiesenen Wünsche bilden den eigentlichen Bestimmungsgrund und Sinn des Traumes, für den das unmittelbare Traumerlebnis daher nur symbolischen Charakter hat. Die Frage, warum denn aber die Traumwünsche sich meist in solchen absonderlichen Verstellungen kundgeben, beantwortet F. durch Einführung einer höheren psychischen Instanz, die eine Art von Censur übt und die er schematisch zwischen das Unbewußte und das Bewußtsein als das »Vorbewußte« einschiebt. Sie spielt etwa eine ähnliche Rolle dem latenten Vorstellungsinhalt gegenüber wie die Wundt'sche »Apperception« und bewirkt im Traum, nur im minderen Maaße, das, was sie beim Wachen in viel vollkommeneren Maaße leistet: nämlich kritische Unterdrückung oder zum mindesten Unschädlichmachung jener Nachtseiten des psychischen Daseins, deren Entfesselung unsere Existenz stören oder entwürdigen müßte. Diese Censur übende Thätigkeit nun ist durch die besonderen Bedingungen des Schlafes zwar nicht aufgehoben, aber doch herabgesetzt. Kann sie daher die im Unbewußten weilenden Wünsche auch nicht wie im Wachzustande unterdrücken, so ist sie doch stark genug, sie nicht nackt und unverhüllt ins Bewußtsein passiren zu lassen und unterzieht sie daher einer Umgestaltung, unter der sie einen harmlosen, ja sinnlosen Eindruck machen – ähnlich etwa wie die Theatercensur irgend eine in ihren Beziehungen durchsichtige Persönlichkeit durch eine mit anderem Namen oder anderem Kostüm ersetzt.

Zu dieser Wunschtraumtheorie ist F. offensichtlich durch ähnliche Gedankengänge hingeleitet worden wie es jene waren, die ihn schon früher zum Versuch einer Erklärung und darauf basirten neuen Therapie der Hysterie geführt hatten: auch in den hysterischen Symptomen sieht er die an ganz indifferente Äußerlichkeiten sich klammernde Symbolik für unbewußte Wunschtendenzen; es gilt nur, diese letzteren durch eine vom

Patienten selbst vorzunehmende Analyse seiner seelischen Verflechtungen ins Bewußtsein zu ziehen, um sie unschädlich zu machen und ihre Symptome zu beseitigen. –

Wir müssen gestehen, daß diese neuartige Betrachtung des Traumlebens und seine an vielen Stellen vorgenommene Analogisirung zu pathologischen Zuständen uns manche interessanten Perspectiven eröffnet, obgleich die Theorie selbst aus gleich zu besprechenden Gründen Ablehnung finden muß. Werthvoll erscheint mir vor Allem das Bestreben, sich bei der Erklärung des Traumlebens nicht auf die Sphäre des Vorstellungslebens, des Associationsspiels, der Phantasiethätigkeit, der somatischen Beziehungen zu beschränken, sondern auf die mannigfachen, so wenig bekannten Fäden hinzuweisen, die in die kernhaftere Welt der Affecte hinunterleiten und vielleicht erst in der That die Gestaltung und Auswahl des Vorstellungsmaterials verständlich machen werden. Auch sonst enthält das Buch viel Einzelheiten von hohem Anregungswerth, seine Beobachtungen und theoretische Ausblicke; vor Allem aber ein außerordentlich reichhaltiges Material an sehr genau registrirten Träumen, das jedem Arbeiter auf diesem Gebiete hochwillkommen sein muß.

Dagegen muß leider der Hauptinhalt des Buches als verfehlt und unannehmbar bezeichnet werden. Wie nämlich beweist Verf. seine oben geschilderte Theorie? Durch eine Reihe durchgeführter Deutungen von Träumen seiner selbst und seiner Patienten. Diesen Deutungen aber steht der nüchterne Leser zuerst abwartend, dann zweifelnd, endlich aber mit einem immer energischeren Schütteln des Kopfes gegenüber. Die angewandte Methode ist die folgende: Zunächst wird der Trauminhalt einfach verzeichnet. Dann beginnt die »Psychoanalyse«. Der Geträumthabende nimmt sich sein Traumreferat vor und läßt bei jedem Punkt desselben seine Gedanken beliebig schweifen, hierbei aber immer sich selbst beobachtend und alle auftauchenden Associationen, Gedankensprünge, Einfälle, Anklänge, Gleichnisse, Wortspiele sofort registrirend. Hierbei stößt irgendwo die sich selbst überlassene Wachphantasie auf Wünsche, die man früher gehabt hat oder jetzt hat. Oft zeigt sich, daß man von einem oder mehreren Bestandtheilen desselben Traumes auf den verschiedensten Wegen zu denselben Wunschmomenten kommt (was psychologisch, sobald ein solches Wunschmoment nur einmal bemerkt und psychisch betont worden, ganz natürlich ist). Nunmehr wird die Hypothese aufgestellt, daß dieses freie Associationsspiel entsprechend, nur in umgekehrter Folge, auch im Traum gearbeitet hat – und der Zusammenhang zwischen dem Wünschen und dem Trauminhalt ist hergestellt; was die Wachanalyse zufällig gefunden, wird für die Traumsynthese zum Hauptinhalt gemacht.

An diesem Verfahren ist nicht weniger als Alles zu bestreiten. Weder ist die »Selbstbeobachtung« eine so einfache Sache, namentlich, wenn man, wie der Verf. durch seine Theorie, und wie seine Patienten durch sehr eindringliche Ausfragung und Belehrung, über den Wunschcharakter des Traumes, beeinflußt ist; noch ist auch nur die geringste Veranlassung dafür vorhanden, in den Wachphantasien eine Wiederholung der Traumarbeit zu sehen und das, worauf jene als End- oder Knotenpunkt zufällig gestoßen, bei dieser als unbewußten Ausgangspunkt anzunehmen. Hier wird einfach eine Behauptung an Stelle des Beweises gesetzt. »Legt ihr's nicht aus, so legt ihr's unter.«

Nur einige wenige Beispiele aus der Fülle: Wenn eine Dame – die sich einmal für einen Musiker interessirt hat – träumt, sie höre ein Wagnerconcert, in welchem Hans Richter von einem mitten im Saale stehenden, hohen, oben umgitterten Thurme dirigirt, so bedeutet dies, daß der Mann, den sie an Hans Richter's Stelle wünscht, der aber leider geisteskrank ist (das Gitter!), die anderen thurmhoch überragen solle. – Wenn der Verf. träumte, daß Freund R., der vergebens Professor werden möchte, sein Onkel sei, so fällt ihm bei der Analyse sein wirklicher Onkel J. ein, von dem sein Vater einmal gesagt habe, er sei ein Schwachkopf. Folglich bedeutet der Traum: ich wünschte, daß R. (den ich im Wachen sehr schätze) ein Schwachkopf wäre; dann dürfte ich hierin und nicht in confessionellen Gründen (die in Wirklichkeit bei ihm und bei mir maßgebend sind) das Motiv seiner Zurücksetzung sehen; folglich hätte ich, der ich kein Schwachkopf bin, Aussicht, Professor zu werden. – Eine specielle Tendenz, nämlich allen möglichen und unmöglichen Trauminhalten sexuellen Sinn unterzulegen, spielt in dem Buche eine solche Rolle, daß es zwecklos ist, ein einzelnes Beispiel zu bringen; *wahrscheinlich ist das vorwiegend von Hysterikern herrührende Material Schuld daran.*

Die Unzulässigkeit dieser Traumdeuterei als wissenschaftlicher Methode mußte mit aller Schärfe betont werden; denn die Gefahr ist groß, daß unkritischen Geistern dieses interessante Vorstellungsspiel behagen könnte und wir damit in eine völlige Mystik und chaotische Willkür hineingeriethen – man kann dann mit Allem Alles beweisen.

Nicht unerwähnt will ich lassen, daß eine Bibliographie von 78 Nummern und eine sehr übersichtliche Einleitung über die bisherigen Erklärungsversuche der Traumphänomene orientiren.

DOKUMENT NR. 5

W. Hellpach (1913)

(Rezension der 3. Auflage von S. Freud, »Die Traumdeutung« [1911] und der 2. Auflage von S. Freud »Über den Traum« [1911])

Wir halten es für unsere kritische Pflicht, Freuds Traumlehre, obschon sie beim Erscheinen der vorigen Auflage der »Traumdeutung« von anderer Seite hier angezeigt wurde (54, 223), heute noch einmal zu skizzieren. Der

»Traum«, wie wir ihn beim Erwachen erinnern (in selteneren Fällen wohl auch schon während des Träumens als Traum erleben), dieses Gemisch von hauptsächlich optischen Halluzinationen, Gefühlsvorgängen und fragmentarischen Denkprozessen, bedeutet als »manifester Trauminhalt« nur die bewußte »Umschrift« im Unbewußten sich abspielender Seelenerlebnisse, der »latenten Traumgedanken«. Von jenem zu diesen vermögen wir vorzudringen mittels der Psychoanalyse, indem wir den Trauminhalt, ohne seinen Scheinsinn zu beachten, in seine einzelnen Vorstellungsbestandteile zerlegen und nun den Assoziationen folgen, die an jeden dieser Bestandteile anknüpfen. Wir gelangen dann regelmäßig zu Wünschen, die uns im Leben unerfüllt geblieben sind, die wir als unerledigten »Tagesrest« in den Schlaf mithinübergenommen haben und denen nun der Traum halluzinatorische Erfüllung verschafft, wodurch zugleich der Schlaf vor der Zerstörung durch diese unerledigten seelischen Reste behütet wird. In der primitiven Psyche, z. B. der kindlichen, kann der Trauminhalt oft die einfache, auf den ersten Blick erkennbare Wunscherfüllung sein. Je verwickelter aber das seelische Leben wird, desto weiter entfernt sich der Trauminhalt von Traumgedanken, desto weniger ist jener als Erfüllung dieses erkennbar, desto umbildender wird die »Traumarbeit«. Eine zwischen Unbewußtem und Bewußtem stehende »vorbewußte Zensur« läßt das Verdrängte nur in entstellter Formung wieder ins Bewußtsein, indem sie die in den Traumgedanken lebende Vorstellungswelt einer weitgehenden Verdichtung und Verschiebung unterwirft. Dabei können die nebensächlicheren Bestandteile der Traumgedanken vielfach zu verhüllenden Symbolen für die zentralen benutzt und zum auffälligen Hauptstück des Trauminhalts vorgeschoben werden; doch wird das zur Komposition des Trauminhalts nötige »Traummaterial« von der Traumarbeit aus allen irgendwie verfügbaren Quellen entnommen, also körperlichen Reizen, die den Schläfer gegenwärtig treffen ebenso wie aus entlegenen Erlebnissen, die bis in die früheste Kindheit zurückreichen können. Die Entstellung der Traumgedanken durch die Traumarbeit zum Trauminhalt kann mehr oder weniger radikal sein; häufig kommt sie einer »Umwertung aller Werte«, einer völligen Verwandlung ins Gegenteil gleich. So kann, was besonders wichtig ist, der Wunsch des Traumgedankens in eine Befürchtung des Trauminhalts verkehrt werden: auch die Angstträume sind Wunscherfüllungen, und zwar von Wünschen aus dem Bereiche der infantilen Sexualität. Daß *alle* Träume Erfüllungen sexueller Wünsche seien, diese Behauptung einzelner seiner Jünger, lehnt Freud entschieden ab; doch ist er geneigt anzunehmen (wenn er auch zugibt es nicht beweisen zu können, S. 370), daß die eigentlich traumerzeugenden Wünsche letzten Endes durchweg infantile Wünsche seien, und daß die »Tagesreste« die aktuellen Wünschen der erwachsenen Gegenwart, nur dann die Kraft der Traumbildung erlangen, wenn sie so geartet sind, daß sie einen infantilen Wunsch zu wecken vermögen: »Das Träumen ist ein Stück des überwundenen Kinderseelenlebens« (S. 377). Die biologische Funktion des Traums ist die Behütung des Schlafes vor der Störung durch die unbewußten Wünsche, die physiologische Erregung repräsentieren. Im Träumen wird diese Erregung auf eine unschädliche Art abgeführt. Gelingt es freilich dem Vorbewußten nicht, die Umwandlung des Traumgedankens zum Trauminhalt zu bewältigen, sondern entspinnt sich ein Kampf zwischen der »Zensur« und den Traumgedanken, dann mißlingt der normale Traum, die Bewegung bricht sich Bahn und weckt den Schläfer. Hierher gehören die Schreck-, Beklemmungs-, Angstträume aller Art, die nach Freud letzten Endes nicht von der Traumdeutung, sondern von der Angstdeutung her begriffen werden müssen.

Bei aller Fülle an Konstruktionen gehört die »Traumdeutung« zu Freuds gedankenreichsten, aber auch zu seinen am wenigsten durchsichtig komponierten Untersuchungen. Die Darstellung ist schwerfällig, der Gedankengang versponnen und verknäuelt, frühere Darlegungen werden durch spätere immer aufs neue amendiert, korrigiert, nuanciert. (Ganz abgesehen von dem mystischen Punkte im Unbewußten, an dem jeder Traum schließlich in einen unauflösbaren Rest übergehen soll.) In der neuesten Auflage macht sich diese Eigentümlichkeit des Buches noch stärker geltend als früher. Freuds Auffassungen haben seit dem ersten Erscheinen seiner Traumdeutung eine bemerkenswerte Fort- und Umbildung erfahren, vorzüglich in Ansehung der »Sexualtheorie«. Diese Umbildung kann seine Traumlehre, namentlich soweit die Traumquellen in Frage stehen, nicht unberührt lassen. Das räumt Freud im Vorwort auch ein – trotzdem aber hat er aus Zeitmangel auf eine eigentliche Umarbeitung des Buches verzichtet und Erweiterungen und Ergänzungen ziemlich unorganisch, durch eckige Klammern äußerlich kenntlich gemacht, eingeschachtelt. Das Buch hat dadurch ein bischen das Aussehen und den Charakter eines »Handexemplars« bekommen; und eine Auseinandersetzung damit ist nicht gut möglich, weil nun verschiedene Gedankengänge noch unvermittelter nebeneinander herlaufen. Eine solche Auseinandersetzung müssen wir uns daher aufsparen, bis Freud seine »Traumdeutung« organisch auf seinen gegenwärtigen Anschauungsstand gebracht hat. Wir hoffen, daß er dazu, trotz der Schnelligkeit, mit der sich jetzt die Auflagen folgen, bis zur 4. Auflage die nötige Muße finden wird einschließlich der Muße, die »Literatur der Traumprobleme« übers Jahr 1900 hinaus zu vervollständigen. Denn dieses Buch gehört dem psychologischen Interesse mindestens so sehr wie dem psychopathologischen. Und wenn ich für die Neubearbeitung einen besonderen Wunsch aussprechen darf: diesem psychologischen Interesse entspräche besonders eine noch etwas eingehendere Behandlung des Problems der Denktätigkeit im Traume. Gerade auf dieser Linie, der parallel Freuds Meisterwerk, sein Buch vom »Witz«, verläuft, erwarten wir von ihm mehr, als er uns bisher (S. 297 ff.) gegeben hat.

Die kleinere Schrift »Über den Traum« bietet dem Laien eine fesselnde knappe Einführung in die Freudsche Traumlehre, und einen Vorgeschmack der Freudschen Gedankenwelt überhaupt.

Dokument Nr. 6

A. Friedländer (1923)

(Aus einer Sammelbesprechung in der »Zeitschrift für angewandte Psychologie«.)

Mit Bumke stehe ich auf dem Standpunkt, daß der Kern der Freudschen Lehre: »Die Einschätzung der unbewußten seelischen Geschehnisse« im höchsten Maße zweifelhaft ist. Und mögen die Analysen noch so viele Verdrängungen offenbaren (es liegt mir fern, die Verdrängungslehre als solche zu unterschätzen), als *Hauptziel der Erziehung* im allgemeinen, der nervenärztlichen Behandlung im besonderen, wird mir immer erscheinen: *Seelische Ertüchtigung, Willensstärkung.* Daß diesen Bestrebungen durch die »gelungenen« psychoanalytischen Kuren Genüge geleistet wird, darüber habe ich noch nichts erfahren; – was Marcinowski zu dieser Frage sagt, macht mich nicht erfahren. Weit eher gelange ich zur Übereinstimmung mit Bleuler, dessen Theorie vom logischen (realistischen) und autistischen Denken den Weg für die praktische Therapie weist, wie auch Ref. sie übt, und sogar mit Freud, wenn er darauf hinweis, daß »die Erziehung als Anregung zur Überwindung des Lustprinzips durch das Realitätsprinzip (Janets Wirklichkeitssinn) beschrieben werden kann.«

Es ist zweifellos, daß jede Psychotherapie versagen, zuweilen vielleicht sogar ungünstige Folgen haben *kann.* Aber niemals wird die Folge eintreten, welche bei einem auf das Sexuelle gerichteten, ausschließlich auf dieses eingestellte Verfahren naheliegt. Die Psychoanalytiker glauben, mit der Lösung der Konflikte sei die Befreiung gegeben; das Graben nach sexuellen Komplexen hört ebenso auf, wie die Abhängigkeit des Kranken von seinen Verdrängungen und Übertragungen. Wir lesen aber bei der Wiedergabe psychoanalytischer Krankengeschichten wiederholt: Eine restlose Analyse war nicht möglich oder gelang nicht. Es geht somit hier so wie dort. Die Psychoanalyse ist nicht *das* Allheilmittel der Neurosen.

Bleibt die Frage, ob sie auch nur annähernd für die »geistig-intellektuelle« Kräftigung des Kranken so viel mehr leistet, daß ihre Anwendung in allen Fällen dadurch gerechtfertigt erschiene. Diese Frage könnte – wie bisher – bejahend nur dann beantwortet werden, *wenn*

1. die Sexual-(Traum-)Symbolik und die Komplexlehren sich als *allgemein gültig* und
2. die anderen psychotherapeutischen Methoden sich als wertlos oder minderwertig erwiesen hätten.

Beides ist nach unserer Überzeugung und nach unseren Erfahrungen nicht der Fall. –

Schlußsätze.[1]
Die Freudschen Lehren stellen sich als eine zum großen Teile selbstschöpferische Forschungsrichtung dar, welche im Fluß begriffen und daher bezüglich ihrer Ergebnisse vorsichtig zu beurteilen ist. [...]

DOKUMENT NR. 7

Warnung vor den Übergriffen der Jugend-Psychoanalyse

Die unterzeichneten Mitglieder der Sektion für Jugendkunde im Bunde für Schulreform halten es für ihre Pflicht, die Freunde der Jugend und die pädagogische Welt auf die Gefahren hinzuweisen, die aus der neuerdings versuchten Anwendung der psychoanalytischen Methode auf Kinder und Jugendliche entstehen.

Ohne zu der wissenschaftlichen Bedeutung der psychoanalytischen Grundgedanken und zu der therapeutischen Anwendung der Methode auf Erwachsene Stellung zu nehmen, erklären die Unterzeichneten:

1. Die Behauptung, daß die psychoanalytische Methode die bisherige Kinderforschung als irrig erweise und daß erst durch sie die einzig wissenschaftliche Kinderpsychologie möglich geworden sei, ist ungerechtfertigt.

2. *Die Freigabe der psychoanalytischen Methode zur Anwendung in der Praxis der normalen Erziehung ist verwerflich.* Denn das Psychoanalysieren kann zu einer dauernden psychischen Infektion des Betroffenen mit verfrühten Sexualvorstellungen und -Gefühlen und somit zu einer »Entharmlosung« führen, die eine schwere Gefahr für unsere Jugend darstellt. Die etwaigen von Psychoanalytikern behaupteten Erziehungserfolge der Methode stehen in keinem Verhältnis zu dem verheerenden Schaden, der durch sie in der unentwickelten Seele angerichtet wird.

32 Unterschriften
Breslau, 5. 10. 1913 *(Vgl. oben, S. 161)*

---

[1] Diese erheben nicht den Anspruch auf »Thesen«. Sie enthalten subjektive Anschauungen und Erfahrungen, gegründet auf das theoretische Studium der Psychoanalyse und auf praktische Arbeit.

Dokument Nr. 8

Eine Verwahrung gegen irrtümliche Beurteilung der Jugend-Psychoanalyse

Die unterzeichneten Pädagogen erklären gegenüber der auf irrtümlichen und einseitigen Annahmen beruhenden in Breslau beschlossenen »Warnung vor den Übergriffen der Jugend-Psychoanalyse«:

1. Mit den beiden Hauptsätzen der Erklärung sind wir einverstanden. Wir betrachten die psychoanalytische Methode von jeher lediglich als eine Methode neben anderen und verwerfen ihre direkte Anwendung am normalen Kind, sofern sie zu einer »Entharmlosung« (Stern) führen kann.

2. Dagegen halten wir eine vorsichtig angewendete Psychoanalyse gewisser kranker Kinder durch den taktvollen und kundigen Arzt oder unter seiner Leitung durch den besonders ausgebildeten Erzieher für ein höchst wertvolles Mittel zur Heilung und »Verhamlosung«, zumal wo ein Kind unter bewußten oder unbewußten häßlichen Vorstellungen bereits leidet; vor dilettantischer Kinderanalyse ist zu warnen.

3. Die Pädagogik hat ein starkes Interesse an der Ausbildung der wissenschaftlichen Pädanalyse, sofern die an kranken Kindern und Jugendlichen, sowie an Erwachsenen gewonnenen Analysen wichtige Rückschlüsse auf die psychologischen Vorgänge und die pädagogische Beeinflussung normaler Kinder zulassen.

4. Die Unterzeichner der Breslauer Erklärung kennen nur die eine Seite der Psychoanalyse: die Untersuchung und Aufdeckung der Sexualität. Wir sehen jedoch in der Psychoanalyse, der Bedeutung des Wortes entsprechend, nicht nur dies. Denn wir sind überzeugt, daß auch diejenigen Kräfte des unbewußten Seelenlebens zu erkennen sind, die den Menschen seiner höchsten Bestimmung zuführen. Somit wird die Psychoanalyse ganz besonders auch bewußt zu machen haben, welche unbewußten Hemmungen zu beseitigen, und welche persönlichen Lebensaufgaben zu erfüllen sind. In wissenschaftlicher Hinsicht soll die Pädanalyse denjenigen Interpretationen den Vorzug geben, die den Normen der Induktion entsprechen.

25 Unterschriften *(Vgl. oben, S. 161)*

Dokument Nr. 9

In Nr. 11 vom *14. März 1929* der »*Wochenschrift für katholische Lehrerinnen, Organ des Vereins katholischer deutscher Lehrerinnen*« befindet sich folgende Protesterklärung:

»Vor einigen Wochen wurde an badische Lehrer und Lehrerinnen ein

Probeheft der ›Zeitschrift für psychoanalytische Pädagogik‹, Verlag Wien, I., versandt. Herausgeber sind Dr. Meng, Arzt in Frankfurt a. M. und Univ. Prof. Dr. Schneider, Riga. Als Mitarbeiter sind Mediziner aus allen europäischen Großstädten genannt. Und Prof. Dr. Freud schrieb den Herausgebern: ›Sie verpflichten durch diese Schöpfung einen großen Kreis von Menschen zu Dank.‹ Nach eingehender Lektüre und Prüfung sämtlicher Abhandlungen des Probeheftes können wir dem obigen Urteil Freuds nicht nur nicht zustimmen, sondern müssen gegen einen großen Teil des Inhalts als Pädagogen und als Menschen, die das natürliche Sittengesetz noch anerkennen, aufs entschiedenste protestieren.

Wir erklären deshalb folgendes:

1) Die Psychoanalyse kann für uns Pädagogen als angewandte Wissenschaft deshalb noch nicht in Frage kommen weil sowohl Anwendungen wie Erfolge noch viel zu problematisch sind und weil ihre Anhänger selber erklären: ›Wir sind noch nicht in der Lage, den erzieherischen Wert der Psychoanalyse genau zu umschreiben: ›wir können auch noch keine praktischen Vorschriften im einzelnen für die Erziehung geben.‹ Dr. Ferenczi, Budapest.

2) Freuds Pansexualismus, der alle seelischen Äußerungen aus dem Geschlechtstrieb erklärt, lehnt die christliche Psychologie ab. Wir gehen hierin einig mit bedeutenden Autoritäten auf dem Gebiet der Psychiatrie, den Univ. Prof. Dr. Bumke, München, Oppenheim, Berlin, und Hoche, Freiburg.

3) Als eine Entartung übelster Art und einen unerhörten Angriff auf die Ethik und christliche Sittenordnung betrachten wir es, wenn unter dem Deckmantel der Wissenschaft in den einzelnen Abhandlungen der obengenannten Zeitschrift das Gewissen als etwas Relatives bezeichnet und der freie Wille der Menschen in Frage gestellt wird; oder wenn im Ernst behauptet wird, daß ›die Fähigkeit, ohne Schuldgefühle ungestört onanieren zu können, zur seelischen Gesundheit gehört‹, Dr. Reich, Wien, ›daß Leute, die einer Pubertätsonanie nicht unterlagen, durchaus nicht die gesündesten sind, vielmehr überwiegend einer schweren Neurose oder gar der Schizophrenie verfallen‹ (also verrückt werden)! Dr. Sadger, Wien, und daß ›ein Mann, der ein jungfräuliches Mädchen ehelicht, ohne je vorher eine Frau berührt zu haben, sich zumeist als liebezerstörender Tolpatsch erweist,‹ Dr. Hodann, Wien.

So aufgeschlossen wir Erzieher sein sollen und wollen für alle wertvollen Ergebnisse der neueren Psychologie und ernster Seelenaufschließung, so entschieden lehnen wir die ›Zeitschrift für psychoanalytische Pädagogik‹ mit ihrem zum großen Teil üblen Inhalt ab.

Für den Zweigverein Bühl-Baden-Rastatt: Prof. V. Schächtele, Religionslehrer, F. Kleiser, Vorsitzende.« *(Vgl. oben, S. 162)*

Dokument Nr. 10

W. Stern (1923)

Psychologie der frühen Kindheit und Psychoanalyse

Vorbemerkung: Die soeben erscheinende dritte Auflage der »Psychologie der frühen Kindheit« hat eine weitgehende Umarbeitung und Ergänzung erfahren. (Die Neubearbeitung und Erweiterung erstreckt sich vornehmlich auf folgende Gebiete: 1. Allgemeine Theorie des kindlichen Seelenlebens: hier konnten die Auffassungen der Denkpsychologie (Bühler) und der Gestaltspsychologie (Koffka) in engere Beziehung gesetzt werden zum Personalismus, der noch entschiedener als früher zur Grundlage meiner eigenen Stellungnahmen gemacht wurde; 2. experimentelle Untersuchungen an Kleinkindern zu Forschungs- und Prüfungszwecken (Intelligenz, Zahlleistung, musikalische Erfindung, Abstraktionsfähigkeit usw.); 3. Psychoanalyse, 4. Montessori-Methode.) Aus den neu geschriebenen Teilen stellen wir im folgenden eine Reihe von Ausschnitten zusammen, in denen zur Psychoanalyse Stellung genommen wird. Die ersten Kinderjahre spielen in der Theorie der Psychoanalytiker eine besondere Rolle, deren positive und negative Bedeutung von seiten der fachlichen Kinderpsychologie bisher nicht hinreichend beachtet worden ist.

Im Rahmen meines Buches konnten nur einige Hauptgesichtspunkte in knapper Form herausgearbeitet werden; für die folgende Zusammenstellung mußte nochmals eine Auswahl aus den durch das Buch verstreuten Bezugnahmen auf psychoanalytische Gedankengänge getroffen werden. Jedem Abschnitt sind die Seitenzahlen des Buches beigefügt.

1. Einleitendes

Die Psychoanalyse ist bestrebt, in Tiefen der Trieb- und Wunschsphäre hineinzuleuchten, die unterhalb der Bewußtheit liegen und sich gewisser äußerer Verhaltungsweisen und Bewußtseinserscheinungen als ihrer symbolischen Kundgebung bedienen. Dieser Grundgedanke enthält eine tiefe Wahrheit; aber seine Durchführung wird dadurch stark beeinträchtigt, daß jenes unbewußte Kernstück der Seele überall – auch schon beim Kleinkinde – als Sexualität aufgefaßt wird; eine fessellose Deuterei weiß dann schließlich aus jeglicher, noch so harmloser kindlicher Betätigung und Äußerung diese »eigentliche« – wenn auch unbewußte – sexuelle Note herauszupräparieren.

Das Interesse des Psychoanalytikers an der Kindesseele ist kein primäres. Bestimmend war ursprünglich der Wunsch, das Seelenleben des Erwachsenen zu verstehen; für dieses aber sind nach psychoanalytischer Theorie die Nachwirkungen infantiler Erlebnisse in hohem Maße entscheidend. Um diesen Ursprüngen nachzuspüren, mußte sich die Psychoanalyse schließlich dem kleinen Kinde selbst zuwenden, und hier war sie naturgemäß darauf eingestellt, in den primitiven Erscheinungen überall bereits Vordeutungen und Vorbereitungsstadien von reiferen Seelenformationen (insbesondere von erotischen und sexuellen Triebrichtungen) zu erblicken. Hierbei sind zweifellos wichtige, früher unbeachtet gebliebene Züge der Kindespsyche entdeckt, es sind vor allem manche psychopathische und neurotische Erscheinungen bei Kindern und Erwachsenen verständlicher geworden. Aber dem Kenner und unbefangenen Beobachter der gesunden Kindesseele drängen sich doch immer wieder die zahlreichen Fehldeutungen, Übertreibungen und unzulässigen Verallgemeinerungen der Kindes-Psychoanalyse auf. Die alte Untugend der Kindesforschung, im Kinde durchaus den Erwachsenen im Kleinen sehen zu wollen, tritt uns hier in einer neuen Form entgegen; und diese Irrung ist um so bedenklicher, je jüngere Stufen der Kindheit der psychoanalytischen Deutung unterworfen werden. Gerade für die frühe Kindheit sind auch die pädagogischen und therapeutischen Folgerungen besonders gefährlich, da sie zu einer nicht wieder gutzumachenden vorzeitigen »Entharmlosung« des Kindes führen können. Dies muß besonders betont werden, weil jetzt im Inland und vielleicht noch mehr im Ausland die Kindes-Psychoanalyse von manchem begeisterten Freud-Jünger als allgemeine Grundlage *erziehlicher* Reformmaßnahmen empfohlen wird.

Die grundsätzliche Darstellung seiner Auffassung von der infantilen Sexualität hat Freud bereits 1904 gegeben; 1909 ließ er die individuelle Analyse eines 5jährigen, an Angstneurose erkrankten Kindes folgen. Jung handelte von den Konflikten der kindlichen Seele. Hug-Hellmuth versuchte, eine Gesamtdarstellung der Frühkindpsychologie in pansexualistischem Sinne zu geben. Pfister, Stekel und andere haben in größeren Werken besondere Kapitel dem Seelen- und Sexualleben der Frühkindheit gewidmet. – Am bedeutsamsten und fruchtbarsten für die Kindespsychologie sind vielleicht die Bestrebungen der zu Freud in einem gewissen Gegensatz stehenden Schule Alfred Adlers; diese »Individualpsychologie« will mit ihren Deutungsmethoden nicht einseitig sexuelle, sondern allgemeincharakterologische Leitlinien in der Kindesseele aufdecken.

2. Organgefühle des Säuglings

Durch die Psychoanalyse sind wir auf die große Rolle aufmerksam geworden, welche gewisse Reizungsgefühle der Organlust im Säuglingsleben spielen. Es handelt sich zum Teil um allgemeine Lustzustände, die durch passive Bewegungen des Gesamtkörpers (Gefahren-, Geschaukelt-, Gewiegtwerden) hervorgerufen werden; es ist bekannt, wie schnell Unruhe und Geschrei des Kindes durch jene Einwirkungen in behagliche Ruhe verwandelt werden kann. Zum andern Teil sind es Gefühle bestimmter Körperzonen, deren Lustbetontheit den Säugling anregt, durch Eigenbewegungen die Reizung immer wieder neu zu erzeugen und möglichst lange fortzusetzen. Als solche Zonen kommen in erster Linie die

Schleimhäute von Lippe und Zunge, ferner auch die Genitalien und der Anus in Betracht.

Die Reizung der Mundzone erfolgt durch das Lutschen (auch »Ludeln«, »Nuppeln« genannt). Die Saugtätigkeit, ursprünglich der Befriedigung der Nahrungsaufnahme dienend, wird darüber hinaus zum Selbstzwecke für das Kind – mag nun ein eigener Körperteil (Finger, Zehe) oder ein fremder Gegenstand (Lutschpropfen, »Schnuller«) den Reiz ausüben. Dies Lutschen kann zuweilen mit wahrer Inbrunst ausgeführt werden; es gibt auch Kinder, bei denen es zu einer schwer zu beseitigenden Leidenschaft entartet und weit über die Säuglingszeit hinaus anhält.

Was die Genital- und Anal-Zone angeht, so wird beobachtet, daß Säuglinge öfters Berührung jener Körperteile mit der eigenen Hand suchen, daß ferner das sanfte Streicheln jener Organe durch andere Menschen angenehme Gefühle zu erwecken scheint. Sollen doch manche Mütter und Wärterinnen dieses zweischneidige Mittel zur bequemen Beruhigung ungebärdiger Kinder benutzen.

Die Psychoanalytiker (Freud, Stekel, Hug-Hellmuth u. a.) sehen nun in diesen Erscheinungen der Organlust und den damit verbundenen Betätigungen des Kindes einen Beweis für die Existenz einer *»Säuglings-Sexualität«*. Sie sprechen von »Wonne-Saugen«, von »Säuglings-Onanie« usw. Das Recht zu diesen Deutungen glauben sie den folgenden zwei Momenten entnehmen zu können. Einmal dem Bild, das der seiner Lutschtätigkeit hingegebene Säugling bietet: der Ausdruck vollkommener Befriedigung läßt, so meinen sie, auf Lustgefühle schließen, die nach Art und Stärke der sexuellen Wollust vergleichbar sind. Sodann aber finden sich im ausgebildeten erotischen und Sexualleben Züge, welche eine unverkennbare Ähnlichkeit mit jenen früh-infantilen Tätigkeiten aufweisen. Wenn es bei Erwachsenen ein – nun zweifellos sexuell betontes – Wonnesaugen und andere kindhafte Akte gibt, wenn ferner bei gewissen Formen sexueller Abirrungen die eine oder andere infantile Tätigkeit geradezu ins Zentrum der Liebeserlebnisse rücken kann – dann sind wir nach Freud berechtigt, ja genötigt, die entsprechenden Erscheinungen im Säugling selbst auch bereits als erste Andeutungen von Erotik und Sexualität anzusprechen. Wir dürfen eben den Begriff der »Erotik« nicht lediglich auf die Beziehungen zu anderen Menschen, den der »Sexualität« nicht lediglich auf bestimmte Funktionen der eigentlichen Sexualorgane beschränken. Die primitive Säuglingserotik ist »Auto-Erotismus«, d. h. lediglich auf die eigene Person bezogen; und sie hat ihre besonderen »erogenen« (lusterzeugenden) Zonen, unter denen die Genitalzone zunächst noch weit hinter der Mundzone an Bedeutung zurücksteht.

Zur Beurteilung dieser Deutungen sei hier nur kurz auf einen rein theoretischen Gesichtspunkt hingewiesen. Die psychoanalytische Theorie steht ganz auf dem *Standpunkt der Elementenpsychologie,* indem sie argumentiert: Der Erscheinungskomplex, der schon stets »Sexualität«

genannt wurde, enthält Bestandteile, wie sie ähnlich auch im Säuglingsalter vorkommen; folglich gehören auch jene Säuglingsfunktionen in die gleiche Kategorie. Wenden wir nun aber die Gesichtspunkte der Gestaltspsychologie an, dann stellt sich das Phänomen der »Sexualität« trotz aller eingeschlossenen Fülle und Mannigfaltigkeit als eine gestaltete Einheit dar, innerhalb deren die einzelnen Bestandteile *erst vom Ganzen her* ihre Sexualbetonung erhalten. Wenn eine solche Gesamtgestalt psychischen Erlebens neu entsteht, können sehr wohl Elemente, die aus der Kindheit stammen, in sie eingehen, ja in ihr eine besonders betonte Rolle spielen; und sie sind trotzdem nicht dieselben, die sie in der Kindheit waren. Die an das Saugen geknüpfte Lust ist eben psychisch etwas anderes, wo sie (beim Säugling) als selbständige sensomotorische Gestalt rein für sich dasteht – als dort, wo sie (etwa beim Liebeskuß des Erwachsenen) mit hineingehört in das Gesamterlebnis der erotischen Erregung oder auch durch Übertragung geladen ist mit den Gefühlsmomenten anderer erotischer Teilgebiete. *Übereinstimmungen in Elementen geben uns eben niemals das Recht, eine Identität der Erlebnisganzheiten anzunehmen.* Deshalb kann man die tatsächlichen Aufstellungen der Psychoanalyse über die Organlust der Säuglinge großenteils anerkennen, ohne ihren sexualistischen Deutungen Recht geben zu müssen.

3. Die Symbolik der kindlichen Phantasie

Die Beziehung von Sein und Schein in der Kindesphantasie rückt in eine neue Beleuchtung, wenn man der Phantasievorstellung einen symbolischen Sinn zuschreibt. Dann ist der phantastische Schein weder von der Realität völlig losgelöst, noch mit ihr identisch, sondern er ist das Sinnbild einer andersartigen Wirklichkeit.

Eine solche Symboltheorie wird von der Psychoanalyse entwickelt. Nach dieser Auffassung wird eine Phantasievorstellung nicht um ihrer selbst willen erlebt und genossen; sie stellt vielmehr eine Deckform dar, in der sich geheime Wunschregungen bekunden und einen Ausweg suchen. Das Kind lebt – so wird vorausgesetzt – in seinen Phantasien immer und überall *sich selbst* und nichts anderes, selbst wenn seine Phantasiegestaltungen ihrem unmittelbaren Inhalt nach ganz ichfremd zu sein scheinen. Und zwar kommen gerade solche Seiten seines Ich in phantastischen Vermummungen zur Darstellung, denen die geradlinige Äußerung versperrt ist – sei es, weil sie dem Kind überhaupt noch gar nicht bewußt geworden sind, sei es, daß sie sich in ihrer wahren Gestalt nicht zeigen dürfen und darum ins Unterbewußte abgedrängt wurden.

Wir müssen an dieser Symboltheorie den Grundgedanken und seine Anwendung scharf scheiden. Der *Grundgedanke* ist sicherlich berechtigt; und er wird gerade dann anerkannt werden müssen, wenn man das Seelenleben *personalistisch* auffaßt. Für den Personalismus gibt es in der Einheitlichkeit der Person keine scharfe Trennung des Phantasielebens und des Trieblebens; alle einzelnen psychischen Gebiete gewinnen ihren Sinn und ihre Bedeutung erst dadurch, daß wir sie als Ausstrahlungen von personalen Wesenszügen verstehen; und so haben wir auch ein Recht, nach der *personalen Bedeutung der Phantasievorstellungen* zu fragen. Hierbei zeigt es sich oft genug, daß der unmittelbare Bewußtseinsinhalt nicht einfach in seiner Gegebenheit hingenommen werden darf, sondern gedeutet werden muß; und diese Deutung kann auf sehr untergründige Triebkräfte führen, die – dem Kinde selbst unbekannt – dennoch in ihm starke Wirkungen entfalten. Um auf relativ einfache Beispiele zu verweisen, so ist es sicher, daß in vielen Spielphantasien Macht- oder Kampf- oder Grausamkeits- oder Pflege-Instinkte zu einer verhüllten, dem Kinde selbst nicht bewußten Auswirkung kommen; wir werden späterhin bei der Theorie des Spiels hierauf einzugehen haben.

Gilt es nun aber, diese Symboltheorie zur konkreten *Anwendung* zu bringen, so droht sofort die Gefahr, in ein Gebiet zu geraten, in dem über »richtig« oder »falsch« überhaupt kein eindeutiges Urteil mehr gefällt werden kann. Denn *symbolisch erdeuten läßt sich alles aus allem;* und von dieser Möglichkeit wird in der Psychoanalyse ein ungemessener Gebrauch gemacht. Es erscheint noch einleuchtend, wenn Alfred Adler auf die Symbolik des »Oben – Unten« und verwandter Vorstellungen hinweist: die Vorliebe der Kinder für die Vorstellung des Obenseins, des räumlichen Großen und Hohen, der großen Ziffern, der übernatürlichen Kräfte usw., ist ein unbewußter Versuch, das eigene Schwäche- und Minderwertigkeitsgefühl durch eine Art illusionärer Selbststeigerung zu überkompensieren. Aber bei solchen, einigermaßen durchsichtigen Zusammenhängen bleibt die Psychoanalyse nicht stehen. Die Freud-Schule geht über darüber hinaus; sie glaubt einerseits, daß die in der kindlichen Phantasie symbolisch sich äußernden Affekte ganz überwiegend erotischer Natur seien; und sie entwickelt andrerseits eine Deutekunst, die schließlich aus jedweder Phantasievorstellung irgendein Symbol für jene verdrängten erotischen Triebe und Wünsche macht.

Eine große Rolle spielt in den psychoanalytischen Deutungen der Eifersuchts- und Tötungswunsch-Komplex. Das männliche Kind hat eine unbewußte sexuelle Neigung zur Mutter (sogenannter »Inzest-Komplex«), sieht in jedem anderen Familienmitglied einen Nebenbuhler, der mit Eifersucht verfolgt wird, dessen Beseitigung gewünscht wird – alles dies natürlich tief unter der Schwelle des Bewußtseins. Diese Eifersucht wendet sich vor allem gegen den Vater (»Ödipus-Komplex«; der griechische Sagenheld Ödipus hat bekanntlich seinen Vater getötet und seine Mutter geheiratet) und gegen jüngere Geschwister. Wenn nun ahnungslose kleine Kinder in irgendwelchen Phantasieäußerungen das Wort »Tod« oder verwandte gebrauchen, so wird die Wirkung jenes Triebkomplexes angenommen, wofür zwei Beispiele von Hug-Hellmuth angeführt seien:

»Wenn der kleine Scupin spontan sagt ›ich wer aber mein' Papa in ein Topf stecken und immer heißes Wasser mit der Kelle übers Gesicht gießen, bis er schön weich wird, und dann wer' ich'n Papa aufessen‹, – so sind solche Phantasien nicht allein auf das Märchen ›Hänsel und Gretel‹ mit der Knusperhexe zurückzuführen, sondern in ihnen kommt die unbewußte Absicht, sich gelegentlich des Papas, des gefährlichsten Rivalen bei der Mama, zu entledigen, zum Ausdruck, und das Märchen liefert bloß das Mäntelchen, um den bösen Wunsch in harmlose Form zu kleiden.« (Hug Hellmuth, Aus dem Seelenleben des Kindes, S. 77 [nach Scupin II S. 81].)

Aus einem langen Phantasiegespräch unserer Tochter (2; 10) (Hug Hellmuth, S. 95 [nach Stern, Kindersprache S. 62].), bei dem sie der Puppe unter anderem ein Bild mit verschiedenen Personen und einem Kind in der Wiege zeigt und erklärt, wird folgender Satz herausgegriffen: »*Tante und Onkel und ein Günther und ist tot.*« Hug Hellmuth meint nun, daß bei dieser Erwähnung des halbjährigen Bruders »die Freudsche Auffassung eines unbewußten Todeswunsches zu Recht gelten dürfte«. Wenn man aber nun weiß, daß um jene Zeit bei unserer Tochter die Bezeichnung Günther die Generalbenennung für alle kleinen Kinder war und das Wort »totsein« ganz allgemein für liegen gebraucht wurde, und wenn man im übrigen das Verhalten des Kindes zu seinem Brüderchen aus jener Zeit kennt, dann fällt jeglicher Grund zu jener Deutung fort.

In diesen Proben werden die Angehörigen vom Kinde immerhin noch direkt genannt. Aber die Psychoanalytiker sind überzeugt, daß die gleichen Triebregungen auch in scheinbar ganz fernliegenden Phantasievorstellungen abreagiert werden.

So schildert Pfeifer (Pfeifer, Äußerungen infantil-erotischer Triebe im Spiele. Imago, Ztschr. f. Anwendung der Psychoanal. 5 1917, S. 243 f.) das von einem Knaben oft wiederholte Spiel »Schweinestechen« (Alter 4-6 Jahre): Alte Holzstücke werden mit einer Sattlerahle (der Vater war Sattler) durchstochen: er kniete selbst darauf und quietschte wie ein Schwein, das eben abgestochen wird. Da die Mutter diesen Knaben verzärtelte, der Vater aber streng war, so glaubt Pfeifer sich zu der Annahme berechtigt, daß die Schweinetötung nur der unbewußte symbolische Ausdruck für den Rachewunsch gegen den Vater sei.

Und immer fesselloser werden die Deutungen der Psychoanalyse. Dem Kinde wird ein ungemein starkes Interesse für den Sexualakt und alles, was mit ihm zusammenhängt, insbesondere auch für die Sexualorgane, zugeschrieben – ein Interesse, das seinen Ursprung in Beobachtungen am eigenen Körper und an dem seiner Angehörigen und Spielgenossen, ferner auch in dem Belauschen gewisser (ihm natürlich nicht ganz verständlich werdenden) Szenen im elterlichen Schlafzimmer, endlich in den Erlebnissen bei Geburt eines jüngeren Geschwisterchens haben soll. Dies Sexualinteresse, vom Kind ganz ins Innere verschlossen, kommt nun, nach psychoanalytischer Auffassung, in hunderterlei phantastischen Vermummungen zum Ausdruck. Alle länglichen Gegenstände, die im Spiel benutzt, beim Fabulieren genannt, im Traum geschaut werden, sollen Symbole für das männliche, alle Kreise, Löcher, Öffnungen, in welche etwas hineingesteckt werden kann, solche für das weibliche Geschlechtsorgan sein. In jeder schlagenden Tätigkeit (z. B. im Peitschenknallen), im Plumpsackspiel, wird eine symbolische Auswirkung sadistischer Regungen gesehen; in allem Werfen und Fallenlassen eine Symbolisierung des Geburtsaktes usw.

Im Anschluß an Freud entwickelt Pfeifer die folgende Deutung: Ein 5jähriger Knabe übt an einer Gummipuppe ein unermüdlich wiederholtes Spiel: »Er steckt ein Taschenmesser der Mutter durch ein Quietschloch in den Bauch der Puppe, reißt dann ihre Füße auseinander und läßt so das Messer wieder fallen.« Dies Spiel hat den unbewußten Inhalt, daß die Puppe die Mutter darstellt und »daß die ganze Handlung nichts anderes ist, als die ersehnte, phantasierte und in diesem symbolischen Ersatz vollführte Vereinigung mit der Mutter, also der Inzest, mit der darauf folgenden Geburt.« Die Handlung ist freilich doch noch etwas anderes; denn das »Fallenlassen« symbolisiert zugleich auch gewisse Ausscheidungen, für welche das Kind ein unbewußtes »anal-erotisches« Interesse hat.

Dies eine Beispiel vermag auch nicht annähernd ein Bild zu geben für die zuweilen geradezu ideenflüchtig anmutenden Häufungen verschiedenster Deutereien. Hier gibt es keine Grenze, keinen Halt mehr, und der eigentliche Gegenstand dieser Betrachtungen ist dann gar nicht mehr das Kind, sondern die ungezügelte Assoziationskette, die sich im Deuter auf Grund seiner eigenen sexual-psychischen Konstitution einstellt. Wenn schließlich Pfeifer das Spiel: »Fuchs im Loch« (Plumpsackspiel) psychoanalysiert, so treibt er überhaupt nicht mehr Psychologie irgendwelcher wirklichen Kinder, sondern er leitet deduktiv aus den symbolischen Bedeutungen des Fuchses, seines Hinkens des Loches, des Plumpsacks usw., die beim spielenden Kind *vorauszusetzenden*, verdrängten Sexualregungen ab. Hierbei stützt er sich auf zahlreiche Analogien aus Mythos, Kulthandlung und Volksgebrauch und übersieht den grundlegenden Unterschied solcher Betätigungen vom Kinderspiel. Denn jene sind Erzeugnisse von *erwachsenen* Menschen, in deren Persönlichkeitsleben die Sexualität eine anerkannt große Rolle spielt; deshalb besteht hier ein objektives Recht zur Prüfung, wie weit die Phantasiegestaltungen als symbolische Äußerungen jener Regungen gedeutet werden können oder müssen. Beim Kind dagegen sind lediglich gewisse äußere Ähnlichkeiten jener Phantasiegebilde vorhanden; und von diesen aus wird überhaupt erst die Existenz und Beschaffenheit der – im übrigen sehr problematischen – Triebregungen erschlossen. Man könnte viel eher den umgekehrten Schluß ziehen: selbst bei solchen Spielen, die aus ursprünglichen Volksbräuchen der Erwachsenen allmählich in die Sphäre der Kinder herabgesunken sind, werden die Kinder die äußeren Formen beibehalten, sie aber mit einem ganze andern Sinn erfüllen (oder sie auch einfach in ihrer unmittelbaren Gestalt genießen), weil eben ihr Triebleben ganz anders ist als das der Erwachsenen.

Die überaus schwierige Aufgabe der richtigen Deutung kindlicher Phantasieerzeugnisse wird also nur dann gelöst werden können, wenn sie stets vom Kinde selbst ausgeht und nur solche Triebe und Affektgrundlagen annimmt, die auch mit andern methodischen Hilfsmitteln als denen der symbolischen Deutung festgestellt werden können.

4. Die Verdrängung

Es wird stets *eines der bedeutendsten Verdienste der Psychoanalyse, insbesondere Freuds bleiben, den Tatbestand der »Verdrängung« festgestellt und ihre Bedeutung gewürdigt zu haben;* aber die besondere Art, in welcher der Verdrängungsbegriff nun gerade auf die frühe Kindheit angewandt wird, ist wissenschaftlich unhaltbar.

Nach psychoanalytischer Theorie spielt sich schon im Kleinkind unterhalb einer trügerischen Bewußtseinsoberfläche und abseits von den Äußerungen unbefangenen Augenblickserlebens ein vielseitiger und dauerhafter Mechanismus verdrängter Strebungen ab – derart, daß alle Unmittelbarkeit kindlichen Tuns und Bewußtseins an Bedeutung weit zurücktritt hinter diesem verborgenen Seelenbinnenleben, in welchem erst der eigentliche Mensch stecken soll. Wir sprachen hiervon schon mehrfach an jenen Stellen, wo wir es mit den vermeintlichen symbolischen Äußerungen verdrängter Komplexe in Spiel, Traum- und Wachphantasie zu tun hatten. Jetzt aber steht die Existenz der verdrängten Strebungen selbst und ihre angebliche Bedeutung für die personale Lebensstruktur zur Erörterung.

Es wird behauptet, daß in den unbewußten Tiefen der frühkindlichen Psyche schon die ganze Erotik und Sexualität mit allen ihren Abarten stecke (Freud) –, daß jedes Kind bei aller Ahnungslosigkeit eine ausgesprochene Verbrechernatur mit sich herumtrage (Stekel) –, daß ein Machtstreben und eine feindselige Angriffshaltung zur Welt unter andersartigen Verhüllungen ihr unbewußtes Wesen treibe (Adler) – usf.

Des weiteren wendet sich die Psychoanalyse den Wirkungen zu, welche von diesen Verdrängungen ausgehen sollen. Ich möchte die Wirkungen in die drei Gruppen der Momentan-Wirkungen, der primären Nachwirkungen und der sekundären oder Spät-Wirkungen gliedern.

Die erste liegt dort vor, wo eine – durch äußere oder innere Anlässe geweckte – Strebung infolge von Bewußtseinswiderständen von vornherein im Unbewußten stecken bleibt, sich deshalb nur indirekt in symbolischen Erlebnisformen und Handlungsweisen äußert, zugleich aber durch diese Äußerungen abreagiert wird. Sie bildet also einen akuten, schnell erledigten Tatbestand. Hierher gehören z. B. manche Erscheinungen des

Eigensinns, der Pose, der Scham, von denen später zu sprechen sein wird.

Eine primäre Nachwirkung liegt dann vor, wenn ein verdrängter Affekt sich im Unbewußten hartnäckig festsetzt, und von einer unangreifbaren Position aus seine störenden Ausfälle in andere Gebiete des persönlichen Lebens macht – auch in das Gebiet des Bewußtseins, hier jedoch unter immer wechselnden, schwer durchschaubaren Verhüllungen. Aber diese Bekundungen führen nicht ohne weiteres zur Erledigung; das »Abreagieren« kann unter Umständen erst nach ziemlich langer Zeit mit Hilfe natürlicher oder künstlicher Befreiungsmittel, bisweilen auch gar nicht gelingen. So können neurotische Erkrankungen verschiedener Art, vor allem krankhafte Angstzustände (Phobien) durch solche im Unbewußten festgefahrenen und eingeklemmten Affektzustände hervorgerufen werden; aber auch viele, noch ganz im Gebiet des Normalen liegende Verhaltensweisen, Unarten, schlechte Gewohnheiten, Absonderlichkeiten des Spielens und Sich-Gebärdens, unverständliche Vorlieben und Idiosynkrasien sollen ihren eigentlichen Ursprung in diesen untergründigen Verdrängungssystemen haben.

Endlich aber kann die Verdrängung eine so vollkommene sein, daß sie auf lange Zeit überhaupt nicht zu irgendeiner Bewußtheit oder äußeren Bekundung gelangt. Daß man dann trotzdem nicht von einem endgültigen Erledigtsein (Vergessensein) sprechen darf, erweist sich erst in den nach Jahren oder Jahrzehnten einsetzenden Spätwirkungen. Es treten dann nämlich in der späteren Kindheit, in der Reifezeit oder auch erst in der Erwachsenheit neurotische Erscheinungen, sexuelle Abirrungen usw. auf, deren Erklärung die Psychoanalyse auf verdrängte und inzwischen nie wieder realisierte Affekterlebnisse der frühesten Kindheit gründet; ihre Erledigung erfolgt dann dadurch, daß man die verhängnisvollen Kindheitskomplexe durch Bewußtmachung endgültig zur Abfuhr bringt. Freud spricht in diesem Zusammenhang von der »infantilen Amnesie« als einem Tatbestand von großer positiver Wichtigkeit. Jene allgemeine Unfähigkeit des Menschen, sich an seine ersten Lebensjahre zu erinnern, beruhe nicht etwa auf bloßem Abblassen und schließlichem Verschwinden der frühesten Erlebniswirkungen, sondern sie sei eine Schutzvorrichtung des Menschen gegen die Gleichgewichtserschütterungen, die vom Bewußtbleiben der erotisch-sexuellen Früherlebnisse ausgehen könnten. Das Kind wolle und dürfe in den späteren Jahren nichts davon wissen, daß es schon ein solches erstes Stadium starken Trieblebens absolviert habe, und so werde die ganze Zeit ins Unbewußte abgedrängt.

Dies sind einige Hauptzüge der psychoanalytischen Verdrängungstheorie, soweit sie auf die frühe Kindheit Bezug hat. Die Kritik muß sich auf den grundsätzlichen Nachweis beschränken, daß die Psychoanalyse bei diesen Lehren großenteils den *entwicklungs-psychologischen Gesichtspunkt vernachlässigt* hat.

Sowie das Bewußtsein selbst sich erst aus Dumpfheit und Einförmigkeit langsam zu größerer Klarheit, innerer Vielgestaltigkeit des Inhalts und Nachhaltigkeit des Wirkens heraufarbeitet, so geht es auch mit dem Inhalt und der Funktion der unbewußten Persönlichkeitssphäre und mit dem Verhältnis beider Sphären zueinander. Wohl mag im Unbewußten manches schon vorweggenommen werden, wozu das Bewußtsein noch nicht reif ist (vgl. die früher besprochene vorwegnehmende Bedeutung der unbewußten Spieltendenzen); dennoch aber besteht eine Korrelation zwischen den Entwicklungslinien beider Sphären; und es ist absurd, dem höchst unvollkommenen Bewußtseinszustande des kleinen Kindes eine so perfekte, inhaltsreiche und gegliederte Unbewußtheit gegenüberzustellen, die eigentlich gar keiner Entwicklung mehr fähig wäre; denn das unbewußte Menschlein von 2 bis 3 Jahren ist ja nach dieser Meinung schon mit all jenen Trieben, Affekten, Wünschen, Wißbegierden, Lastern (und vielleicht auch Tugenden) besetzt, die uns auf der Höhe der Entwicklung beim reifen Menschen entgegentreten.

Daß auch für das Verhältnis von *Bewußtsein und Unbewußtsein* dasselbe gilt, wurde schon oben erwähnt: *die feindselige Spannung zwischen beiden ist erst Ergebnis, nicht Ausgangspunkt der Entwicklung.* Beides – Bewußtes wie Unbewußtes – ist beim kleinen Kind noch ganz überwiegend dem sensomotorischen Grundverhalten eingeordnet; im Augenblicksleben ist meist Erleben und Erledigen zusammengedrängt. Das Innenleben muß erst in ständigem Kontakt mit den von außen kommenden Eindrücken und den nach außen gerichteten motorischen Entladungen eine gewisse Fülle und Stabilisation gewonnen haben, ehe es sich zu einem selbständigen »Binnenleben« zu verselbständigen vermag. Die Verdrängungstheorie dagegen hält es für das Alltägliche, daß sich im unbewußten Teil dieses infantilen Seelenlebens Dauerzustände ausbilden, die sich hartnäckig halten, abseits von äußeren Einflüssen und abseits von motorischen Entladungen, ja nicht nur abseits, sondern im gegensätzlichen Verhältnis zu diesen. Eine solche rein innerlich bleibende Nachhaltigkeit seelischer Erlebnisse ist nun in Wirklichkeit das Haupt-Charakteristikum der Pubertätszeit, mag auch schon in den vorangehenden Jahren der höheren Kindheit eine gewisse Ausdehnung gewinnen; mit dem Persönlichkeitsbilde des Kleinkindes aber ist sie am wenigsten zu vereinbaren. (Es gibt hier allerdings auch nachhaltige Wirkungen, die wir oben als »Gewöhnungen« besprachen; aber sie sind nur durch häufige und ständig erneute Wiederholung der äußeren Einwirkung und durch ständige Verankerung im psychophysischen Tun denkbar, haben nicht jene selbständige Innerlichkeit wie die behaupteten »Verdrängungszustände«.)

Die Verdrängung und die mit ihr verbundene Spaltung von Unbewußtheit und Bewußtheit ist somit selbst eine Entwicklungserscheinung; sie beginnt nicht, wie Freud meint, beim kleinen Kind mit besonderer Stärke und mit jener verschwiegenen Hartnäckigkeit (»infantile Amnesie«), die oft erst beim Erwachsenen ihre Spätwirkung bekundet, sondern sie setzt im allgemeinen nur mit spurenhaften und wenig nachhaltigen Anfängen ein. Mit steigendem Alter nimmt sie immer ausgesprochenere und auch zähere Formen an. Dies gilt zum mindesten von dem normalen Kind; und da wir unsere Betrachtungen auf dies beschränken, werden auch die späteren Einzelbeispiele nur von solchen keimhaften und schnell abklingenden Verdrängungen berichten können. (Bei Kindern von psychopathischer Anlage oder bei akuten psychopathischen Zuständen sonst normaler Kinder [z. B. Phobien] mag die Verdrängung schon relativ früh eine größere Rolle spielen. Aber auch hier scheint mir der Begriff von den Psychoanalytikern in exzessiver Weise ausgenützt zu werden – was wiederum nur durch ihre früher besprochene Symboldeutung möglich wird.)

Das Bild, das die Psychoanalyse von den Strebungen der Kindheit entwirft, stellt sich somit dar als eine unberechtigte *Rückwärtsprojektion* der komplizierten erwachsenen Persönlichkeitsstruktur in die früheren und frühesten Lebensphasen. Und auch die eigentliche Ursprungsstelle dieser Rückwärtsprojektion wird erkennbar: sie besteht in den Kindheitserinnerungen der Neurotiker. Denn es muß immer wieder betont werden, daß nicht am Kinde selbst die Psychoanalyse ihre eigentliche und entscheidende kindespsychologische Überzeugung gewonnen hat, daß sie vielmehr erst nachträglich im Kinde das suchte, was sie auf Grund ihrer Erfahrungen am Erwachsenen dort voraussetzte. Wir müssen deshalb an dieser Stelle noch einmal den Echtheitswert jener späten Kindheitserinnerungen betrachten.

Das Bedürfnis und die Fähigkeit, sich in die Kindheit zurückzuversetzen, ist nicht nur für den alternden Menschen charakteristisch, sondern für jeden menschlichen Zustand, der irgendeine Annäherung an kindliche Verhältnisse zeigt. Hilflosigkeit und Hilfsbedürftigkeit machen deshalb jeden Kranken in gewisser Hinsicht zum Kinde; gleiches gilt im besonderen Sinn von jener psychischen Erkrankung, die wir Neurose nennen. Gefühle der Schwäche, der Minderwertigkeit, des Nichtalleinfertigwerdens mit den Anforderungen der Welt und den Verantwortungen des Lebens, Anlehnungsbedürfnis, der Wunsch sich aus der Verwickeltheit und Raffiniertheit des Daseins in Simplizität zu flüchten – und dann wieder, als Überkompensation dieser Strebungen: Eigensinn und Trotz, das Verlangen, seine Macht zu markieren, andere zu tyrannisieren – all dies erfüllt den Neurotiker. Solche Tendenzen müssen ihm die Kindheit wie ein verlorenes Paradies erscheinen lassen, von dem er sich wenigstens einen Widerschein wahren möchte. Und so schwelgt er bald bewußt in Kindheitserinnerungen, bald spielen infantile Einstellungen und Erlebnisreste in seinem unbewußten Gehaben eine Rolle und sind durch psychoanalytische Methoden ins Bewußtsein zu heben. Nun sind aber diese Reminiszenzen so tief eingebettet in das Gegenwartserleben und -verhalten der Erwachsenen, daß eine reinliche Scheidung gar nicht möglich ist. Vor allem wird die Affektbetontheit von dieser Verschmelzung betroffen. Denn in jene wiederbelebten diffusen Kindheitsstimmungen gehen jetzt die konkreten Affekte und Strebungsformen ein, die der Erwachsenheit als solcher eigen sind, und werden ahnungslos mit in die Vergangenheit projiziert. Wenn ein Neurotiker z. B. bei bestimmten sexuellen Perversionen erinnert wird an kindliche Verhaltensweisen (z. B. an die Lust, den anderen zu schlagen), so schreibt er jener Kindeslust auch die jetzt bei ihm damit verbundene Sexualkomponente zu; und wenn man diese Erinnerungen für bare Münze nimmt, erscheint der frühkindliche »Sadismus« und eine über Jahrzehnte reichende Verdrängung desselben als erwiesen.

Man sieht, daß es vor allem gewisse formale Affekteigentümlichkeiten sind, durch welche ein Erwachsener Kindheitszustände in sich erneuern kann. Es sind jene, die Adler besonders betont und als Minderwertigkeitsgefühl und männlichen Protest bezeichnet hat; aber selbst hier ist es sehr fraglich, inwieweit eine wirkliche Neubelebung gelingt und ob nicht vielmehr nur ein vager Anklang vorliegt. Je mehr nun aber die Strebungen inhaltlich determiniert sind, um so weniger ist Erinnerungstreue möglich. Aus dem Gegenwartsaffekt der Eifersucht oder der erotischen Grausamkeit läßt sich nicht mehr der gleiche Kindheitsaffekt herausdestillieren; sondern hier wird in die unbestimmten Kindheitsstimmungen etwas Unkindliches hineindestilliert. Und durch diese Übertragung wird nun das konkrete Kindheitserlebnis selbst umgeformt und auch in seinem gegenständlichen Gehalt so verändert, daß Wahrheit und Dichtung nicht mehr zu sondern sind.

Wir finden diese Gedanken mit scharfer Pointierung ausgesprochen in folgendem Zitat: »Jene Szene ... wird nicht eine Erinnerung L.'s sein, sondern eine Phantasie, die er sich später gebildet und in seine Kindheit versetzt hat. Die Kindheitserinnerungen des Menschen haben oft keine andere Herkunft; sie werden überhaupt nicht, wie die bewußten Erinnerungen aus der Zeit der Reife, vom Erlebnis fixiert und wiederholt, sondern erst in späterer Zeit, wenn die Kindheit schon vorüber ist, hervorgeholt, dabei *verändert, verfälscht, in den Dienst späterer Tendenzen gestellt, so daß sie sich ganz allgemein von Phantasien nicht streng scheiden lassen.*« (Von mir kursiviert.)

Diese Sätze sind deshalb so bemerkenswert, weil sie von keinem anderen als von Freud stammen. (Eine Kindheitserinnerung Leonardo da Vincis. 2. Aufl. S. 92 – Freud sucht den sich aufdrängenden negativen Folgerungen dieser Feststellung dadurch zu entgehen, daß er nun die vermeintliche Kindheitserinnerung, die doch nur eine Phantasie des Erwachsenen über seine Kindheit ist, dennoch als eine unbewußte symbolische Umdeutung tatsächlicher Triebrichtungen des Säuglings ansieht. – Der Bericht Leonardos lautet: »Als ich noch in der Wiege lag, ist ein Geier zu mir herangekommen, hat mir den Mund mit seinem Schwanz geöffnet und viele Male mit diesem seinem Schwanz gegen meine Lippen gestoßen«.) Sie stehen aber vereinsamt und wirkungslos wie ein Fremdkörper in der psychoanalytischen Literatur. Wären sie folgerichtig berücksichtigt worden, dann wäre die psychoanalytische Kindesseelenkunde ihres hauptsächlichsten Materials verlustig gegangen.

5. Ich-Schwäche und Proteststellung

Die Welt der fremden Sachen und Personen wirkt auf das Kind direkt als eine Einengung der Selbstgeltung, die sich im Bewußtsein als Störung des Selbstgenusses, als Gefühl der Ich-Schwäche und Minderwertigkeit bekundet. Das Kind stößt ja an allen Ecken und Enden auf Grenzen und Hemmungen seiner Begehrungen; Verbote, Befehle, Zwangsmaßnahmen bedrängen es von außen her; Hilflosigkeit, körperliche Unfähigkeit, Verständnislosigkeit bewirken von innen her; daß es nicht kann, was es möchte, nicht begreift, was es zu wissen verlangt, mit der Welt nicht fertig wird. Eine der unmittelbarsten Auswirkungen dieses Schwächeerlebnisses ist die Furchtregung und die – spezifisch kindliche – Disposition der Ängstlichkeit, mit der wir uns in einem späteren Kapitel beschäftigen.

Besonders bemerkenswert ist nun die *individuelle* Färbung dieser Ich-Schwäche und des Minderwertigkeitsgefühls beim einzelnen Kinde; hier verdanken wir der »Individualpsychologie« Alfred Adlers und seiner Mitarbeiter wertvolle Anregungen. Adler hat ja die Theorie entwickelt, *daß gerade die Stellen besonderer Schwäche zu Knotenpunkten für die Persönlichkeitsgestaltung werden können.* Er neigt sogar dazu, *alles* von diesem Punkte aus erklären zu wollen und für jedes Individuum *eine* Grundschwäche aufweisen zu wollen, die zum Leitmotiv seiner Lebenslinie wird. Man braucht solchen Übersteigerungen des Prinzips nicht zuzustimmen, um doch seine Bedeutsamkeit anerkennen zu können.

Diese loci minoris resistentiae sind von verschiedenster Art. Da sind *körperliche* Mängel, etwa ein Sprachfehler, Hinken, Inkontinenz der Blase –, *psychische,* wie Schüchternheit, leichte Neigung zum Weinen, Widerwille gegen bestimmte Tiere, Nahrungsmittel usw. – diese drängen sich dem Kind auf als ständige Quellen von Beeinträchtigungen und Verlegenheiten, als Zwänge zu bewußter Beachtung und damit als Ansatzstellen der Entwertung des eigenen Ich.

Bei anderen Kindern kann die Distanz vom Erwachsenen, das Noch-Klein-Sein und Noch-Dumm-Sein zu einem solchen Gärungskeim werden. Hiermit hängt dann die, von Adler besonders betonte, Unsicherheit über den eigenen Geschlechtscharakter zusammen; die kindliche Neugier wendet sich bald den Unterschieden von Knaben und Mädchen, von Vater und Mutter zu; und die Unfähigkeit, sich hierüber völlig klar zu werden, führt zu Minderwertigkeitsbefürchtungen für die eigene Person.

Typische Beschränkungen der Selbstgeltung ergeben sich endlich aus der »Position« des einzelnen Kindes innerhalb der Reihe des Geschwister. Die

Konkurrenz bedroht hier nämlich die volle Durchsetzung der Selbstbejahung in sehr verschiedener Weise. Das bisher einzige Kind empfindet das Erscheinen eines jüngeren Geschwisters leicht als eine Minderung seines bisher unbestrittenen Anrechts auf die Elternliebe; in den folgenden Jahren wird von dem Älteren verlangt, daß es dem Jüngeren abgibt, ihm seine Spielsachen überläßt, es beaufsichtigt, seine Herrschgelüste ihm gegenüber eindämmt usw. Das jüngere Geschwister wiederum empfindet fortwährend, daß es weniger kann und darf als das ältere, daß dies seine körperliche und geistige Überlegenheit zum Tyrannisieren benutzt.

Wie verhält sich nun das Kind zu diesen – bald akuten, bald chronischen – Beeinträchtigungen seiner Selbstbejahung? Es reagiert darauf, wie jedes lebende Wesen, durch Abwehrakte: es übt *Selbstbehauptung*. Ein völlig passives Sich-Preisgeben an die feindselige Macht widerspräche dem Begriff der Person, die sich aktiv in ihrer individuellen Ganzheit zu wahren strebt. Und so kann das noch so hilflose Kind Kraftreserven in Bewegung setzen, um in mehr oder minder zweckmäßiger Weise dem störenden Eingriff zu begegnen, ja es kann zuweilen in der Abwehr eine Willensstärke und eine Zähigkeit zeigen, die in Erstaunen setzen.

Nun aber verläuft die Selbstbehauptung nicht immer so einfach, daß der Willensaufwand den Störungsfaktor wirklich aus der Welt schafft. Es gibt ja jene oben angedeuteten *chronischen* Beeinträchtigungen des Ich, die sich nicht beseitigen lassen; wie wird das Kind mit ihnen fertig? Hier erweist sich wieder die innere Zweckstruktur der menschlichen Persönlichkeit: *die Schwächen selbst erhalten die Funktion von Stärken.*

Wir stoßen damit auf den zweiten Teil der Adlerschen Theorie, den er mit dem – nicht sehr zweckmäßigen – Namen der Lehre vom »männlichen Protest« belegt hat. Die Bekundung einer Stärke ist hiernach die versuchte Überkompensation einer Schwäche. Gerade *weil* sich das Kind beeinträchtigt fühlt – und auf dem Gebiet, auf *welchem* es sich beeinträchtigt fühlt – ist es bestrebt, Kraft zu markieren und im Genuß eines Kraftbewußtseins das Minderwertigkeitsgefühl zu übertäuben. Weil es sich für die Defensive zu schwach fühlt, kommt es ihr durch Aggression zuvor; für das ständige Gehorchenmüssen rächt es sich durch das Streben, zu tyrannisieren. Das sind ganz selbstverständlich funktionierende Selbstschutz- und Sicherungstendenzen, nicht etwa bloß geheuchelte Strebungen.

Die Mittel, zu denen das Kind greift, um sich auf diesem Wege zu behaupten, sind sehr verschieden nach Art und Wert: von dem bloßen Trotz, der noch ganz inhaltlos ist, bis zum Sich-Hineinphantasieren in machtbetonte Rollen, von einer gelegentlichen Kraftpose bis zu der Gewohnheit, sich gerade durch seine Schwächen, Krankheiten und Ängste zum Despoten seiner Umgebung zu machen.

Es ist schwer, das Wirkungsgebiet dieser paradoxen Kraftbetonung richtig abzugrenzen; denn ihre Bekundungen sehen den Äußerungen ursprünglicher Willenskraft zunächst recht ähnlich. Jedenfalls aber wäre es verfehlt, nun in *jedem* kindlichen Starrsinnsverhalten oder Geltungsbedürfnis nichts als versteckte Überkompensation von Minderwertigkeitserlebnissen sehen zu wollen; es gibt doch eben auch die Abwehrreaktion aus unmittelbarer Stärke heraus. Im ganzen werden jene paradoxen Strebungen ihren eigentlichen Schwächecharakter dem schärferen Blick nicht verhüllen können; es fehlt ihnen eben die Echtheit und der Tiefgang wahrer Kraftbekundungen. Deshalb erscheint es auch unwahrscheinlich, daß sie in dem von Adler behaupteten Maße normalerweise die Leitlinien der sich gestaltenden Persönlichkeit bestimmten. Groß ist zweifellos die Rolle solcher Sicherungen bei Neurotikern, und zwar bei Erwachsenen wie bei Jugendlichen, – ferner bei Menschen mit ausgesprochenen Gebrechen. Bei gesunden Kindern kommt jene paradoxe Strebung höchstens als eine Teillinie innerhalb des persönlichen Gesamtbildes in Betracht.

6. Liebe und Sexualität

Die Liebe und Zärtlichkeit des kleinen Kindes ist keine rein geistige Regung, sondern stark mit körperlichen Momenten verknüpft. Der Mensch liebt eben als ganzer Mensch, als psychophysisch-neutrale Person; und gerade für das kleine Kind ist ja Geistiges und Körperliches noch so wenig geschieden, daß ihm auch sprachlich noch liebhaben und liebkosen identisch ist. Und so ist die Liebe des Kindes von körperlichen Hinwendungsinstinkten durchsetzt; das Kind sucht möglichste Annäherung an das geliebte Wesen; es will auf den Arm oder auf den Schoß genommen werden, schmiegt sich an die Brust oder lehnt sein Gesicht an das der Mutter, streichelt ihre Hände und Wangen oder läßt sich streicheln. Damit erhält die Liebkosung eine sinnliche Reizwirkung, die sich unter Umständen stark in den Vordergrund drängen mag: das Kind genießt dann den körperlichen Kontakt als Organlust, deren Fortsetzung um ihrer selbst willen angestrebt wird.

Auf die Bedeutung dieses sinnlichen Moments in der frühkindlichen Liebe haben uns die Psychoanalytiker aufmerksam gemacht; *aber soll man jede Liebe, die mit körperlichem Annäherungsbedürfnis und Lust am Berühren und Berührtwerden verbunden ist, als »Sexualität« bezeichnen?* Es wird durch diese *Begriffserweiterung* der grundlegende Unterschied der frühkindlichen Liebe gegenüber der von der Pubertät an mächtig werdenden neuen Form des Liebesgefühls verwischt.

Das scheint mir besonders deutlich hervorzutreten bei der *Inzesttheorie* der Psychoanalytiker. Die kindliche Sexualität, so lehren sie, tritt früh aus der Phase reiner Autoerotik heraus und sucht ein Liebesobjekt in einem anderen Menschen. Als solches bietet sich naturgemäß die Mutter dar. Sie ist die erste »Geliebte« des Kindes; sie gewährt ihm nicht nur Hilfe, Nahrung, Spiele, sondern auch körperliche Lustgefühle – nicht nur durch ihre Zärtlichkeiten, sondern auch durch die Körperpflege, die ja zu fortwährenden Berührungen der »erogenen« Zonen, der Genitalien, des

Anus usw. Anlaß gibt. Sie gewährt dem Kinde die Möglichkeit, seine sexuelle Neugier durch Betasten ihres Körpers zu befriedigen (z. B. wenn sie es zu sich ins Bett nimmt) und seiner Schaulust zu genügen (z. B. wenn sie vor dem Kinde sich entkleidet, wäscht usw.). An diesen Darstellungen mag viel richtig sein – bis auf die Eingruppierung der kindlichen »Liebeserlebnisse« unter den Begriff Sexualität. Aber es handelt sich hierbei nicht nur um eine unzutreffende Bezeichnung; sie führt vielmehr zu verhängnisvollen Folgerungen. Denn es wird nun angenommen, daß das Kind für das eigentlich Unnatürliche und Unerlaubte dieser Gefühlsweisen ein Bewußtsein bekomme und sie daher verdränge. Es richtet die »Inzest«-Schranke auf, aber wird nun um so mehr im Unbewußten von diesen Regungen heimgesucht, die dann nur in der Form scheinbar harmloser Symbolvorstellungen an die Oberfläche seiner Seele gelangen.

Nach den kritischen Erörterungen, die wir früher an die psychoanalytischen Symboldeutungen und Verdrängungstheorien geknüpft haben, können wir uns eine spezielle Besprechung dieser Inzest-Theorie ersparen. Sie zeigt uns aber *wieder, wie nötig es ist, an den Lehren der Psychoanalyse die sehr wertvollen – früher ungebührlich vernachlässigten – Tatsachenfeststellungen von den daran geknüpften Deutungen zu trennen.* (Daß sich erotische Regungen in die Liebe des Kindes zur Mutter drängen können, soll nicht bestritten werden. Die eigentliche Zeit hierfür ist aber nicht die frühe Kindheit, sondern die frühe Pubertät, vielleicht auch schon die Vorpubertät. Eine fein empfindende Mutter bemerkt hier deutlich, daß in die Liebe und Zärtlichkeitsbezeugung des Sohnes ein *fremder* Ton hineinkommt, der früher – insbesondere in der ersten Kindheit – völlig fehlte.)

Über die Gefühlsbeziehungen, die das Kleinkind mit seinen Geschwistern und seinen Spielgefährten verbindet, ist zum Teil Verwandtes zu sagen. Auch hier gibt es Zuneigungen von sehr verschiedener Stärke, gibt es Zärtlichkeitsverlangen und Zärtlichkeitsbezeugung mit mannigfachen körperlichen Berührungen. Aber einige neue Momente kommen hinzu.

Zunächst das *gemeinsame Spielen*. Den Kindern kann *ja alles* zum Spielzeug werden, so auch der eigene Körper oder der des Mitspielers. Wenn Geschwister gemeinsam im Bett liegen und sich aneinanderkuscheln oder nur mit dem Hemdchen bekleidet miteinander tollen – dann ist es gar nicht anders möglich, als daß es zu zahlreichen körperlichen Berührungen kommt und daß die Kinder die damit verbundenen Organempfindungen kennen lernen. Davon können auch u. a. die Genitalien und das Gesäß betroffen werden; gerade weil den Kindern naturalia noch nicht turpia sind, fühlen sie sich nicht veranlaßt, bei den Spielen mit ihren Körpern gerade an diesen Stellen halt zu machen. Vielleicht wirkt es sogar noch anreizend auf sie, daß diese Körperzonen im allgemeinen verdeckt gehalten werden und daß die Erwachsenen sie als etwas betrachten, wovon man nicht spricht und nach dem man nicht fragt. Sie haben keine Ahnung, warum und weshalb hier dies »Tabu« besteht; aber der Reiz des Geheimnisvollen und Verbotenen kann wohl geeignet sein, auch ohne jede sexuelle Gefühlsbetonung das Interesse an solchen Spielen zu verstärken. Und so kommt es zu Erscheinungen, von denen uns namentlich Ärzte mehrfach berichten: zur Schaulust, die den Anblick der Geschlechtsorgane und ihrer Verrichtungen beim anderen Kinde – namentlich bei dem anderen Geschlecht – sucht, zu gegenseitigen Spielen an den Geschlechtsorganen (»mutueller Onanie«), ja zur Nachahmung des Koitus. Freilich wissen wir über die Verbreitung dieser Verirrungen in der frühen Kindheit nichts: denn die in der psychoanalytischen Literatur zu findenden Mitteilungen beziehen sich immer nur auf ganz vereinzelte Beobachtungen (die sofort verallgemeinert werden) oder auf die sehr fragwürdigen Erinnerungen erwachsener Neurotiker. Was den Zeitpunkt anlangt, in dem solche Gebarungen beginnen, so mag eine neurotische Disposition zu einer gewissen Verfrühung von Instinkten führen, deren *spontanes* Erwachen beim normalen gesunden Menschen sicher erst jenseits des sechsten Jahres einzutreten pflegt.

Allerdings scheinen auch gewisse *äußere* Einflüsse mitbeteiligt zu sein, und hier ist der Punkt, der die pädagogische Aufmerksamkeit der Eltern und Erzieher fordert. Wie gern spielen Kinder »Vater und Mutter«; groß zu sein und es den Eltern gleichtun zu können, ist ja eine stille Sehnsucht jedes Kindes. *So erstreckt sich ihr Nachahmungstrieb auf alles, was sie bei den Eltern wahrgenommen haben;* und leider geben manche Eltern den Kindern Gelegenheit zu Wahrnehmungen, die ihnen verborgen bleiben sollten. Gerade die kleinen Kinder schlafen ja meist bei den Eltern; aber sie schlafen nicht immer wirklich, wenn die Eltern es glauben, und was im Dunkeln vor sich geht, reizt durch die Dunkelheit und die Unbegreiflichkeit die Phantasie des Kindes erst recht zur Nachahmung. – Sodann kann die eigentliche Verführung eine Rolle spielen: ältere Kinder bedienen sich der kleineren, um in sich selbst Lustempfindungen zu erwecken, die schon dem sexuellen Fühlen nahestehen können, und die ahnungslosen Kleinen, die sich zu diesem Spiel hergeben, werden vorzeitig mit einer Überreizung der Genitalzone bekannt gemacht.

Dokument Nr. 11

E. Hitschmann (1924)

(Aus einer Rezension von R. Allers, »Über Psychoanalyse«)

In einem großen hellen Saal sitzt ein genialer Entdecker mit seinen Schülern; alle mikroskopieren eifrig mit dem vom Meister angegebenen Instrument und die reichen Resultate der Forschung gewinnen immer mehr Ansehen auf der ganzen Welt. Da tritt ein Naturphilosoph ein, der sich eingestandenermaßen von der Richtigkeit der Entdeckungen dieser Forscher überzeugt hat, aber ihn zwackt seine Gelehrsamkeit, er schiebt die Brille auf die Nase, kritisiert und verwirft das Mikroskop, es sei theoretisch falsch, der Brennpunkt, die Lichtstrahlen mißbraucht usw. Der Gelehrte, solche Heimsuchungen gewohnt, kehrt sich nicht daran; er arbeitet weiter und denkt mit Goethe: »Wer der Welt etwas geben will, darf sich nicht mit ihr einlassen.« Nur ein oder der andere Schüler begeht leider den Fehler, sich mit dem Buchgelehrten, der sich weigert, ins Mikroskop zu sehen, in eine Diskussion einzulassen ... *Allers'* Versuch, mit formallogischer Kritik an die Psychoanalyse heranzutreten, ist ebenso gescheitert, wie ernstere und gewissenhaftere analoge Versuche vor ihm.

(Vgl. oben, S. 166).

Dokument Nr. 12

K. Bühler (1927)

(Aus: »Die Krise der Psychologie«, Jena 1927)

Fahren wir fort. Weit über alles andere hinaus greift die gigantische Idee von einer Schürzung des *Ödipuskomplexes* im Kinderleben jedes normalen Menschen. Im Alter von drei Jahren ungefähr gelangt nach *Freud* das Kind aus innerer Notwendigkeit in eine Situation, die in ihren inneren Wesenszügen mit der Lage des Königs Ödipus verglichen werden muß. Dem war es vom Schicksal bestimmt, daß er seinen Vater tötete und mit der Mutter im Ehebett Kinder erzeugte, ohne seine Eltern zu kennen. So weit kommt es nicht beim normalen Knaben, wohl aber zur libidinösen Bindung an die Mutter unter Abstoßung des Vaters (beim Mädchen umgekehrt), oder zu einem Ödipuskomplex mit negativem Vorzeichen, wo die gleichgeschlechtigen Partner unter Abstoßung der verschiedengeschlechtigen gebunden werden. Denn nach dem Grundsatz von der Ambivalenz der Affekte liegt in jeder Liebe auch etwas von Haß und in jedem Haß auch etwas von Liebe, der »vollständige« Ödipuskomplex ist also ein erschöpfendes Grundgebilde mit vielen, auch den homosexuellen Manifestierungsmöglichkeiten. Und wieder ist kaum auszudenken, wie fruchtbar im einzelnen das Denkschema des vollständigen Ödipuskomplexes das Tun und Treiben des Kindes in den Jahren etwa von drei bis sechs theoretisch aufzuklären vermag. Für den Charakter des erwachsenen Menschen ist die Stoffgeschichte seines kindlichen Ödipuskomplexes von hervorragender Bedeutung. Normalerweise wird er aufgelöst; erfolgt die Auflösung aber nur unvollständig oder nicht in der rechten Weise, dann gibt der unerledigte Knoten im Wesen des Menschen eine Hauptgrundlage für spätere Neurosen ab.

Nach und nach ist die Idee des frühkindlichen *Ödipuskomplexes* mit allem, was drum und dran gebaut wurde, mit dem Kastrationskomplex der kleinen Knaben, welche die Entmannung als Strafe vonseiten ihres übermächtigen väterlichen Rivalen bei der Mutter fürchten, mit dem Penisneid der kleinen Mädchen usw. zu einem Kern- und Glanzstück, zu einem Grundpfeiler der Psychoanalyse geworden. Für die sachliche Beurteilung dieser Theorie kommt sehr viel darauf an, wie weit und wie tief man die Seele des Kindes von den verschiedenen Triebkomponenten des sogenannten Ödipuskomplexes erfüllt und aufgewühlt denkt. Genügt der Theorie jedwede Differenz in der kindlichen Zärtlichkeitsverteilung an die beiden Eltern, so daß in der Regel die Mutter vom Sohn, der Vater von der Tochter bevorzugt erscheint, dann darf die These also so gut wie bewiesen gelten. Es gibt zwar, soviel ich weiß, keine umfassende *statistische Beobachtung* darüber; doch erscheint mir die *Sachlage durch Einzelzeugnisse so gut belegt und im Ganzen so natürlich, daß kein Grund besteht, daran zu zweifeln*. Wichtiger noch als dies dürfte der nun schon mehrmals gut beobachtete und exakt verfolgte Tatbestand einer gewissen Entwicklungskrise sein, die das Kind gegen Ende des dritten Lebensjahres durchmacht. *Charlotte Bühler* hatte diese Krise des Dreijährigen mit der viel späteren Pubertätskrise verglichen und mehrere Einzelzüge sowohl als den Gesamtverlauf hier und dort in Parallele gestellt. (Vgl. *Ch. Bühler,* Das Seelenleben der Jugendlichen, 3. Aufl. S. 42 und *Elsa Köhler,* Die Persönlichkeit des dreijährigen Kindes, Hirzel 1926.) Vielleicht liegt auch biologisch betrachtet so etwas wie eine Vorwelle, ein Frühversuch der Natur zur Reifung dem Ganzen zugrunde. Darin ist eine Aufwallung der körperlichen und seelischen Zärtlichkeitsbedürfnisses des Kindes und eine oft recht ausschließliche und hartnäckige Fixierung der Liebe an eine einzige, ausgewählte Person enthalten; dies war in den Fällen, die wir beobachtet haben, die allgegenwärtige Mutter oder Pflegerin, in anderen wird es vielleicht der Vater oder sonst jemand, der sich viel mit dem Kinde abgibt und seine Seele in dem fruchtbaren Moment zu erobern vermag, sein können. All das ohne strenge gegengeschlechtliche Bevorzugungen, also ungefähr so, wie es das tolerante Schema vom »vollständigen« Ödipuskomplex zuläßt. Ich wiederhole: wenn dieser Tatbestand der *Freud*schen Theorie genügt, dann mag sie mit oder ohne ihren düsteren Namen als wohl begründet gelten, soweit die direkte Beobachtung an normalen Kindern dabei ein Wörtchen mitzusprechen hat. *Anders aber* liegen die Dinge, wenn zum Nerv dieser Theorie etwa wirkliche *Todeswünsche*, Ermordungsgelüste des Durchschnittsknaben gegen den Vater und irgendwie als *sexuell* zu charakterisierende *Beischlafsgelüste* zur Mutter gehören sollten. Dafür fehlt einstweilen jedwede ausreichende Beobachtungsgrundlage am Kinde selbst, und Analysen an Erwachsenen, sei es kranken oder gesunden, werden aus verschiedenen Gründen nie imstande sein, dies Manko zu ersetzen. *Freud* hat die Gründe, die ich im Auge habe, alle selbst gesehen; nur eben, wie das zu gehen pflegt, viel zu leicht gewogen und beiseite gestellt. Es liegt nicht im Plane dieser Untersuchung, näher darauf einzugehen; darum mache ich den *Vorschlag,* wir wollen die *Frage nach dem normal-frühkindlichen Ödipuskomplex hier einstweilen als im entscheidenden Punkt noch unerledigt betrachten.* Es sind Untersuchungen im Gange, die, wie ich hoffe, uns auch in dieser Angelegenheit weiter bringen werden.

4. Und nun ist es an der Zeit, etwas zu sagen, worauf wir nicht mehr zu warten brauchen. Ein besonnener Mann, der sich mit Recht selbst zu den Psychoanalytikern zählt, hat folgende Sätze niedergeschrieben: »Zu maßlosen Übertreibungen ist es, mehr noch als bei *Freud* selbst, bei manchen seiner Schüler auf dem Gebiet der Infantilsexualität, der Exkrementalerotik und ä lichem gekommen, wo um durchaus richtig gesehene Kerne herum sich wüsteste und nicht nur ästhetisch, sondern auch rein wissenschaftlich gesehen, widerwärtigste Phantastik getummelt hat.« »Völlig unwertig sind die vielen seiner *[Freuds] Folgerungen zugrunde gelegten Kinderanalysen, bei denen die ganze Sexualität in die Kinder hineingefragt ist.* In Kinder kann man eben fast alles hineinfragen, ihnen durch Fragen die Antworten suggerieren; man kann dem Kinde – der von *Freud* analysierte Hans war 4½ Jahre – auf dem Wege der Frage ungefähr alles einflößen und findet dann nicht nur die Sexualität, sondern auch die gesuchten Symbolbildungen«. (*Carl Haeberlin* [Arzt in Bad Nauheim], Grundlinien der Psychoanalyse, 1925, S. 387.) Nun, ich hoffe, wir werden auch ohne derart befreiend scharfe Worte, wie wir sie hier aus der Diskussion der Psychoanalytiker unter sich zu hören bekommen, und ohne *Haeberlin* gegen *Freud* auszuspielen, den in der Tat kaum überbietbaren theoretischen Unfug der Jüngsten in der Kinderpsychologie aus den Angeln heben. Mit dem Hinweis auf die Täuschungsquelle der Suggestion, so wichtig er sein mag, ist keine Radikaloperation zu erzielen. Denn die Psychologie des Säuglings z. B., die mehr und mehr zum auserwählten Tummelplatz von Theorien erkoren wurde, stützt sich naturgemäß nicht auf das Ausfragen des Kindes, sondern auf objektive Tatbestände. Und jenes andere von den »richtig gesehenen Kernen«, nun darauf eben wird es ankommen, zu entscheiden, was Kern und was Schale und was hohle Nüsse sind; der Unbefangene wird auch auch dies letzte nicht von vornherein für ausgeschlossen halten.

Nein, es gilt zunächst einmal, irgendeinen festen Punkt zu finden außerhalb des Bannkreises, den *der große Zauberer* gezogen hat und in dem er alle seine »legitimen« Schüler gefangen hält. Wir werden diesem Stoffprinzip der Libido, in dessen Namen hier Psychologie getrieben wird, von Angesicht zu Angesicht gegenübertreten und mit *Freud* selbst die Gründe prüfen, die uns zu seiner Annahme oder Ablehnung, oder sagen wir gleich genauer zur Bestimmung seiner Grenzen führen können. Wenn es irgendwo in unserem Leben etwas gibt, worauf jenes Merkmal der

Interesselosigkeit, des interesselosen Schauens, des interesselosen Wohlgefallens, anzuwenden ist, in dem *Schopenhauer* eine Vorstufe der Erlösung vom dämonisch drängenden Willen zum Leben erblickte, dann werden wir dort den gesuchten Ruhepunkt vermuten dürfen. Denn diese Art der Freiheit müßte wohl exakt mit derjenigen zusammenfallen, die eintritt, wo immer uns nicht mehr die Libido im Nacken sitzt wie ein Reiter auf seinem Pferde. Anders: wo immer in unserem Seelenleben *Formprinzipien* als reale Mächte auftreten, da muß es aus innerer (logischer) Notwendigkeit mit dem Erklärungsbereich des reinen Stoffdenkens zu Ende sein. Man brauchte gegen *Freud* eigentlich nur den modernen Gestaltgedanken ins Feld zu stellen; *die Gestaltpsychologie* bildet den reinsten Gegenpol zu seiner Art des Denkens. Noch einmal anders: *jenes stoffliche Nachklingen gewisser Urerlebnisse* durch unser ganzes Leben, ja durch ungezählte Generationen hindurch, ist die auf die Spitze getriebene Formel des *Reproduktionsprinzips*, ist, geisteswissenschaftlich ausgedrückt, der *reinste Historismus*, erinnert z. B. an jene Entgleisungen gewisser Kunsthistoriker, die das Werk des schaffenden Geistes rein aus den (zufälligen) Lebensanlässen unter Einschluß dessen, was Kammerdiener zu erzählen wissen, verstehen wollten. Es ist, milder und noch allgemeiner gesagt, ein rein *retrospektives Erklärungsprinzip*. Gibt es irgendwo so etwas wie echte Produktion und prospektive Momente im Entwicklungsgange, dann ist damit der Psychoanalyse wieder eine Grenze abgesteckt.

Eins greift ins andere. Ich werde bei dem folgenden Untersuchungsgang das *Spiel des Kindes* in den Mittelpunkt stellen, weil an ihm all die aufgezählten Momente greifbar in Erscheinung treten. Es ist gewiß kein Zufall, daß zu dem wenigen im Himmel und auf Erden, was bis heute einer irgendwie ausgeführten psychoanalytischen Deutung entgangen ist, das Kinderspiel gehört. Wie sollte auch einem Stoffdenker etwas zugänglich sein, dessen Grundprinzip das der *formalen Übung* selbst ist? Wenn uns *Freud* bekennt, er habe wenig Sinn für die formalen Qualitäten eines Kunstwerkes, dann verstehen wir daraus, warum ihm die Eigenart des Kinderspiels entgehen und warum ihn der Tatbestand das einzige Mal, wo er einen Blick auf ihn warf, zu den merkwürdigsten Ergänzungen seiner psychologischen Axiome zwingen *mußte*. In dem dogmengeschichtlich sehr interessanten Buche »Jenseits des Lustprinzips« (1920). Damit wollen wir die systematische Auseinandersetzung beginnen.

Dokument Nr. 13

H. Henning (1925)

(Aus: »Psychologie der Gegenwart«, Berlin 1925, S. 79 ff.)

Psychoanalyse

Als eigener Zweig sonderte sich die Psychoanalyse ab. Sie hofft, das Labyrinth der Seele am Ariadnefaden der Sexualität sicher durchwandern zu können, und wirft ihr Netz allmählich über sämtliche geistigen Felder, doch entschlüpft den groben Maschen naiver Analogien häufig das Wesentlichste. Die medizinische Behandlung sucht »das ewig Weh und Ach aus einem Punkte zu kurieren«: mit einfachen Assoziationsketten, später mit verwickelten Analysen soll der schwärende Sexualkomplex, der maskiert in den Seelentiefen verborgen liegt, ans Licht beschworen werden. Damit ist die Heilung da, wie analog eine einsichtsvolle Aussprache in der Beichte befreiend wirkt.

Schon die ursprüngliche *Assoziationskette*, die so lange mechanisch abgerollt wird, bis man schließlich auf etwas Sexuelles stößt, verrät, wie die gesamte Theorie, ihre Abkunft von mechanischen Gedanken. Nirgends spricht man so viel von *«Mechanismen«* der Seele wie in der Psychoanalyse. Rein mechanisch ist schon Freuds Motto: »Flectere si nequeo superos, Acheronta movebo.« Aus dem hellen Lichte des Bewußtseins werden erotische Komplexe in finstere Seelenkeller heruntergeworfen; sie wollen wieder empor, allein sie werden »verdrängt«. Wo rohe Kraft nicht hilft, greift man zur List: die Komplexe verkleiden sich und versuchen den Weg zur Oberwelt als unkenntliche Masken. In eigentümlicher »Symbolisierung« bedeutet alles Längliche und Harte, z. B. ein Zeppelin, eine Nagelfeile, ein Schirm oder Bleistift, ein Baum oder Spazierstock, weiter nichts wie das männliche Glied, und alles Runde, Weiche und Tiefe, z. B. ein Brötchen, ein Schlüsselloch, ein Topf, ein Tintenfaß, das weibliche Geschlechtsorgan. »Dosen, Schachteln, Kästen, Schränke, Öfen entsprechen dem Frauenleib«, gedeckte Tische ebenfalls, auch Tische und Bretter, weil hier die »Körperwölbungen aufgehoben« sind. »Alle komplizierten Maschinerien und Apparate«, ebenso die »kleinen Kinder«, »sind Genitalien«. Wer im Traume nach links geht, will seine Ehefrau betrügen, denn er weicht vom rechten Wege ab«. Geht man durch »mehrere Zimmer«, so »ist es ein Bordell- oder Haremstraum«. Kein Gegenstand, der sich nicht einordnen ließe. Wer davon träumt oder spricht, ist für die psychoanalytische Deutekunst, welche auch jene alten ägyptischen Traumbücher unserer Dienstboten verbo expresso als wissenschaftlich anerkennt, sofort als verkappter Sexualneurotiker entlarvt, wenn nicht gar Analerotik, Fetischismus oder Sadismus in Frage stehen. Oder die rohen Kräfte parfümieren sich, sie gerieren sich feiner, als sie sind: die »Sublimierung«. Allein an der Kellertüre des Bewußtseins steht ein Zerberus als Pförtner:

die »Zensur«. Wie jeder Zensor wird freilich auch dieser immer düpiert, und so dringen die verkleideten Gewalten aus dunkeln Seelenkellern in die hell erleuchtete Herrschaftsetage des Bewußtseins; sie mischen sich hier als symbolisierte Masken in den allgemeinen Mummenschanz, wo bei der Maskenfreiheit perverse Pansfiguren nun nicht mehr von anständigen Gedanken zu unterscheiden sind. Unter dem verhüllenden Kostüm die Gestalt zu erkennen, sie zu deuten und ihr den wahren Namen ins Antlitz zu schleudern, das gilt als Analyse der Psyche, als Psychoanalyse. »Am besten ist's auch hier, wenn ihr nur einen hört und auf des Meisters Worte schwört.« Ohne autorisierte Deutekunst müßte jeder anders stimmen: der eine nähme die längliche Weinflasche als männliches Geschlechtssymbol, der andere denkt an die hohle Flasche, dann ist es weiblich, ein dritter berücksichtigt beides und muß von Homosexualität sprechen. So entwickelte sich die von Sigmund Freud begründete Psychoanalyse folgerichtig zu einer Art von Sekte mit straffer Vereinsorganisation, mit eigenen Zeitschriften und Privatkongressen. Namentlich in Österreich-Ungarn und der Schweiz wuchs diese Bewegung lawinenartig an, getragen von Ärzten, Dichtern, Feuilletonisten; doch hat die Psychologie sich ihr nie verschrieben.

In den »*Abhandlungen zur Sexualtheorie*« belehrt uns Freud, daß schon das Lutschen oder Saugen des Säuglings sexueller Natur und von »sexuellem Orgasmus« begleitet ist. Drum spricht er von »Wonnesaugen« und fährt – um ein Beispiel seiner Methodik zu geben – fort: »an der sexuellen Natur dieses Tuns hat noch kein Beobachter gezweifelt«. Trotzdem erließ die Psychologie einen öffentlichen Aufruf, welcher die sexuelle Umdichtung des Säuglings und das sexuelle Ausfragen des Kleinkindes als eine ernste Gefährdung der jugendlichen Seele bezeichnet. Denn Freud glaubt schon im dritten und vierten Lebensjahr ein deutlich ausgeprägtes Sexualleben beobachten zu können. Überhaupt gilt ihm heute mehr wie je dieser Lehre von der infantilen Sexualität als Grundstock und Voraussetzung seines ganzen Systems, mit dem es steht und fällt.

Ihm zufolge ist jeder Traum richtig gedeutet eine Wunscherfüllung. Auch im Schlaf steht ein Pförtner Wache, indessen läßt dieser Nachtwächter sich noch leichter übertölpeln als sein Kollege vom Tagdienst. Was tags zurückgewiesen wurde, passiert nachts meist die Traumzensur. Zwar wird auch hier eine Maskerade mit Symbolisierung erforderlich. Der Trauminhalt macht sich der »Zensur« unkenntlich »durch zusammengedrängte Verdichtung und Verschiebung der Teile«, wobei die Affekte unverrückt bleiben, in ihr Gegenteil gewandelt oder vernichtet werden können. Schließlich wird das Ganze sekundär »verarbeitet«. Durch diese »Verstellung« gelingt es »dem Träume, sich der Traumzensur zu entziehen«. Zunächst erhalten wir generelle Auflösungen der nächtlichen Rätsel: Nacktheitsträume sind exhibitionistische Wünsche, Zahnziehen bedeutet Onanie, Examensträume (Maturität = Reifeprüfung) verraten die Angst vor unzureichender Geschlechtsreife, d. h. vor Impotenz; andern als Impotenten scheinen die Psychoanalytiker nicht begegnet zu sein, und sie übersehen, daß man mancherorts statt Maturität Abitur oder Abgang sagt, wonach Freuds Rezept auf Pollutionen wiese. Der Psychoanalyse zufolge hat jeder Mensch seine Ödipusträume, d. h. uneingestandene Geschlechtswünsche nach der leiblichen Mutter mit Eifersucht gegen den leiblichen Vater. Auch Fliegen, Schwimmen und Fallen hat grobsinnliche Bedeutung. Dazu treten dann die zahllosen individuellen Symbole. Diese Vorgänge werden schließlich an den Zentralgedanken der Psychoanalyse, auf welchen Freud selbst den Hauptakzent legt, an die infantile Sexualität angeschlossen: »der Wunsch, welcher sich im Traume darstellt, muß ein infantiler sein«. Wir kommen seelisch also nie aus den Windeln heraus.

Da drei Viertel sämtlicher Träume unangenehmer Natur sind, und in den übrigen die Wünsche höchstens paraphrasiert, jedoch niemals wirklich erfüllt werden, ist die Wunscherfüllung etwas fadenscheinig. Ich sammelte im »Traum als assoziativer Kurzschluß« Träume von Jünglingen und Mädchen, welche bei wirklichen Sexualreizen (Pollution, beginnende Mensis) entstanden: in ausnahmslos allen Fällen tritt das sexuelle Moment ohne Maske oder Zensur als sexuelles hervor, und ich fand auch sonst keine Neigung der erotischen Triebe sich umzuschminken. So müßte Freuds Sexualmaskerade erst bewiesen werden.

Auch in Alltag, Kunst, Dichtung, Mythologie und Ideen der Naturvölker sieht die Psychoanalyse eine symbolisierte Sexualität. Andersens König mit den unsichtbaren Kleidern ist infantiler Exhibitionismus. Wenn Ferdinand Hodler monumental aufragende, längliche, steile Gestalten wie den Tell malt, dann meint er eigentlich nur den Phallus; diese Idee wirkte in ihm unbewußt und symbolisierte sich als Tell. Der Hysteriker Shakespeare will seine Mutter besitzen, »es kann natürlich nur das eigene Seelenleben des Dichters sein, das uns in Hamlet entgegentritt«. So werden eigentlich sämtliche Dichter und Künstler zu blutschänderischen Hysterikern. Manche lassen es sich sogar gefallen; so bekannte Hermann Hesse sich zur Psychoanalyse. Als Arthur Schnitzler in sexuellen Unrat übersetzt war, fragte ich ihn, der selber Mediziner ist, ob er sich persönlich auch so einschätze, und er antwortete mir, wohl sei die Psychoanalyse einseitig, doch erscheine es ihm wertvoll, »daß gerade hier, was von seiten einer gewissen zünftigen Kritik so selten geschieht, auch auf meine Darstellung menschlicher Beziehungen nichterotischer Art, wie zwischen Geschwistern, zwischen Eltern und Kinder, zwischen Freunden, und auf allerlei tiefere seelische Zusammenhänge hingewiesen wird, über die nun freilich, wenn auch manches schöne und verständnisvolle, doch nicht das letzte und manchmal auch wohl nicht das absolut richtige Wort gesprochen sein dürfte«.

Eigentlich ist die Wissenschaft nun am Ende, es handelt sich nur noch um die sexuelle Umdeutung. Vom leisesten sprachlichen Versprechen bis zu

Totem, Tabu und Gottheiten, vom Alltag, bis zu Kunstwerken, alles ist nur ein Gleichnis der symbolisierten Sexualität. Freud bekennt, daß »die Symbole wie die Siegel der Stenographie mit ein für allemal festgelegter Bedeutung auftreten«, und »diese Symbolik gehört nicht dem Traum zu eigen an, sondern dem unbewußten Vorstellen, speziell des Volkes, und ist im Folklore, in den Mythen, Sagen, Redensarten wie in der Spruchweisheit und in den umlaufenden Witzen eines Volkes vollständiger als im Traume aufzufinden«. Forscher der Geisteswissenschaften, lege die Feder hin! Alles ist enträtselt, die Generalformel der Welt ist in der infantilen Sexualität gefunden!

Freuds physiologischer »Mechanismus« ist reichlich mechanisch und plump assoziationistisch. Wie beim Reflexbogen sind zwischen die erste Regung und die Zensur in einfacher Kettenassoziation die verschiedenen Erinnerungsspuren Er, Er', Er" ... hintereinander geschaltet. Das letzte Glied ist das bewußtseinsfähige Vorbewußte, welches sich der Zensur präsentiert, das vorletzte Glied ist das bewußtseinsunfähige Unbewußte. Im Traum geht alles rückläufig verglichen mit dem Tagleben, und hierbei »löst der Traumgedanke sich in sein Rohmaterial auf«. Das ist eher atomistische Mechanik und mechanische Mosaikpsychologie als moderne Forschung. Die für den heutigen Stand allzu primitive Schaltung kennt einerseits Erinnerungsspuren, d. h. physiologische Residuen, und andererseits bewußte Vorstellungen wie wir. Ein besonderes Reich des Unbewußten und Vorbewußten ist nicht erwiesen, denn das bewußtseinsunfähige Unbewußte kann nur von physiologischer Natur sein, und das bewußtseinsfähige Vorbewußte ist so lange eine physiologische Residue, als es nicht bewußt erlebt wird, in diesem Falle hat nur die physiologische Residue die zugehörige Vorstellung aktiviert.

Während Freud den Komplex und das hysterische Trauma auf Erfahrungen des Vorlebens zurückführt, die er wesentlich mit der Sexualität in Beziehung setzt, sucht sein ältester Schüler Alfred Adler die Erscheinungen, ausgehend vom Minderwertigkeitsgefühl und seiner Kompensation, umgekehrt zu deuten: durch Nietzsches Willen zur Macht, der freilich auch stark ins Sexuelle gezogen wird. Freud blickt also in die Vergangenheit und analysiert, welche Wunden der Betreffende da erlitt; Adler schaut in die Zukunft und forscht nach den Absichten des Betreffenden für die Folgezeit. Der eine will kausal aus älteren Erlebnissen, der andere final aus noch unverwirklichten Zwecken eine Deutung erarbeiten, und so wird derselbe Traum oder die gleiche neurotische Erscheinung ganz verschiedenartig von beiden ausgewertet. Jung sucht die Ansichten dadurch zu vereinigen, daß er zwei Typen aufstellt: erstens die Gefühlswelt, in welcher der nach innen gekehrte »introvertierte« Menschentypus wurzelt; dem entspricht die Freudsche Betrachtungsweise. Zweitens die Welt des Denkens, in welcher der nach außen strebende ›extrovertierte‹ Typus fußt; dem entspricht die Adlersche Denkart. Beide schließen sich nicht aus, sondern stehen als zwei Typen ergänzend nebeneinander. Schließlich sucht Jung sie einheitlich in eigener These zu fassen: »der neurotische Konflikt findet immer statt zwischen der angepaßten Funktion und den nicht differenzierten und größtenteils im Unbewußten befindlichen Nebenfunktionen, also beim Introvertierten zwischen Denken und unbewußtem Fühlen, beim Extrovertierten aber zwischen Fühlen und unbewußtem Denken«.

Ziehen wir das Fazit. Selbst wenn sämtliche Einzelheiten falsch wären, hat Freud außerordentliche Verdienste. Bisher ging man generalisierend vor, man prüfte die Versuchsperson und den Kranken; der Forschung hätte eine beliebige andere Versuchsperson oder ein anderer Erkrankter genau die gleichen Dienste geleistet. Dieser nach naturwissenschaftlichem Vorbild aufs Allgemeine abgestimmten Methode stellte Freud ein individualisierendes Verfahren gegenüber: ihn interessiert gerade diese individuelle Person mit ihrem individuellen seelischen Schicksal, welches nur für ihn, aber für keinen zweiten Menschen gilt. Im Abschnitt der Individualpsychologie greifen wir hierauf zurück. – Dementsprechend will Freud in der Neurosenlehre »dem« Patienten keineswegs bloß das allgemeine diagnostische Etikett z. B. der Hysterie aufkleben, welches für jeden anderen Hysteriker genau so gut paßt, sondern ihn beschäftigen die seelischen Konflikte, wie sie sich nur in »diesem« Patienten, jedoch ebenso in keinem zweiten abspielten. Daraufhin glaubt er, über die bisherige Suggestivtherapie hinausgehend Heilungen hervorzurufen, indem er psychoanalytisch auf die seelischen Wunden des Menschen eingeht. – Damit war der Boden bereitet für eine Lehre der psychogenen Krankheiten wie der Kriegsneurosen, welche sich nur von der psychischen Seite her verstehen lassen. Unzweifelhaft wäre Freud ein ganz Großer geworden, wenn er die phantastischen Übertreibungen seiner Anhänger, unter denen er sichtlich leidet, noch energischer abgelehnt und auch sein eigenes System von Grund auf gereinigt hätte, um dann eine zweite bessere Fassung der Psychoanalyse zu schaffen, welche nicht jeden seelischen Konflikt nur aus dem einen Punkte herleitet. – Die ältere Psychiatrie beschied sich bei der Diagnose, sie klebte dem Kranken ein Etikett auf, aber von einer Heilung war außer den Mitteln der Bettruhe, des Dauerbades und des Schlafmittels sozusagen nicht die Rede; Freud hat der psychologischen Richtung zum Siege verholfen, er will den Kranken psychologisch verstehen und womöglich auch beeinflussen. Mag seine Methodik falsch sein, jedenfalls veranlaßt sie den Patienten, alle Intimitäten auszupacken, wonach man ihn leichter durchschaut. – Das Unbewußte, d. h. das physiologische Reich der Dispositionen, nimmt nicht lediglich Eindrücke an wie eine mechanische Phonogrammplatte, sondern hier findet ständig, da hat Freud recht, eine intensive, wenn auch nicht vorherrschend erotische Arbeit statt. – Schließlich ist es ein großes Verdienst, daß er mehr als Forel und die Aufklärungsbewegung der menschlichen Sexualität mit ihren dunklen Gewalten zum Rechte verhalf.

Kein einziger Gedanke von Freud ist reines Gold, die Wahrheit ist noch vor Schlacke unkenntlich. Wenn dereinst alles umgeschmolzen wird, woran Freud selbst so dogmatisch hängt, dann bleibt nicht ein Gedanke von heute bestehen, und doch hat eben Freud das Ganze ins Leben gerufen. Seine Name bleibt. Allein seine Schule versinkt: da ist der unreife Autor, welcher in psychologischem Dilettantismus die gewaltigsten Probleme ohne ernste Wissenschaftlichkeit mit dem pikanten Sexualrezept »erklärt« und sich bedeutend vorkommt, ohne zu wissen, was in dem Probleme liegt. Da ist die große Masse, von der Sturmflut einer Mode mitgerissen, welche nur egoistisch ihre Triebe ungezügelt ausleben will, ohne zu ahnen, weshalb jeder Urzustand des Menschen oder jedes Naturvolk eine feste Sexualordnung hat und haben muß, und welche Schäden eine kommunistisch wilde Vermischung zeitigen müßte.

Freuds Ziel ist eine wertvolle Individualpsychologie, der Weg ist grob mechanisch, die Arbeitsmittel eine *veraltete Psychologie*. Diesen Charakter verrät jedes der Werke.

Seiner Traumlehre stehen folgende Bedenken entgegen. Zunächst haben Traumerlebnisse es mit der neuentdeckten Seelenklasse der Eidetik zu tun, welche das Material in neues Licht rückt. Der Traum verrät eine grundsätzlich andere Struktur und prinzipiell andere Ganzeigenschaften wie das wache Bewußtsein; von einer einzelnen Traumvorstellung zu einer »entsprechenden« Tagesvorstellung einfache Brücken zu schlagen, ist atomistische Psychologie. Auch stimmen die experimentell erzeugten Träume (man nähert dem Schläfer eine Parfümflasche, einen heißen Gegenstand, steckt ihm einen Halm in Mund oder Hand usf.) mit Freuds Schlüssen nicht überein. Dann erscheinen, wie oben schon erwiesen wurde, sexuelle Momente im Traum des Normalen durchaus in erotischer Form, aber nicht symbolisiert in geometrischer Ähnlichkeit als anderer Gegenstand. Die Symbolik ist kein festes, durch Jahrhunderte und Völker laufendes »stenographiertes Siegel«; was weiß ein bretonischer Fischer von der »Maturität«, die als Angst vor Impotenz gewertet wird? Solche Symbole und Typen verlieren ihre Geltung bereits außerhalb unseres Erdteils und Jahrhunderts, sie sind bestenfalls kulturpsychologische Massenideen, aber keine animalisch verankerten Grundkräfte des Menschen. Überhaupt ist die weitgehende Symbollehre mindestens für den Normalen durchaus abzulehnen. Eine wissenschaftliche Psychologie des Traumes steckt noch in den Kinderschuhen. Jedenfalls verraten nicht alle Träume dieselbe »Mechanik«. Im Traum können wir sämtliche Geisteskrankheiten selbst erleben, d. h. die verschiedenen Träume gleichen den Formen der Geisteskrankheiten (Bewußtseinsspaltung, Verfolgungswahn, Paranoia usf.) einigermaßen. Daneben existieren noch viele typische und individuelle Traumarten von anderweitiger Struktur. Diese ist nicht fest, sondern hängt auch von zahlreichen Faktoren außerhalb des Traumes ab: wer tags Träume aufzeichnet, träumt viel ausführlicher und lebhafter, und gäbe es eine Wunscherfüllung, so müßte jeder Autor nach den Regeln seiner eigenen Traumlehre träumen. Unter dem Eindruck beängstigender Kriegsträume suggerierte ich mir 1914 in festem Entschluß, nie wieder vom Krieg und nie wieder unangenehm zu träumen; in den verflossenen zehn Jahren hatte ich nur angenehme Träume meist von humoristischer Färbung: ein Vorsatz änderte also meinen gesamten Typus.

Wandelbare Ideen und Vorstellungskomplexe, die sich nur genetisch, d. h. in der Sozial-, Kultur- oder Entwicklungspsychologie als Produkt eines historischen Werdegangs erklären lassen, nimmt die Psychoanalyse wie mechanisch feste Seelenatome und psychische Bestandteile. Wir brauchen nur etwa des Göttinger Hainbundes von 1772 und jener Zeiten zu gedenken, in denen Männer sich gegenseitig küßten und weinten, oder uns der Länder zu erinnern, wo man den aus magischem Hauchzauber entstandenen Kuß nicht kennt, um einzusehen, daß die angeblich unveränderlichen »Elemente« und ewigen »Grundkräfte« der Psychoanalyse an tausenden, von ihr übersehenen Fäden gezogen, sich ständig wandeln. Auch jenes reiche Material, welches die oben als Querschnitts-Völkerpsychologie charakterisierte Richtung beibrachte, wird von der Psychoanalyse vergewaltigt. Freud beherrscht diese Tatsachen nicht, ja er will nicht einmal wissen, wie es in der Seele der Naturvölker aussieht, sondern er leitet in »Totem und Tabu« sowie anderwärts mit scholastischer Methodik aus deduktiven Dogmen theoretische Folgerungen ab, welche den gemeinten psychischen Erlebnissen kraß ins Gesicht schlagen. Hier verläßt Freud seine fruchtbare Methodik: aus dem Psychoanalytiker wird ein Dogmensynthetiker. In dieser zweiten Seite seines Wesens wurzeln die bizarren Übertreibungen der Schule. So muß die wissenschaftliche Psychologie durch alles einen dicken Strich ziehen, was sich mit Kultur, Kunst und Problemen der philosophischen Fakultät psychoanalytisch auseinandersetzte.

Nun der Mechanismus selber, Freuds nach dem Bilde eines grobmechanischen Hausknechts gezeichnete »Zensur« würde eine Bewußtseinsspaltung voraussetzen, bei welcher Zensor und Zensit sich nicht kennen, sondern düpieren. Der Eintritt ins Bewußtsein, den man früher Bewußtseinsschwelle oder psychische Hemmung nannte, wird durch das Gesetz von der Enge des Bewußtseins bestimmt. Gestützt auf die Feinanalysen von Kopfschußverletzten, auf die von der Neurologie neuerdings bestimmten dynamischen Schaltapparate des Gehirns und auf psychologische Studien, stellt die Psychologie sich den Kampf um das enge Feld des Bewußtseins nicht mehr, wie G. E. Müller begründete, als ein Bestreben der sensorischen Erregungen dar, »sich gegenseitig aus einem sich ganz indifferent und passiv verhaltenden Schauplatze zu verdrängen, sondern vielmehr als ein Wettbestreben, sich die Begünstigung durch eine entgegenkommende, eigentümliche Tätigkeit zuzuziehen«. Die Hauptrolle für die richtige Schaltung spielt ein katalytischer Sensibilisationsprozeß oder, in subjektiven Worten: die schaltenden Aufmerksamkeitsfunktionen, welche ja innig mit Gefühl und Interesse zusammenhängen.

Eine »Verdrängung« ist der Psychologie seit jeher bekannt, etwa wenn die Zielvorstellung des willkürlichen Denkverlaufes eine ungeeignete Lösung abweist, oder wenn jemand unlustbetonte Themen abbricht, um sich in angenehmen Tagträumen zu ergehen. So bliebe hier nur zu erörtern, ob Freuds Verdrängungsmechanismen nicht zu weit schweifen, und ob sie psychologisch richtig analysiert sind. Eine »Sublimierung« erkennen wir z. B. in der romantischen Liebe oder bei höheren Idealen gerne an; doch so universell bereits eine Sublimierung der einzelnen Reproduktionstendenzen anzunehmen, hieße noch Unbewiesenes vertreten. Zudem ist die Sublimation keine Elementareigenschaft, sondern eine Ganzwirkung.

Die Hauptfrage bildet indessen die Genese der Sexualität. Nach Freud wäre sie schon sehr früh entwickelt, wennzwar auf das eigene Individuum beschränkt; allein ihr Kern bestände doch in Organempfindungen mit Gefühlen, im »Wonnesaugen«, »Lutschen«, »Reiben erogener Körperzonen«, »Orgasmus«, was schon der Säugling mit Befriedigung erlebt. Wir brauchen jene veraltete Betrachtungsweise (aus dem ersten Kapitel Abschnitt 11), welche die seelische Entwicklung beim Kinde irrtümlich mit der »reinen Empfindung« anheben läßt, nur dahin zu verändern, daß wir statt der »reinen Empfindung« die Worte »erotische Organempfindung« einsetzen, um die von der Psychoanalyse verzeichnete Entwicklungslinie mitsamt ihrer Kritik zu geben. Tatsächlich steht am Anfang kein sexuelles Element oder gefühlsgefärbte Organempfindungen, sondern ein relativ ungegliederter, aus den verschiedensten Anteilen zusammengeballter Komplex ohne deutliche Konturen. So weit ist dieses zusammengeflossene Gesamterlebnis in den ersten Jahren nicht gegliedert, daß es als Gefühlskomplexqualitäten spezifisch orgastische Wollustgefühle besitzen könnte. In seinem Bestreben, im Geschlechtserlebnis der Erwachsenen infantile »Atome« nachzuweisen, leitet Freud den Kuß aus dem Wonnesaugen des Säuglings her, und äußerlich läge hierin doch die einzigste Übereinstimmung zwischen Erwachsenem und Kind; er übersieht freilich, daß Malaien, Chinesen, Japaner und andere Völkerschaften, die als Kinder lutschen, den Kuß überhaupt nicht kennen. Immer wieder offenbart sich, wie fremd der mechanistische Geist und die naturalistische Spekulation der Psychoanalyse den sichersten Grundtatsachen aus dem Felde der Völker-, Gesellschafts- und Entwicklungspsychologie gegenübersteht. Im sexuellen Gebiet setzt sich die Gliederung des ursprünglichen Komplexerlebnisses nur allmählich durch. Sogar in der Pubertät noch bleibt das Erotische nicht »rein« für sich, sondern es wird von ganz wesensfremden Gebilden durchtränkt: von Gegenständen, Neigungen, Ansichten, Büchern usf. des angeschwärmten Partners. Die erotisch gefärbte Haarnadel, das dem Mädchen geraubte Taschentuch, ein Stückchen Band oder ein Geschenk des Geliebten haben mit reinen Organempfindungen oder der Sexualität an sich nichts zu tun und stehen doch häufig im Vordergrunde des erotischen Erlebens. Erst sehr spät mag es gelegentlich vorkommen, daß außersexuelle Momente im erotischen Erleben zurücktreten. Vorher steht der Mensch unfrei da.

Die Sexualität des Kindes kann somit nur dem Einschuß roter Farbe in ein unkonturiertes Gemisch zahlreicher anderer Nuancen gleichen. Die längste Zeit strahlen erotische Erlebnisanteile ohne deutliche Konturen diffus in den Gesamtkomplex hinein, wo sie gerade wegen ihrer unklaren Abhebung und Unverstandenheit jene Erscheinungen der Unfreiheit, Scheu und Verlegenheit, aber auch jene Verirrungen in Sackgassen erzeugen. Diesen Einschlag dämmerhafter Regungen im kindlichen Bewußtsein versäumte die Psychoanalyse strukturpsychologisch zu bestimmen, sie hypostasiert in *grobem Naturalismus* ein stabiles sexuelles »Element«. Sagt das drei- oder vierjährige Mädchen zum Vater: »Nicht wahr, wenn Mutter gestorben ist, heiratest du mich?«, dann sollte die Psychoanalyse das nicht so auswerten, als ob eine Siebzehnjährige es fragt. Denn von Tod und Heiraten weiß dieses Kind ungefähr so viel wie von der Astronomie, wenn es wünscht, der Vater solle den Mond herabholen. *Die Psychoanalyse deutet die Aussagen, als ob die Bewußtseinsstruktur des Kindes nahezu identisch mit der des Erwachsenen wäre.* Ebenso abwegig ist es, aus diffusen Aufwallungen und konturlosen Flackerlichtern ein empfindungsmäßiges Element der »infantilen Sexualität« zu konstruieren, welches perennierend in viel späteren Lebensjahren noch den Erwachsenen bestimmt. Werden doch die infantilen Regungen, die wir mit Freud außerordentlich früh, wenn auch nicht auf den ersten Lebenstag des Säuglings, ansetzen, wesentlich von innern Entwicklungsfunktionen namentlich der Drüsensekretionen sowie von Außeneinflüssen (Erfahrungen, Pädagogik des Schamgefühls, Dienstboten, Kameraden usf.) und von den jeweiligen Bedingungen der Gesellschaft geformt. Neben Sterns »Reifezeit« vergleiche man die »Psychologie des Geschlechtslebens« von Allers. Völker- wie entwicklungspsychologisch dürfen wir niemals eine stabile Sexualität im Menschen anerkennen: »die« Sexualität gibt es so wenig wie »das« Gefühl, beides sind theoretische Abstraktionen. Erlebt werden wandelbare Strukturen, und da zeigt die Sexualität des Kindes eine grundsätzlich andere Struktur wie die Sexualität der Pubertät oder des noch gefesselten Jünglings und diese eine andere wie das reife Erwachsenenalter. Man hat die Welt aus manchen Prinzipien erklärt; sie aus der infantilen Sexualität zu deuten, das wäre unter strukturpsychologischem Gesichtswinkel betrachtet: infantil.

Dokument Nr. 14
L. Klages (1926)

(Anmerkung zu S. 137 der 4. Auflage von »Die Grundlagen der Charakterkunde«, [S. 225 ff.])

Die sog. Psychoanalyse (= Seelenauflösung) ist geistesgeschichtlich der unglaubwürdige Bastard aus einer noch unglaubwürdigeren Mißheirat: der Mißheirat nämlich von Herbarts Vorstellungsatomistik mit Nietzsches Philosophie der Selbsttäuschung. Freilich trägt das mißratene Geschöpf auch von gewissen Einflüssen verhältnismäßig exotischer Herkunft die Spuren, z. B. ingestalt der Lehre, der ganze Mensch, eigentlich die ganze Welt sei Sexus oder, bescheidener ausgedrückt, das lebendige Individuum sei ein Anhängsel seiner Keimzellen und ihnen gegenüber die abhängige Veränderliche, ein übrigens schon bei Schopenhauer anklingendes, später von verschiedenen Biologen kultiviertes und einer sehr alten Medizinervorliebe nachgebildetes Gedankenmotiv (lehrten doch bereits gewisse Ärzte der Scholastik z. B., das sperma virile, nicht verbraucht, steige ins Gehirn und werde allda Geist!). Allein dergleichen hat eigentlich mehr ein populäres Interesse, es ist ein bloßer Glaube, für den irgendwelche Beweise der Natur der Sache nach nicht einmal versucht werden könnten. (Stellt man ihm gemäß übrigens die Gleichung auf: lieber Gott = Sexus, so hat man die *eine* Hauptrichtung psychoanalytischer »Weltanschauung«; kehrt man die Gleichung um: Sexus = lieber Gott, dann die *andre* Hauptrichtung!) Hiervon also sehen wir ab.

Von Herbart, dessen Tradition in Österreich niemals ganz abgerissen ist, rührt der Begriff von Vorstellungsatomen her, die an der »Schwelle des Bewußtseins« um Zutritt kämpfen, einander bald hemmend, bald fördernd, rührt vor allem der Begriff der Verdrängung. Entstehen doch ihm zufolge alle *Strebungen* aus Verdrängungen! »Denn grade so weit, als die Vorstellungen sich in ein Streben wandeln, sind sie aus dem Bewußtsein *verdrängt*.« (Lehrbuch zur Psychologie, 1816, S. 118) Indem sich damit Nietzsches Betrachtungsweise verhäkelte, die den Trieben und nicht zuletzt dem Selbstschätzungstriebe die entscheidende Bedeutung für den Verlauf der Bewußtseinstätigkeit beimißt, ist eine Mythologie des sog. Unbewußten entstanden, der man den Reiz des Sensationellen zubilligen möchte, wären ihre Erfinder nur nicht von allen Göttern der Phantasie verlassen gewesen! Dieses Unbewußte ähnelt nämlich zum Verwechseln einem geriebenen Winkeladvokaten, indem es und zwar ausschließlich die Aufgabe hat, durch Kniffe und Pfiffe aller Art das Bewußtsein an alles glauben zu machen, was zu glauben den offenbaren und noch mehr den heimlichen Interessen seines Trägers entspräche, und vor allem ihm den Glauben an alles das zu benehmen, was geeignet wäre, das Selbstgefühl seines Trägers zu stören. Nietzsches geistvollen und tiefdringenden

Untersuchungen über die Taktik der Selbsttäuschung sind hier in die Sprache jenes ganz kommunen Intrigenspiels übersetzt, das man etwa am heutigen Erwerbsleben, hinzugerechnet die Diplomatenkünste der Politiker, studieren kann: eine Verfahrensweise die sich kompensatorisch »Tiefenpsychologie« zu nennen pflegt. –

Doch möchte das alles entstanden sein, wie es wolle, der Psychoanalytiker behauptet, im Besitze der Wahrheit zu sein, und weist zur Beglaubigung auf die Unzahl der »Fälle« hin, die ihm zu Gebote stehen, will sagen auf seine Patienten. Dabei müssen zwei Seiten der Sache unterschieden werden: die *Bekenntnisse*, die der Prüfer aus dem Prüfling durch Befragung am Leitfaden, wie er meint, sog. Assoziationen herausholt, und die *Heilerfolge* durch das, was mit dem schönen Worte »Abreaktion« bezeichnet. – Was die Bekenntnisse anbelangt, so überhebt uns eigentlich die bisherige Geschichte der Seelenauflösung des Nachweises, daß sie keinen Beweiswert haben und auch gar nicht haben können. Während man nämlich anfangs das auf diesem Beichtwege erhaltene Material sozusagen für bare Münze nahm, d. h. für lauter wirklich stattgehabte Vorkommnisse im Leben des Beichtkindes, sah man sich etwas später genötigt, es teilweise für, wenn auch symptomatische, Erdichtungen zu halten, und heute hat sich einigermaßen schon wieder der Symptomwert dieser Erdichtungen verschoben, weil sie nicht selten augenschließlich bloß zum Ausdruck bringen, wie das »Unbewußte« des Prüflings den Sinn seines Leidens und damit sich selbst *gedeutet* zu sehen wünscht. Gleichgültig aber, wieviel nachweisbare Vorkommnisse dabei repetiert werden mögen, wieviel Zutat sich einmenge, wieviel gänzlich Erdichtetes, die Meinung, man entdecke solcherart die Bedingungen der Störung, übersieht, daß die Bedingungen der Störung vielmehr als ein X vorausgesetzt sind, wenn diese oft durch Jahre fortgesetzte Bekenntnisprozedur überhaupt möglich sein soll! Übrigens braucht man sich ja nur jede etwas verwickeltere Analyse näher anzusehen, um alsbald zu bemerken, daß der *Sinn der Sache*, den der Prüfer zur Bestätigung seiner Lehre braucht, von ihm *hineingetragen* wird und zwar dann einer Methode, die den seltenen Vorzug besitzt, nie zu versagen: soweit die mitgeteilten Daten zu seiner Auffassung passen, nimmt er sie wörtlich, soweit nicht, nimmt er sie sinnbildlich, richtiger als Ersatzvorstellungen für völlig andersartige Vorstellungsinhalte. Er hat sich zu dem Behuf ein Schema sexueller Gleichnissprache zurechtgemacht, das, ohne Übertreibung gesprochen, auf jeden beliebigen Gegenstand des Weltalls angewendet werden kann! (Denn als *irgendwie* gewölbt oder gehöhlt wird sich ja schließlich jeder auffassen lassen!) Man muß schon Glaubensbruder sein, um an diese Art vermeinter Beweisführungen zu glauben!

Blieben noch die *Heilerfolge*. – Um nicht ins Uferlose zu geraten, wollen wir uns punktweise fassen:

1. Hätten wir eine einwandfrei genaue Statistik aller psychoanalytisch Behandelten, so würden wir *vielleicht* gegen diese Heiler skeptisch werden.

Neben einem gewissen Prozentsatz solcher Personen, die, vorsichtig gesprochen, von ihren störenden Symptomen befreit wurden, fänden wir einen großen Prozentsatz solcher, die dem Beichtiger davonliefen, und einen nicht allzu kleinen solcher, denen die Beichterei zum Unheil ausschlug. (Stärkste Fälle der letzten Art sind uns bekannt.)

2. Die drei Kategorien bestehen sicher; aber ihre Prozentualität bleibt dunkel, da wir eine Statistik eben *nicht* besitzen. Halten wir uns also an die Heilerfolge! – Wir sehen davon ab, daß bei der Behandlung *jedes* Kranken, ganz besonders aber jedes Neurotikers der *persönliche* Einfluß des Behandlers, sei er erklärter Suggestor oder Magnetopath oder Homöopath oder Internist oder Psychoanalytiker usw., eine unberechenbare Rolle spielt. Wir sehen *auch* davon ab, daß die Psychoanalyse eine Zeitlang Mode war, es teilweise noch ist und deshalb – aus übrigens leicht zu verstehenden Gründen – für den Neurotiker einen der Heilung fördernden Nimbus mitbringt. Dagegen tut sie etwas, das seinen Heilwert behielte, auch wenn alle Gründe, aus denen grade sie es tut, falsch wären: sie gibt dem Patienten ausgiebig Gelegenheit »sich auszusprechen«. Sie wandelt damit in den bewährten Spuren der katholischen Beichteinrichtung.

3. Sie hat es außerdem vornehmlich mit Hysterikern zu tun. Ist es nun richtig, was wir dargelegt, daß der Hysteriker ein Wesen von abnorm herabgesetzter Gestaltungskraft ist bei hoch entwickeltem Darstellungsdrange, so bedeutet sie für ihn eine Anmunterung seiner Gestaltungswünsche, eine Aufmunterung selbst zum Fabulieren, Flunkern und Erfinden: sie gibt ihm eine Gelegenheit zur *Formung* seines Innern.

4. Sie tut aber noch mehr und noch Größeres. Wahrscheinlich jeder Neurotiker, sicher aber jeder Hysteriker leidet an heimlichen Minderwertigkeitsgefühlen, ob er gleich keineswegs immer darum weiß. Die psychoanalytische Beichtstunde mag ihn quälen, sie bietet ihm zehnfach dafür Ersatz, indem sie ihm ganz neue Möglichkeiten weist, sich *innerlich* wichtig zu nehmen, sich ganz außerordentlich wichtig zu nehmen. Welche Wanze von Einfall oder Gedänklein fortan durch sein Bewußtsein krieche, sie ist bedeutungsvoll und vielleicht ein verhexter Prinz. Eine wunderliche, aber darum nicht minder wirksame Methode der Stärkung des Selbstgefühls!

5. Allein die Psychoanalyse hat sogar ihr »Geheimnis«, das wir jedoch nicht ausplaudern möchten, da es vielleicht nur deshalb wirkt, weil der Psychoanalytiker es – nicht kennt! Auch müßten wir, um es zu enthüllen, die Psychologie des Psychoanalytikers aufrollen, die immerhin um einiges unterhaltender wäre als die Psychoanalyse, aber auch weitläufiger darzustellen. Wäre Verfasser dieser Zeilen Neurologe, so würde auch er *gelegentlich* seine Patienten psychoanalysieren, vielleicht ebenfalls mit Erfolg; aber nicht, weil er die psychoanalytischen Salbadereien für richtig hielte, sondern weil er zu wissen glaubt, daß diese Indikation zum Erstaunen genau auf gewisse Bedürfnisse einer grade *heute* blühenden

Spielart von Neurotikern zugeschnitten ist, mit der sie aufkommen mußte und mit der sie auch wieder untergehen wird; denn jedes Zeitalter hat *seine* Neurosen, keines die des andern!

Wir hoffen, daß keiner unsrer Leser auf die absurde Vermutung komme, vorstehender Auslauf über Seelenauflösung sei an die Adresse von Seelenauflösern gerichtet! Einen »richtigen« Psychoanalytiker widerlegt man nicht, man wäre sogar ein Narr, es auch nur zu versuchen. Zwar gibt es zahlreiche Psychoanalytiker, die gar keine sind. Sie machen mit, wie ja sogar der Verfasser mitmachen würde, wäre er Nervenarzt. (Auch das Portemonnaie kann dabei eine Rolle spielen!) Der »richtige« Psychoanalytiker aber, der Mann mit psychoanalytischer »Weltanschauung« ist ein echter Religionsanhänger und als solcher allerdings unangreifbar. Brächte man einem strenggläubigen Christen Einwände gegen die persönliche Unsterblichkeit, so würde er sich nicht einen Augenblick um sie kümmern, sondern sich lediglich fragen, welche Mängel oder auch Sünden des Sprechers wohl daran Schuld trügen, daß ihm das Licht der Wahrheit noch nicht aufgegangen sei. Macht man einem richtigen Psychoanalytiker Einwände, so kümmert er sich um deren Beweiswert nicht einen Augenblick, sondern er fragt sich nur, durch welche »Komplexe« und – wie sich versteht, sexuell bedingten – Verdrängungen der Sprecher wohl verhindert werde, das Licht der Wahrheit, der psychoanalytischen Wahrheit zu erkennen und anzuerkennen. Zum richtigen Psychoanalytiker ist man keimplasmatisch vorbestimmt wie zum strenggläubigen Christen. Daran also rühren wir nicht. Wir hielten es aber für angemessen, diese Saisonangelegenheit der Wissenschaft zu streifen, weil wir selber über das Wesen der Hysterie eine Meinung vorzulegen hatten.

Ausdrücklich sei jedoch hinzugeführt, daß vorstehende Andeutungen über die Natur des Psychoanalytikers auf *einen* unter ihnen uneingeschränkt *nicht* passen: nämlich auf Freud. Der Begründer einer Religion, der Initiator einer Richtung – und jede Richtung hat nur einen Initiator – ist aus gänzlich anderm Holz geschnitzt als die Jünger! Alle Psychoanalytiker ohne Ausnahme sind Jünger, woran die unter allen Jüngerschaften vorkommenden Versuche schwächlicher Unbotmäßigkeit nicht das geringste ändern, Freud dagegen ist Initiator und, falls von seinem Werk irgend etwas überbleiben sollte, so wird es und mit Recht an seinen und nur an seinen Namen geknüpft sein. Wenn er an die psychoanalytische Lehre glaubt, so deshalb, weil er sie gemacht oder, wenn man will, geschaffen hat, und wenn man einen Initiator nicht belehren und bekehren kann, so müßte man allerdings hervorragend einfältig sein, um damit die Unbekehrbarkeit des Jüngers zu verwechseln! – Die Psychologie des Initiators steht auf einem andern Blatte und geht uns hier nichts an. Gesagt sei nur: diesem Mann eignet sicher ein Stück Forschersinn, dazu Temperament und zäher Eigenwille. Leider hat er keinen überlegenen Geist und nur einen engen Gesichtskreis (wie wir ähnliches oben von Lipps erwähnenswert fanden).

Man möchte das nicht nur aus sachlichen Gründen bedauern; denn so viel rassige Energie hätte es verdient, wirkliche und nicht bloß vermeinte Entdeckungen zu machen!

Endlich sei noch bemerkt: die Menschheit zerfällt beileibe nicht etwa in Beginner und Folger, sondern nur eine *bestimmte* Menschenart ist allerdings polarisiert nach »Meister« und »Jünger«. Die Zugehörigen der übrigen Menschenarten stehen dieser schon seit rund drei Jahrtausenden feststellbaren Spielart und ihren absonderen Rechthabereien lediglich als Zuschauer eines gewiß merkwürdigen Stücks Geschichte gegenüber. Wir hätten zu der Frage, wie es eigentlich entstanden sei, wo es (zumal auch rassenmäßig genommen) herkomme und was es bedeute, einiges zu sagen; aber dazu wäre hier nicht der Ort.

Dokument Nr. 15

F. Krueger (1933)

Die Psychoanalyse und das wirkliche Seelentum

Die Lehren von der Innerlichkeit des Menschen, die Krankheitsbilder und Heilmethoden, die sich psychoanalytisch nennen, gehören vor den Richterstuhl der strengen Wissenschaft. Insonderheit Psychologie und Medizin sind zuständig, darüber zu urteilen. Ihnen liegt es ob, die zugehörigen Stücke Wirklichkeit in der Stille sauber zu bearbeiten. Nun aber lagert um diese Aufgabe viel Dunst, Geschrei, Interessenkampf, auch Lebens- und Weltanschauungsnot. Eine Propaganda ohnegleichen hat die Meinungen und Behauptungen der Analytiker beinahe allen Zeitungslesern eingehämmert. Seelsorger suchen dort Religionsersatz. Künstler, wie H. Hesse, der zarte Erzähler, sind davon erschüttert. Wer in dem Institut einer der zahlreichen Psychoanalytischen Gesellschaften angelernt worden ist, d. h. vor allem den »Ödipuskomplex« in sich selber entdeckt und einige Schriften der Schule verstanden zu haben glaubt, soll ohne weiteres Studium Neurotiker ärztlich behandeln dürfen.

Vor bald 50 Jahren hat der Wiener Arzt und Neurologe Sigmund Freud die Lehre auf klinische Befunde und Anregungen, namentlich zu Paris, gegründet. *Seine Denkart breitete sich schier ins Unbegrenzte aus. Gegenwärtig beeinflußt sie bei den zivilisierten Völkern das gesamte Leben, sonderlich der Großstädte, und beschäftigt die Forschung nahezu auf allen Gebieten.* Die Fachleute, die Sachverständigen, stoßen sich an mancherlei Schwierigkeiten und groben Widersprüchen. Aber bis vor kurzem war die Kritik der Wissenschaften wie gelähmt. Eine jede schob sie anderen zu, letztlich der Philosophie. Die Anhänger, sektenartig zusammengeschlossen, schienen ein weit ausgreifendes, doch bündiges Ganzes, wenn nicht ein System zu vertreten. Das massenhafte Schrifttum ist kaum mehr zu überschauen. Seit 1929 erscheint eine populäre Zeitschrift: »Die psychoanalytische Bewegung«. Thomas Mann hat sie eröffnet. Er reiht auf seine Weise Freud in die »moderne Geistesgeschichte« ein – als den Vollender eines Luther, Goethe und Nietzsche, als den Berufensten, um die Menschheit, vorab die deutsche Jugend, von völkischer Borniertheit und von dem »Unwesen« des Nationalismus zu befreien und zurückzuführen zu internationaler Humanität, zum sozialistischen Fortschrittsglauben, zum echten Geiste der Aufklärung und der Revolution. Ihm steht die Psychoanalyse höher als alle Reformationen, ja als das Christentum.

Mannigfach sind die Verbindungen zum Marxismus. Freud selber, Pazifist und Anwalt der »unterdrückten Massen«, hat von sich erklärt, er lege kein Gewicht darauf, einer Volksgemeinschaft anzugehören. Seine plumperen Nachfolger, wie Adler, Bergfeld, leiten mit klassenkämpferischer Absicht ihre Erziehungs- und Gesellschaftslehren daher ab, daß die Menschen von Natur gleich seien, in ihrem triebhaften Wesenskerne. De Man stützt seinen sozialistischen Anbau an Marx' Psychologie, deren Dürftigkeit erkennend, auf Adlers Lehre von den alles beherrschenden Geltungs- und Minderwertigkeitsgefühlen. Die führenden Psychoanalytiker sind darin einig, den Staat zu verneinen und das Religiöse als eine »Illusion« zu betrachten, die durch Wissenschaft überwunden sei. Freud, der Meister, rückt seine Tat den Werken Platos und des Kopernikus, Galilei, Darwin an die Seite; insonderheit habe er, gegen den gehässigen Widerstand der Zunft, die *Seelen*kunde erstmals auf einen haltbaren und praktisch brauchbaren Grund gestellt. Seit etwa 1920 sucht er das, unverbindlich, mit Ironie, zu ergänzen durch eine halb spielerische Metaphysik der »Todestriebe« ... Tüchtige Männer und Frauen unseres Volks, darunter Dichter, die weit mehr können als Th. Mann, haben mir gestanden, die ganze Lehre mute sie als niederziehend, zerstörerisch, widerwärtig an; aber sie sei doch wohl das letzte Wort der Wissenschaft, zumal in Sachen des *wirklichen*, nicht durch Vorurteile verstellten *Seelentums*.

In seinen Anfängen war Freud bemüht, die Grenzen reiner Erfahrung innezuhalten. Jahrzehnte hindurch betonte er regelmäßig, daß seine Ergebnisse streng »naturwissenschaftlich« begründet seien. Aber von den Hauptmitteln der exakten Forschung, von Experiment und Messung macht weder er noch seine Schüler Gebrauch. In der Tat, die meisten ihrer Behauptungen lassen sich so nicht nachprüfen, geschweige bestätigen. Nach und nach hat die Schule beinahe alle Fragen irgendwie aufgegriffen, die den Menschen, die Geschichte, ja die Welt betreffen. Den überall sich erhebenden Schwierigkeiten erkenntnistheoretischer und methodologischer Art schaute sie gleichwohl nie ernstlich ins Gesicht. Die verschiedensten Probleme und Denkrichtungen fließen dort formlos ineinander. Wenn man sich neuerdings ins Kosmische wendet, so geschieht das dilettantisch, mit naivem Vertrauen auf die Beweiskraft von Einzelfällen, deren »Kausalität« grenzenlos verallgemeinert wird. Man erklügelt Mechanismen »der Entwicklung«. Naturalistische, ja materialistische Vorurteile und im selben Atem Verstandeseinseitigkeiten spricht man den alten Aufklärern des Westens nach, so als wären Kant oder Leibniz nie gewesen.

Die *Verdienste der Psychoanalyse* liegen überwiegend im Kritischen und negativ Befreienden. (Siehe Bericht der Sächsischen Akademie 1930.) Späherisch bis zur Schamlosigkeit gehen diese Menschenbetrachter zähe an gegen die Prüderie und Schönfärberei des sinkenden 19. Jahrhunderts. Den Bildungsphilister von dazumal, ihren Halbbruder, können sie nicht gründlich überwinden. Sie »verschmähen es«, so schrieb Freud noch 1929, *Kultur* von Zivilisation zu scheiden. (Richtiger: sie verfügen nicht über das geistige Rüstzeug und die Stilsicherheit, um dieses notwendige Anliegen, vornehmlich deutscher Denker zu fördern; sie ahnen wissenschaftlich kaum, was wahre Gesittung, was Schöpfertum, was Charakter ist.) Aber das starr und leer Gewordene vieler Konventionen rücken sie in grelles Licht. Freilich, ihr Verneinungseifer wirft mit solcherlei Gerümpel alle Sitte, echte Autorität, Ehre und die ehrlich geglaubten Ideale zusammen. Vielmehr, sie verstehen nicht die gewachsenen Formen, die bindenden und haltgebenden Kräfte des gemeinsamen Lebens. Sofern das menschliche Einzelwesen aus sich selbst verstanden werden kann, abstrakt herausgelöst aus überindividuellen und Gemeinschafts-Banden, hat die Psychoanalyse gewisse Tatsachen und Zusammenhänge lehrreich beleuchtet, die die ältere Forschung, namentlich der Laboratorien vernachlässigt hatte. Daß das erfahrbare Seelengeschehen durchgehends von einer individuellen Leiblichkeit abhängt; daß insbesondere leibbedingte *Triebe* hoch hinauf es mitbestimmen; daß unsere Erlebnisse, aus den verschiedenartigsten Quellen gespeist, gewöhnlich zusammengeschmolzen auftreten, in massigen, gefühlsgewichtigen Komplexen: dergleichen Sachverhalten waren verstellt gewesen durch weitgetriebene Ansprüche an Exaktheit, durch ein vorausgreifendes Klarheitsstreben, nicht minder durch Selbsttäuschungen über »Menschenwürde«. Indem die Analytiker dort überall scharf hinblickten und aufräumten, drängten sie zugleich die Ärzte, Störungen des seelischen Gleichgewichts nicht ausschließlich vom Großhirn und von den Nerven her zu betrachten, sondern ihrer Innenseite sich zuzuwenden.

Von den seelischen Gegebenheiten rückte Freud die *affektiven* in den Vordergrund. Er erkannte hier eine Lücke an dem damals beherrschenden Menschenbilde und füllte sie auf seine Weise aus. In ihrem ärztlichen Handeln – dessen Erfolge ihr die wirklich oder vermeintlich zugrunde liegenden Theorien zu bestätigen schienen – macht die Schule seit Anbeginn, ohne es deutlich auszusprechen, geschweige es tiefer zu begründen, von dem psychologischen *Gesetze* Anwendung: daß ein ungegliederter und unscharf begrenzter Komplex seine Eigenfarbe und damit sein *Gefühlsgewicht* in dem Maße *verliert,* als er dem Erlebenden sich *zerlegt.* Die Heilerfolge der »Analyse« sind bekanntlich oft von geringer Dauer; sie werden meistens durch eine schwer zu lösende Bindung des Patienten an die Person des Arztes erkauft. Auch sind sie auf den großstädtischen Menschentypus beschränkt, angeblich, weil nur dieser zureichend, »intelligent« sei. Aber sicherlich finden viele Kranke, wenigstens vorübergehend, Erleichterung, wenn sie – die eines Beichtvaters bedürfen, aber nur noch einem Mediziner vertrauen – sich aussprechen dürfen, noch über ihr »Intimstes« (soll heißen, das Unanständige, dessen sie sich bisher schämten), wenn das, was sie quält, ihnen autoritativ zerredet wird, und solange sie an jene Wirkungszusammenhänge glauben, seien es auch die verrücktesten, die der Behandelnde ihnen eindringlich drängt.

Die psychoanalytische Therapie, desgleichen die zugehörige Diagnostik arbeitet vornehmlich damit, Bindungen zu lösen, Vorurteile zu beseitigen, Ideale zu zerstören, als Illusionen und »Ideologien« sie zu entlarven. Immer wird dabei die zergliedernde Intelligenz aufgerufen und zu einer zweckbewußten »Technik« hingebogen. Kaum jemals wendet man sich an die tiefer heilenden, d. h. ganzmachenden Kräfte: des Gemüts mit seinen Humoren, der *Kameradschaft* und *blutvollen Gemeinschaft,* des Spiels, der symbolischen Gestaltung, des Charakters und der gläubigen Zuversicht. *Dienstauffassung, Pflichtbewußtsein, Werkfreude,* Familien- oder Standesehre, *Volksverbundenheit.*

III Anmerkungen

1 Ähnliche Definitionen Freuds siehe »Selbstdarstellung« (1925, S. 96) und »Psycho-Analysis« (1934, S. 300). Der Begriff »Psychoanalyse« taucht bei Freud auf deutsche zum erstenmal 1896 in »Weitere Bemerkungen über die Abwehr-Neuropsychosen« (S. 379) auf.
2 Die Begriffe »nomothetisch« und ›idiographisch« stammen aus der Rektoratsrede von W. Windelband (1894) »Geschichte und Naturwissenschaft«.
3 Auch wohlmeinende Psychologen, wie der seinerzeit in den USA hochrenommierte W. James, sahen den methodologischen Impetus der Deutschen mit Skepsis: James schreibt in seiner »Psychology« (schon 1909 von E. und M. Dürr übersetzt!), daß die über 24 000 Messungen von Fechner zur Validierung seines Gesetzes eher ein Beispiel für die Geduld deutscher Forscher und die Mühsal einiger statistischer Methoden sei.
4 »Die Psychoanalyse wirkt suggestiv. Ihre Anhänger bilden eine geschlossene ›Phalanx‹. Ihr Anführer verlangt und findet ›Gehorsam‹. Wir raten, diese Umstände zu bedenken. Hypothesen, noch so bestimmt und autoritär vorgetragen, können zu Tatsachen führen – vorerst sind sie noch keine.« (Friedländer, A., 1923: Sammelberichte zur Psychoanalyse. Kritische Besprechungen und Bemerkungen in Z. angew. Psychol. 22, S. 127)

5 Nach Jones (1960, Bd. 1, S. 418) gibt es noch eine Besprechung der TD des Psychologen Lipmann in der Monatsschr. Psychiat. Neurol., 1901. Diese befindet sich nicht am angegebenen Ort.
6 Dieses Argument sieht Stern (1927) in seinem Bericht über den Internationalen Kongreß für Sexualwissenschaft durch die Befunde anderer Forscher bestätigt.
7 »Daß sich erotische Regungen in die Liebe des Kindes zur Mutter drängen können, soll nicht bestritten werden. Die eigentliche Zeit hierfür ist aber nicht die frühe Kindheit, sondern die frühe Pubertät, vielleicht auch schon die Vorpubertät. Eine fein empfindende Mutter bemerkt hier deutlich, daß in die Liebe und Zärtlichkeitsbezeugung des Sohnes ein *fremder* Ton hineinkommt, der früher – insbesondere in der ersten Kindheit – völlig fehlte« (W. Stern, 1923: Psychologie der frühen Kindheit und Psychoanalyse. Z. Päd. Psychol. u. exp. Päd *24*, 295). Der Psychologe Stern, der sonst die Art der Materialgewinnung sehr genau nimmt, erscheint hier seltsam blind. Kein Gedanke daran, daß die »fein empfindende Mutter« Ursache der unterschiedlichen Wahrnehmung der kindlichen Gefühle sein könnte. Die stürmische Umarmung des Dreijährigen braucht sich von der des Halbwüchsigen keineswegs zu unterscheiden, aber die Empfindungen der Mutter können durchaus differieren. Aus psychoanalytischer Sicht nimmt Stern eine Umkehrung vor, wobei nicht bestritten werden soll, daß die Art sich der Mutter zu nähern beim Jugendlichen Änderungen erfährt und zwar – nach unserer Erfahrung – eher im Sinne einer abnehmenden Intimität.
8 Nach Abschluß des Manuskriptes dieser Untersuchung (1976) erschien ein sehr gründlicher Aufsatz von H. Gundlach (H. G.: Freud schreibt an Hellpach. Ein Beitrag zur Rezeptionsgeschichte der Psychoanalyse in Deutschland. Psyche 1977, *31*, 908-934), der anhand eines bisher unbekannten Briefwechsels zwischen Freud und Hellpach (1903-1905) detailliert auf Hellpachs Psychoanalyse-Rezeption eingeht. Gundlach kommt zum gleichen Eindruck wie wir ihn gewannen: Hellpachs Interesse war anfangs ausgeprägt, später äußerte er sich distanziert, aber er partizipierte nicht an der unsachlich-polemischen Ablehnung der Psychoanalyse.

IV Bibliographie

Aall, A. (1914): Der Traum. Versuch einer theoretischen Erklärung auf Grundlage von psychologischen Beobachtungen. Z. Psychol. *70*, 125-160

Alexander, F. G. und S. T. Selesnick (1969): Geschichte der Psychiatrie. Konstanz

Allers, R. und J. Teler (1924a): Über die Verwertung unbemerkter Eindrücke bei Assoziationen. Z. Neurol. Psychiat. *89*, 492-513

Allers, R. (1924b): Charakter als Ausdruck. Ein Versuch über psychoanalytische und individualpsychologische Charakterologie. In: Jahrb. Charakterologie (Utitz) *1*, 1-39

ders. (1929): Darstellung und Kritik der psychoanalytischen (Freudschen) Lehre vom Charakter. Christl. pädagog. Blätter *52*, 294-300

Anonym (1913): Rez.: W. Stern: Gegen die Anwendung der Psychoanalyse auf Kindheit und Jugend. Z. Päd. Psychol. u. exp. Päd. *14*, 579-581

Bernfeld, S. (1913): Die Krise der Psychologie und die Psychoanalyse. Int. Z. Psa. *17*, 176-211

Bühler, K. (1926): Die Instinkte des Menschen. In: Bericht über den IX. Kongreß für exp. Psychol. in München 1925, Jena

ders. (1927): Die Krise der Psychologie. Jena

ders. (1929[4-5]): Abriß der geistigen Entwicklung des Kindes. Leipzig

ders. (1930): Die geistige Entwicklung des Kindes. Jena

Bühler, Ch. (1931[3]): Kindheit und Jugend. Leipzig

Bry, I. und A. H. Rifkin (1962): Freud and the history of ideas: primary sources, 1886-1910. In: J. J. Massermann (Hg.) Psychoanalytic Education. New York/Ldn., 6-36

Buggle, F. und P. Wirtgen (1968): Gustav Theodor Fechner und die psychoanalytischen Modellvorstellungen Sigmund Freuds. Einflüsse und Parallelen. Archiv f. d. ges. Psychol. *121*, 148-201

Dorer, M. (1932): Grundlagen der Psychoanalyse. Leipzig

Driesch, H. (1929[2]): Grundprobleme der Psychologie. Leipzig

Ebbinghaus, H. und E. Dürr (1913[1-3]): Grundzüge der Psychologie. Bd. II. Leipzig

Erismann, Th. (1924): Die Eigenart des Geistigen. Bd. I+II. Leipzig

Eysenck, H.-J. und G. D. Wilson (1973): The experimental study of Freudian theories. London

Ficker, P. (1914): Rez.: S. Freud: Die Traumdeutung.[4] Z. Päd. Psychol. u. exp. Päd. *15*, 603-604

Frank, J. (1932): Die Weisen des Gegebenseins im Traum. Psychol. Forschung. *16*, 114-153

Freud, S. (1896): Weitere Bemerkungen über die Abwehr – Neuropsychosen. GW *I*, 279-403

ders. (1900): Die Traumdeutung. GW *II/III*, 1-642

ders. (1905): Drei Abhandlungen zur Sexualtheorie. GW *V*, 29-145

ders. (1912): Über die allgemeinste Erniedrigung des Liebeslebens. GW *VIII*, 78-91

ders. (1920): Jenseits des Lustprinzips. GW *XIII*, 3-69

ders. (1923a): Das Ich und das Es. GEW *XIII*, 237-289

ders. (1923b): Psychoanalyse und Libidotheorie. GW *XIII*, 211-233

ders. (1925): Selbstdarstellung. GW *XIV*, 33-96

ders. (1926a): Hemmung, Symptom und Angst. GEW *XIV*, 113-205

ders. (1926b): Die Frage der Laienanalyse. GW *XIV*, 209-286

ders. (1940 [ORG. 1938]): Some Elementary Lessons in Psycho-Analysis. GEW *XVII*, 139-147

Friedemann, M. (1923): Rez.: R. Allers: Über Psychoanalyse. Psychol. Forschg. *3*, 179-182

Friedländer, A. (1910): Rez.: E. Bleuler u. S. Freud (Hg.): Jahrbuch für psychoanalytische und psychopathologische Forschungen, Bd. I Z. Psychol. *57*, 142-147

ders. (1923): Sammelberichte zur Psychoanalyse. Kritische Besprechungen und Bemerkungen. Z. angew. Psychol. *22*, 81-127

Fröbes, J. (1929³): Lehrbuch der experimentellen Psychologie Bd. II. Freiburg

Giessler (1902): Rez.: S. Freud: Über den Traum. Z. Psychol. Physiol. Sinnesorg. *29*, 228-231

Groos, K. (1923): Das Seelenleben des Kindes. Berlin

Habermas, J. (1968): Erkenntnis und Interesse. Frankfurt a. M.

Hacker, F. (1911): System. Traumbeobachtungen mit besonderer Berücksichtigung der Gedanken. Arch. Psychol. *21*, 1-31

ders. (1912): Rez.: S. Freud. Über den Traum.² Arch. Psychol. *22*, 75

Heiss, R. (1956): Allgemeine Tiefenpsychologie, Bern

Hellpach, W. (1904): Grundlinien einer Psychologie der Hysterie. Leipzig

ders. (1906): Grundgedanken zur Wirtschaftslehre der Psychopathologie. Arch. ges. Psychol. *7*, 143-226

ders. (1908): Unbewußtes oder Wechselwirkung. Eine Untersuchung über die Denkmöglichkeit der psychologischen Deutungsprinzipien. Z. Psychol. *48*, 238-258 u. 321-384

ders. (1913): Rez.: S. Freud. Die Traumdeutung.³ Über den Traum.² Z. Psychol. *64*, 106-112

Henning, H. (1925): Psychologie der Gegenwart. Berlin

Hilgard, E. H. (1967⁴): Introduction to Psychology. New York, Chicago, San Francisco, Atlanta

Hillebrand, F. (1913): Die Aussperrung der Psychologen. Z. Psychol. *67*, 1-21

Hinrichsen (1914a): Rez.: W. Stern: Die Anwendung der Psychoanalyse auf Kindheit und Jugend. Ein Protest. Z. Psychol. *69*, 143-144

ders. (1914b): Rez.: S. Freud: Sammlung kleiner Schriften zur Neurosenlehre. 3. Folge Z. Psychol. *69*, 142-143

ders. (1916): Rez.: S. Freud: Drei Abhandlungen zur Sexualtheorie. Z. Psychol. *75*, 365

Hitschmann, E. (1924): Rez.: R. Allers: Über Psychoanalyse. Int. Z. Psa. *10*, 476

Hoffmann, S. O. (1972): Neutralisierung oder autonome Ich-Energien? Psyche 26, 405-422

Isserlin, M. (1922): Neuere Anschauungen über das Wesen sexueller Anomalien und ihre Bedeutung im Aufbau der Kultur. Z. päd. Psychol. u. exp. Päd. *23*, 324-342

Jaensch, E. R. (1927²): Die Eidetik und die typologische Forschungsmethode. Leipzig

ders. (1929): Grundformen menschlichen Seins. Berlin
James, W. (1890): Psychologie. (übersetzt von E. und M. Dürr) Leipzig 1909
Jones, E. (1960): Das Leben und Werk von Sigmund Freud. Bd. I. Bern/Stuttgart
ders. (1962): Das Leben und Werk von Sigmund Freud. Bd. II. Bern/Stuttgart
Keller, H. (1911): Neuere Literatur über Schlaf und Traum. Z. angew. Psychol. *5*, 88-103
ders. (1921): Neuerscheinungen über Schlaf und Traum. Z. angew. Psychol. *19*, 403-412
ders. (1931): Schlaf und Traum. Ein Überblick über einige Neuerscheinungen. Z. angew. Psychol. *38*, 156 ff.
Klages, L. (1926⁴a): Die Grundlagen der Charakterkunde. Leipzig
ders. (1926²b): Über Eros und Sexus. Anmerkung 9 zu: Vom kosmogonischen Eros. 218-227. Jena/München
ders. (1928): Bemerkungen zur sogenannten Psychopathie. Der Nervenarzt *1*, 201-206
ders. (1929): Der Geist als Widersacher der Seele. Leipzig
Koffka, K. (1935): Principles of Gestalt Psychology. New York
Köhler, W. (1933): Psychologische Probleme. Berlin
Krüger, F. (1933): Die Psychoanalyse und das wirkliche Seelentum. Kritische Gänge. Literaturblatt Berliner Börsenzeitung *20*
Külpe, O. (1920): Vorlesungen über Psychologie. Leipzig
Lersch, Ph. (1956⁷): Aufbau der Person. München
Lindworsky, J. (1923³a): Experimentelle Psychologie. München
ders. (1923³b): Der Wille. Leipzig
Lipps, Th. (1903): Leitfaden der Psychologie. Leipzig
ders. (1905): Psychologische Untersuchungen. Leipzig
ders. (1912²): Psychologische Untersuchungen. Leipzig
ders. (1926³): Vom Fühlen, Wollen und Denken. Leipzig
Mac Corquodale, K. und P. E. Meehl (1948): On a Distribution Between Hypothetical Constructs and Intervening Variables. Psychol. Rev. *55*, 95-107
Major, G. (1911): Rez.: S. Freud: Drei Abhandlungen zur Sexualtheorie. Z. Päd. Psychol. u. exp. Päd. *12*, 140
Marcuse, L. (1972): Sigmund Freud. Sein Bild vom Menschen. Zürich
Meng, H. (1929): Zur Protesterklärung katholischer Lehrerinnen gegen die »Zeitschrift für psychoanalytische Pädagogik«. Z. psa. Päd. Heft *10*, 301-305
Meumann (1903): Vorwort zum 1. Band des Archivs für gesamte Psychologie. Arch. ges. Psychol. *1*, 7 f.
Meyer, S. (1909): Rez.: S. Freud: Die Traumdeutung². Z. Psychol. *54*, 223-225.

Moll, A. (1908): Das Sexualleben des Kindes, Sitzungsbericht. Z. Päd. Psychol. u. exp. Päd. *10*, 319-321

ders. (Hg.) (1912): Handbuch der Sexualwissenschaften. Mit besonderer Berücksichtigung der kulturgeschichtlichen Beziehungen. Leipzig

ders. (1912): Sexuelle Hygiene: I. Einfluß des Sexuallebens auf den Gesundheitszustand. In: A. Moll (Hg.): Handbuch der Sexualwissenschaften. S. 879-885. Leipzig

Müller-Freienfels, R. (1929): Die Hauptrichtungen der gegenwärtigen Psychologie. Leipzig

Münsterberg, H. (1900): Grundzüge der Psychologie I. Leipzig

Nagera, H. (Hg.) (1974): Psychoanalytische Grundbegriffe. Frankfurt a. M.

Orlow, J. E. (1929): Das Problem des Traumes vom Standpunkt der Reflexologie. Arch. ges. Psychol. *70*, 209-234

Pfister, O. (1914): Eine Verwahrung gegen urtümliche Beurteilung der Jugend-Psychoanalyse. Archiv. ges. Psychol. *30*, 327 f. Z. angew. Psychol. *8*, 379

Plaut, P. (1926): Sammelberichte. Freud und die Psycholanalyse. Z. angew. Psychol. *25*, 289-300

ders. (1928): Rez.: Karl. Bühler: die Krise der Psychologie. Z. angew. Psychol. *31*, 371

Pötzl, O. (1917): Experimentell erregte Traumbilder in ihren Beziehungen zum indirekten Sehen. Z. Neurol. Psychiat. *37*, 278-349

Schultz, J. H. (1921): Rez.: S. Freud: Die Traumdeutung[6]. Z. angew. Psychol. *19*, 436

Schumann, F. (1922): Rez.: S. Freud: Die Traumdeutung[6]. Z. Psychol. *89*, 198

Spranger, E. (1925[3]): Psychologie des Jugendalters. Leipzig

ders. (1928): Kultur und Erziehung. Leipzig

Stern, W. (1901): Rez.: S. Freud: Die Traumdeutung. Z. Psychol. Physiol. Sinnorg. *26*, 130-133

ders. (1908): Tatsachen und Ursachen der seelischen Entwicklung. Z. angew. Psychol. *1*, 1-43

ders. (1911): Die differentielle Psychologie in ihren methodischen Grundlagen. Leipzig

ders. (1913a): Die Anwendung der Psychoanalyse auf Kindheit und Jugend. Ein Protest. Sonderabdruck aus Z. angew. Psychol. *8*

ders. (wahrscheinlich federführend) (1913b): Eine Warnung vor den Übergriffen der Jugend-Psychoanalyse. Z. Päd. Psychol. u. exp. Päd. *14*, 636. Z. angew. Psychol. *8*, 1914, 378. Z. Päd. Psychol. *15*, 202

ders. (1918): Person und Sache, Bd. II, Die menschliche Persönlichkeit. Leipzig

ders. (1923[3]a): Psychologie der frühen Kindheit. Leipzig

ders. (1923b): Psychologie der frühen Kindheit und Psychoanalyse. Z. Päd. Psychol. u. exp. Päd. *24*, 282-296

ders. (1929): Grundformen menschlichen Seins. Berlin
James, W. (1890): Psychologie. (übersetzt von E. und M. Dürr) Leipzig 1909
Jones, E. (1960): Das Leben und Werk von Sigmund Freud. Bd. I. Bern/Stuttgart
ders. (1962): Das Leben und Werk von Sigmund Freud. Bd. II. Bern/Stuttgart
Keller, H. (1911): Neuere Literatur über Schlaf und Traum. Z. angew. Psychol. *5*, 88-103
ders. (1921): Neuerscheinungen über Schlaf und Traum. Z. angew. Psychol. *19*, 403-412
ders. (1931): Schlaf und Traum. Ein Überblick über einige Neuerscheinungen. Z. angew. Psychol. *38*, 156 ff.
Klages, L. (1926^{4}a): Die Grundlagen der Charakterkunde. Leipzig
ders. (1926^{2}b): Über Eros und Sexus. Anmerkung 9 zu: Vom kosmogonischen Eros. 218-227. Jena/München
ders. (1928): Bemerkungen zur sogenannten Psychopathie. Der Nervenarzt *1*, 201-206
ders. (1929): Der Geist als Widersacher der Seele. Leipzig
Koffka, K. (1935): Principles of Gestalt Psychology. New York
Köhler, W. (1933): Psychologische Probleme. Berlin
Krüger, F. (1933): Die Psychoanalyse und das wirkliche Seelentum. Kritische Gänge. Literaturblatt Berliner Börsenzeitung *20*
Külpe, O. (1920): Vorlesungen über Psychologie. Leipzig
Lersch, Ph. (1956^7): Aufbau der Person. München
Lindworsky, J. (1923^{3}a): Experimentelle Psychologie. München
ders. (1923^{3}b): Der Wille. Leipzig
Lipps, Th. (1903): Leitfaden der Psychologie. Leipzig
ders. (1905): Psychologische Untersuchungen. Leipzig
ders. (1912^2): Psychologische Untersuchungen. Leipzig
ders. (1926^3): Vom Fühlen, Wollen und Denken. Leipzig
Mac Corquodale, K. und P. E. Meehl (1948): On a Distribution Between Hypothetical Constructs and Intervening Variables. Psychol. Rev. *55*, 95-107
Major, G. (1911): Rez.: S. Freud: Drei Abhandlungen zur Sexualtheorie. Z. Päd. Psychol. u. exp. Päd. *12*, 140
Marcuse, L. (1972): Sigmund Freud. Sein Bild vom Menschen. Zürich
Meng, H. (1929): Zur Protesterklärung katholischer Lehrerinnen gegen die »Zeitschrift für psychoanalytische Pädagogik«. Z. psa. Päd. Heft *10*, 301-305
Meumann (1903): Vorwort zum 1. Band des Archivs für gesamte Psychologie. Arch. ges. Psychol. *1*, 7 f.
Meyer, S. (1909): Rez.: S. Freud: Die Traumdeutung^2. Z. Psychol. *54*, 223-225.

Moll, A. (1908): Das Sexualleben des Kindes, Sitzungsbericht. Z. Päd. Psychol. u. exp. Päd. *10*, 319-321

ders. (Hg.) (1912): Handbuch der Sexualwissenschaften. Mit besonderer Berücksichtigung der kulturgeschichtlichen Beziehungen. Leipzig

ders. (1912): Sexuelle Hygiene: I. Einfluß des Sexuallebens auf den Gesundheitszustand. In: A. Moll (Hg.): Handbuch der Sexualwissenschaften. S. 879-885. Leipzig

Müller-Freienfels, R. (1929): Die Hauptrichtungen der gegenwärtigen Psychologie. Leipzig

Münsterberg, H. (1900): Grundzüge der Psychologie I. Leipzig

Nagera, H. (Hg.) (1974): Psychoanalytische Grundbegriffe. Frankfurt a. M.

Orlow, J. E. (1929): Das Problem des Traumes vom Standpunkt der Reflexologie. Arch. ges. Psychol. *70*, 209-234

Pfister, O. (1914): Eine Verwahrung gegen urtümliche Beurteilung der Jugend-Psychoanalyse. Archiv. ges. Psychol. *30*, 327 f. Z. angew. Psychol. *8*, 379

Plaut, P. (1926): Sammelberichte. Freud und die Psycholanalyse. Z. angew. Psychol. *25*, 289-300

ders. (1928): Rez.: Karl. Bühler: die Krise der Psychologie. Z. angew. Psychol. *31*, 371

Pötzl, O. (1917): Experimentell erregte Traumbilder in ihren Beziehungen zum indirekten Sehen. Z. Neurol. Psychiat. *37*, 278-349

Schultz, J. H. (1921): Rez.: S. Freud: Die Traumdeutung[6]. Z. angew. Psychol. *19*, 436

Schumann, F. (1922): Rez.: S. Freud: Die Traumdeutung[6]. Z. Psychol. *89*, 198

Spranger, E. (1925[3]): Psychologie des Jugendalters. Leipzig

ders. (1928): Kultur und Erziehung. Leipzig

Stern, W. (1901): Rez.: S. Freud: Die Traumdeutung. Z. Psychol. Physiol. Sinnorg. *26*, 130-133

ders. (1908): Tatsachen und Ursachen der seelischen Entwicklung. Z. angew. Psychol. *1*, 1-43

ders. (1911): Die differentielle Psychologie in ihren methodischen Grundlagen. Leipzig

ders. (1913a): Die Anwendung der Psychoanalyse auf Kindheit und Jugend. Ein Protest. Sonderabdruck aus Z. angew. Psychol. *8*

ders. (wahrscheinlich federführend) (1913b): Eine Warnung vor den Übergriffen der Jugend-Psychoanalyse. Z. Päd. Psychol. u. exp. Päd. *14*, 636. Z. angew. Psychol. *8*, 1914, 378. Z. Päd. Psychol. *15*, 202

ders. (1918): Person und Sache, Bd. II, Die menschliche Persönlichkeit. Leipzig

ders. (1923[3]a): Psychologie der frühen Kindheit. Leipzig

ders. (1923b): Psychologie der frühen Kindheit und Psychoanalyse. Z. Päd. Psychol. u. exp. Päd. *24*, 282-296

ders. (1927): Bericht über den 1. internationalen Kongreß für Sexualwissenschaft: Psychologisches und Jugendkundliches. Z. Päd. Psychol. *28*, 100-101
ders. (1930): Studien zur Personwissenschaft Bd. I Leipzig
Stern, C. und W. Stern (1931): Dauerphantasien im vierten Lebensjahre. Z. angew. Psychol. *38*, 309,324
Stern, W. (1935): Allgemeine Psychologie. Haag
Störring, G. (1916): Psychologie des menschlichen Gefühlslebens. Bonn
Strachey, J. (1972): Editorische Vorbemerkungen zu den drei Abhandlungen zur Sexualtheorie. Sigmund Freud: Studienausgabe, *5*, 39. Frankfurt a. M.
Utitz, E. (1925): Charakterologie. Charlottenburg
Windelband, W. (1894): Geschichte und Naturwissenschaft. In: Glockner (Hg.): Philosophisches Lesebuch II. Stuttgart 1950
Wundt, W. (1907^8): Grundriß der Psychologie. Leipzig
ders., W. (1911^6): Grundzüge der physiologischen Psychologie. Tübingen

Joachim Scharfenberg
Die Rezeption der Psychoanalyse in der Theologie

Inhalt

I Orientierung 256

II Dokumente 264
1.-7. O. Pfister 264
8. M. Schian 275
9. E. K. Knabe 276
10. E. Pfenningsdorf 277
11. G. Mahr 278
12. E. Abderhalden 280
13. M. Wiener 283
14. F. Maraun 285
15. P. Wolff 288
16. W. Hoch 290
17. H. Asmussen 292
18. K. Barth 292
19. E. Thurneysen 293
20. W. Uhsadel 294
21. Pius XII. 296
22. Pius XII. 297
23. R. S. Lee 300
24. J. Schreiber 302
25. J. Scharfenberg 311
26. P. Ricoeur 313
27. A. Wucherer-Huldenfeld 318

III Quellenangaben zu den zitierten Dokumenten 322

IV Abkürzungen der Bibliographie 324

V Gesamtbibliographie zum Thema Psychoanalyse und Theologie 325

I Orientierung

Die Geschichte der theologischen Rezeption der Psychoanalyse kann als Lehrstück für deren eigenes Selbstverständnis zwischen Naturwissenschaft und Geisteswissenschaft angesehen werden. Sowohl Theologen wie Psychoanalytiker hatten – wenn auch aus verschiedenen Gründen – ein starkes Interesse daran, die Psychoanalyse als Naturwissenschaft und nichts als Naturwissenschaft anzusehen. Für den Psychoanalytiker »erledigte« sich damit die beunruhigende Parallelität zwischen den psychischen Mechanismen, die die Psychoanalyse erforschte und bestimmten Elementen der religiösen Überlieferung. Letztere konnten dann im naturwissenschaftlichen Sinne als »erklärt« gelten und man konnte sich beruhigt von ihnen abwenden. Für den Theologen konnte das Verbleiben der Psychoanalyse im rein naturwissenschaftlichen Bereich die Begründung dafür abgeben, der psychoanalytischen Religionskritik kurzerhand ihre Zuständigkeit und damit auch ihre Berechtigung abzusprechen. Aber selbst bis es zu einem derartig schiedlich-friedlichem Nebeneinander kommen konnte, galt es zunächst einmal jene Berge von Vorurteilen abzubauen, die eine vorwiegend mit dem moralistischen Urteil arbeitende theologische Psychoanalysekritik aufgehäuft hatte und die immer wieder von Zeit zu Zeit – nicht zuletzt durch eine persönliche Stellungnahme von Papst Pius XII – durchbrechen konnte. Die jüdische Theologie suchte sich der Herausforderung der Psychoanalyse durch das Argument zu entziehen, weite Partien der Psychoanalyse seien auf das »chassidische Milieu« zurückzuführen, aus dem Freud stamme und ließen sich deshalb reibungslos und ohne Schwierigkeiten reintegrieren (vgl. Bakan 1976).

Ein grundsätzlicher Wandel im Verhältnis von Theologie und Psychoanalyse konnte sich erst anbahnen, als das hermeneutische Element sowohl im Selbstverständnis der Psychoanalyse als auch im Bereich ihrer philosophischen Rezeption auftauchte. Sollte es verabsolutiert werden, könnte es allerdings wiederum die Identität der Psychoanalyse in Gefahr bringen, die als Hermeneutik und nichts als Hermeneutik verstanden, sich einebnen lassen müßte in eine allgemeine Kulturinterpretation und damit ihre Spezifität und ihren Herausforderungscharakter für die anderen Wissenschaften verlieren würde.[1]

Für die Anfänge des theologisch-psychoanalytischen Verhältnisses dürfte jedoch ein anderer Aspekt von entscheidender Bedeutung gewesen sein: Die theologische »Entdeckung« der Psychoanalyse erfolgte durch den Züricher Pfarrer Oskar Pfister, den daraufhin eine lebenslange herzliche Freundschaft mit Freud verbinden sollte (vgl. Freud/Pfister 1963). Seine Rezeption der Psychoanalyse sieht diese vorwiegend unter methodologischem Aspekt (vgl. Pfister 1928), während er versucht, jede Verquickung mit weltanschaulichen Aspekten abzuweisen. Dieser Deutung kam Freuds eigenes Bekenntnis entgegen, die Psychoanalyse sei selbst keine Weltanschauung, sondern beruhe lediglich auf der bereits vorhandenen Weltanschauung des naturwissenschaftlichen Denkens.[2] Diese Selbsteinschätzung sollte Freud später als »scientistisches Selbstmißverstädis« zum Vorwurf gemacht werden.[3]

Für eine allgemeine Orientierung über die theologische Rezeption der Psychoanalyse lassen sich folgende Gliederungsprinzipien aufstellen:

1. Die Übernahme der psychoanalytischen Methoden in die Theologie durch Oskar Pfister
2. Die Abweisung der Psychoanalyse durch die Theologie im Banne des moralistischen Vorurteils
3. Das schiedlich-friedliche Nebeneinander von Theologie und Psychoanalyse: Psychoanalyse als »Hilfswissenschaft« der Pastoraltheologie
4. Die Aufnahme des Pfisterschen Anliegens nach dem 2. Weltkrieg: Psychoanalyse als Fremdprophetie
5. Die theologische Interpretation der Psychoanalyse im Zeichen des hermeneutischen Problems

1. Die psychoanalytische Methode in der seelsorgerlichen Praxis

Die Reduktion der Psychoanalyse auf eine Methode, die den christlichen Glauben von Fehlformen reinigen will, indem sie die Hemmungen der Liebe ursächlich anzugehen versucht, heißt für Pfister, daß die analytische Betrachtung »die Feststellung des Wahrheitsgehaltes und Wertes nur erleichtern, nicht ersetzen« (Pfister 1927) kann. Die Analyse hat keine Kompetenz, über den Realitätswert der analytisch herausgearbeiteten »Illusionen« zu urteilen. Wahre und gesunde Religion schließt die neurotischen Zerrformen völlig aus, sie kann deshalb nicht weiter analysiert werden. Während Angst, Zwang und grobe Sexualisierungen als primitive Vorformen oder frühe Stadien bezeichnet werden, bleibt als im strengen Sinne »religiös« nur das, was Angst bekämpft und Liebe fördert, nicht aber das, was Angst macht und Liebe hemmt. Obwohl Pfister ohne weiteres zugestehen kann, daß es unter dem Druck der Verhältnisse zu periodischen Regressionen kommen kann, hält er an einer vom Fortschrittsglauben getragenen Weiterentwicklung der Religion fest, die er aus der Zukunft ihrer Idee verstehen möchte und nicht primär durch ihre Vergangenheit determiniert ansieht.

Als er sich schließlich genötigt sieht, auf Freuds »Die Zukunft einer Illusion« (1927) explizit einzugehen, kritisiert er Freuds allzu »volkstümlichen« Wissenschaftsbegriff und seine mangelhafte Erkenntnistheorie. In der Jesusüberlieferung sieht er entscheidende Einsichten der Psychoanalyse vorweggenommen. Ihr Vertrauen auf die Güte und Liebe des himmlischen Vaters sei »von den Schlacken der Ödipusbindung gänzlich gereinigt« und entspreche einer völligen Emanzipation von den irdischen Eltern (1934, Dok. Nr. 6). Er besteht auf Ethik und Religion als den Trägern der Idee des wahren menschlichen Wesens. Sie sind ohne ein gewisses Wunschdenken nicht vorstellbar. Aber gerade in der »Illusion« kann sehr viel »vorzügliches Realdenken« investiert sein und läßt sie geradezu notwendig erscheinen gegenüber der Gefahr einer vorschnellen Realitätsanpassung. Methodisches Postulieren wird gegen halluzinatorisches Wünschen gesetzt und kritische Theologie – bereichert durch psychoanalytische Einsichten – hat die Aufgabe, die Religion vor der dauernden Regression auf ein infantiles Lustprinzip zu bewahren. So besteht die Religion in Pfisters Vorstellung »aus einer harmonischen Verbindung des Glaubens und des Wissens, aus einer gegenseitigen Durchdringung des Wunsch- und Realdenkens« (1944, Dok. Nr. 7).

2. Die Abweisung der Psychoanalyse durch die Theologie

Es mag auf den ersten Blick befremdlich erscheinen, daß nach Pfisters differenzierter Integration der Psychoanalyse in die theologische Theoriebildung und die seelsorgerliche Praxis in den zwanziger Jahren dieses Jahrhunderts noch eine von Mißverständnissen, Fehlinterpretationen und Verdächtigungen strotzende theologische Polemik gegen die Psychoanalyse möglich war. Man sollte sich jedoch in der Beurteilung dieses Vorganges folgendes vor Augen halten: 1.) Das eigentliche Thema der Theologie war in jenen Jahren nicht der Dialog mit den Humanwissenschaften, sondern die Formulierung eines »proprium«, für das die dialektische Theologie gewaltige Anstöße gab und die es der Theologie ermöglichte, die faschistische Diktatur wenigstens einigermaßen zu überstehen und ihren Funktionsträgern eine halbwegs stabile Identität zu sichern. 2.) Pfister stand zu seiner Lebenszeit als eine ganz und gar unzeitgemäße Figur in der theologischen Landschaft. Man sah in ihm lediglich einen Nachlaßverwalter des »alten« Liberalismus, den man weithin für überholt hielt. Erst zwanzig Jahre nach seinem Tod beginnt man im Zuge einer vorerst noch stark in den USA beheimateten »Pfister-Renaissance« zu sehen, daß er in einer prophetischen Weise die Herausforderung, die durch die Humanwissenschaft an die Theologie herangetragen wurde, aufgenommen hat. 3.) Freud hatte sicher klarer als Pfister erkannt, daß so wie in der individuellen Therapie zunächst nur der Widerstand mobilisiert wird, auch in der öffentlichen Diskussion der Psychoanalyse der Widerstand sich artikulieren würde. So ist denn auch in der theologischen Rezeption der Psychoanalyse über länger als ein Jahrzehnt hinweg nichts anderes als »Widerstand« zu konstatieren.

Ob man die »allerernstesten Bedenken« gegen die »Willkürlichkeiten und Phantastereien« der Psychoanalyse anmeldet und es für den Seelsorger geradezu als gefährlich ansieht, sich auf die Sexualtheorie einzulassen (Schian 1922, Dok. Nr. 8), ob man die Relativierung aller Normen und Werte befürchtet und die Überlegenheit der Seelsorge über die Therapie zu betonen sucht (Pfennigsdorf 1930, Dok. Nr. 10), ob man seine Ängste artikuliert, die Psychoanalyse wühle nur allen Schmutz auf und erteile eine zu rasche Absolution (Knabe 1929, Dok. Nr. 9) – deutlich ist der affektive Widerstand in einer ganzen Periode theologischer Verlautbarungen zur Psychoanalyse zu spüren.

Einen besonderen Epochenpunkt stellt die Publikation von Freud »Die Zukunft einer Illusion« dar. Jetzt beginnt man seine Religionskritik ernst zu nehmen und sich sachlich mit ihr auseinanderzusetzen. In dem Bemühen, die Psychoanalyse in den Bereich der Naturwissenschaft abzuschieben, sucht man gleichsam eine »sturmfreie Zone« für die Religion zu sichern, nämlich im Bereich einer emotionalen Begründung der Ethik, die eine rein sachlich-wissenschaftliche nicht sein dürfe (Abderhalden 1928/29,

Dok. Nr. 12). Gelegentlich kommt es auch zu einer Vereinnahmung der Psychoanalyse für kirchliche Zwecke und Ziele, durch die dann die Übertragungsproblematik aus dem Reichtum religiöser Motive und Quietive »aufgefüllt« werden solle (Mahr 1928, Dok. Nr. 11). Die jüdische Theologie und Seelsorge am Ende der zwanziger Jahre nimmt Freuds Sublimierungsthese kräftig auf und zeichnet sie in die Entwicklungslinien der Vergeistigung in der israelitisch-jüdischen Religionsgeschichte ein (Wiener 1928/29, Dok. Nr. 13).

Die beginnende Nazizeit macht eine sachliche Diskussion zwischen Theologie und Psychoanalyse unmöglich. Daß immerhin ausführlich und brillant dagegen polemisiert werden muß, einen auf der sächsischen Landessynode diskutierten Beschluß Sonderkurse über psychoanalytische Wissenschaft für evangelische Seelsorger einzurichten, zeigt, wie tief der Einbruch der psychoanalytischen Denkmodelle im Bereich der seelsorgerlichen Praxis doch schon war (Maraun 1933, Dok. Nr. 14). Auch die katholische Apologetik setzt sich noch nach der Machtübernahme der Faschisten mit Freuds Sublimierungsthese auseinander, die sie jedoch im Sinne eines höheren, geheimnisvollen, himmlischen Eros umzudeuten versucht. Obwohl das Bedeutsame der Psychoanalyse festgehalten werden soll, lesen sich die zeitgenössischen theologischen Stellungnahmen wie Nachrufe auf die Psychoanalyse (Wolff 1934/35, Dok. Nr. 15). Daß selbst 1937 noch theologische Werke erscheinen, in denen überhaupt das Wort Psychoanalyse noch auftauchen kann (Dok. Nr. 16), mutet wie ein Wunder an. Sie sind allerdings auch von nicht zu überbietender Eindeutigkeit: »Das Satanische ist nahe« (Asmussen 1937, Dok. Nr. 17). Die theologischen Akten über den Fall Psychoanalyse schienen geschlossen.

3. Psychoanalyse und Theologie im Zeichen der Abgrenzung

Zwei Grundüberzeugungen sind es, die die theologische Diskussion der Psychoanalyse nach dem zweiten Weltkrieg in Europa vorwiegend zu prägen scheinen: zum einen hält man die Psychoanalyse im Grunde für überholt und vertraut auf deren »Fortentwicklung« (so z. B. noch K. Barth 1957, Dok. Nr. 18), von der man hoffte, daß sie die beängstigende religionskritische Komponente abstreifen werde. Diese Einschätzung der Lage sollte sich sehr bald als ein verhängnisvoller Irrtum herausstellen. Zum anderen igelte man sich in der Vorstellung ein, daß Psychoanalyse und Theologie an völlig verschiedenen und sauber abtrennbaren Wirklichkeitsbereichen arbeiteten, so daß sie sich auch gar nicht gegenseitig kritisieren können. Man gab es auf, der Psychoanalyse ihre therapeutischen Erfolge absprechen zu wollen (etwa E. Thurneysen 1948, Dok. Nr. 19), beanspruchte aber dafür das Recht, die religionskritischen Impulse, die von ihr ausgingen, als »Grenzüberschreitungen« abweisen zu können. Allenfalls kam sie als »Hilfswissenschaft« für die Seelsorge in Frage mit dem Vorbehalt, daß alles, was weltanschaulich verdächtig erscheint, zurückgewiesen werden kann. So fielen den theologischen Abstrichen die Lehre vom Ödipuskomplex, die Trieblehre, Freuds »pessimistischer Agnostizismus« (Jahn 1964) sowie seine »naturalistischen Deutungen« zum Opfer (so noch bei Uhsadel 1966, Dok. Nr. 20). Vor allem der amerikanische Protestantismus übernimmt auf äußerst pragmatische Art Methoden und Techniken der Psychoanalyse, ohne sich um deren theoretische Implikationen weiter zu kümmern und sie theologisch aufzuarbeiten.[4]

In wie starkem Maße sich die Psychoanalyse, die durch die Naziherrschaft fast völlig ausgemerzt war, bereits ein knappes Jahrzehnt nach Kriegsschluß wieder erholt hatte, zeigt die Tatsache, daß kein geringerer als Papst Pius XII. sich zu zwei kurz hintereinander abgegebenen Stellungnahmen im Jahre 1952 und 1953 genötigt sieht. In der ersten wird die Psychoanalyse noch mit dem in der Vergangenheit so überaus strapazierten diffamierendem Beiwort »pansexualistisch« apostrophiert und im Namen »persönlicher Intaktheit, Reinheit und Selbstachtung« gegen die Bewußtmachung als einem »totalen Ein- und Untertauchen in die sexuelle Vorstellungs- und Affektwelt« polemisiert (s. Dok. Nr. 21). Es wird der Hoffnung Ausdruck verliehen, daß mehr »indirekte« Behandlungsverfahren sich durchsetzen mögen, die »den klarbewußten psychischen Einwirkungen auf das Ganze des Vorstellungs- und Affektlebens mehr Aufmerksamkeit« schenken.

Die zweite Stellungnahme, die kaum ein halbes Jahr später abgegeben wird (Dok. Nr. 22), ist bereits wesentlich differenzierter, in ihr taucht das Stichwort »pansexualistisch« nicht mehr auf, dagegen wird dem Ganzheitsaspekt des Menschen erhöhte Aufmerksamkeit geschenkt. Der Psychoanalyse wird eine gewisse

Berechtigung in einem Teilbereich des menschlichen Lebens zugestanden, der Theologie jedoch empfohlen, sich lieber an der »umfassenderen« aristotelischen Psychologie zu orientieren, die an der letztlichen Identität des existentiellen Menschen mit dem Essentiellen festhält. Es heißt jetzt sehr viel vorsichtiger, daß der aufklärerische Impuls der Psychoanalyse nicht als der einzige Weg angesehen werden dürfe, daß Raum bleiben müsse für das »Geheimnis« und daß das Schuldphänomen nicht zum ausschließlichen Zuständigkeitsbereich der Psychotherapie gehöre.

Die beiden persönlichen Interventionen des Papstes haben zwar eine heftige, aber relativ kurzfristige Diskussion vor allem über die Frage ausgelöst, ob sich katholische Priester einer Psychoanalyse unterziehen dürften. Die weitere Entwicklung ist jedoch recht rasch über solche Fragestellungen hinweggegangen.

4. Die Psychoanalyse als »Fremdprophetie«

Die Abgrenzungsthese, die über zwei Jahrzehnte hin zwischen Theologie und Psychoanalyse einen eisernen Vorhang von böswilliger Undurchdringlichkeit hatte heruntergehen lassen, wurde vor allem von dem nach den USA emigrierten Theologen und Kulturphilosophen Paul Tillich in Frage gestellt.[5] Er erkennt sehr deutlich den affektiven Kern des Widerstandes gegen Freud in der Tatsache, daß eine bürgerlich-moralistische Gesellschaft nur sehr schwer die Aufdeckung ihrer unbewußten Motive ertragen kann (Tillich 1959). Um ein Gespräch zwischen Theologie und Psychoanalyse überhaupt zu ermöglichen, hält Tillich deren philosophische Aufarbeitung für dringend notwendig und liefert dafür erste Bausteine.[6] Indem der Psychoanalyse so ihr geistesgeschichtlicher Ort zugewiesen wird, verliert sie viel von dem ihr bis dahin beigelegten erschreckend singulären Charakter, sie rückt in eine Linie mit den existentialistischen Analysen der menschlichen Situation. Mit Hilfe der Psychoanalyse werden die christlichen Symbole erst zu einem rechten Verstehen gebracht, und Freud wird zugebilligt, daß er in einer Art von »Fremdprophetie« das betrieben habe, was eigentlich Sache der Kirche hätte sein sollen. Indem er das vorurteilslose Annehmen eines Menschen zur unabdingbaren Voraussetzung seiner Therapie machte, habe er sehr viel dazu beigetragen, das intellektuelle Klima in Richtung auf eine Wiederentdeckung des zentralen Evangeliums von der

Annahme des Sünders umzugestalten (Tillich 1960). Wenn die Kirchen diese gegen sie aufgestandene Fremdprophetie nicht akzeptiere, »werden sie zur Bedeutungslosigkeit herabsinken, und der göttliche Geist wird durch scheinbar atheistische und antichristliche Bewegungen wirken« (Tillich 1956).

Im Schutze dieser »Rückendeckung« durch eine international anerkannte theologische Kapazität konnte es der anglikanische Theologe Lee wagen, das Pfistersche Anliegen neu aufzunehmen und im Sinne der inzwischen entwickelten Strukturtheorie umzuformulieren. Das theologische Programm hieß: Abbau der schädigenden Wirkungen einer Über-Ich-Religion und Plädoyer für eine Ich-Religion (s. Dok. Nr. 23). Johannes Schreiber konnte schließlich den Schritt vollziehen, die Rezeption der Psychoanalyse aus dem »Vorfeld« des bloß »Praktischen« bis in das Herzstück der theologischen Diskussion selber voranzutreiben (s. Dok. Nr. 24). Die Herausforderung der Psychoanalyse an den christlichen Glauben konnte formuliert werden (Scharfenberg 1968, Dok. Nr. 25).

5. Psychoanalyse und Theologie im Zeichen der Hermeneutik

Die philosophische Aufarbeitung der Psychoanalyse wurde vor allem durch den französischen Religionsphilosophen Paul Ricoeur (Dok. Nr. 26) stark vorwärts getrieben. Er versucht vor allem den Aspekt einer Selbstanalyse unserer Kultur im Lebenswerk Freuds herauszuarbeiten, die er als eine Exegese des falschen Bewußtseins ansieht. Auf dem Boden der philosophischen Implikationen der Psychoanalyse kann es nun zu einem differenzierten und kritischen Gespräch kommen. Als das eigentliche Problem kann nun angesehen werden, wie die »Metapsychologie als mythologisch vermittelte Theorie« theologischerseits aufgenommen werden soll (s. Wucherer-Huldenfeld Dok. Nr. 27). Als abschließendes Beispiel für den gegenwärtigen Diskussionsstand sei Jürgen Moltmann zitiert, der seine theologische Rezeption der Psychoanalyse unter das Stichwort »Psychologische Hermeneutik der Befreiung« stellt und zu der theologischen Dialektik von Gesetz und Freiheit »Entsprechungen« in den pathologischen Erscheinungen und therapeutischen Vorgängen entdeckt, die die Psychoanalyse beschreibt (Moltmann 1972).

Es muß der weiteren Diskussion überlassen bleiben, ob die

Psychoanalyse selbst diese einseitige Festlegung als Hermeneutik akzeptieren kann, oder ob es im Verlauf einer Korrektur dieses Ansatzes zu einer weiteren Runde einer noch sachgemäßeren Rezeption der Psychoanalyse in der Theologie kommen kann.

Anmerkungen

1 Ein solcher Vorgang ist von einigen dahingehend interpretiert worden, daß die Psychoanalyse letztlich nichts anderes als eine »Remythologisierung des Bewußtseins« erreicht habe, die von den einen enthusiastisch begrüßt (so von R. H. Underwood 1965), von anderen aufs schärfste verurteilt wird (so von M. North 1972).
2 Zum Verständnis von Freuds Ansichten über Psychoanalyse und Weltanschauung s. Freud 1933.
3 Nachweise zum scientistischen Selbstmißverständnis Freuds siehe: J. Habermas 1968, P. Ricoeur 1974.
4 Über die amerikanische Seelsorgebewegung orientiert zuverlässig: D. Stollberg, Therapeutische Seelsorge, die amerikanische Seelsorgebewegung, München 1970².
5 Über Paul Tillichs Stellung zur Psychoanalyse orientiert umfassend ein Themen-Heft der Zeitschrift »Wege zum Menschen« (Heft 4, April 1972, 24. Jahrgang) mit Beiträgen von Renate Albrecht, Adolf Allwohn, Helmut Elsässer, Ilse Goeze-Wegner, Joachim Scharfenberg, Hans-Jürgen Seeberger und Balthasar Staehelin.
6 Als exemplarisch dafür kann Tillichs Buch »Der Mut zum Sein« (Stuttgart 1954) angesehen werden, wo Freuds Todestriebhypothese in Zusammenhang gebracht wird mit der libido moriendi des Seneca und die Überwindung des Lustprinzips bei beiden dargestellt wird.

II Dokumente

Dokument Nr. 1

O. Pfister (1910)

Aus: »Die Psychoanalyse als wissenschaftliches Prinzip und als seelsorgerliche Methode«

In einer Anzahl von Untersuchungen konnte ich genau feststellen, in wie präziser Weise die religiös-sittliche Bestimmtheit bis ins Einzelste mit der Komplexbildung zusammenhängt, so daß sich feste Gesetze für die Gestaltung der Sublimation formulieren lassen.

Der Katholizismus mit seiner dualistischen Moral ist eine Religion der maximalen Verdrängung des natürlichen Trieblebens im Sinne der *Absoluten* Sublimierung, also mit Negation der primären Triebfunktionen. Sein Ideal ist der Mönch, der auf Weib, persönliche Unabhängigkeit und »Welt« (in der johanneischen Bedeutung des Wortes) verzichtet. Die Gelübde der Ehelosigkeit, des Gehorsams und der Armut entsprechen drei Idealen, welche den drei stärksten allgemeinen Komplexen, die es gibt, dem Fortpflanzungskomplex, dem Vaterkomplex und dem mammonistischen sublimierte Betätigung und günstigenfalls Befriedigung verschaffen. Viele haben im Kloster Frieden gefunden, so gut wie andere bei bestimmter Komplexkonstellation in der Mystik eines Tersteegen oder v. Campagne, im Aventismus, in der Heilsarmee oder einer anderen auf Verdrängung gegründeten Organisation. Die Psychoanalyse hellt diese Vorgänge auf, ohne sie zu bewerten. Da nun aber mein Gegner die katholische der psychoanalytischen Seelsorge überordnet, muß ich noch etwas näher auf die Sache eingehen. Herr Privatdozent Foerster kann die »Heiligen« nicht genug als Vorbilder dem Seelsorger empfehlen. Er scheint zu übersehen, daß jenen in mancher Hinsicht ethisch und religiös gewiß hochstehenden Persönlichkeiten die Sublimierung doch nur unvollständig gelang. Nicht nur leiden sie fast ausnahmslos an offenkundigen Neurosen, Visionen, Anästhesien, Angstzuständen, Obsessionen, hysterischen Schmerzen, Bewußtseinsstörungen, pathologischer Verengerung des geistigen Blickfeldes usw., sondern es *springt sehr oft die grausam mißhandelte Sexualität am verfehltesten Ort im Zentrum des religiösen Lebens in einer für den unbefangenen Betrachter bedauerlichen Weise hervor.* Manche religiöse und ethische Erscheinung, die Foerster vom Standpunkt seiner Moral aus überschwänglich rühmt, erweist sich für eine psychoanalytisch geschulte protestantische oder humane Ethik als krank, und manche Leistung, in welcher er einen herrlichen Sieg des Geistes über das Fleisch feiert, stellt sich als ein raffinierter Triumph der vergewaltigten Sexualität heraus ...

Der Protestantismus hat aus seinem religiös-sittlichen Empfinden heraus getan, was der Psychoanalytiker auf Grund wissenschaftlicher Erkenntnis anstrebt. Er machte die in Zölibat, Hierarchie und Klostertum typisch ausgebildeten Verdrängungserscheinungen rückgängig, indem er die verdrängten Triebe in primäre und sublimierte Funktionen überleitete und zwar so, daß die sublimierten (religiösen) Triebbetätigungen als das höhere die direkten Triebauswirkungen billigten, normierten und damit idealisierten. Im katholischen Frömmigkeits*ideal* begegnen wir *absoluter* Sublimierung mit Negation der primären Sexualbetätigung, im protestantischen *maximaler Sublimierung mit Bejahung einer ihr dienenden primären Triebanwendung.* In den protestantischen Ideen der christlichen Ehe und des allgemeinen Priestertums finden wir die ideale Kompensation des Fortpflanzungs- und Vaterkomplexes (des Zölibates und der blinden

Unterwerfung unter die Kirche) wieder, in der Forderung, sich der irdischen Güter und weltlichen Ordnungen freudig zur eigenen Förderung und zum Wohl der Nächsten, somit auch zu Gottes Ehre zu bedienen, erkennen wir den idealen Ersatz für die katholische Weltflucht. *In dieser Komplexaufhebung zugunsten einer harmonischen Differenzierung des Trieblebens unter der Hegemonie der sublimierten, idealen Funktionen nimmt der Protestantismus genau die nämliche Triebbearbeitung vor, die der ethisch sich verpflichtet fühlende Psychoanalytiker bei seinen Patienten anstrebt.*

Schon die Entstehung des Christentums weist diese Tat auf. Zur Zeit Jesu litten die Juden an einer national bedingten, durch die riesigen Sexualverdrängungen des mosaischen Gesetzes hervorgerufenen Zwangsneurose, die sich in Orthodoxie und peinlichem Zeremoniewesen, sadistischem Fanatismus usw. deutlich genug spiegelt. Jesus hob die schädliche Verdrängung dadurch auf, daß er den Eros mit idealer Vollkommenheit in direkte Liebe zu Gott und den Menschen sublimierte und den primären Regungen der Libido freie Betätigung ließ, soweit sie im Einklang mit der sublimierten Erotik stand. Er wischte das Gesetz nicht aus, er sublimierte es, indem er die ideale Kompensation der im Nomismus liegenden pathogenen Komplexe brachte. Er befreite den Eros, den die Juden aus Religion und Leben übermäßig zu verdrängen wußten, indem er das Gebot der Liebe zum Kardinalpunkt seiner Verkündigung machte. Damit überwand er die Angst, die auch hier der unbefriedigten Libido entsprang, damit die Orthodoxie und die Obsession der Zeremonie, während er die Verdrängung der Sexualität ins Unterbewußtsein durch bewußte, bejahende *Triebbeherrschung* im Sinne des sublimierten Eros, im Dienste der Gottes- und Nächstenliebe ersetzte. Diese Tat war der Sonnenaufgang eines neuen Lebens in Freude, Freiheit, Gesundheit. Auch *Buddha* überwand eine Zwangsneurose: den Brahmanismus mit seiner Orthodoxie und seinem Ritualismus, seiner masochistischen Askese und sadistischen Kastenordnung, Witwenverbrennung u. dergl. Allein er betrat den Weg der absoluten Verdrängung und endigte bei der vollkommenen involutio libidinis, beim Nirvana. Übrigens war Jesus eine viel zu gesunde Natur, um selbst von der Angstneurose angesteckt zu werden, während *Paulus, Augustin, Luther* nach ihrer Bekehrung und völligen Heilung sehr deutlich auf die frühere Not zurückweisen, indem ihre ganze religiös-sittliche Vorstellungswelt die ideale Umkehr der früheren komplexbedingten Vorstellungen darstellt.

Dokument Nr. 2

O. Pfister (1923)

Aus: »Was bietet die Psychoanalyse dem Seelsorger?«

Mit der Übertragung muß man sich sehr sorgfältig beschäftigen. Unterläßt man es, so wird man zum Gegenstand der kindlichen Überschätzung, die sich dann später rächen kann, der Verliebtheit, des Hasses, der sklavischen Unterwerfung, des Hohnes usw. Der Analysand stellt an den Analytiker unberechtigte, oft unverschämte oder törichte Anforderungen, denen dieser unmöglich entsprechen kann, und dann wird die Analyse abgebrochen. Der Zögling läuft wütend fort oder bleibt mit seinem Gefühlsleben derart an ihm hängen, daß er zu freier Selbstbestimmung unfähig ist. Er spielt dem Erzieher alle Streiche, die dem mißliebigen Vater, einem ungeschickten und schwächlichen Lehrer, der engherzigen Mutter und anderen einst wichtigen Personen zugedacht waren. Die Übertragung bringt immer eine Personenverwechslung zustande.

Die Übertragung kann somit leicht die Klippe sein, an der eine Analyse scheitert. Allgemein wird ihre Regelung als der schwierigste Teil der ganzen Behandlung angesehen. Übrigens tritt auch bei jeder anderen Erziehungs- und Behandlungsmethode die Erscheinung der Übertragung hervor. Wer wüßte nichts von dem grimmigen Haß, den einzelne neurotische Schüler einem wohlgesinnten Lehrer anwerfen, ohne daß irgendein zureichender Grund in diesem gegeben wäre? Wer wüßte nichts von Patienten, die an irgendeinem Arzt älterer Richtung hängen blieben, ohne daß dieser eine hervorragende Leistung vollzogen hätte?

Die Übertragung ist bei richtiger Verwertung aber auch von hohem Nutzen, und zwar aus zwei Gründen: Einmal tritt das Verdrängte sehr oft zuerst in ihr hervor. Irgendeine Bemerkung, eine äußere Eigentümlichkeit, ein Charakterzug des Analytikers weckt im Zögling eine Erinnerung, die ein Stück verdrängten Lebens in Bewegung setzt und veranlaßt, sich zu manifestieren, und zwar eben als ein Verhalten dem Analytiker gegenüber, vielleicht als Traum, in dem der Analytiker eine Rolle spielt, oder als kleiner boshafter Streich, der ihm gespielt wird, oder als Schmeichelei usw. Man darf nicht verwundert sein, wenn oft lange keine normale Beziehung zum Analytiker eintritt. Die ganze Neurose muß meistens durch dieses Türlein der Übertragung aus ihrem Gefängnis abziehen; doch ist es nicht immer leicht, dies zu erkennen. Der andere Grund, der für den Wert der Übertragung spricht, ist der Umstand, daß der Analytiker für die neue Einstellung des Analysanden von ungeheurer Bedeutung wird. Ersterer ist selbst ein Stück Wirklichkeit. Ist zu ihm Zutrauen hergestellt, so kann auch zur übrigen Wirklichkeit eine sympathische Beziehung viel leichter gewonnen werden. Der Analytiker wird sozusagen zum ersten Balken, der über den Abgrund ans andere Ufer, ins Land des vollbewußten Lebens führt. Darum hat es auch Jesus nicht verschmäht, sehr viel Übertragung anzunehmen. Aber er sorgte auch zugleich für ihre zweckmäßige Nutzbarmachung, indem er über sich hinaus zu Gott, den Brüdern und dem eigenen Ich führte.

Dokument Nr. 3

O. Pfister (1928/29)

Aus: »Psychoanalyse und Seelsorge«

Es kann den Ärzten doch unmöglich ernst sein mit der Behauptung, die Pädagogen und Pfarrer dürfen die Technik der Psychoanalyse nicht anwenden, wo es sich um Gesunde handelt. Zuerst müßten sie den Nachweis liefern, daß dieses Verfahren die Gesundheit gefährde, was bisher meines Wissens noch niemand eingefallen ist und von Freud bestritten wird. Ich selbst habe aber auf analytischem Wege eine Menge gesunder Kinder und Erwachsener von schweren Verdrängungswirkungen, die den sittlichen und religiösen Charakter schädigten, befreit, und es ist noch nie einem Arzte in den Sinn gekommen, diese Tätigkeit, die zu den herrlichsten Erfahrungen meines Lebens gehört, zu beanstanden. Professor Kretschmer verkündigt: »Die Weggabe einer so heiklen Behandlungsmethode wie der psychoanalytischen aus der Hand des Facharztes in weitere Kreise würde das Emporwachsen eines auch für die Geistlichen höchst unerwünschten seelischen Kurpfuschertums zur Folge haben.« Ich entgegne: Es ist eine völlige Verkennung des Sachverhaltes, wenn man die Psychoanalyse lediglich für ein ärztliches Instrument ansieht. Bis vor kurzem war die Medizin rein materialistisch eingestellt; die meisten Fachärzte wollten von Seelsorge nichts wissen. Und jetzt behaupten einige Ärzte, schon das Deuten von Träumen, eingeholten Assoziationen usw. seien ein ärztliches Geschäft! Mit welchem Rechtsanspruch tun sie dies? Viele von ihnen gestehen doch ganz offen zu, daß *umgekehrt sie in das Gebiet der Seelsorger eingezogen sind. Und nun wollen die Neulinge auf unserem angestammten Grund und Boden uns gleich Vorschriften machen, welcher Methoden wir uns bedienen dürfen?* Ich beanspruche für meine Fakultät dieselbe Autonomie, die ich den Medizinern zubillige.

Glauben die Mediziner wirklich, daß wir uns die vorgeschlagene Bevormundung und Ausschaltung gefallen lassen? Junge Mediziner, die nichts oder wenig von Pädagogik, Ethik und Religion gelernt haben, sollen gerade die schwierigsten Fälle ohne weiteres in Angriff nehmen und die sie hervorbringenden seelischen Konflikte bereinigen helfen, indes der Berufsseelsorger ausgeschaltet oder in seiner Methodik beeinträchtigt wird, sogar wo es sich um Gesunde handelt? Wäre dies gerecht und billig? Und frommte es dem Wohl unserer Klienten?

Gewiß ist die Laienanalyse zu bekämpfen. Aber Freud fragt mit Recht: »Wer ist Laie?« und antwortet: »Kurpfuscher ist, wer eine Behandlung unternimmt, ohne die dazu erforderlichen Kenntnisse und Fähigkeiten zu besitzen. Auf dieser Definition fußend, wage ich die Behauptung, daß – nicht nur in den europäischen Ländern – die Ärzte zu den Kurpfuschern in der Analyse ein überwiegendes Kontingent stellen« (Die Frage der Laienanalyse, S. 87, Ges. Schriften XI, 360). Ich füge hinzu, daß auch Nervenärzte nach dem Gutachten aller Kundigen in analyticis mitunter schrecklich pfuschen. Nur verhältnismäßig wenige von ihnen ließen sich analysieren und verstehen die kunstgerechte Anwendung der Analyse. Umgekehrt ist Professor v. Weizsäcker so ritterlich, zu bekennen: »Es gibt Geistliche, die sich die Methode der Analyse zu eigen gemacht haben und sie beherrschen.« Sollen sie dann wirklich von der unmittelbaren praktischen Anwendung des Erlernten ausgeschlossen sein? Dies wäre doch eine ungeheuerliche Zumutung!

Ich denke daher, ernstlich analysieren kann und soll nur, wer es gründlich versteht und kein Laie ist, sei er Arzt oder Erzieher oder geistlicher Seelsorger. Wenn irgendwer das Recht hätte, über die »Weggabe« der Psychoanalyse an Nichtärzte zu entscheiden, so wäre es Freud, der denn auch mit größter Freigiebigkeit vorging. In Wirklichkeit läßt sich keine Fakultät von einer anderen ihre Methoden vorschreiben. Daß die Gefahr der Kurpfuscherei bei Nichtärzten größer sei als bei Ärzten, ist vorläufig noch nicht erwiesen. Die Gefahr ist hüben und drüben groß. Wenn Professor v. Weizsäcker mit Recht fände, die Methode sei so außerordentlich schwierig, daß nicht viele ihr gewachsen seien, so würde dies für Ärzte wie für Pfarrer gelten. Letztere sind nicht unintelligenter als erstere und durch ihre berufliche Beschäftigung mit der Menschenseele besser vorgebildet. Dafür erkennen die Ärzte besser die drohenden Gefahren.

Dokument Nr. 4

O. Pfister (1925)

Aus: »Die Frömmigkeit des Grafen Ludwig von Zinzendorf«

Mit Unrecht hält sich Zinzendorf für einen Geisteserben Jesu. Letzterer führte allerdings die Liebe ins Zentrum des Lebens, ins Herz der Religion und Sittlichkeit ein und überwand damit Angst und Zeremonialismus, welche die national bedingte Sexualverdrängung seinem Volke eingetragen hatte. Auch Zinzendorf erhob die Liebe zur alleinigen Trägerin der Frömmigkeit, aber wie ganz anders als sein Meister! Jesus hat die primäre Sexualität keineswegs in Verruf erklärt. Er betont kräftig und ohne die geringste Prüderie, daß die Ehegatten ein Fleisch seien (Matth. 19,6), er lebte so harmlos, daß ihn die Asketen seinerzeit einen Fresser und Weinsäufer nannten (Matth. 11,13). Allein er verhinderte die Alleinherrschaft und Despotie des Animalischen, indem er durch sein Gebot der Selbstverleugnung so viel Sexualität in Nächstenliebe und Gottesliebe überleitete, als nötig war, damit der Mensch sich zur geistig vollwertigen Persönlichkeit und zum gesunden Glied am Organismus der Menschheit entfalte. Jesu Parole lautet im gewissen Sinne: »Zurück zur Natur!« – aber weder zur rein animalischen, noch zur kulturfeindlichen Natur; darum entspricht seinem Ideal nicht der Priester und Pharisäer, sondern das Kind Gottes, das frei und froh der Menschheit dient in der Gewißheit, daß es damit die Sache des höchsten die Welt führenden Willens fördert. Freiheit, Freude, die Hoffnung auf eine von Wahrheit, Gerechtigkeit und Liebe durchgeistigte Menschheit bilden die Signatur seines ethischen Ideals. Gott ist für ihn der väterliche Wille, den sein Zukunftsglaube, sein ethisches Ideal als Realgrund voraussetzen muß, damit es nicht in der Luft schwebe. Als Garant des Lebens in freier universeller Liebe ermöglicht Gott die maximale ethische Kraftentfaltung zur Bildung der höchsten sittlichen Persönlichkeitswerte und sozialen Kräfte. Die Religion gibt dem sittlichen Leben Glanz, Sicherheit, jene Fülle von Kraft, die Jesus zum größten ethischen Reformator der Weltgeschichte, noch mehr, zur gewaltigsten lebendigen Kraftquelle gemacht hat. Gerade die Psychoanalyse, die uns zeigt, wie wir in erster Linie nicht von abstrakten Ideen, sondern von Liebeskräften und damit von geliebten Personen abhängen, gibt uns das rechte Verständnis für die Sehnsucht der anima christiana nach Jesus.

Wie jammervoll hat Zinzendorf diesen grandiosen Aufbau geschändet! Indem er die primäre Sexualität ächtet, fällt er in Angst, Weltverachtung, Überschätzung der Zeremonie, Verwüstung des Ethos zurück. Statt die Primärerotik in den Dienst des sittlichen Ideals zu stellen und damit zu heiligen, *treibt er ihre niedrigsten Strebungen, die sadistischen und masochistischen Gelüste, die homosexuellen Begierden, die polymorph perversen, die Sinnesorgane einzeln reizenden Triebe etc. ins Innerste der Religion und feiert in Form überbetonter Phantasien die unschönsten Orgien*, die selbst aus der aufgenötigten Reserve des Alters widerlich hervorschimmern. So verwüstet er die sittliche Schönheit des christlichen Ehelebens ebenso wie die der Frömmigkeit Jesu und verrennt sich in die höchst minderwertige ethische Situation, die wir bereits kennen lernten. Zusammenfassend müssen wir bekennen: Zinzendorf hat die Religion auf das Häßlichste sexualisiert, der Sittlichkeit aber einen Großteil ihrer Würde entzogen und sie stark entwertet. So verfiel der Graf trotz redlichen Strebens dem tragischen Geschick, teilweise ein Verderber der Sittlichkeit und der Frömmigkeit zu sein.

Dokument Nr. 5
O. Pfister (1928,1)
Die Illusion einer Zukunft

Nicht einverstanden bin ich mit Freuds früherer Angabe, daß der Religionsbildung Verzicht auf Betätigung egoistischer Triebe zugrunde liege, während die Neurose die Verdrängung ausschließlich sexueller Funktionen voraussetze.[1] Gerade die Geschichte der Ödipuseinstellung zeigt, daß die Sexualität einen integrierenden Bestandteil der Ichtriebe ausmacht und umgekehrt. Die Aussonderung einzelner Triebe darf stets nur als Abstraktion vorgenommen werden; sowie man die Triebe (abgesehen von ihren primitivsten Regungen) *wirklich* geschieden denkt, gerät man in Irrtümer über Irrtümer. Dieser »organische Gesichtspunkt«, wie ich die richtige Betrachtungsweise nenne, ist für das Verständnis der Religionsgenese unerläßlich. Ich glaube nicht, daß hierin heute noch eine Differenz zwischen *Freud* und mir besteht. Da er jetzt die negative Vaterbindung als Hauptdeterminante der Religion hinstellt, läßt er auch die libidinösen Kräfte zur Geltung kommen. Ich glaube, daß man die Triebversagungen, die zur Religion führen, in sehr weitem Umkreis suchen muß, wie andererseits auch die Bahnen, die bei der Religionsbildung eingeschlagen werden, eine außerordentliche Mannigfaltigkeit aufweisen. Dem Totemkultus liegen ganz andere Determinantenkomplexe zugrunde, als etwa dem sozialethischen Monotheismus der klassischen Propheten Israels, dem ästhetischen und pazifistischen Atonglauben Echnatons ganz andere, als der Frömmigkeit spanischer Conquestadores. Aber Triebversagungen, die mehr oder weniger umfängliche und tiefe Verdrängungen hervorrufen, müssen selbstverständlich an jeder Religionsbildung mitwirken. Aber müssen wirklich immer Zwangsbildungen der Religion inhärieren? Ich glaube, *daß im Gegenteil die höchsten Religionsbildungen den Zwang gerade aufheben.* Man denke etwa an das genuine Christentum! Dem zwangsneurotischen Nomismus, der mit Buchstabenglauben und peinlichem Zeremonialismus ein schweres Joch auferlegt, stellt Jesus ein »Gebot« der Liebe gegenüber. »Ihr wißt, daß zu den Alten gesagt ist – ich aber sage euch« (Matth. 5) – da haben wir die gewaltige Erlösertat. Und sie geschieht nicht kraft eines neuen Bindungsanspruchs, sondern kraft der Autorität jener Freiheit, die vermöge siegender Liebe und Wahrheitserkenntnis gewonnen wurde. Jesus hat nach gut psychoanalytischer Regel die Kollektivneurose seines Volkes überwunden, indem er die Liebe, allerdings sittlich vollendete Liebe, ins Lebenszentrum einführte. In seiner Vateridee, die von den Schlacken der Ödipusbindung gänzlich gereinigt ist,

---

[1] Zwangshandlungen und Religionsübungen. Ges. Schriften X, S. 210.

sehen wir die Heteronomie und alle Peinlichkeit der Fesselung gänzlich überwunden. Was dem Menschen zugemutet wird, ist nichts anderes, als was seinem Wesen und seiner wahren Bestimmung entspricht, das Gesamtwohl fördert und – um auch dem biologischen Gesichtspunkt einen Platz einzuräumen – eine maximale Gesundheit des Einzelnen und der Gesamtheit herstellt. Es ist ein arges Mißverständnis, Jesu Grundgebot: »Du sollst Gott lieben von ganzem Herzen und deinen Nächsten wie dich selbst!« (Matth. 22, Vers 37 ff.) als Gesetz im Geiste des Mosaismus zu verstehen. Die Form des Imperativs ist beibehalten, aber wer merkte nicht die feine Ironie, mit welcher der Inhalt, das Lieben, als nur frei zu vollziehende Leistung, den Gesetzescharakter aufhebt?

Dokument Nr. 6

O. Pfister (1934)

Neutestamentliche Seelsorge und psychoanalytische Therapie

These 1: Die neutestamentliche Seelsorge und die psychoanalytische Therapie entspringen beide vornehmlich dem Bestreben, die aus Schuldgefühl entsprungene Angst sowie andere peinliche Wirkungen der Schuld zu beseitigen.

These 2: Die Beurteilung der zu überwindenden Notlage und ihrer Ursachen weist im Neuen Testament und in der Psychoanalyse übereinstimmende Züge auf: Das Leiden erscheint als Strafe für die Übertretung des von einer als streng gefürchteten Autorität (N. T.: Gott, PsA: Gewissen, Ich-Ideal oder Über-Ich) erlassenen Gebotes oder besonders Verbotes, wobei jene Autorität in *jedem* Fall vom Kranken als eine ihm an Macht und Würde absolut überlegene Instanz, die in der eigenen Seele sich auflehnende Strebung aber als bewußter oder bewußtseinsfremder Gegenwille (N. T.: Sünde, Dämonen, PsA: Ödipuswunsch, Es) angesehen werden.

These 3: In der neutestamentlichen Seelsorge wie in der psychoanalytischen Therapie wird die unerbittlich strenge, mit angstneurotisch gefärbten Zügen ausgestattete Befehls- und Strafinstanz durch eine mildere, gütige, das Heil und die Heilung grundsätzlich gern gewährende höchste Autorität ersetzt, die dem Postulat der Autonomie entspricht; dies geschieht jedoch konsequent nur in der letzten Entwicklungsphase Jesu und nur unter der Voraussetzung einer Sinnesänderung, die der Auflehnung gegen die oberste Norm ein Ende bereitet.

These 4: Bei dieser analytischen Sublimierung der Befehlsautorität ereignet sich in der neutestamentlichen wie in der analytischen Seelsorge eine Regression vom gestrengen zum schlechthin gütigen Vater und zur grenzenlos liebenden Mutter; doch finden wir im N. T. nur die letzte Entwicklungsphase Jesu konsequent an dieser Vateridee orientiert, während Paulus, die Johannesschriften und andere Typen neutestamentlicher Frömmigkeit im Widerspruch zu ihrem Grundprinzip angst- und zwangsneurotische Züge in ihrer Auffassung Gottes durchblicken lassen.

These 5: Schon die Bereinigung der Befehls- und Verbotsinstanz (Gott oder Ich-Ideal) führt zur Auflockerung und Aufhebung mancher Selbstvorwürfe, und die Restitution der Liebe schwächt den Angstcharakter des Schuldgefühls ab; den völligen Ausgleich des Konfliktes zwischen der Befehlsinstanz und dem Ich oder der hinter ihm steckenden Macht (Dämon, Es) hat nach Auffassung Jesu der Mensch vorzubereiten durch reumütige Abkehr vom schuldhaften Verhalten und vorbehaltlos liebende Hingabe an die absolute Liebe; entscheidend ist jedoch ein Gnadenakt Gottes; die übrigen neutestamentlichen Schriften verharren großenteils bei einer modifizierten Opfertheorie. Der Analytiker überläßt es seinem Klienten, wie er die übrig bleibenden Schuldgefühle bearbeiten und sich mit seinem sublimierten Ich-Ideal abfinden soll.

These 6: In der neutestamentlichen Seelsorge und in der psychoanalytischen Therapie spielt die positive Übertragung eine ausschlaggebende Rolle, indem der Mittler (Analytiker) einerseits als autoritativer Vertreter und Ausdruck der höchsten Instanz (Gott, Ich-Ideal), anderseits aber auch als Repräsentant der Menschheit, zu welcher der Klient in ein normales Verhältnis zu treten hat, anerkannt wird. Das christliche Dogma von der Gottmenschheit Christi enthält somit in metaphysischer Formulierung ein Postulat der psychoanalytischen Therapie, dem auch der Analytiker sich in gewissem Sinne nicht entziehen kann, sofern auch er einerseits autoritative Verkörperung der im Ich-Ideal gesetzten höchsten Richterinstanz, anderseits Vertretung der menschlichen Gesellschaft, von der sich der schuldbeladene Neurotiker getrennt fühlt, für seine Analysanden werden muß.

These 7: In allen Phasen der neutestamentlichen Seelsorge und psychoanalytischen Therapie finden Regressionen statt, die einer korrigierenden Bearbeitung unterzogen werden. Während Jesus die Umkehr zum Kleinkind fordert, begegnet uns bei seinen die Schuldbeziehung nicht durch instinktive Analyse und Rückgriff auf den gnädigen Gott überwindenden apostolischen und kirchlichen Nachfolgern häufig die Regression in den Mutterleib mit nachfolgender Wiedergeburt. Die Psychoanalyse macht die Weite der Regression vom einzelnen Fall abhängig, verlangt aber gleichfalls Aufhebung der Infantilismen und Schlichtung der in ihnen bekundeten Konflikte, vor allem der Ödipusbindung. Neutestamentliche Seelsorge und Psychoanalyse bedienen sich des Prinzips der Wiederanknüpfung und Umschaltung (Weichenumstellung).

These 8: Obwohl die neutestamentliche Seelsorge, und zwar besonders in ihrer ursprünglichen Gestalt, in mancher Hinsicht als eine intuitive

Vorwegnahme der psychoanalytischen Therapie bezeichnet werden darf, bestehen grundsätzliche Unterschiede
a) bezüglich ihrer Ziele (Liebe zu Gott und dem Nächsten als Hauptziel, Krankenheilung als Nebenzweck – Krankenheilung allein);
b) bezüglich der Betrachtungsweise und gedanklichen Verarbeitung (religiös-exakt-wissenschaftlich);
c) bezüglich der Behandlungsmethode (religiös auf Grund allgemeiner analytischer Einsichten – streng analytische Bearbeitung der einzelnen Determinanten);
d) bezüglich der *Topik* (bewußte-hauptsächlich unbewußte Motive).

DOKUMENT NR. 7

O. Pfister (1944)

Aus: »Das Christentum und die Angst«

Alle Glaubenswissenschaft ist Rationalistik in dem Sinne, daß sie Glaubensaussagen, die, psychologisch betrachtet, aus dem Zusammenwirken des Unbewußten und Bewußten entstanden sind, in rationale Form zu bringen, in ihrer Herkunft und ihren Zusammenhängen zu verstehen und zu begründen trachtet. Über diesen Sachverhalt darf uns nicht die Tatsache hinwegtäuschen, daß jedes glaubenswissenschaftliche System auf objektiv gültigen, durch die Vernunft oder unmittelbare Gottesoffenbarung gelegten Fundamenten zu ruhen angibt. Diese angebliche Ausschaltung der subjektiven Wurzel ist so unzutreffend, wie die Leugnung der objektiven Wahrheit durch jene Psychologen (besser: Psychologisten), die glauben, mit dem Nachweis einzelner unterschwelliger Glaubensquellen sei die Ungültigkeit des ganzen Gedankenbaues klargestellt. Seitdem Freud zugegeben hat, daß das Unbewußte nicht nur primäre Triebregungen und Wünsche, sondern auch das verdrängte Sublimierte enthält, und seitdem wir erkannt haben, daß sogar in Träumen nicht nur (optativisch) Wünsche des Unbewußten ausgedrückt sind, sondern auch (indikativisch) tiefe, den Wünschen zuwiderlaufende Einsichten, zum Beispiel über den eigenen Zustand, seitdem wir zubilligen, daß das sogenannte Irrationale sehr viel Rationales in sich birgt, wie das sogenannte Rationale sehr viel Irrationales, sollte der negative Dogmatismus, der aus dem Nachweis unbewußter Wurzeln auf den illusorischen Charakter der Religion schließt, erst recht keinen Raum mehr finden. Das Weltbild beziehungsweise die Weltbilder der Philosophie, aus intellektuellen Notwendigkeiten der schärfsten und tiefsten Denker hervorgegangen, enthalten gewiß zu einem großen Teil Selbstprojektionen ihrer Urheber; allein die ganze Erkenntnistheorie und Metaphysik auf solche zurückzuführen, geht nicht an, so wenig als die bequeme, der Dekadenz willkommene Bankrotterklärung der Philosophie von seiten der Skeptiker, die der Philosophie nur das eine Wissen zubilligen, daß es keine Philosophie gebe. Ist die Philosophie kein reines Wissen, sondern Glauben auf höherem oder höchstem intellektuellen Niveau, und braucht es zu ihrer Annahme einen Entschluß, wie für die Annahme des religiösen Glaubens, so wäre es doch negativer Dogmatismus, ihr Wahrheitsgehalt und objektive Gültigkeit überhaupt abzusprechen. Immerhin wäre es zu gewagt, die Gültigkeit einer Glaubenslehre, die infolge des ihrem Urheber innewohnenden Erkenntnisdranges bis zu einer philosophischen Prinzipienlehre vordringt, auf die Gültigkeit und Zuverlässigkeit der letzteren abzustellen. Wenn wir die Glaubenslehre unverhohlen als Rationalistik erklären, so soll dies ihren Gültigkeitsanspruch und Wahrheitsgehalt somit keineswegs unbedingt in Zweifel ziehen.

Dokument Nr. 8

M. Schian (1922)

Aus: »Grundriß der praktischen Theologie«

Neuerdings ist eine von dem Neurologen Sigmund Freud empfohlene Heilmethode auch für die Seelsorge benutzt worden; so von dem Züricher Pfarrer Oskar Pfister. Die Methode geht von der großen Bedeutung der Affekte im Seelenleben aus. Kann der von Affekten Erregte ihnen nicht frei Ausdruck geben, so entsteht ein »verdrängter« Komplex. Die Verdrängung ins Unterbewußtsein aber hat vielfach andere Handlungen zur Folge, die krankhafte Erscheinungen zeigen. Das Wesen der als Psychoanalyse bezeichneten Methode besteht darin, daß der Behandelnde die wirkliche Ursache jener durch Verdrängung von Affekten ins Unterbewußtsein entstandenen Handlungen oder Komplexe mittels einer psychischen Analyse aufzeigt. Hat der zu Behandelnde die wirkliche Ursache erkannt, so schwindet der krankhafte Zustand. Es kann keinem Zweifel unterliegen, daß krankhafte seelische Erscheinungen auf dem geschilderten Wege entstehen; auch kann die Aufdeckung der Ursachen sehr wohl heilsam wirken. Aber während so dem Grundgedanken der Psychoanalyse ein gewisses Recht zugesprochen werden muß, unterliegt die Art, wie sie geübt wird, nicht nur für die Seelsorge, aber ganz besonders für sie, allerernstesten Bedenken. Es ist sehr schwierig, die innersten Seelenzustände eines anderen Menschen zu ergründen. Psychische Analyse üben zu wollen, ist an sich ein heikles Unterfangen; die Anhaltspunkte, aus denen die Ursachen bestimmter, krankhafter Zustände erkannt werden können, sind fast immer sehr unsicher. Daher muß jeder Versuch in dieser Richtung taktvollste Vorsicht und größte Selbstbescheidung üben. Statt dessen tritt die Psychoanalyse, selbst bei der Deutung so außerordentlich unsicherer Faktoren, wie die Traumdeutung es ist, mit souveräner Sicherheit auf. Für den Seelsorger geradezu gefährlich ist die mit der psychoanalytischen Methode verbundene einseitige Zurückführung psychischer Krankheitszustände auf sexuelle Momente. Die Handhabung der analysierenden Fragemethode in dieser Richtung kann als wenig zart erscheinen; ja, sie kann, namentlich wenn es sich um weibliche Gemeindemitglieder handelt, den Seelsorger in ein übles Licht bringen. Wir lernen aus der neuen Methode, uns noch stärker gegenwärtig zu halten, daß für ernste Seelsorge die möglichst genaue Kenntnis der Psyche des Menschen notwendig ist; und wir werden sorgfältig darauf zu achten haben, ob besondere schmerzliche Erlebnisse die seelische Entwicklung unbewußt beeinflußt haben. Aber die Willkürlichkeiten und Phantastereien, die sich mit der Psychoanalytik verbinden, lehnen wir mit Entschiedenheit ab.

Dokument Nr. 9

E. K. Knabe (1929)

Aus: »Psychiatrie und Seelsorge«

Ihre Wertungen der infantilen Bindungen sind sicher übertrieben, und ihre Absolution zu rasch. Bewußtwerden der Krankheit ist noch keine Heilung. Die starke Beschäftigung mit dem eigenen Ich züchtet Autismus, und die Freudsche sexuelle Einstellung wühlt nur allen Schmutz auf. Erwarten wir für die Seelsorge von dieser Lehre keinen, wenigstens keinen zu großen Gewinn, der über das, was die genialen Seelsorger aller Jahrhunderte schon getan haben, weit hinausginge. Ich möchte nicht falsch verstanden werden, als ob ich nicht den Fortschritt über die Suggestion und Hypnosetherapie hinaus durch die Versuche, die tatsächliche Struktur des Unterbewußtseins zu enträtseln, wie sie Freud begann, anerkenne. Und nicht minder wichtig dünkt mich die Entdeckung Adlers, daß nervöse Symptome sehr häufig instinktive Schutzmaßnahmen gegen Forderungen der Gegenwart sind. Ja, die Anerkennung des Zweckmäßigkeitsgedankens, der Finalität, in der Medizin (wie vordem schon in anderen Naturwissenschaften) bedeutet eine ganz gewaltige Wandlung wissenschaftlichen Denkens, die eine Ehrenrettung alter theologischer Praxis ist. Ich bin der letzte, welcher ernsten Psychotherapeuten die Hände binden wollte, aber ich bestreite, daß die Reaktions- und Ausfragemethoden weniger Fehlgriffe tue als wie die von ihr geschmähte Seelsorge. Ich habe den Eindruck, daß hüben wie drüben es Meister und Pfuscher gibt und daß die Arbeit der Meister beider Berufe sich nicht nur keine Konkurrenz macht, ja, sich nicht nur ergänzt, sondern durch die Erfahrung immer stärker nähert; und wo ein Psychotherapeut mit vollem Verstehen für die religiösen Erlebnisse und sakramentalen Werte, wenn nicht gar in freudiger Bejahung der Kirche arbeitet, da wird er Priesterdienste tun und bei bestimmten Fällen unter logischem Zwang den Patienten zum Geistlichen schicken.

Dokument Nr. 10

E. Pfenningsdorf (1930)

Aus: »Praktische Theologie«

Der Psychologismus, selbst ein Krankheitssymptom der Gegenwartskultur, ist die *Relativierung aller Normen und Werte*. Indem Freud versuchte, alle höheren geistigen Werte durch »Sublimierung« oder Umformung des Trieblebens zu deuten, haben er und seine Anhänger jener Zeitkrankheit Vorschub geleistet. . . . Die himmlische Liebe wird in fast frivoler Weise aus der sehr irdischen Liebe hergeleitet. Die Idee der Gotteskindschaft wird in geradezu brutaler Weise auf Haß- und Angstkomplexe zurückgeführt. Die ganze Betrachtungsweise verkennt, daß es außer der kausalen *eine finale, normative Seelenhaltung* gibt und daß den kausalen Vorgängen die Werte und Normen als eine höhere Schicht überlagert sind. In ihr hat der Seelsorger seinen Ort; zu ihr sucht er den Ratbedürftigen zu erheben. Aus dem normativ-pneumatischen Zusammenhang mit Gott werden ihm die Quietive und Motive gegeben, mit denen er seinem Pflegling zu dienen hat. Auch der Seelsorger sucht, wie der Therapeut, den Kranken zu verstehen, denkt und fühlt sich in seine Lage hinein und sucht die verschwiegenen Gründe des Leidens zu erkunden. Aber er weiß, daß mit dem Verstehen allein nicht geholfen ist. Was der psychisch Schwache braucht, ist *Ermutigung, Willensstärkung, Vertrauen*. An dieser Stelle aber zeigt sich die Überlegenheit der Seelsorge über jede Therapie. *Der moderne Psychotherapeut ist selbst Relativist, kennt keine unbedingten Werte und vermag daher auch dem Kranken keine wirkliche Besserung und Sicherung zu bieten. Der Seelsorger spricht aus seiner Glaubensgewißheit und vermag Angst und Furcht wirklich zu bannen*, wenn der Pflegling sich zu dem unbedingten Vertrauen auf Gottes Leitung erheben läßt. Der Therapeut kann immer nur partielle Heilungen bieten – von Fall zu Fall –; die Möglichkeit, daß der Leidende bald wieder von den Dämonen des Unterbewußten angefallen wird, muß er offen lassen. Der Seelsorger kann den *Grund zu dauernder, fortschreitender Überwindung der Lebenskonflikte legen*. Die Verwurzelung der Seele in Gott, die Gotteskindschaft, bedeutet zugleich die Eröffnung einer neuen Quelle seelischer Energie, die berufen ist, das ganze Dasein zu durchdringen.

Dokument Nr. 11

G. Mahr (1928)

Aus: »Evangelische Seelsorge und Psychoanalyse«

Die Psa. ist nicht nur therapeutische Methode, sondern, wie sie sich in Freuds gesammelten Schriften, im Schrifttum seiner engeren Schule spiegelt, stellt sie eine geschlossene Weltanschauung dar: eine Gesamtanschauung vom Menschen und seiner leiblich-seelischen Entwicklung, die in strengem Determinismus, rein evolutionistisch und naturalistisch, von der Sexualität her das gesamte menschliche Leben, Kultur und Religion, zu begreifen sucht. Aber ist die Analyse der Freudschen Schule *die* Analyse? Kann man sich nicht frei machen für eine andere Wertung und andere Anschauung vom Wesen und den Möglichkeiten der Psa.? Freud gehört in seiner geistesgeschichtlichen Einstellung wie viele seiner Schüler zur bürgerlichen Gesellschaft vom Ende der 90er Jahre: zu jenem Typ der Intellektuellen, die, befangen im Materialismus und in der sich ruhenden Endlichkeit, von der tiefen Problematik des Lebens nicht berührt sind. Aber Freud selbst ist trotz erneutem Bekenntnis zum Naturalismus und zur Illusion der Religion in starker Wandlung begriffen. Es wird in kirchlichen Kreisen eine scharfe Kritik an Freuds Analyse geübt: nicht nur an ihrer geistesgeschichtlichen Einstellung, sondern auch an den einzelnen Aufstellungen selbst: an der Methode der Traumdeutung, dem Begriff der Sexualität, der Sublimierung, des Ödipuskomplexes, aber auch am Begriff und der Gestaltung der »Übertragung« selbst (E. Jahn u. a.). Es wundert einen, daß trotz dieser inneren Widerstände immer stärker in einzelnen Kreisen der Kirche das Bedürfnis sich meldet, die positiven Ergebnisse der psa. Forschung dem kirchlichen Leben und insbesondere der kirchlichen Seelsorge bereitzustellen.

Die Kirche kann an der Analyse nicht vorübergehen. Ins Ungeheure ist die seelische Not unserer Zeit gestiegen. Alles Leben wird heute umspannt von der mathematischen Formel: dem Berechenbaren. Naturwissenschaft, Technik und Wirtschaft sind die symbolischen Schöpfungen der Zeit. Die Geisteswissenschaft dankte ab zugunsten der Naturwissenschaft; Philosophie, Psychologie, Literatur wurden von der naturwissenschaftlichen Methode beherrscht, vom Geist der Naturwissenschaft bestimmt. Dieselbe Technik und Wirtschaft, welche den Menschen von der Herrschaft der Natur befreien wollte, zwängte ihn in eine neue, viel schlimmere Abhängigkeit. Der Mensch wurde Sklave der Maschine, des Wirtschaftsbetriebes, des Kapitalismus. Die Masse entstand, der Einzelne darin nur ein Atom ohne organische Bindung und Verbindung. Das Zeitalter des Individualismus wuchs notwendig grob, aber dieses Zeitalter wirkte sich in Wahrheit aus als Vernichtung jeder Individualität. Die Maschine siegte; sie bleibt das Symbol der Zeit. Selbst, wo man sich dem Menschen näherte,

näherte man sich ihm von außen her, sogar in der Behandlung der Neurose. Unsere Zeit hungert nach Befreiung des Geistes aus der Welt des Stoffes, nach dem Recht der Persönlichkeit innerhalb der erdrückenden Industrialisierung und Mechanisierung des Lebens. Sie hungert im Zusammenbruch der alten Weltanschauung nach einer neuen Weltanschauung, die im Rahmen der heutigen Welterkenntnis dem Irrationalen, dem Recht und der Würde der Persönlichkeit Geltung schafft.

Seelische Führung hat die Kirche vor allem in der Seelsorge am einzelnen zu bewähren. Hier ergeben sich von der Lage des modernen Menschen und von der Analyse her bestimmte Forderungen. Zu fordern ist die Einbürgerung einer analytischen Seelsorge, die in aller Weite und Großzügigkeit aus tiefstem Erbarmen, im heißen Drang der Liebe dem Kulturmenschen in seiner Zwiespältigkeit, in seiner neurotischen Not die seelische Hilfe und Führung der Kirche bringt.

Denn was ist die Analyse? Sie ist ihrem ganzen Wesen nach nichts anderes als »Seelsorge«. Um schwerste Lebensnöte, tiefste Konflikte der Seele, um Welt- und Lebensanschauung und Lebenshaltung handelt es sich, ja ganz tief verstanden um das Gotteserlebnis selbst, darum ein ärztlicher Analytiker uns sagen konnte: es gibt Neurotiker, die nicht zu heilen sind, weil sie durch das moderne Leben total entwurzelt sind, keinen metaphysischen, letzten Halt haben; ein Einssein mit sich selbst von einer letzten Tiefe her ist nicht mehr möglich. Kommt nicht der seelsorgerische Charakter der Analyse einzigartig in der »Übertragung« zum Ausdruck? In dieser persönlichen Lebensbeziehung des Analysanden zum Arzt kommt alles auf die Führerpersönlichkeit des Arztes, auf seine seelischen Kenntnisse und Qualitäten an.

Freud geht sogar so weit, daß er sagen kann: Die heutige ärztliche Vorbildung in ihrer alleinigen Einstellung auf organisches Leiden und die Verursachung aller Leiden vom Körper her, die Tatsache, daß in der Analyse Dinge gefordert werden, die »im Grunde wenig Ärztliches sind«, Dinge, die außerhalb der ärztlichen Ausbildung liegen, wie angewandte Psychologie, Geistes- und Kulturgeschichte, insbesondere auch Mythen- und Religionsgeschichte – wir fügen hinzu: Ethische Lebenseinsicht, Kenntnis der sittlichen Normen als biologische Grundwahrheiten, Kenntnis der Methoden der Willensbildung –, das alles berechtigt, die Laienanalyse zu bejahen, sofern es gebildete Laien sind, die genügende Ausbildung in Neurologie und Psychiatrie und praktischer Analyse haben. Freud selbst zerstreut damit die Bedenken kirchlicher Kreise gegen die Laienanalyse. Auch von daher ergibt sich, daß die Kirche sich nicht der Forderung der Stunde entziehen darf. Sie gibt sonst ihre eigentlichste Aufgabe seelischer Führung preis und überläßt sie anderen: dem Arzte, dem Pädagogen, dem Philosophen und Lebensreformer. Sie läßt die seelsorgerische Erfahrung von Jahrhunderten unbenutzt und wird ihrer Zeit nicht der Nächste im Sinne des Gleichnisses vom barmherzigen

Samariter. Sie übersieht, daß sie von der christlichen Weltanschauung her einen Beitrag liefern könnte zur Entspannung der seelischen Lage unserer Zeit und des einzelnen, zur Führung des seelisch Kranken, die jeder nicht-geistlichen Hilfe überlegen ist.

Dokument Nr. 12

E. Abderhalden (1928/29)

Aus: »Sigmund Freuds Einstellung zur Religion«

Schon die Beschäftigung mit den Ausführungen von Freud gilt für weite Kreise als etwas Verwerfliches. Es wird hervorgehoben, daß er als Jude gänzlich unberechtigt sei, über die Bedeutung des christlichen Glaubens ein Urteil abzugeben. Es besteht darüber kein Zweifel, daß die in so vieler Beziehung besondere Lage der Israeliten innerhalb der verschiedensten Völkerschaften sie in mehr als einer Beziehung entwurzelt hat. Aus den verschiedensten Gründen haben viele von ihnen die Religion ihrer Urväter aufgegeben. Sie sind entweder religionslos geworden, oder sie haben sich – vielfach gewiß nur äußerlich – einer neuen Religion angeschlossen. Es scheint mir nicht richtig zu sein, den Inhalt der Schrift von Freud mit Argumenten der genannten Art zu bekämpfen. Man wird damit ihren tiefgehenden Einfluß auf weiteste Kreise nicht brechen. Wenn auch da und dort in der Schrift von Freud Hohn und Spott über religiöse Empfindungen durchbrechen, wie es zum Beispiel bei dem ganz und gar unmotivierten Hinweis auf die Trockenlegung von Amerika der Fall ist, so muß doch anerkannt werden, daß Freud von seiner ganzen psychologischen Einstellung aus einem Beitrag zu der ganzen Frage liefert, der in seinen ganzen Gedankengängen beachtet werden muß. Einer der grundlegendsten Fehler der meisten Menschen ist der, daß sie es zwangsläufig vermeiden, sich mit der Gedankenwelt Andersdenkender bekanntzumachen. Das ist ein Hauptgrund für die so außerordentliche Zerklüftung der einzelnen Volksschichten. Jeder Einzelne macht sich von seinen sogenannten Gegnern ein ganz bestimmtes Bild, das mit größter Sorgfalt durch das ganze Leben hindurch vor allen äußeren Einwirkungen bewahrt wird. Es wird nicht versucht, zu prüfen, weshalb zum Beispiel für den Arbeiter der Bürger ein hassenswertes Gebilde darstellt. Es ist seit Jahrzehnten versäumt worden, der Ursache nachzugehen, weshalb eine so starke Abneigung weitester Volkskreise gegenüber der Kirche eingetreten ist. Hätte man, anstatt sich auf Abwehr einzustellen, mit größter Sachlichkeit geprüft, weshalb Lehren von einer so gewaltigen Größe, wie sie Christus vertritt, ganz verworfen werden, dann hätte man sehr wahrscheinlich rechtzeitig Wege gefunden, um dem Volke Führer zu bleiben. Tausende und Abertausende werden die Schrift von Freud lesen. Sucht ein Zweifelnder Hilfe, dann wird er vielfach Steine anstatt Brot erhalten, indem ihm entgegnet wird: »Freud ist ein ganz verworfener Mensch. Er war als religionsloser Jude schon längst entwurzelt und bringt nun seinen ganzen Haß gegen Gläubige zum Ausdruck, eben weil ihm selbst jeder innere Halt fehlt und er nun erbost ist, das nicht zu besitzen, was den wahrhaft Gläubigen über des Tages Last und Sorgen hinauszuheben vermag« usw. Damit wird man jedoch niemanden zufriedenstellen können. Es gilt vielmehr, all die zahlreichen Gegenstimmen auf das sorgfältigste zu beachten und ihnen in sachlicher Weise zu begegnen. Freud glaubt, in wissenschaftlich exakter Weise das Problem des Glaubens angepackt und gelöst zu haben. Er kommt zu einem vernichtenden Urteil für die religiösen Vorstellungen und Empfindungen. In der Tat läßt sich der »Glaube« nicht beweisen. Man würde sonst nicht von »Glauben« reden, sondern selbstverständlich von »Wissen«. Man könnte gewiß auch andere uns beherrschende »Illusionen« abtun und als vollkommen wertlos und unsinnig ausschalten. Wir hoffen durch das ganze Leben hindurch. Die Hoffnung hält uns vielfach aufrecht. Schalten wir sie aus, dann tritt in unsere Leben ohne Zweifel ein großer Verlust. Man kann auch die Liebe naturwissenschaftlich betrachten und kurz und bündig erklären, daß sie als solche überhaupt nicht vorhanden ist. Es sind Inkretstoffe der Geschlechtsdrüsen, Einwirkungen auf das sympathische Nervensystem usw., die das hervorbringen, was wir Liebe nennen! Niemand kann die Existenz der Liebe beweisen. Sie ist eine vollendete »Illusion«. Der Eine steht tief ergriffen auf einem Berggipfel und betrachtet die ihn umgebende Natur. Unwillkürlich sinnt er dem Werden alles dessen nach, was er erblickt. Er kommt sich unendlich klein vor, hineingestellt in die unübersehbar große Zahl von Himmelskörpern. Er denkt an die Milliarden von Jahren, die schon vergangen sind, und sinnt weiter in die Zukunft. Ein Anderer steht daneben und langweilt sich. Ihm besagt die ganze Natur nichts. Niemand wird mit den Methoden der exakten Naturwissenschaften diese beiden so total verschiedenen Organismen ihrem Wesen nach unterscheiden können. Wohl wird man diese oder jene besondere Eigenschaft der einzelnen Persönlichkeit feststellen, niemals aber ihr Innenleben auf eine »Formel« bringen können.

Überraschend ist, daß Freud sich wenig Mühe gibt, die Frage ausgiebig zu erörtern, inwieweit religiöse Empfindungen für den Menschen einen positiven Gewinn bedeuten. Vielleicht kann er keine Stellung dazu nehmen, weil er niemals solche selbst gehabt hat. In einem Punkt befindet er sich unzweifelhaft in einem tiefen Irrtum. Er glaubt, daß ein Kind von sich aus sich nicht mit seinen Beziehungen zu der gesamten Umwelt beschäftigen würde, bzw. daß sich religiöse Vorstellungen nicht von selbst entwickeln könnten. Nach meinen Beobachtungen ist das ganz entschieden nicht richtig. Es würde gerade für ein Kind sehr schwer zu verstehen sein, daß die Welt mit all ihren Naturwundern und die ungezählten Gestirne ganz von sich aus entstanden sein sollen. Es wird ganz von selber auf die Idee kommen, daß irgend jemand das Weltall erschaffen hat.

Alle Religionen gehen schwersten Zeiten entgegen. Möchten sie geläutert von all dem, was menschliche Schwäche widerspiegelt, aus der so schweren Prüfung hervorgehen und möchte, wie es ja glücklicherweise angebahnt ist, die verwirrende Fülle verschiedenartiger religiöser Anschauungen sich verbinden, um der Menschheit das für die Lebensführung zu geben, was für eine Höherentwicklung der gesamten Kultur notwendig ist. Möchte die Erleuchtung alle Menschen Erfassen, daß wir alle Ewigkeitswerte in uns haben und es daher gilt, während unseres Daseins in jeder Hinsicht höchste ethische Ziele anzustreben zum Wohle unserer Mitmenschen und unserer Nachkommen! Möchte die Entwicklung bald so weit kommen, daß alle Gleichstrebenden, ohne durch formale, künstlich errichtete Schranken voneinander getrennt zu sein, sich die Hand reichen können, um das Gute im Menschen weiterzuentwickeln! Völker werden künstlich durch politische Grenzen, durch Sprachverschiedenheiten usw. getrennt. Es wird alles getan, um ein Zusammenkommen zu verhindern. Wirtschaftliche Belange werden in angeblich kulturelle Bestrebungen umgemünzt. Haß und Entfremdung werden aufrecht erhalten. Innerhalb der einzelnen Völker wird wiederum für Zerklüftung gesorgt. Verschiedene religiöse Anschauungen bilden mit ein Moment der Aufteilung eines Volkes in Gruppen, die sich in vieler Hinsicht fremd gegenüberstehen. Die gesamte Menschheit weist in allen Ländern in gleicher Richtung Stehende auf. Überall kämpft das Gute um Sieg, und überall triumphiert noch das Böse. Möchte innerhalb jedes Volkes die Ächtung des Hasses oberstes Gesetz des Handelns werden und möchte Vaterlandsliebe Liebe nicht nur zum Lande, vielmehr Liebe zum eigenen Volk bedeuten, ganz von selbst würde dann diese Liebe zur Menschheitsliebe sich weiter entwickeln, und diese würde Unrecht von Volk zu Volk unmöglich machen.

Freud wendet sich ganz allgemein gegen die christliche Religion. Er ist nicht etwa nur feindlich gegen diejenigen eingestellt, die der Religionslehre jede Entwicklung absprechen, vielmehr »Buchstabenglauben« über den Geist der großen Lehre Christi triumphieren lassen. Es haben sich schon seit langer Zeit Bestrebungen geltend gemacht, die Fesseln enger dogmatischer Lehre zu sprengen und die christliche Religion als frischen Lebensquell auf die Menschheit wirken zu lassen. Die Hervorrufung der Vorstellung, daß, wer Gutes tut, dafür belohnt wird, und, wer fehlt, Strafe zu erarten hat, steht ohne Zweifel auf keiner bedeutenden ethischen Höhe! Wir sollen in vollem Verantwortungsbewußtsein der ganzen Menschheit gegenüber in jeder Lebenslage so ethisch als nur möglich handeln, ganz ohne Rücksicht darauf, ob uns dafür Lob oder eine sonstige Belohnung erwartet. Wir schätzen eine Erziehungsmethode sehr gering ein, die mit Strafen droht und mit Belohnungen winkt. Ein Kind, das aus Angst vor

Strafe etwas Unrechtes unterläßt oder etwas Gutes tut, weil ihm eine Belohnung winkt, wird von Niemandem als wohlerzogen betrachtet werden. Es muß vielmehr das Kind aus dem Bewußtsein von Recht und Unrecht heraus richtig handeln. Sein Gewissen muß so beschaffen sein, daß es einen untrüglichen Wegweiser für sein Handeln abgibt. Nicht wissenschaftliche Erkenntnis wird ethische Werte schaffen. Ihre Entstehung stammt ganz anderswoher. Leider sind auch heute noch Erziehungsmethoden auf Drohungen, Strafen und Belohnungen eingestellt, und daher kommt es ohne Zweifel, daß vielfach eine Jugend heranwächst, die die Leitung ihres Lebensweges durch die Eltern als Fessel empfindet und diese so früh als möglich sprengt, um dann eigene Wege zu gehen, für die dann sehr oft das erforderliche Verantwortungsgefühl und die Bindung an höhere Werte vollkommen fehlt.

Dokument Nr. 13

M. Wiener (1928/29)

Aus: »Jüdische Frömmigkeit und psychoanalytische Religionsbetrachtung«

Unsere erste Aufgabe ist es, diejenigen Elemente jüdischen Frömmigkeitslebens herauszustellen und zu beleuchten, die, wie sie historisch höchst bedeutsam sind, so auch ihren Grundtrieben nach in recht verweltlichten jüdischen Gemütern nachwirken. Führt doch die Religiosität der Offenbarungslehren, wie nach der vieltausendjährigen Erziehung der Menschheit durch sie nicht anders möglich, in zahllosen längst »ungläubig« Gewordenen noch ein so starkes Leben in säkularisierter From, daß ihre Einflüsse, ob wägbar oder nicht, ob bewußt oder unbewußt, im Haushalt der Seele eine große Rolle spielen.

Es ist noch in der Gegenwart eine sehr häufige Erscheinung, die dem jüdischen Seelsorger begegnet, daß schwere Schicksalsschläge, Siechtum oder unerwarteter Tod nahestehender geliebter Personen von grübelndem Sinn einer eigenen schweren Sünde zur Last gelegt werden, oder daß sich der Gläubige doch müht, in der Erforschung seines Wandels den Grund für seine Heimsuchung zu finden. Auch hierin zeigt sich die Tendenz, menschliches Tun und menschliches Erleiden im Sinne einer rationalen Ordnung zu betrachten, deren treibende Kraft, Gott, so undurchsichtig sein Wesen und viele seiner Fügungen sein mögen, letztlich eine vernünftige Welt geschaffen hat und erhält.

Wir wollen hier nicht Freuds psychoanalytische Deutung der Religion untersuchen und ihr grundsätzliches Recht oder Unrecht aus der Beziehung auf wesentliche jüdische Probleme darlegen. Nur darauf sei im

Hinblick auf den eben skizzierten Charakter dieser Frömmigkeit aufmerksam gemacht, daß sie mit aller Macht danach strebt, von allem ursprünglich Triebhaften loszukommen und den Willen unter die Herrschaft klarer einsichtiger Motive zu stellen. Das brauchte in einem Sonderfall die unterirdische Wirkung urgeborener Triebe nicht auszuschließen.

Es mag zutreffen, daß für die Entwicklung des moralischen Wertes der Wahrhaftigkeit in gegenseitigen menschlichen Beziehungen der Verkehr zwischen Mensch und göttlichen Wesen, wie er in Gelübde, Eid und sakralem Bund zum Ausdruck kommt, von größter Bedeutung gewesen ist, daß der Mensch am Gelübde als an dem einer Gottheit gegebenen Versprechen erst den Sinn von Vertragstreue und Worthalten überhaupt gelernt hat. Aber das setzt voraus, daß diesen Gottheiten bereits die Kraft, wenn nicht der Allwissenheit, so doch schon eines überragenden wunderbaren Wissens um die Handlungen und sogar um die Gedanken der Menschen zugetraut wird. Es verlangt ferner, daß diese Gottheiten selber schon von wertenden Affekten gegenüber Wahrhaftigkeit und Lüge erfüllt sein müssen. Das heißt aber: sie dürfen nicht mehr so ganz primitiv sein, sondern müssen schon eine gewisse Höhe erreicht haben.

Wer sich in die bewußte Religiosität des Judentums vertieft, wird urteilen, daß nicht nur im einzelnen, sondern im tiefsten Kern ihres Gehaltes ein größerer Gegensatz als zwischen diesem angeblichen unbewußten Wesen und dem wachen jüdischen Bewußtsein nicht vorgestellt werden kann. Zwar ist es richtig, die Bücher des Alten Testaments sind voller Anthropomorphismen. In ihren ältesten Teilen ist die Gottheit so menschenähnlich und oft auch so menschennahe wie in andern Religionskreisen. Aber ebenso alt ist die Tendenz zu ihrer Erhöhung, Sublimierung, Vergeistigung. Sehr frühe schon entgleitet sie der irdischen Sphäre, um der Eine Gott des Weltalls zu werden. Daß es von vornherein verboten ist, sich von ihr ein Bildnis zu machen, beweist gewiß nichts dagegen, daß fromme Phantasie alter und auch noch später Zeit sie tatsächlich in konkreter Bestimmtheit zu erfassen strebte, wie die prophetischen Visionen zeigen. Aber gerade dieses Bildnisverbot wirkt im Zusammenhang mit dem immer stärker werdenden Gedanken des absoluten Monotheismus dahin, daß der jüdische Gott, unsichtbar und unerkennbar, dunkel und rätselhaft als »Geist«, jedenfalls als Wesen, das von allem Geschöpflichen grundsätzlich unterschieden, erlebt wird. Daß der Donner seine Stimme ist, mag einmal geglaubt worden sein; bald aber ist das – wie alles Sinnliche, was von ihm ausgesagt wird – bloßes Bild. Er ist schon vor der Religionsphilosophie zu völliger Transzendenz erhoben. Rückfälle in überwundene Stadien sind gewiß vorgekommen; aber die allgemeine Richtung des Glaubens geht durchaus ins Geistige, man möchte sagen, ins Abstrakte. Die eigentliche Substanz der Religiosität, ihre sozusagen aktuelle Realität, entflammte sich am religiösen Gesetz, in dem es kein kleines und kein großes Gebot gab und gibt, sondern nur das Ganze als

Ordnung des von ihm gewollten Lebens. Gegen eine Geschichtstheorie, die mit dem Unbewußten arbeitet, gibt es keine entscheidende Widerlegung. Ihr gegenüber kann man sich nur auf Richtung und Sinn des Lebens berufen, das man in sich selber lebendig fühlt, da es sich ja nicht um eine abgeschlossene, sondern um eine in sich immer weiter gestaltende Wirklichkeit handelt. Diese lebendige Gläubigkeit des Juden mag über Geheimnisse und Dunkelheiten sich wölben, wie alles Leben der Nacht entsteigt. Das aber ist gewiß, daß gerade die jüdische Religiosität – christliche Beurteiler haben darin ihre Schwäche gesehen – einem merkwürdigen immanenten Gesetz gefolgt ist, im hellen Licht einer einsehbaren göttlichen Forderung zu leben. Das gilt noch dann für sie, wenn sie als Mystik für die geheimnisvollen Untergründe der göttlichen Welt ein aufmerksameres Auge gehabt hat. Auch hier ist das Gebot und seine Erfüllung nicht um seines besonderen Inhalts willen, sondern weil es im Namen Gottes gebietet, ihr eigentliches Brot. So scheint es, daß – mag selbst die Psychoanalyse zur Aufhellung gewisser religionsgeschichtlicher Erscheinungen geeignet sein, was hier nicht zu beurteilen war – sich wohl das Judentum als ein besonders sprödes Feld für ihre Betätigung erweist.

Dokument Nr. 14

F. Maraun (1933)

Christentum und Psychoanalyse

Zuerst war es die Psychoanalyse, die mit ihrem Anspruch, eine neue Heilslehre für kranke Seelen zu sein, das Christentum angriff, Religion als veraltet erklärte und sich selber zur berufenen Nachfolgerin, zur zeitgemäßen Erfüllerin der religiösen Mission an der Menschheit erkor. Sie konnte darauf hinweisen, daß die Sexualität, die im Mittelpunkt des Freudschen Werkes steht, auch im christlichen Gedankengebäude eine Stellung innehabe, und zwar unter dem Begriff von der Sünde des Fleisches. Der Psychoanalytiker wollte sich nur dadurch vom Theologen unterschieden wissen, daß er sich in einer konkreteren Form mit diesem Begriff befasse, daß er allen, auch den geheimsten Wegen dieser Sünde nachzuspüren unternehme. Ferner konnte er in diesem Zusammenhang an ein bedeutendes Wort des Evangeliums erinnern, das bei Johannes zu finden ist: »So wir sagen, wir haben keine Sünde, so verführen wir uns selbst, und die Wahrheit ist nicht in uns.« Nur an dem, der sich seiner Sünde bewußt ist, so sagt dieses Wort, kann sich das Erlösungswunder erfüllen. In meiner Therapie, so sagt der Psychoanalytiker, ist ebenfalls das Bewußthalten der Konflikte die Voraussetzung der Heilung.

Was aber versteht der Psychoanalytiker unter der Heilung? Er versteht darunter die Bemühung, den Menschen, der in der neurotischen Vereinzelung verdorrt, wieder zu einem verhandlungstüchtigen Geschäftsmann zu machen und ihm seine Genußfähigkeit wiederzugeben. Vorbild und Ideal ist ihm der Privatmann des liberalistischen Zeitalters, und der Lebensstil, den er verkündet, jener Naturismus Doeblins, des optimistischen Jüngers der Freudschen Schule, dem das Individuum mit dem durchorganisierten Drüsenidyll und sein reibungsloses Funktionieren in der brausenden Maschinerie der Wirtschaft den Gipfel des Glückes bedeutet. Wenn der Psychoanalytiker von Gemeinschaft spricht, so meint er damit nichts anderes als die Summierung der geschäftetreibenden und arbeitenden Individuen, die den äußeren Apparat der modernen Zivilisation in Gang halten. Wenn Freud sagt, daß es der Religion gelinge, ihren Gläubigen die individuelle Neurose zu ersparen, so gibt er gleichzeitig damit zu verstehen, daß er die Gemeinschaft im Geiste und im Glauben nur noch als eine Massenneurose zu begreifen vermag und den Gläubigen selbst als einen von wahnhaften Vorstellungen besessenen Patienten, der längst für die Sprechstunde des Nervenarztes reif geworden ist. Die Religion befreit den Menschen von der Neurose, aber Freud will ihn auch von der Unmündigkeit, von der wahnhaften Verfälschung der Realität, ja, sagen wir es deutlich, von der infantilen Verdummung befreien, in der ihn der Glaube an Gott angeblich gefangen hält. Nicht mehr, um Gott wohlgefällig zu sein, sondern aus freier Einsicht in die Notwendigkeiten des menschlichen Zusammenlebens soll der Mensch sich eines moralischen Verhaltens befleißigen. An die Stelle des Gottesreiches ist als höchstes Prinzip die menschliche Gesellschaft getreten. Nicht umsonst hat man Freud »Achtzehntes Jahrhundert« und einen wissenschaftlichen Nachfahr Voltaires genannt.

Es ist noch nicht lange her, daß die scheinbare Übereinstimmung der christlichen und der psychoanalytischen Lehre in der pessimistischen Auffassung der Sündigkeit des Menschen aus Kreisen fortschrittsfreundlicher Pfarrer zu der Forderung geführt hat, für die evangelischen Seelsorger Sonderkurse über psychoanalytische Wissenschaft einzurichten, Dozenten für Seelsorgekunde an die theologischen Fakultäten zu berufen und die Kandidaten beim ersten und zweiten theologischen Examen in Psychoanalyse und anderen Gebieten der Seelenkunde zu prüfen. Diese Eingabe, mit der sich vor zwei Jahren eine Sitzung der Sächsischen Landessynode zu befassen hatte, strebte die Neubelebung und Vertiefung der Seelsorge an, die eingestandenermaßen der ungeheuren seelischen Not und Bedrängnis des Volkes nicht mehr gerecht wird. Es hat sich gezeigt, daß die bloße Wortverkündigung im Gottesdienst und in den Bibelstunden für die Bannung dieser Nöte nicht mehr genügt, daß mit dem alleinigen Hinweis auf den Glauben vielen modernen Menschen nicht mit der erwünschten Wirkung beizustehen ist. Eine psychologische Vertiefung des theologischen Studiums sollte hier Abhilfe schaffen und jenem bekannten Wort eines reformierten Geistlichen: »Heutzutage gehen die Leute zum Seelenarzt, anstatt zum Seelsorger«, seine Begründung in der Wirklichkeit entziehen.

Was diese Pfarrer von der Psychoanalyse zu gewinnen hofften, das war die genaue Kenntnis der geheimen Wege, der Schlupfwinkel und entstellten Formen, in denen der Neurotiker die verbotenen Triebregungen befriedigt. Sie argumentierten etwa so: Christus hat seine Gebote und seine Heilslehre einer Zeit gegeben, in der die greulichsten Mordtaten und die scheußlichsten Verbrechen alltägliches Geschehnis waren. Die Menschen der Antike hatten es nicht schwer, in dem dauernden Schrecken vor der Zügellosigkeit des Fleisches ihrer Sünden eingedenk zu bleiben. Aber heute, nachdem die christliche Moral eine zweitausendjährige Unterdrückungsarbeit geleistet hat, ist das nicht mehr der Fall. Versittlicht wurde zwar das Bewußtsein, aber im Unbewußten des Menschen leben die alten Antriebe zu jenen Verbrechen noch fort, wenn sie auch, ausgenommen die notorischen Verbrecher, keine Verwirklichung mehr erfahren. Sie erfahren diese Verwirklichung bei den seelisch Erkrankten, bei denen die Entwicklung zur sozial verantwortlichen Persönlichkeit durch unglückliche Zufälle der Erziehung und des frühen Erlebens nicht reibungslos vor sich gehen konnte, unbewußt in Symbolhandlungen, die für den Täter kein Vergehen erkennen lassen. Ihn zur Erkenntnis und zum Bewußtsein seiner Sünde zu führen, ihn zum Gefühle seiner Schuld zu erwecken und ihn damit zum Erlebnis der Reue reif zu machen, das ist die Aufgabe des Seelsorgers, und zu ihrer Lösung bedarf er der Unterstützung jener Wissenschaft, die ihm selbst zu einer tieferen Erkenntnis des Bösen verhilft.

Es wurde hier unterschieden zwischen Diagnose und Therapie, und zwar so, daß der Pfarrer als Seelsorger die Psychoanalyse nur für die Diagnose verwenden, in der Therapie aber jene aufrichtenden, vorwärtsweisenden synthetischen Kräfte wirken lassen sollte, die ihm die christlichen Heilswahrheiten in die Hand geben und an denen die psychoanalytische Therapie so empfindlichen Mangel leidet. Die Pfarrer, die diese Methode befürworteten, waren sich wohl nicht recht im klaren darüber, wie weit sie an dem Rande der Lächerlichkeit standen. Diagnose und Therapie, wenn man schon den Geruch der Klinik in der Nähe des Gotteshauses zu bringen wagt, müssen so oder so in ein und derselben Geistesebene liegen. Ihre Trennung in zwei ganz verschiedene, sich gegenseitig ausschließende Welten hört sich schon als theoretisches Rezept nicht erfreulich an. Wie aber sähe erst die Wirklichkeit aus: zu jedem Komplex eine Heilswahrheit, zu jedem neurotischen Symptom ein Gebet, zuerst das analytische Messer und dann die Glaubenskraft!

Man übersah, daß das Gedankengut, das zu religionsfeindlichen Konsequenzen führt, selbst schon einen religionsfeindlichen Kern enthalten muß und nicht einfach als Handwerkszeug herangezogen werden kann. Es ermöglicht keineswegs eine gründlichere und bessere »Diagnose« als die göttliche in die schöpferischen Tiefen der Seele vordringende Kenntnis des Menschen, die Christus hinterlassen hat. Hier steht der ganze Mensch in seiner Verantwortlichkeit vor Gott in Betracht, dort aber nur einige Mechanismen, die das selbstherrliche Theater des Unbewußten bewegen, eines Unbewußten zudem, von dem sich das Ich distanzieren und für dessen Umtriebe es jede Verantwortung ablehnen kann. Die Ärmlichkeit der analytischen Auffassung, die den immer wieder erschreckt, der gewohnt ist, den Menschen als aus einem Stück gestaltet anzusehen, drückt sich besonders deutlich gerade in ihrer Einstellung gegenüber dem religiösen Erleben aus. Was ist damit gesagt, wenn Gott als der in den Himmel projizierte Vater gedeutet wird! Diese Auslegung ist nicht nur kümmerlich, sondern sie ist auch durch und durch falsch. Sie zeigt, daß die Psychoanalyse von der großartigen Konzeption des christlichen Gottesgedankens nicht einen Hauch verspürt hat. Denn nicht das ist das Wesen Gottes, daß er als Vater, sondern daß er als *himmlischer* Vater gedacht ist, daß der Sohn vor seiner Vollkommenheit sich immer und überall im Unrecht befindet, daß er mit ihm nicht hadern darf wie mit dem irdischen Vater, und daß irdischer Vater und irdischer Sohn vor ihm, dem himmlischen, als Gleiche stehen, als Brüder einer Gemeinde und einer Gemeinschaft im Geist.

Dokument Nr. 15

P. Wolff (1934/35)

Aus: »Das ethisch Bedeutsame in der Psychoanalyse«

Die Psychoanalyse scheint heute ihre Zeit hinter sich zu haben. Wer sich noch zum Geist bekannte, wehrte sich dagegen, unser ganzes Dasein – vom Innersten der Seele bis zu den Höchstleistungen der Kultur – in die Deutung Freuds und seiner Anhänger hineingezogen zu sehen, ertrug es nicht länger, daß alles dies einfach als Sublimierung der Libido gedeutet wurde.

Aber wir müssen nochmals sagen: es ist auch Wahrheit darin. Und zwar eine Wahrheit, die deshalb geradezu wie eine Offenbarung wirken konnte, weil man sie so lange Zeit vergessen hatte. Es ist die Wiederentdeckung des Unbewußten in der Seele. Das Verdienst der Psychoanalyse aber ist es, von der Medizin her, bei der Beobachtung von neurotischen Erkrankungen, von Zwangshandlungen und Zwangsvorstellungen, deren Entstehungsursache im bewußten Seelenleben nicht vorgefunden werden konnte, zu unbewußten seelischen Wirklichkeiten in neuer Weise vorgedrungen zu sein. Die Einzelheiten psychoanalytischer Beobachtungen und Deutungen wird der Mediziner auch weiterhin im Auge behalten, soweit er sie ernst nimmt – wir möchten hier nur das ethisch Bedeutsame zusammenfassen; denn wir glauben, daß die Psychoanalyse uns immerhin den Anstoß zu wertvollen psychologischen und ethischen Erkenntnissen und Besinnungen gegeben hat, die vielleicht erst in Zukunft ganz fruchtbar werden können, nachdem der unheimliche Bann der Psychoanalyse gebrochen ist.

Was wir zunächst und allgemeingültig festhalten, ist dies: Es gibt seelische Wirklichkeiten, die über das aktuelle Bewußtsein hinausragen, die da sind, auch wenn sie nicht erlebt werden; die erlebnistranszendent sind.

Wir sind damit auch nahe an das herangekommen, was in dem Vorgang sich vollzieht, den Freud als Verdrängung bezeichnet hat. Die Verdrängung kann man kurz bestimmen als die »Bewußtseinsunfähigmachung« seelischer Regungen. Die Ursache der Verdrängung erblickt Freud vorwiegend in starken seelischen Erlebnissen, etwa Angsterlebnissen, namentlich Jugenderlebnissen, die auf die Entwicklung der seelischen Regungen hemmend eingewirkt und ihre ursprüngliche Richtung verändert haben. Die seelischen Regungen werden also hartnäckig aus dem Bewußtsein ferngehalten – entweder bereits, wenn sie noch gänzlich unbewußt geblieben sind, oder nachdem sie schon die Schwelle des Bewußtseins überschritten haben. Die verdrängten seelischen Regungen sind für das Ethos des Menschen deshalb so äußerst gefährlich, weil sie, einmal bewußtseinsunfähig gemacht, vom Bewußtsein und vom Wollen gar nicht mehr erfaßbar sind und gerade deshalb das gesamte seelische und sittliche Leben infizieren.

Freud glaubt nun den Weg gefunden zu haben, auf dem sich die Heilung von der Verdrängung und ihren Folgen vollziehen kann: Zunächst soll durch eingehende Fragestellung und Analyse erreicht werden, daß der Impuls wieder ganz in das Bewußtsein zurückgeführt und so der Konflikt erneuert wird. Dabei werden Vorkehrungen getroffen, »daß sich die Libido nicht durch die Flucht ins Unbewußte wiederum dem Ich entziehen kann«. Dann soll der Libido eine teilweise Befriedigung eingeräumt, andererseits ein Teilbetrag ihrer Ansprüche durch Sublimierung erledigt werden.

Weil Freud die Wirklichkeit und den Primat des Geistes nicht sah, hat er auch über den letzten Sinn der Sublimierung nichts aussagen können. Den versteht man erst, wenn man erkennt, daß der Mensch in seiner Totalität, also auch in seiner Sinnlichkeit und seinem sinnlichen Eros auf eine höhere Wirklichkeit hingeordnet, in eine höhere Bewegung hineingerissen ist. Diese Tatsache findet auch ihre Bestätigung in der Unmöglichkeit, den sinnlichen Eros wirklich zu befrieden. Die geschlechtliche Unruhe des Tieres findet in der Begattung ihre Erfüllung und damit ihre Ruhe. Des

Menschen sinnlicher Eros bleibt, letztlich wenigstens, immer unerfüllt. Das hat Goethe bestätigt, das hat Schopenhauer, wenn auch pessimistisch mißdeutet, in dem bekannten Worte ausgesprochen, daß der geschlechtliche Trieb so viel verspreche und so wenig halte. Das was er so viel zu versprechen scheint, muß also wohl nicht mehr aus ihm selbst stammen. Über dem sinnlichen Eros muß ein anderer Eros schweben, den sinnlich geheimnisvoll nach oben ziehend, den Menschen anrufend, nicht in der niederen Sphäre die Befriedigung zu suchen, die ihm da doch niemals zuteil wird, damit er nicht um sein Bestes betrogen werde. Der himmlische Eros ist es, der des irdischen Eros Erfüllung vereitelt, auf daß aus solchem Leid Segen hervorgehe, das immer stärkere Bewegtwerden des Menschen vom himmlischen Eros. Und wo der irdische Eros im himmlischen mehr und mehr aufgeht: da ist Sublimierung.

Aber wir sahen wohl doch, daß die Psychoanalyse wenigstens einen Anstoß zu vertiefter Betrachtung sittlicher Phänomene geben kann, die für unsere Selbstbesinnung, für unsere praktische religiös-sittliche Arbeit, namentlich für unsere Beichte von Segen sein müßte. So wollen wir das Bedeutsame in ihr, ihren Wahrheitskern, von allen Irrtümern befreit, gerne für die Zukunft retten und auswerten für unseren Weg zu den herrlichen Höhen sittlicher Freiheit, wo die Bitte des Psalmisten Erhörung findet: »Ab occultis meis munda me Domine!«

Dokument Nr. 16

W. Hoch (1937)

Aus: »Evangelische Seelsorge«

Während einer analytischen Behandlung spielen die Widerstände des Patienten eine große Rolle. Wohl finden die Worte: »Die Wahrheit wird euch frei machen« (Joh, 8,32) und: »Den Aufrichtigen läßt es der Herr gelingen« (Spr. 2,7) bei dieser Arbeit von Seelsorge mit Vorliebe Verwendung. Das hindert aber nicht, daß die Finsternis sich aufmacht, um mit List und Klugheit durch allerlei Irreführungen dem Analysanden den Erfolg seiner Operation denkbar schwer zu machen. Dieser Widerstand, der sich wohl über Wochen und Monate erstrecken kann, ist für einen Diener in einer christlichen Gemeinde keine ungefährliche Sache. Er wird als Feind gesehen von dem, dem er helfen möchte. Ihn schützt kein Beichtsiegel, welches dieser sein vorübergehender Feind auch achtet, und so muß er für seinen guten Namen im Ernste fürchten. Der Arzt, der sich psychoanalytischer Methoden bedient, steht hierin in der Öffentlichkeit unstreitig anders da. Für ihn ist diese Art von Seelsorge nicht freiwilliger Dienst neben anderem Tun, sondern ärztliche Bemühung auf Grund einer nachfolgenden Rechnungsverpflichtung. Solche Verpflichtungen haben etwas ungemein Schützendes an sich. Sie können die Ausbrüche der Feindschaft in Schranken halten. Hier wäre ein Pfarrer völlig ungeschützt. Andererseits muß gesagt werden, wie stark irgendein Pfarrer mit seiner üblichen Seelsorge öffentlicher Verleumdung ausgesetzt sein kann. Aber bei seiner »Methode« ist ihm ein schroffer Abbruch der Seelsorge leichter ermöglicht als etwa seinem psychoanalysierenden Kollegen, der seine Seelenoperation nicht jederzeit unterbrechen kann, weil eine halbe Analyse ein gefährlicherer Seelenzustand ist als eine halbe seelsorgerliche Arbeit. Weil ferner in der Psychoanalyse der operierende Führer merkwürdigerweise gerade, um der Entfernung religiöser Bedrängung willen, selber sehr deutlich in die Rolle des Arztes, des Helfers, des Heilandes eintritt, werden die Amtsgrenzen sichtbar berührt. Es ist ein Unterschied, ob ich von meinem Gemeindemitglied als Autorität innerhalb des Kirchenkreises ganzes Vertrauen genieße oder ob ich von einem Menschen mit einem solchen Glauben umfaßt und in seinen Lebenskreis gezogen werde, daß ich ihm zeitweilig Gott bin. Die operative Verwandlung des Unbewußten in Bewußtes ist ein so gewaltiger Eingriff, daß der Operierende vorübergehend das geistige Leben des Patienten als Schicksal trägt. Er tötet und er macht lebendig. Er ist durch seine chirurgische Seelsorge der Schöpfer eines neuen Menschen, wiewohl dieser neue Mensch angeblich das Urbild des Betroffenen sein soll. In der Periode der Widerstände ist man somit ein Teufel, in der Periode des völligen Glaubens in gänzlicher Passivität ist man ein Gott. Das kann niemals das Bild eines evangelischen Seelsorgers sein. Hier ist zum mindesten der Auftrag der Gemeinde weit überschritten. Auch ist man nicht Diener am Wort, wenn man zugleich selber sich zum fleischgewordenen Wort Gottes vorübergehend machen muß, um so helfen zu können, wie es die Psychoanalyse will. Das wären triftige Gründe, um diese Heilmethode den Ärzten ganz und gar zu überlassen und sich als evangelische Seelsorger von ihr ferne zu halten. Diese saubere Lösung ist um so empfehlenswerter, weil die Psychoanalyse es doch meist mit neurotischen Menschen zu tun hat. Wir aber haben wichtigere Pflichten, als dem ausschließlich gemütskranken Teil einer Gemeinde den Großteil unserer verfügbaren Zeit zu opfern. Diese Lösung gewinnt an Gewicht, so wir wissen, daß nur der selbst Analysierte richtig analysieren kann, weil wahrscheinlich nur er in dem Maße von allen Hemmungen frei ist, wie es hier erforderlich ist. Das entbindet uns aber nicht von der Pflicht, von der Psychoanalyse Richtiges zu wissen, weil sie uns, ohne daß wir sie anzuwenden wagen, wertvollste Dienste leisten kann.

Dokument Nr. 17

H. Asmussen (1937)

Aus: »Die Seelsorge«

Ich wage nicht zu sagen, welcher Rettungsversuch der gefährlichere ist: *Gott umzustimmen* oder sich selbst vorzumachen, daß man sich irrt, also *sich selbst umzustimmen*. Der letztere Versuch ist ungemein fruchtbar. Sehe ich recht, dann verdankt die menschliche Kultur diesem Versuch weithin ihre Entstehung und ihre Wandlungen. Die Exerzitien des Ignaz von Loyola sind ein besonders deutlich hervorragendes Ereignis in der Mannigfaltigkeit dieser Versuche, ähnlich wie die moderne Psychiatrie, die mit allen Mitteln der Psychoanalyse und der Psychologie arbeitet, um den Menschen die Ruhe ihrer Seele wiederzugeben. Aber gerade diese beiden in die Augen springenden Formen zeigen, an welcher Grenze man sich hier in höchster Gefahr bewegt: Das Satanische ist nahe! Der Großinquisitor bekommt das Wort! Die Sonne Satans geht auf und beginnt zu scheinen! Fabelhaftes wird geleistet. Alle Kraft des Menschen und alle Erfindungsgabe wird aufgeboten. Die Kraft leistet etwas! Empfindungen *werden* gemacht, derart, daß wir über uns selbst staunen – und einige Zeit bei dem Glauben uns beruhigen, es sei ein Irrtum, daß Gott uns zürne.

Dokument Nr. 18

K. Barth (1957)

Aus: »Die kirchliche Dogmatik«

Und nun sind wir heute in der erfreulichen Lage, darauf hinweisen zu können, daß man offenbar auch auf medizinisch-psychologischer Seite mehr und mehr geneigt ist und sogar Gewicht darauf legt, die Sache in dieser Linie zu sehen und darzustellen. Wir wären hier noch vor 30-40 Jahren, im Zeitalter von Sigmund Freud, sehr anders drangewesen. Es war die Zeit, in der auch eine erhebliche Strömung in der Romanliteratur einen nicht unbegründeten Kampf gegen die in der zu Ende gehenden bürgerlichen Ära – man nannte sie in England das »viktorianische« Zeitalter – übliche Verschweigung, Verhüllung, Diskriminierung des spezifischen Sexualproblems aufzunehmen begann: an ihrer extremen Spitze der erstaunliche D. H. Lawrence, dessen Bücher an Nennung des sonst Ungenannten, aber auch an Betonung, ja Überbetonung, ja Alleinbetonung des sonst Unbetonten nun wirklich nicht nur nichts zu wünschen übrig ließen, sondern des Guten sicher reichlich zu viel taten. Dieser literarischen Strömung entsprach auf dem Gebiet der medizinischwissenschaftlichen Psychologie die prinzipielle Systematik der sogenannten *Psychoanalyse*, in der es um die Diagnose und Therapie des erkrankten Seelenlebens durch die Aufdeckung und Beseitigung der in seinem *unbewußten* Untergrund wirksamen *Verdrängungskomplexe* gehen sollte. Unter diesen sollte nun – nach dem damaligen Stand dieser Forschung – eben die *sexuelle Libido* wenn nicht die einzige, so doch die schlechthin entscheidende Rolle spielen. Sie sollte nicht nur als mächtiger anerkannt werden, als man zuvor angenommen hatte, sondern es sollten ungefähr alle Regungen und Darstellungen des Seelenlebens als *ihre* Manifestationen verständlich gemacht werden. Es schien jedenfalls in gewissen Formen dieser Lehre das *Menschliche* als solches auf den Nenner des sehr spezifisch *Sexuellen* zu stehen zu kommen. Wir enthalten uns jedes Mitredens und Urteilens, zu dem man, wenn man nicht mitzuarbeiten in der Lage war und ist, gewiß kein Recht hat. Wir stellen nur fest, daß diese Phase im Verständnis der Sache heute auch in der medizinischen Psychologie überwunden scheint, so daß man gegen Windmühlen kämpfen würde, wenn man das, was hier theologisch zu sagen ist, im Gegensatz zu dem sagen würde, was heute mehr von dieser anderen Seite her als maßgeblich vertreten wird. Und mehr als das: es lohnt sich wohl, nach dieser Seite zu hören, weil da neuerdings Dinge gesagt worden sind, die eben die Erkenntnis vortrefflich illustrieren, zu der wir uns hier von unserer Voraussetzung, von Gottes Gebot her, bekennen müssen. Die Opposition gegen den »Viktorianismus« (im weitesten Sinne dieses Begriffes) hatte ihre Zeit und ihr Recht.

Dokument Nr. 19

E. Thurneysen (1948)

Aus: »Die Lehre von der Seelsorge«

Stellen wir dem analytischen Gespräch unser seelsorgerliches Gespräch gegenüber, so ist zu sagen, daß dieses etwas toto genere und unabtauschbar Anderes darstellt. Schon daß im Unterschied zum psychoanalytischen Gespräch, wie wir dargestellt haben, das seelsorgerliche Gespräch in jener strengen, grundsätzlichen Bindung verläuft an die Heilige Schrift, und daß das Gebet dabei unerläßlich ist, ist Zeichen genug für seine Eigenständigkeit. Es gibt zwar Psychologen und wohl auch (freilich schlechte!) Seelsorger, die den grundsätzlichen Unterschied der beiden Gesprächsarten nicht einsehen. Sie sind der Meinung, auch der Seelsorger treibe auf seine, allerdings unwissenschaftliche, sozusagen naive und nicht kunstgerechte Weise das Gleiche wie der Psychoanalytiker. Das wird zwar da und dort geschehen, aber falls es geschieht, ist es sicher etwas Anderes als rechte

Seelsorge. In aller rechten Seelsorge geht es um die Ausrichtung der Vergebung der Sünden. Und Sündenvergebung ist nun einmal nicht gleichzusetzen mit der in der Psychoanalyse vor sich gehenden innern Durchleuchtung und den dadurch bewirkten Veränderungen und Befreiungen innerhalb der seelischen Natur des Menschen. Wohl kann es und wird es bei der kräftigen und d. h. der im heiligen Geist ausgerichteten Vergebung auch zu solchen Veränderungen und Befreiungen der innern Natur des Menschen kommen, wie sie die Psychotherapie erzielt, aber so wichtig sie für den davon berührten Menschen sind, so bedeuten sie im seelsorgerlichen Gespräch nur eine Nebenwirkung und können nicht als das eigentlich erstrebte Ziel angesehen werden. Sie sind dann Zeichen, die die eigentliche Bewegung, um die es in der Seelsorge geht, anzeigen und begleiten. Diese eigentliche Bewegung ist jene »Buße« genannte Umwandlung, in die das Ich des Menschen vom Worte Gottes hineingeführt wird, so daß er sich erhebt und seine Hand ausstreckt nach der Gnade. Das hat mit Psychoanalyse als solcher nichts mehr zu tun. Wir können darum die Ausrichtung der Vergebung niemals ersetzen durch eine Analyse. Denn wir dürfen uns nicht einreden lassen, es sei mit der Lösung der der Psychotherapie gestellten Aufgabe seelischer Heilung auch schon die in der Seelsorge aufgeworfene Sündenfrage gelöst. Wir wiederholen damit früher Gesagtes: Es kann ein Mensch durch eine Analyse wohl zur Aufhellung seiner seelischen Konflikte gelangt sein, und doch bleibt er der alte, sündenkranke Mensch, der er immer gewesen ist. Man verwechsele also nicht eine erfolgreich verlaufene psychotherapeutische Kur mit dem Vorgang der Buße. Die Sündenschranke kann auch durch die beste Analyse nicht übersteigen werden. Sie verlangt nach Vergebung und damit nach Verkündigung im rechten seelsorgerlichen Gespräch.

Dokument Nr. 20

W. Uhsadel (1966)

Aus: »Evangelische Seelsorge«

Es ergibt sich hier, daß Freud von einem Menschenverständnis ausgeht, das die Ganzheit des Menschen nach Leib, Seele und Geist verleugnet, in dem er alles auf das Leibliche und dies wiederum auf den Sexus einengt.

Schon dies läßt es zweifelhaft erscheinen, ob Freud der gegebene Gesprächspartner für den nach dem Auftrage der Seelsorge fragenden Theologen sein kann. Daß er den Theologen durch seine grandiose Einseitigkeit auf Sachverhalte hinweist, an denen die Theologie meist vorübergeht, bleibt unbestritten. Ebenso wird man nicht behaupten können, daß die psychoanalytische Methodik den Seelsorger da, wo es um offenkundige oder verborgene Sexualkonflikte geht, nichts anginge und ihm nichts nützen könne. Man wird darüber hinaus auch zugeben müssen, daß ein sehr großer Teil der sogenannten Seelsorgefälle in das Gebiet der Sexualität hineingehört, wenn dieser Sachverhalt auch durch Vordergründiges verhüllt wird. Aber jedes menschliche Problem von dieser Seite her interpretieren zu wollen, hieße, den Menschen als Menschen in seiner Ganzheit zu mißachten. Er kommt hier nur als der »homo animalis« zu Gesicht, und das kann kein christlicher Theologe ernstlich mitvollziehen.

Das Gleiche läßt sich an zwei Begriffen veranschaulichen, die für Freud eine entscheidende Rolle spielen, da sie ins eigentlich Menschliche zielen, dem der Angst und dem des Todestriebes. Man wird beide Begriffe jedenfalls auf das Tier nicht anwenden können. Aber wir fragen, ob es wahr ist, daß das Leben des Menschen in dem Maße, wie es nach Freud – und manchen Äußerungen der heutigen Existenzphilosophie – scheinen will, von der Angst gesteuert wird. Selbst dann, wenn der Begriff Angst dreifach differenziert als Realangst, neurotische Angst und Gewissensangst auftritt, vermag er die Ganzheit menschlicher Existenz noch nicht zu erfassen. Es gibt eben neben der Angst noch ganz andere Kräfte, die der Psyche zu Gebote stehen und mindestens ebenso tief begründet sind wie die Angst, – etwa das Vertrauen, die Zuversicht, der Mut und die Hoffnung. Eine Erklärung ihres Ursprunges bleibt uns Freuds Lehre schuldig. Ebenso verhält es sich mit dem Todestrieb. Daß der Mensch sich im Unterschiede zum Tier als sterbliches Wesen weiß, ist unbestritten. Auch wird zugestanden werden müssen, daß der Mensch Ermüdungserscheinungen erliegen kann, die auf der Linie der Sterblichkeit liegen. Das kann bis zum Todesverlangen und zum Selbstmord reichen. Aber wer wollte den Menschen von hier aus verstehen? Theologisch könnte man geradezu sagen, daß der christliche Glaube aufs letzte gesehen nichts anderes sei als eine aktive Auseinandersetzung mit der Tatsache seiner Sterblichkeit. Daß damit dann auch das Problem des Gewissens und der Schuld zusammenhängt, liegt auf der Hand. Darauf soll hier nur hingewiesen werden, da sich daran erweist, daß Freuds Interpretation des Menschen für ein theologisches Gespräch mit der Tiefenpsychologie nicht ausreicht, weil die Ganzheit des Menschen nicht zur Sprache steht. Der Seelsorger, der Freuds Psychologie nur als technisches Mittel verwenden wollte, sexuellen Hintergründen auf die Spur zu kommen, würde Freuds Lehre mißbrauchen und seinem eigenen Amte nicht gerecht werden.

Dokument Nr. 21

Pius XII. (1952)

Stellungnahme zur pansexualistischen Psychoanalyse

15. Oder ein anderes Beispiel: Um sich von psychischen Verdrängungen, Verkrampfungen, Komplexen zu befreien, steht es dem Menschen nicht frei, alles und jedes, was an Triebhaftem der Sexualsphäre in ihm sich regt oder geregt hat und in seinem Un- oder Unterbewußtsein als dynamischer Herd und Ballast sich auswirkt, zu Heilzwecken in sich wachzurufen und zum Gegenstand seiner voll bewußten Vorstellungen und Affekte zu machen, mit allen den Ausschwingungen und Nachklängen eines solchen Verfahrens. Es gibt ein Gesetz persönlicher Intaktheit und Reinheit, persönlicher Selbstachtung des Menschen und Christen, das ein solches totales Ein- und Untertauchen in die sexuelle Vorstellungs- und Affektwelt verbietet. Das medizinische, psychotherapeutische »Interesse des Patienten« findet hier eine sittliche Schranke. Es ist unbewiesen, ja unrichtig, daß die pansexualistische Methode einer gewissen Form und Schule der Psychoanalyse ein unerläßlicher Bestandteil jeder ernsten, auf der Höhe stehenden Psychotherapie sei, daß die Vernachlässigung dieser Methode in der Vergangenheit zu schweren seelischen Schädigungen, zu Fehlurteilen in der Lehre und zu Fehlentscheidungen in der Erziehung, in der Psychotherapie und nicht zuletzt in der Seelsorge geführt hat; daß es eine dringende Notwendigkeit sei, diesen Mangel zu beheben und alle, die auf psychischem Gebiet sich betätigen, in die leitenden Gedanken und, wo notwendig, auch in die praktische Handhabung dieses sexualistischen Verfahrens einzuführen.

16. Wir sagen dies, weil diese Behauptungen heute nur zu oft und an zu vielen Stellen mit apodiktischer Sicherheit aufgestellt werden. Es wäre besser, in der Sphäre des Trieblebens dem indirekten Behandlungsverfahren und dem klarbewußten psychischen Einwirken auf das Ganze des Vorstellungs- und Affektlebens mehr Aufmerksamkeit zu schenken. Das eben bezeichnete Verfahren vermeidet die genannten Entgleisungen und wirkt sich automatisch klärend, heilend und richtunggebend aus auch auf die so sehr betonte Dynamik des Sexuellen, das im Un- oder Unterbewußtsein sich finden soll oder auch wirklich findet.

Dokument Nr. 22

Pius XII. (1953)

Ansprache vor einem psychotherapeutischen Kongreß

Die Wissenschaft behauptet, daß durch Beobachtungen Tiefenschichten der menschlichen Seele zutage gefördert worden sind und sie ist bemüht, diese ihre Entdeckung zu verstehen, sie auszulegen und nutzbar zu machen. Man spricht von Dynamismen, von Determinismen, von Mechanismen, die in der Tiefe der Seele verborgen wären, die immanenten Gesetzen gehorchen und aus denen gewisse Handlungen hervorgehen. Zweifelsohne sind diese tätig im Unter- und Unbewußten. Sie dringen jedoch auch in den Bereich des Bewußten durch und bestimmten dasselbe. Man behauptet, über erprobte und anerkannte Vorgehen zu verfügen, durch die man imstande sei, die Geheimnisse der Tiefen der Seele zu erforschen, sie aufzuklären und sie auf den richtigen Weg zu bringen, wenn sie einen unheilvollen Einfluß ausüben.

Das sind Fragen Ihres Forschungsgebietes, die nach den Gesetzen der wissenschaftlichen Psychologie zu erforschen sind. Das Gleiche gilt für die Nutzbarmachung neuer psychischer Methoden. Die theoretische und praktische Psychologie mögen sich jedoch bewußt bleiben, die eine wie die andere, daß sie nicht die Wahrheiten, die durch Verstand und Glauben sichergestellt wie auch nicht die bindenden Gebote der Moral außer acht lassen dürfen. Im vergangenen September (13. September 1952, Acta Ap. Sedis, a. XLIV, 1952, S. 779 ff.) haben Wir, um dem Wunsch der Teilnehmer am ersten Internationalen Kongreß für Histopathologie des Nervensystems entgegenzukommen, die sittlichen Grenzen der medizinischen Forschung und Behandlung aufgewiesen. Dies zur Grundlage nehmend, möchten Wir heute einige Ergänzungen hinzufügen. Kurz gesagt, Wir haben die Absicht, die Grundhaltung aufzuzeigen, zu der der christliche Psychologe und Psychotherapeut verpflichtet sind.

Diese Grundhaltung läßt sich auf folgende Formel bringen: Die Psychotherapie und die klinische Psychologie müssen den Menschen immer betrachten 1) als psychische Einheit und Ganzheit, 2) als eine in sich selbst geschlossene Einheit, 3) als soziale Einheit und 4) als transzendente, d. h. zu Gott strebende Einheit.

Was den Menschen zum Menschen macht, ist vor allem die Seele, die Wesensform seiner Natur. Von ihr geht letzten Endes jedes menschliche Leben aus. In ihr wurzeln alle seelischen Dynamismen samt ihrer Eigenstruktur und ihren organischen Gesetzen. Sie ist es, die von der Natur bestimmt ist, alle Kräfte zu lenken, insofern nämlich als diese noch nicht ihre letzte Bestimmung erhalten haben. Aus dieser ontologischen und psychologischen Gegebenheit folgt, daß man sich von der Wirklichkeit entfernen würde, wollte man in Theorie und Praxis die Zuständigkeit, über das Ganze zu bestimmen einer Einzelkraft anvertrauen, z. B. einem der Grunddynamismen, und damit einer Sekundarkraft das Steuer überlassen.

Diese Dynamismen können *in* der Seele, *im* Menschen sein, sie sind jedoch nicht *die* Seele, nicht *der* Mensch. Sie sind Kräfte von einer beträchtlichen Intensität vielleicht, ihre Leitung hat jedoch die Natur der Zentralstelle anvertraut, der Geistseele, begabt mit Vernunft und Willen und normalerweise in der Lage, diese Kräfte zu steuern. Daß diese Dynamismen auf eine bestimmte Tätigkeit drängen, bedeutet nicht notwendig, daß sie sie erzwingen.

Wer die Struktur des wirklichen Menschen studiert, muß tatsächlich den »existentiellen« Menschen zum Gegenstand nehmen, so wie er ist, so wie ihn seine natürlichen Anlagen, die Einflüsse der Umgebung, die Erziehung, seine persönliche Entwicklung, seine innersten Erfahrungen und die äußeren Begebenheiten geformt haben. Nur dieser konkrete Mensch existiert. Und doch gehorcht die Struktur dieses persönlichen Ich bis ins Kleinste den ontologischen und metaphysischen Gesetzen der menschlichen Natur, von denen wir vorhin gesprochen haben. Sie sind es, die ihn geformt haben, und die ihn deshalb steuern und richten müssen. Der Grund dafür liegt darin, daß der »existentielle« Mensch in seiner innersten Struktur mit dem »essentiellen« Menschen identisch ist. Die essentielle Struktur des Menschen verschwindet nicht, wenn die individuellen Merkmale hinzukommen: sie verwandelt sich nicht in eine andere menschliche Natur. Aber gerade die Verfassung, die im Mittelpunkt steht, ruht in ihren Grundwahrheiten auf der Wesensstruktur des konkreten wirklichen Menschen. Was von der schrankenlosen Aufklärung zu therapeutischen Zwecken gesagt wurde, gilt auch von bestimmten Formen der Psychoanalyse. Man sollte sie nicht als den einzigen Weg bezeichnen, sexuell-psychische Störungen zu mildern oder zu heilen. Der immer wieder wiederholte Satz, daß die sexuellen Störungen des Unbewußten gleich ähnlichen Störungen des gleichen Ursprungs nur durch Bewußtmachen behoben werden können, gilt nicht in uneingeschränkter Allgemeinheit. Die indirekte Behandlung hat auch ihre Wirkkraft und ist oft durchaus genügend. Bezüglich des psychoanalytischen Verfahrens auf dem sexuellen Gebiet hat Unsere oben angeführte Ansprache am letzten 13. September bereits die zu berücksichtigenden sittlichen Schranken aufgezeigt. Es kann in der Tat nicht als sittlich zulässig bezeichnet werden, den ganzen im Unbewußten und in der Erinnerung schlummernden Inhalt sexueller Vorstellungen, Affekte und Erlebnisse ins Bewußtsein zu rufen, also psychisch gegenwärtig zu machen. Wenn man den Einspruch der Menschen- und Christenwürde nicht überhören will, wer würde wagen zu behaupten, daß dieses Verfahren keine sittliche Gefährdung weder für den Augenblick noch für später in sich schließe, wo doch die therapeutische

Notwendigkeit eines solch hemmungslosen Aufdeckens, wenn auch behauptet, so doch bis jetzt nicht erwiesen ist?

Der praktische Punkt der Psychotherapeutik, den Wir anmeldeten, betrifft ein wesentlich soziales Interesse: Die Wahrung des Geheimnisses, die bei Anwendung der Psychoanalyse gefährdet wird. Es ist durchaus nicht ausgeschlossen, daß ein geheimes Tun oder Wissen ins Unterbewußtsein verdrängt, schwere psychische Störungen hervorruft. Wenn die Psychoanalyse die Ursache dieser Störung aufdeckt, wird sie ihrem Grundsatz gemäß jenes Unterbewußte ganz hervorziehen wollen, um es bewußt zu machen und so das Hindernis zu beheben. Aber es gibt Geheimnisse, die man unbedingt verschweigen muß, auch dem Arzt gegenüber, auch auf die Gefahr schwerer persönlicher Schädigungen hin. Das Beichtgeheimnis leidet keine Enthüllung. Es ist gleicherweise ausgeschlossen, daß das Amtsgeheimnis einem anderen mitgeteilt werde, auch nicht dem Arzt. Dasselbe gilt für andere Geheimnisse. Man beruft sich auf den Grundsatz: »Ex causa proportionate gravi licet uni viro prudenti et seerti tenaci seretum manifestare«. Der Grundsatz stimmt innerhalb begrenzter Schranken für bestimmte Arten von Geheimnissen. Man darf ihn aber nicht hemmungslos in der psychoanalytischen Praxis zur Anwendung bringen.

In den Bereich des Transzendent-Psychischen gehört sodann das Schuldbewußtsein, das Bewußtsein, gegen ein höchstes Sollen trotz der erkannten Bindung verstoßen zu haben. Ein Bewußtsein, das zu Qual, ja zur schweren psychischen Störung werden kann.

Die Psychotherapie steht hier vor einem Phänomen, das nicht zu ihrer ausschließlichen Zuständigkeit gehört, denn es ist ebenso, wenn nicht vorwiegend religiös-sittlicher Art. Niemand wird in Abrede stellen, daß es ein unbegründetes, auch krankhaftes Schuldgefühl geben kann und nicht selten gibt. Es kann aber auch das Bewußtsein einer wirklichen Schuld vorliegen, die nicht behoben ist. Weder die Psychologie noch die Ethik haben ein unfehlbares Kriterium für den Einzelfall, denn der Gewissensvorgang des Schuldigwerdens ist von einer zu stark persönlichen und feinen seelischen Struktur. Wesentlich aber ist, daß ein wirkliches Schuldgefühl zum Abklingen gebracht werden – die Schuld bleibt und es wäre Selbst- und Fremdtäuschung, wollte die Psychotherapie, um das Schuldbewußtsein zu beheben, die Schuld als nicht mehr bestehend behaupten.

Der Weg, die Schuld zu beheben, liegt außerhalb des rein Psychologischen; er liegt, wie der Christ es weiß, in der Reue und in der sakramentalen Lossprechung durch den Priester. Hier wird die Quelle des Übels, die Schuld selbst weggenommen, auch wenn das Schuldbewußtsein noch weiter wirken sollte. Es ist heutzutage nicht selten, daß bei gewissen pathologischen Fällen der Priester seinen Pönitenten an den Arzt verweist; hier ist der Fall gegeben, wo umgekehrt, daß der Arzt seinen Patienten

Gott, bzw. jenen zuführen sollte, die die Macht haben, ihm an Gottes Stelle die Schuld selber abzunehmen.

Dokument Nr. 23

R. L. Lee (1953)

Freud und das Christentum

Die Forschungen Freuds, über die Entwicklung der menschlichen Seele, angewandt auf die Frage: Psychoanalyse und Christentum, führen zu drei Hauptergebnissen:

1. Verdrängte Strebungen im Unbewußten können sehr leicht ihren Ausdruck finden in der Art des religiösen Glaubens und der christlichen Haltung. Während der Anschein erweckt wird, als lägen für solche religiösen Äußerungsformen einsichtige Vernunftgründe vor, so erhalten sie doch in Wahrheit ihre dynamische Kraft aus *unbewußten Störungen* und müssen daher als abnorm und ungesund eingeordnet werden. Ich versuchte nun, in den jeweiligen Hauptstufen der Entwicklung einzelne Typen der Verdrängung aufzuzeigen und die religiösen Auswirkungen solcher Verdrängungen darzustellen. So sollte z. B. deutlich werden, daß das bloße Reden über Gott und die Behauptung, an ihn zu glauben, ebensowenig eine Garantie ist für eine wahrhaft christliche Gesinnung, wie das Bestreben, ein gutes Leben zu führen. Es können durchaus rein psychologische Gründe zu solchem Verhalten geführt haben.

2. Freud zeigte, daß im Laufe der Entwicklung das »Es«, das Unbewußte, mit dem wir zu leben beginnen, in eine »Es-Ich-Überich-Verbindung« abgewandelt wird. Das Über-Ich, das in der Tätigkeit des Gewissens besonders deutlich bemerkt wird, sucht über die Gesamtpersönlichkeit zu herrschen durch die Maßstäbe und Sitten, unter denen der Einzelne aufwächst. Das Über-Ich bewahrt auch einen Platz des Ödipus-Bildes vom Vater und wird häufig gleichgesetzt mit oder projiziert (bezogen) auf Gott. In einer Persönlichkeit, in der ein strenges Über-Ich herrscht, wird sich ein Streben nach übersteigertem Moralismus finden, ein Betonen des Gehorsams, der Bestrafung für Unrecht und des Vollkommenheitsstrebens durch Leiden, das als Bestrafung für Sünde betrachtet wird. Um der Bestandteile des Moralismus und des Gehorsams willen wird solche Über-Ich-Religion weithin als richtige Art der Religion angesehen. Dies liegt nahe, da die Lehrer der Religion meist eine gewisse Autoritätsstellung einnehmen und ihrerseits den Autoritätsglauben fördern. Doch besteht diese Neigung nicht nur in autoritativer Religion, sondern in allen Formen dogmatischer Religion, auch in der Überbetonung der Lehre des Individualismus.

Diese Über-Ich-Religion hat auflösende Wirkungen auf jede echte, gesunde Frömmigkeit; denn sie zerstört die Tatkraft und das Verantwortungsbewußtsein des Einzelnen und leugnet letzten Endes den befreienden Einfluß des Heiligen Geistes und die schöpferische Wirkung eines göttlichen Lebens in dem Einzelnen. So folgt daraus, daß eine gesunde christliche Religion nur auf einer entsprechenden Entwicklung des bewußten Ich in seiner Beziehung sowohl zum unbewußten Es als auch zum Über-Ich beruhen muß und nicht auf dem Zwang des Über-Ich. Wenn ich Freuds Psychologie richtig verstanden habe, so fordert eine gesunde Entwicklung auch eine wirklichkeitsentsprechende, vernünftige Anpassung an die Welt, deren Kennzeichen die volle Entfaltung des bewußten Ich ist.

3. Die Religion entspricht weit mehr der Wissenschaft im naturwissenschaftlichen Sinn (science) als der Ethik oder der Philosophie, denn Religion in weiterem Sinn umfaßt doch die Erforschung der unsichtbaren Welt und ihre Beziehung zu der von uns meist so genannten »natürlichen Welt«. Gott ist eine Wirklichkeit, nicht in erster Linie eine Idee. Er will entdeckt, gesucht werden, und die christliche Religion bietet wahres Leben an, nicht eine Sammlung von Gesetzen oder verstandesmäßig klugen Vorschlägen. Die Grundsätze und die praktische Haltung des Christentums stammen aus einer Wirklichkeit, die wir in dieser Welt am Werke sehen können; auch die Gesetze und Annahmen der Wissenschaft werden aus derselben Wirklichkeit abgeleitet, um die Tatsachen zu erklären. Die Art der Religion, die ich nach der Instanzenlehre Freuds »Ich-Religion« nennen möchte, betont die Unabhängigkeit des Einzelnen, aber eine Unabhängigkeit, die nur aus der richtigen Einstellung anderen Menschen und Gott gegenüber erwachsen kann. Denn erst die Gemeinschaft, in der der Mensch aufgewachsen ist, macht ihn zu einer menschlichen Persönlichkeit. Wenn wir unsere eigene unabhängige Persönlichkeit aufgeben, leugnen wir das schöpferische Ziel Gottes, der uns zu selbständigen Kindern Gottes heranreifen lassen will. Erst solche vollentwickelten Menschen können durch wirkliche Liebe aneinander gebunden sein; denn Liebe ist die kennzeichnende Haltung und das Empfinden erst des ausgereiften Menschen. So ist es kein Zufall, daß die Entwicklung des Sexualtriebs eine so wesentliche Rolle in der Psychologie Freuds spielt. Das Christentum betont ganz entsprechend die Bedeutung der Liebe, die den Menschen befreit, und es zeigt darüber hinaus die verschiedenen Formen der Liebe, deren höchste Caritas oder Agape genannt wird.

Eine Untersuchung des Lebens und der Lehre Christi im Lichte dieser Unterscheidung zwischen Ich-Religion und Über-Ich-Religion zeigt mit absoluter Klarheit, daß *Jesus diese Ich-Religion lehrte*, und daß diese Ich-Religion uns die Möglichkeiten gibt, mit ihm in jene persönliche Beziehung einzutreten, welche das Wesen des christlichen Glaubens ausmacht.

Dokument Nr. 24

J. Schreiber (1967)

Sigmund Freud als Theologe

Freud, der Atheist, als Theologe? Ist nicht schon mit der Zusammenstellung dieser beiden Wörter das Thema unserer Darlegungen als unsinnig erwiesen und damit die bisherige Forschung salviert, die m. W. bisher noch nie auf den Gedanken kam, Freud als Theologen zu bezeichnen? Hat Freud nicht schon selbst seinerzeit die Versuche seines Freundes, des Pfarrers Dr. Oskar Pfister, ihn zum »Musterchristen« zu ernennen, humorvoll, aber eindeutig abgelehnt? Wir bemühen uns um eine Antwort auf diese kritischen Rückfragen, indem wir auf Freud hören.

In der Schrift »Die Zukunft einer Illusion« gibt Freud im Streit mit den Liebhabern und den Mächtigen der Religion seiner Vermutung Ausdruck, »daß unsere Gegnerschaft nur eine einstweilige ist«. An derselben Stelle heißt es weiter: »Wir hoffen dasselbe«, nämlich »die Menschenliebe und die Einschränkung des Leidens«.[72] In solcher Formulierung klingt das Hauptmotiv aller Freudschen Religionskritik an: Nach Freuds Meinung verhindert die Religion mit ihrem infantilen Wunschdenken, ihrer wahnhaften Entstellungen der Wirklichkeit und ihren neurotisch-affektiv begründeten Denkverboten heutzutage gerade das, was die christliche Religion jedenfalls doch ursprünglich unbedingt und eigentlich bewirken wollte: die tatkräftige Nächstenliebe. Freud hat die Nächstenliebe als undurchführbare Idealforderung des religiösen Wunschdenkens energisch abgelehnt und dabei auch vor einer Kritik neutestamentlicher Formulierungen nicht haltgemacht[73], um mit solcher Kritik konkrete Nächstenliebe, wie sie etwa das Gleichnis vom barmherzigen Samariter schildert, zu ermöglichen. Er, der »die Bitterkeit des jüdischen Lebens und die Hohlheit der gegenwärtigen Kulturideale schmerzlich empfunden« hat[74], bekannte sich in einem Brief an Romain Rolland, den er »als Apostel der Menschenliebe«[75] ehrte, zu eben dieser Liebe. Er schrieb: »Der Menschenliebe hing ich selbst an, nicht aus Motiven der Sentimentalität oder Idealforderung, sondern aus nüchternen, ökonomischen Gründen, weil ich sie bei der Gegebenheit unserer Triebanlagen und unserer Umwelt, für die Erhaltung der Menschenart für ebenso unerläßlich erklären mußte wie etwa die Technik.«[76]

Dieser Satz ist reinster und bester Freud! Einmal deshalb, weil hier keine religiös-affektive Verkündigung, sondern eine rationale Begründung der Nächstenliebe gegeben wird. Zum andern aber auch deshalb, weil diese Sätze kein leeres Gerede sind. Wenn Freud zuerst dank seiner mutig geäußerten Erkenntnisse von vielen Zeitgenossen und nicht zuletzt von Fachkollegen in unflätigster Weise beschimpft wurde und kaum Anerkennung fand, um hernach als unakzeptierte Berühmtheit von ebenso vielen in purem Unverstand mit seinen Argumenten mißbraucht zu werden, so ertrug er beides, um dem Ziel seiner Hoffnung, der Menschenliebe, zu dienen. Die Menschenliebe bestimmte aber nicht nur die große Linie seines Lebens, sondern auch, trotz mancher gegenläufiger Tendenzen seines Charakters, sein Verhalten im Alltag.

Als zum Beispiel der schon erwähnte Pfarrer Dr. Pfister sich bei Freud im Jahre 1931 zum Besuch anmeldete, ohne zu wissen, daß Freud gerade wieder eine seiner unzähligen Krebsoperationen durchgemacht hatte, antwortete der schwerkranke Greis dem nach dem Tode seiner ersten Frau gerade zum zweiten Male verheirateten Freunde:

»Lieber Herr Doktor! Ich bin nach einer neuerlichen größeren Operation recht unfähig und unlustig, aber wenn ich zu Ende dieses Monats wieder zu einer Art Synthese gelangt sein sollte – man verspricht mir es –, sollte ich die Gelegenheit versäumen, meinen alten, durch Gottes Gnade verjüngten Freund, den Herrn Pfarrer, bei mir zu sehen? Nein, ich rechne darauf. Herzlich Ihr Freund.«[77]

Diese Haltung zeigte Freud auch gegenüber ihm vollkommen fremden Menschen[78]. Als Pfister, um ein Beispiel zu nennen, ihm einen an einer schweren Zwangsneurose leidenden jungen Mann dringend zur Behandlung empfahl, gab er diesem Drängen schließlich nach, obwohl er sich in überlegener Selbstironie als »Ruine«[79] bezeichnete und wegen seines Krebsleidens und seiner begrenzten Arbeitsfähigkeit im zunehmenden Alter den Patienten lieber an einen anderen fähigen Psychoanalytiker weitergeleitet hätte[80]. Sofort nach Beginn der Behandlung mußte Freud feststellen, daß der Patient sich wahrscheinlich auf eine Schizophrenie hinentwickelte, also mittels einer Analyse kaum zu heilen war. Dennoch setzte er seine ärztlichen Bemühungen mit einigem Erfolg über Jahre hin fort[81], auch wenn ihm, wie er Pfister gestand, »der Mensch eine schwere Prüfung« war[82]. Seine Begründung: »Der Junge wird sich ohne jedes Bedenken aus der Welt schaffen. Darum will ich nichts versäumen, was diesen Ausgang abwenden kann.«[83] Nach allem bisher Ausgeführten möchte man Freud wohl als einen Moralisten bezeichnen. Auch in dieser Hinsicht findet sich ein typisches Freudsches Credo. Es lautet: »Ich glaube an Rechtssinn und Rücksicht für den Mitmenschen.«[84] In der Form der Psychoanalyse benutzt er die Vernunft dazu, die Leiden seiner Patienten und darüber hinaus das Leiden der Menschheit überhaupt zu lindern. Die letzte Instanz, die sein Handeln und somit auch seine Religionskritik bestimmte, wäre dann also nicht die Vernunft gewesen, sondern die Liebe, die »Menschenliebe«, um mit seiner Formel zu sprechen[85].

Bei genauerem Hinsehen ist aber auch diese Auskunft nicht richtig. Freuds Religionskritik war zutiefst und zuletzt nicht moralisch begründet, sowenig wie die Religionskritik Jesu. Der Name Jesu wird von uns in diesem Augenblick nicht ornamental mit der hinterlistigen Absicht religiöser Aufwertung Freuds erwähnt. Dieser dem Christen heilige Name muß jetzt vielmehr notwendigerweise um der Sache willen genannt werden, weil Freud sich auf Moses, auf die Propheten und auf Jesus von Nazareth berufen hat.

V

Freud hat einmal geschrieben: Die »Ursache der Traumentstellung aufzufinden, war mein moralischer Mut«[86]. Woher nahm Freud diesen Mut? Machte ihn sein Ehrgeiz[87] so mutig? Oder trieb ihn die reine Menschenliebe bei seinen kühnen Entdeckungen?

Was den Ehrgeiz angeht, so begann Freud seinen Antwortbrief auf die amtliche Mitteilung hin, ihm sei der Goethe-Preis des Jahres 1930 verliehen worden, mit dem Satz: »Ich bin durch öffentliche Ehrungen nicht verwöhnt worden und habe mich so eingerichtet, daß ich solches entbehren konnte.«[88] Erst dann gab er seiner Freude über die Verleihung Ausdruck[89]. An seinen Freund Pfister drückte er dieselbe Haltung mit einem Zitat von Nestroy, dem »Wiener Aristophanes«, humorvoller aus: »A jed's wird amal Hofrat, nur erleb er's nit immer.«[90]

Wenn also der gewiß nicht zu leugnende Ehrgeiz keineswegs die kühnen Entdeckungen Freuds und seinen tapferen Kampf für diese Entdeckungen erklären kann, wie steht es dann mit seiner Menschenliebe? »Wenn schon von Ethik die Rede sein soll (schreibt Freud an Pfister), so bekenne ich mich zu einem hohen Ideal, von dem die mir bekanntgewordenen nun meist sehr betrüblich abweichen.«[91] Die meisten Menschen »sind nach meinen Erfahrungen Gesindel, ob sie sich laut zu dieser, jener oder keiner ethischen Lehre bekennen.«[92] Mit anderen Worten: Hohe Ideale in Ehren, auch meine Menschenliebe; sehr schön und gut, aber im allgemeinen hält sich niemand daran; und Freud wußte nur zu gut, wie oft er selber dieser »Herr Niemand« war. Schrieb er doch, wie wir zu Beginn schon zitierten, er müsse ehrlich bekennen, daß der nicht liebenswerte Fremde Anspruch auf Feindschaft, ja sogar Haß habe. Freud kannte die »unleugbare Existenz des Bösen«, »die angeborene Neigung des Menschen zum ›Bösen‹«[93]. Der Theologe wird sagen dürfen, Freud kannte die Erbsünde, wenn er mit den eben zitierten Worten von »Destruktionstrieb«[94] sprach.

Woher nahm Freud dann aber den moralischen Mut, sein Leben immer wieder erneut, trotz aller Anfeindungen und Enttäuschungen mit Hilfe der Vernunft im Sinne der Menschenliebe zu führen? Das eben gefallene Stichwort »Gesindel«[95], das man zusammen mit anderen Äußerungen für Freuds angebliche Menschenverachtung ins Feld geführt hat, hilft uns hier zu einer Antwort, da es in einem für unseren Zusammenhang hoch bedeutsamen Text an entscheidender Stelle vorkommt.

Im Jahre 1914 veröffentlichte Freud anonym eine Kunstbetrachtung über die berühmte, von Michelangelo gefertigte Marmorstatue des Moses, die ihn bei seinen Besuchen der Kirche S. Pietro in Vincoli zu Rom immer wieder fasziniert hatte. Freud schreibt darüber in einer Art Selbstbekenntnis[96]: »Wie oft[97] bin ich die steile Treppe vom unschönen Corso Cavour hinaufgestiegen zu dem einsamen Platz, auf dem die verlassene Kirche steht, habe immer versucht, dem verächtlich zürnenden Blick des Heros standzuhalten, und manchmal habe ich mich dann behutsam aus dem Halbdunkel des Innenraumes geschlichen, als gehörte ich selbst zu dem Gesindel, auf das sein Auge gerichtet ist, das nicht warten und nicht vertrauen will und jubelt, wenn es die Illusion des Götzenbildes wiederbekommen hat.«[98]

Was hat die bisherige Forschung zu diesem Text zu sagen? Freuds Biograph Ernest Jones hat nachgewiesen[99], daß sich Freud halb bewußt, halb unbewußt mit Moses identifizierte, und Erich Fromm hat mit guten Gründen dargelegt, daß Freud diese Indentifikation gerade deshalb im Jahre 1914 mit seiner Kunstbetrachtung besonders deutlich vollzog, weil er in der Marmorstatue des Moses seine im Jahre 1914 eingenommene Haltung wiederzuerkennen meinte: Angesichts des unverständigen Volkes zerbricht Moses die Gesetzestafel nicht und bezwingt seinen berechtigten Zorn. Ganz ebenso Freud: Als er erleben muß, daß sein Lieblingsschüler Carl Gustav Jung von ihm abfällt, den er doch noch in Briefen aus dem Jahre 1908 und 1909 als den Josua gepriesen hatte, »der das ihm selbst verschlossene ›gelobte Land‹ einer wirklichen psychiatrischen Wissenschaft betreten werde«[100], da erträgt er diese schwere, schmerzlich-tiefgreifende Enttäuschung mit eben derselben Beherrschung, die er auch in der Marmorstatue des Moses zu erkennen meint.

So richtig diese Deutungen sind, für die in unserem Zusammenhang wichtigen Formulierungen besagen sie nichts. Denn hier ist ja nun gerade davon die Rede, daß sich Freud nicht so sehr mit Moses, sondern vielmehr mit dem »Gesindel« identifiziert[101], wenn auch nicht generell. Nur »manchmal« geht es ihm wie dem »Gesindel«, während er doch »immer« und nicht nur manchmal dem Blick des Moses standzuhalten versucht. Immerhin, das römische Erlebnis wird auch deshalb erinnert und festgehalten, weil Freud vor dem Blick des Moses manchmal erfuhr, wie sehr auch er, Freud, zum Gesindel gehörte.

So sah sich Freud also in seinem Innersten, halb Gesindel, halb Moses, im ständigen Kampf mit sich selbst! Er, der auf seinem schweren Lebensweg gewiß so trostbedürftig war wie nur irgendein Mensch, kannte die Versuchung, sich dem Götzendienst des illusionären Wunschdenkens hinzugeben[102], und vermied es deshalb bis in seine privaten Briefe hinein[103]. Er sah an seinen abgefallenen Schülern Adler und Jung, wie vorteilhaft es war, anstößige Einsichten zu kaschieren, Mythologie und Illusion zu pflegen und sich dem Wunschdenken der Gesellschaft anzupassen[104]. Aber so bequem und verlockend dieser Weg war, Freud ging ihn nicht. Während andere Beifall ernteten, blieb er entgegen allem Widerspruch und im steten Kampf mit sich selbst seiner mühsam erkannten Überzeugung treu.

Während andere ihren glitzernden Wunschphantasien, diesen Götzenbildern, im Chor mit der Menge zujubelten, blieb ihm nichts anderes als das Warten und Vertrauen. So und nicht anders ist das Zitat zu verstehen.

Worauf vertraute Freud? Etwa auf die Menschenliebe? Nein, gewiß nicht; denn er kannte das Gesindel, er kannte sich selbst. Vertraute er der Vernunft? Nein, auch das gewiß nicht; denn er sah, wie oben gezeigt wurde, in seinem eigenen Feld diese Vernunft wie ein Glühwürmchen, das in der Finsternis hin und her fährt und einmal dieses und einmal jenes ein wenig beleuchtet; doch die Finsternis und die angeborene Neigung des Menschen zum Bösen, sie bleiben[105].

Man wird wohl nicht an der Feststellung vorbeikommen, daß Freuds moralischer Mut, dieses aktive Vertrauen, das ihm sein Lebenswerk ermöglichte, nicht mehr weiter begründet werden kann. Gewiß wäre es in seinem Sinne, wenn man auf seine Erbanlagen und seine durch Elternhaus und Umwelt geformte psychosoziale Konstitution hinwiese.[106] Hier lassen sich ein interessantes Geflecht von vielfältigen Vermutungen und einige gewichtige Faktoren zur Erläuterung finden, wobei ich besonders an die Beziehung Freuds zu seiner Mutter und bestimmten Freunden denke. Aber eine letzte Begründung für sein Vertrauen, das ihn trotz aller Aussichtslosigkeit und der andrängenden Finsternis auf die Liebe, die Vernunft und das Leben setzen ließ, wird man schwerlich nachweisen können. Dieses immer wieder erneut angefochtene und dennoch bedingunglos durchgehaltene Vertrauen, in dem Freuds persönliches Leben verankert war und ohne das keine einzige psychoanalytische Behandlung möglich ist, widerfuhr dem Juden Freud besonders ergreifend in jenen Begegnungen mit dem Mann Moses, dort im »Halbdunkel des Innenraumes«, wenn er hinaufgestiegen war »zu dem einsamen Platz, auf dem die verlassene Kirche« S. Pietro in Vincoli zu Rom stand[107]. Läßt man das Vokabular Freuds, mit dem er diese Erfahrung seines angefochtenen Vertrauens beschreibt, auf sich wirken, so wird verständlich, daß der scharfsinnige Analytiker hier zum Erzähler wird, der sich entgegen dem Rat seiner Freunde[108] nur dies eine Mal in der Maske eines anonymen Kunstbetrachters verbirgt, weil er das intimste Geheimnis seines Lebens zwar in der von uns zitierten Passage wie ein Bekenntnis, sozusagen unter Zwang, erzählen mußte, es aber dennoch als ein Geheimnis für sich bewahren wollte. Freud konnte und wollte diese nach seinem eigenen Zeugnis so tiefgreifende Erfahrung nicht analysieren, noch analysieren lassen[109], sondern nur bekennen; denn sie beschloß das unbegründbare, durch keine Analyse zu ergründende Geheimnis seines Lebens: Die Kraft, gegen die »Götzenbilder« und allen Augenschein zu hoffen und zu vertrauen, nicht naiv, blind, sondern skeptisch-rational, mißtrauisch gegen jedermann und vor allem gegen sich selbst als Gesindel[110], aber dennoch mutig vertrauen[111], der Wahrheit und Liebe allein verpflichtet, mitten in die Finsternis hinein[112].

VI

In seinen letzten Lebensjahren hat sich Freud noch einmal besonders intensiv mit der Gestalt des Moses beschäftigt. Das hängt, wie Ernest Jones nachgewiesen hat, mit der schon erwähnten Identifikation zusammen. Für unsere Überlegungen ist wichtig, daß Freud in diesen Schriften einen von Pharao Amenhotep IV. beeinflußten, hochgeistigen, ägyptischen Moses mit einem primitiven, midianitischen Moses konkurrieren läßt. Der ägyptische Moses verkörpert alles, was Freud als positiv empfand, während der midianitische Moses das »Gesindel« vertritt, das Freud in seiner Umwelt und in seiner eigenen Brust bekämpfte. In der Nachfolge des ägyptischen Moses stehen die Propheten[113], Jesus[114], Paulus[115] – und Freud! So sieht also die heilsgeschichtliche Linie aus, die sich der Atheist Freud mit Hilfe der Psychoanalyse durch einen kühnen Griff in das historische Material konstruierte[116], konstruieren mußte! Liest man nämlich die verschiedenen Einleitungen zu seinen Moses-Studien, so spürt man, wie sich Freud in diesen Studien erneut dem innersten Motiv seines Lebens stellt.

Die Worte, mit denen Freud die Entstehung dieser Alterssschriften und sein Verhältnis zu ihnen charakterisiert, erinnern an das Bekenntnis über seine Erlebnisse vor der Statue des Moses in der Kirche S. Pietro in Vincoli zu Rom, nur daß er jetzt als schwerkranker Greis und Flüchtling im sicheren Londoner Exil an der Schwelle des Todes jegliche Anonymität abstreift. Wegen widriger Bedingungen, noch in Wien, so berichtet Freud, hatte er beschlossen, die Arbeit »liegenzulassen, aber sie quälte (!) mich wie ein unerlöster Geist«[117]. »Kaum in England eingetroffen, fand ich die Versuchung unwiderstehlich (!), meine verhaltene Weisheit der Welt zugänglich zu machen«[118], um schließlich nach der Überwindung aller Schwierigkeiten festzustellen: »das Werk gerät, wie es (!) kann, und stellt sich dem Verfasser oft wie unabhängig (!), ja wie fremd (!), gegenüber.«[119] Welche »Weisheit« hatte Freud, wie unter dem Zwang einer Offenbarung stehend, der Welt mitzuteilen? Nun, eben jene, die er seinerzeit in Rom vor der Statue des Moses besonders tief erfahren hatte, und die er nun in historisch-psychologischer Manier bei den oben genannten Heroen der ägyptisch-jüdisch-christlichen Religionsgeschichte nachzuweisen bemüht war. Nach Freud lehrte der »ägyptische Moses ... die Idee einer einzigen, die ganze Welt umfassenden Gottheit, die nicht minder alliebend war als allmächtig, die, allem Zeremoniell und Zauber abhold, den Menschen ein Leben in Wahrheit und Gerechtigkeit zum höchsten Ziel setzte.«[120] Ganz ebenso die Propheten, »die unermüdlich die alte mosaische Lehre verkündeten: die Gottheit verschmähe Opfer und Zeremoniell, sie fordere nur Glauben und ein Leben in Wahrheit und Gerechtigkeit«[121]. Nach Freud wird das Volk Israel dank dieser Botschaft und seines Erwählungsbewußtseins durch »eine ganz besondere Zuversicht im Leben« beseelt[122]. Den

Juden ist »eine Art von Optimismus« zu eigen; »Fromme würden es Gottvertrauen nennen«[123]. Nach unseren bisherigen Ausführungen steht fest, daß der Jude Freud sich selbst und seinen Mitmenschen gemäß der Botschaft des ägyptischen Moses »ein Leben in Wahrheit und Gerechtigkeit zum höchsten Ziel setzte«[124] und damit auch – er der skeptische Pessimist! – an jener »Zuversicht im Leben«, jener »Art von Optimismus« partizipierte, die er beim Volk Israel diagnostizierte. Der Fromme wird ihm also in der Tat das Gottvertrauen nicht absprechen. Er wird es um so weniger tun, als sich Freud, der erklärte Atheist, nun in dieser Altersschrift plötzlich, aber ohne alle Umschweife zu »den Armen im Glauben«[125] rechnet.

Daß und wie Freud »im Glauben« steht, wurde hinlänglich dargelegt. Aber in welchem Sinne gehört er zu den »Armen im Glauben«? Freud erscheinen jene Forscher »beneidenswert«, »die von der Existenz eines höchsten Wesens überzeugt sind«[126]. Daran fehlt es bei ihm: »Wir können nur bedauern, wenn gewisse Lebenserfahrungen und Weltbeobachtungen es uns unmöglich machen, die Voraussetzungen eines solchen höchsten Wesens anzunehmen. Als hätte die Welt der Rätsel nicht genug, wird uns die neue Aufgabe gestellt, zu verstehen, wie jene anderen den Glauben an das göttliche Wesen erwerben konnten und woher dieser Glaube seine ungeheure, ›Vernunft und Wissenschaft‹ überwältigende Macht bezieht.«

Freuds Armut im Glauben besteht also darin, daß er über ein höchstes Wesen keine Aussagen machen kann, weil er die Voraussetzungen einer naiven Gläubigkeit, in der »alles so einfach und so unerschütterlich festgelegt « ist, nicht anzunehmen vermag. Aber selbst diese Voraussetzungen mitsamt ihren so unerschütterlich festgelegten Vorstellungen und kindlich-einfachen Annahmen lehnt Freud nicht kurzweg ab. Vielmehr versucht er, sie zu verstehen und dadurch auch in seiner Situation ihrer innersten Intention nach zu bejahen, was freilich ohne die oben vorgeführte radikale Religionskritik nicht möglich ist.

Anmerkungen

72 Freud, GW., Bd. 14, 377; vgl. Briefwechsel Freud-Pfister 120.
73 Freud, GW., Bd. 14, 460 f.; 468 ff.
74 Freud, GW., Bd. 16, 265.
75 Freud, GW., Bd. 14, 553.
76 Ebd.
77 Freud-Pfister 149.
78 Vgl. Jones, Das Leben und Werk von Sigmund Freud, Bd. 2, 473; Bd. 3, 233 f.
79 Freud-Pfister 103.
80 Vgl. a. a O. 101 ff.

81 Vgl. a. a. O. 103. 121.
82 A. a. O. 114.
83 A. a. O. 107; vgl. 114.
84 Jones, Bd. 2Ü 488.
85 So urteilt Fromm, Psychoanalyse 21, 29: vgl. Freuds Stellungnahme zur jüdischen Religion: Die Zeremonien wertet er »als überlebten Unsinn«; »ihre ethischen Lehren hingegen« schätzte er hoch ein (Jones, Bd. 3, 409).
86 Freud, Bd. 13, 359.
87 Vgl. Jones, Bd. 3, 520; Fromm, Sendung 167 f.
88 Freud, Bd. 14, 545.
89 A. a. O. 545 f.
90 Freud-Pfister 147. Vgl. im übrigen Jones Bd. 2, 486.
91 Freud-Pfister 62.
92 Ebd.
93 Freud, Bd. 14, 479.
94 Ebd.
95 Ein bei Freud häufiges Wort, vgl. Jones, Bd. 3, 519.
96 Vgl. Jones, Bd. 2, 428, 432 f.
97 Vgl. a. a. O. 430, 432; K. Victorius, Der »Moses des Michelangelo« von Sigmund Freud. Eine Studie, in: Entfaltung der Psychoanalyse. Das Wirken Sigmund Freuds in die Gegenwart, hg. von A. Mitscherlich, 1956, 2: Bei seinen Romaufenthalten der Jahre 1912 und 1913 besuchte Freud die Kirche jeden Tag!
98 Freud, Bd. 10, 175 (im Original nicht gesperrt).
99 Vgl. Jones, Bd. 2, 430; Bd. 3, 428 und besonders K. Victorius 1 ff.
100 So Fromm, Sendung, 113 f., unter Hinweis auf Jones, Bd. 2, 50.
101 Vgl. Jones, Bd. 2, 430, der vermutet, Freud habe sich »je nach Lebensperiode« mit Moses identifiziert oder aber in Moses »die mächtige Vater-Imago« gesehen. Das letztere würde also für unsere Stelle besonders zu beachten sein, vgl. Jones ebd. – Zum richtigen Verständnis des Stichwortes »Gesindel« ist auch beachtlich, daß nach Freud von der Moses-Statue »eine fast erdrückende heilige Stille« ausgeht (Freud Bd. 10, 268).
102 Vgl. Jones, Bd. 3, 437 ff., besonders 443 f. zu Freuds okkultistischen Neigungen.
103 Vgl. Freud, Bd. 16, 249; Freud-Pfister 133; Jones, Bd. 3, 514; auch Jones, Bd. 2, 502 f. zu Freuds Leichtgläubigkeit.
104 Bei C. G. Jung gehört die Anpassung ins Grundkonzept, vgl. Fromm, Psychoanalyse 23 ff., besonders 25.
105 Vgl. die Ausführungen dieses Aufsatzes oben S. 199. – Ob die jetzt vorliegenden, Freud noch unbekannten Ergebnisse der Verhaltensforschung ihn in dieser Hinsicht anders hätten urteilen lassen, darf im Zusammenhang dieses Aufsatzes unerörtert bleiben.
106 Vgl. hierzu Jones, Bd. 1, 38 f.; Bd. 2, 472 ff., bes. 489, 507 ff.
107 Freud, Bd. 10, 175.
108 Vgl. Fromm, Sendung 116. Eigentlich wollte Freud die Studie überhaupt nicht veröffentlichen, vgl. K. Victorius 3.
109 Vgl. Jones, Bd. 2, 488 f. Für Freud war die Moses-Studie das »nichtanalytische Kind« (K. Victorius 3, vgl. a. a. O. 10). Grundsätzlich dürfte für Freuds Situation in der Kirche S. Pietro in Vincoli zutreffen, was für den Vollzug des Glaubens schlechthin gilt, nämlich, daß diesem Geschehen »Vernunft und Erfahrung nur

in Distanz folgen können«, wie G. Ebeling, Was heißt Glaube? SgV 216, 1958, 18 formuliert. Gehört zum Glauben »das Aushalten der radikal gestellten Frage nach dem Grund der Existenz«, und eröffnet er als »Mut zur Existenz« Zukunft (a. a. O. 15), so wird man Freud als Glaubenden ansprechen müssen. In dem genannten Sinne war Glaube für Freud nicht »ein partieller Akt, sondern das Sichgründen der Existenz außerhalb ihrer selbst« (ebd.) – also in Gott, würde der Theologe sagen (vgl. ebd.), was Freud gerade nicht sagt, weil er die im Glauben gestellte Frage wirklich konsequent durchhält, vgl. dazu weiter unten diesen Aufsatz. – Die weitverbreitete Ansicht, für Freud sei ein »ethischer Autonomie-Standpunkt« typisch (A. Sborowitz 62), muß also korrigiert werden, vgl. diesen Aufsatz A 112.
110 Vgl. Jones, Bd. 3, 248, mitgeteilte Selbsteinschätzung Freuds.
111 Und zwar auch von Mensch zu Mensch! Vgl. a. a. O. Bd. 2, 481.
112 Wie nah Freud in dieser Hinsicht Luther steht, hat Fromm, Psychoanalyse 22 f. 28 übersehen. K. Victorius 9 f. verkennt bei ihrer sonst vorzüglichen Interpretation (Lust- und Realitätsprinzip bestimmen Freuds Auffassung der Moses-Statue) das für Freud Entscheidende, wenn sie Freuds Frömmigkeit als Schicksalergebenheit und illusionslose Anpassung an die Realität versteht. Bei dieser Sicht kommt zwar Wesentliches der Freudschen Position in den Blick (s. o. unsere Ausführungen S. 192 f.; auch A 56). Aber das Zentrum seiner Frömmigkeit, der unbedingte Mut zur Wahrheit, Liebe und Gerechtigkeit, kommt bei dieser Sicht zu kurz: Der Moses des Michelangelo paßt sich zwar (nach Freud) der Realität an, er bezwingt seinen Zorn; aber nur, um seine Mission zu erfüllen. Mit anderen Worten: Nach Freud ist die Realität durch Liebe zu verändern (s. o. unsere Ausführungen S. 194!); allein unter diesem Aspekt ist die Anpassung an die Realität nicht nur erlaubt, sondern sogar unbedingt geboten und als höchste Leistung der Hoffnung und des Glaubens im Namen der Liebe zu werten.
113 Vgl. Freud, Bd. 16, 152 f., 167, 218.
114 A. a. O. 195; vgl. 192 f., 245.
115 A. a. O. 192, 194, 244. Der durch Paulus eingeleitete Triumph des Christentums bewirkte zwar auch einen Rückschritt, insofern heidnische Elemente eindrangen (vgl. a. a. O. 194 f.); aber: »Judenhaß ist im Grunde Christenhaß, und man braucht sich nicht zu wundern, daß in der deutschen nationalsozialistischen Revolution die innige Beziehung der zwei monotheistischen Religionen in der feindseligen Behandlung beider so deutlichen Ausdruck findet« (a. a. O. 198).
116 Kritiker benutzen die konstruktiv-spekulativen Züge in den historisch-psychologischen Darlegungen der Moses-Studien gerne als Argument gegen die wissenschaftliche Qualität Freudscher Gedankengänge. Sie wiederholen damit aber nur eine Kritik, die Freud selbst schon geübt hat (a. a. O. 160: »Meiner Kritik erscheint diese vom Manne Moses ausgehende Arbeit wie eine Tänzerin, die auf einer Zehenspitze balanciert.«) – um seine Gedanken dennoch zu veröffentlichen! Warum wohl? Unser Aufsatz bemüht sich um eine Antwort.
117 A. a. O. 210.
118 A. a. O. 211. In Freuds Worten schlägt jetzt direkt und eindeutig durch, was damals in der Moses-Studie von 1914 nur indirekt zum Zuge kam, wenn von der »Bestimmung« (Bd. 10, 283) und »Mission« (a. a. O. 279) des Moses die Rede war.
119 Freud, Bd. 16, 211.
120 A. a. O. 151.

121 A. a. O. 153, vgl. 167. – Diese nach Freud historischen (!) Tatbestände führt er dann später zwecks weiterer Interpretation noch einmal mit folgenden Worten vor: »Wir bekennen (!) uns also zu dem Glauben (!), daß ...« (a. a. O. 170).
122 A. a. O. 212.
123 Ebd.
124 Ebd.
125 A. a. O. 230.
126 Ebd.

Dokument Nr. 25

J. Scharfenberg (1965)

Freud und die Religion

Es war meines Wissens C. G. Jung, der Freud zum ersten Mal mit einem alttestamentlichen Propheten verglichen hat, der »falsche Götzen stürzt und mitleidlos die Fäulnis der zeitgenössischen Seele am Tageslicht ausbreitet«. In der evangelischen Theologie ist in jüngster Zeit in der Auseinandersetzung mit den soziologischen Veränderungen in der Welt der Ausdruck »Fremdprophetie« geprägt worden, die gegen die Christen aufgestanden sei und deren eigene Sache betrieben habe. In diesem Sinne sollten wir uns als Christen durch die Fremdprophetie eines Sigmund Freud nach vorn rufen, »provozieren« lassen!

1. Das Bild, das Freud vor allem in der ersten und in der dritten Phase von der Religion entwirft, wird manchem Theologen sicher mit Recht weithin als Karikatur vorkommen. Aber man sollte doch bedenken, daß ja Freud sein Bild von dem religiösen Leben nicht voller Böswilligkeit erfunden hat, sondern in seiner Umwelt verwirklicht sah. Religion als Wunschdenken, als Versicherungsanstalt gegen die Wechselfälle des Daseins, als Wirklichkeitsflucht und kompensatorische Hoffnung auf jenseitige Belohnung für diesseitiges Wohlverhalten – dies alles wird man nicht als längst überwundene Kindheitsstadien des christlichen Glaubens bezeichnen dürfen, sondern wir sollten uns von Freud sagen lassen, daß jede einmal erreichte Reifungsstufe – auch im Glaubensleben – von der Regression bedroht ist, die vielleicht gerade dann am stärksten zu spüren ist, wenn in der Theologie so viel vom mündig gewordenen Christen die Rede ist. Freud hat »weder Gott ins Herz getroffen, noch die Religion zum alten Eisen geworfen«, wie Ludwig Marcuse[106] richtig bemerkt. Er hat aber ein für alle Mal ein Warnungszeichen vor der Rückkehr zu einem infantilen Stadium des Glaubenslebens aufgerichtet. Es sieht so aus, als ob wir eine solche Warnung gerade gegenwärtig dringend nötig hätten. In den USA wird heute viel davon gesprochen, daß man so etwas wie eine religiöse Erweckung, ein »revival« erlebe. Eine Erweckung allerdings, in der es nicht

um die Wahrheitsfrage oder um die Entscheidung des Menschen geht, sondern um eine Religiosität als Selbstzweck, »die ganz formal, harmlos und irgendwie gesund« sei[107], mit anderen Worten, um eine Religiosität, deren Unterhaltungswert, deren »value for entertainment« erkannt wurde, eine Religion als Konsumgut. Wenn wir auch noch keine solchen Stars wie Foulton Sheen oder Norman Vincent Peale zur Verfügung haben, so sieht es doch sehr danach aus, als ob eine solche Woge der »Religion ohne Entscheidung« auch auf uns zukomme. Regression entsteht immer durch Überforderung, und wir Theologen sollten uns mit ganzem Ernst fragen, ob nicht die Ausgestaltung unserer Theologie weithin für den »gemeinen Mann« eine solche Überforderung darstellt, auf die er mit der Regression einer infantilen Religiosität antwortet.

2. Es gibt sehr viele Anzeichen dafür, daß in beiden großen christlichen Konfessionen die vordringliche theologische Aufgabe darin gesehen wird, den christlichen Glauben aus ihm selbst fremden philosophischen oder organisatorischen Verklammerungen zu lösen. Im Bereich der evangelischen Theologie, für die allein ich hier sprechen kann, scheint dieses Bemühen vor allem zu einer Auseinandersetzung mit der Metaphysik geführt zu haben, einer Weltsicht, also, die von Bultmann als »mythologisch«, von Tillich als »supranaturalistisch« und von Bonhoeffer als »religiös« bezeichnet wird. Der anglikanische Bischof J. A. T. Robinson hat die Bestrebungen dieser drei Theologen aufgegriffen und sucht in seiner Kampfschrift »Honest to God«[108] nach einer Neuinterpretation des christlichen Glaubens, die ohne mythologische, supranaturalistische und religiöse Weltsicht auskommt. Die größte Schwierigkeit eines solchen Unternehmens besteht nun meiner Meinung nach darin, daß die theologischen Methoden bis heute immer noch im Banne einer ganz bestimmten Großtat der Geistesgeschichte stehen, die sich heute jedoch als verhängnisvoll auszuwirken droht: der festen Verknüpfung der philosophischen Grundposition des Aristoteles mit der christlichen Tradition durch Thomas von Aquin. Viele Jahrhunderte lang war damit für abendländisches Denken das Metaphysische das Alleinwirkliche und Verbindliche geworden. Dies ist heute aber weder im wissenschaftlichen Denken noch im Denken des gemeinen Mannes mehr der Fall. Die entscheidende Frage des christlichen Glaubens, wie ein geschichtliches Ereignis verpflichtende Kraft für die Gegenwart haben kann, stellt sich neu. Man sollte den Mut haben, sie einmal im Lichte der Freudschen Geschichtsmetaphysik, im Lichte der »Lehre von der Wiederkehr des Verdrängten« und der Verbindung von Vergangenheit und Zukunft neu durchzudenken!

3. An einem weiteren Punkt hat sich Freud als weitsichtiger erwiesen als die Hirten und Lehrer der Kirche: Er hat sich sehr ernsthaft Gedanken darüber gemacht, was denn aus der öffentlichen Moral werden solle, wenn die religiöse Verpflichtung, mit der diese Moral jahrhundertelang begründet worden war, keine Allgemeingültigkeit mehr beanspruchen könne. So

hat er denn beizeiten »die Ersetzung der religiösen Motive für kulturelles Benehmen durch andere, weltliche« gefordert[109]. Aber er predigte tauben Ohren. Er wurde höchstens noch der Unmoral geziehen, denn dieser Fall war in der christlichen Ethik nicht vorgesehen. Heute ernten wir die Früchte, die aus diesem Versäumnis erwachsen sind. Vielleicht sähe auf dem Gebiete der Sexualmoral tatsächlich vieles anders aus, wenn sich die christlichen Kirchen beizeiten dazu entschlossen hätten, das, was hier zu fordern ist, nicht mehr metaphysisch, sondern innerweltlich, sachlich zu begründen.

Getreu seinem Vorbild Moses hat sich Freud auch auf ethischem Gebiet in die prophetische Rolle hineingelegt, das heißt, er war in demselben Maße revolutionär wie er Traditionalist war. Seine Aufgabe sah er darin, zu provozieren und zugleich zurückzurufen. Zurückzurufen vor allen Dingen zu der Macht der Liebe, auf die wir Christen meinten, ein Monopol zu haben und die Freud doch in so großartiger und aktueller Weise, unter anderem auch in den letzten Sätzen seines »Unbehagens in der Kultur«, beschworen hat.

Anmerkungen

106 L. Marcuse, Sigmund Freud, Hamburg 1956, S. 71.
107 G. Vahanian, The Death of God, New York 1961, S. 50.
108 J. A. T. Robinson, Gott ist anders, München 1963.
109 Ges. W. XIV, S. 362.

Dokument Nr. 26

P. Ricoeur (1966)

Aus: »Der Atheismus in der Psychoanalyse Freuds«

Daß S. Freud einer der großen Atheisten unserer heutigen Kulturepoche ist, daran ist nicht zu zweifeln. Um dies zu erkennen, braucht man nur »Die Zukunft einer Illusion«[1], »Das Unbehagen in der Kultur«[2] und »Der Mann Moses und die monotheistische Religion«[3] zu lesen. Wichtiger jedoch als dies ist, die Art des hier zum Ausdruck kommenden Atheismus zu bestimmen und vor allem seine tatsächliche Beziehung zur eigentlichen Psychoanalyse.

Was den ersten Punkt angeht, so ist die Freudsche Religionskritik, genau genommen, nicht positivistisch. Die Religion ist zwar in den Augen Freuds eine Illusion, an deren Stelle die Wissenschaft treten soll; doch diesen Positivismus teilt Freud mit den meisten Wissenschaftlern seiner Zeit. Viel interessanter ist es, ihn mit der Religionskritik von L. Feuerbach, F. W. Nietzsche und K. Marx zu konfrontieren: All diese Denker beabsichtigen, auf dem Umweg über eine Kulturkritik der Religion den Todesstoß zu versetzen; sie alle erforschen ihre Genese oder – um mit Nietzsche zu sprechen – ihre Genealogie, in der es darum geht, in verborgenen Bewußtseinsregungen den Ursprung einer »Illusion«, einer erfinderischen Funktion zu entdecken. Zu dieser neuartigen Kritik gehört auch die Psychoanalyse der Religion: Die Illusion, die sie zu entlarven beabsichtigt, ähnelt weder dem Irrtum im erkenntnistheoretischen noch der bewußten und freiwilligen Lüge im moralischen Sinn; sie ist ein Produkt des Sinnlich-Triebhaften, dessen Sinn dem verschlossen bleibt, der es hegt und das einer speziellen Entzifferungs- und Entschlüsselungstechnik bedarf. Diese Exegese des »falschen Bewußtseins« setzt eine Interpretationstechnik voraus, die mit Philologie und Textkritik mehr Ähnlichkeit aufweist als mit Physik oder Biologie. Daher ruht der dadurch bedingte Ahteismus nicht auf dem gleichen Fundament wie der Atheismus des szientistischen Materialismus oder des logischen, empirischen Positivismus. Es handelt sich hier viel eher um eine reduktionistische Hermeneutik, angewandt auf Wirkungen des Sinnlich-Triebhaften, die dem Kulturbereich angehören. In dieser Hinsicht ähnelt die Freudsche Psychoanalyse der Religion viel mehr der Genealogie der Moral im Nietzschischen Sinn oder sogar der Theorie von den Ideologien marxistischer Prägung als der Kritik an Theologie und Metaphysik bei August Comte.

Die Ähnlichkeit mit Feuerbach, Marx und Nietzsche geht sogar noch tiefer: bei ihnen allen ist die Reduktion der Illusion nur die Kehrseite eines positiven Befreiungsversuches und, gerade dadurch, einer Bejahung des Menschen als Menschen; auf verschiedene Weise und auf anscheinend entgegengesetzten Wegen beabsichtigen diese Meister des Zweifels, die ursprüngliche Stellung der in einer fremden Transzendenz verlorengegangenen Macht des Menschen ins Licht zu rücken; ob es sich nun um den marxistischen Sprung vom Reich der Notwendigkeit ins Reich der Freiheit mittels einer wissenschaftlich-umfassenden Erkenntnis der Gesetze der Geschichte handelt oder um die Betrachtung des Schicksals und der ewigen Wiederkehr bei Nietzsche oder um den Übergang vom Lust- zum Realitätsprinzip bei Freud[4] – immer ist die Absicht die gleiche: dem Menschen sich selbst zu enthüllen: als bejahungsmächtig und sinnschöpferisch. Hinsichtlich dieser näheren oder entfernteren Absicht ist die Interpretation der Religion in ihren negativen Aspekten nur die Aszese, durch die das Triebhafte hindurch muß, bevor es wieder in den Besitz seiner eigenen Größe gelangt.

Mit diesem Fernziel, das den Zweifel und die Technik der Interpretation passiert, spricht Freud den heutigen Menschen in seiner Tiefe an. Freud hat ja nicht nur, ja nicht einmal hauptsächlich eine neue Therapeutik eingeführt, er gab eine allumfassende Interpretation der kulturellen

Erscheinungen sowie der Religion als Teil der Kultur; durch Freud vollzieht unsere Kultur ihre eigene Selbstanalyse. Und dieses ungeheure Ereignis gilt es zu verstehen und zu beurteilen.

Ich möchte zum Schluß die großen Linien einer Diskussion umreißen, die Psychoanalytiker, Philosophen und Theologen miteinander führen könnten. In dieser Diskussion gäbe es zunächst eine Vorerörterung über die prinzipiellen Grenzen einer Psychoanalyse der Kultur. So wichtig diese Vorerörterung auch sein mag, so darf sie doch nicht eine wechselseitige Infragestellung der oben genannten Fachgebiete ersetzen, die auf den Grund der Dinge führt.

Um mit der Vorerörterung über die Methode zu beginnen, so ist erst einmal gut zu begreifen, daß die psychoanalytische Deutung nicht so aufzufassen ist, als schlöße sie andere Deutungen aus, die weniger auf Reduktion und Destruktion als auf ein Verstehen bedacht sind, sowie darauf, den mythisch-poetischen Symbolgehalten ihre ursprüngliche Echtheit wiederzugeben. Die Grenzen der Freudschen Deutung sind nicht auf seiten des Objektes zu suchen; denn nichts ist ihr unzulänglich noch, wie sich versteht, verboten. Die Grenze liegt auf seiten des Aspektes und des Modells. Auf seiten des Aspektes: Jede menschliche Wirklichkeit, jedes Zeichen, jeder Sinn wird vom Analytiker unter dem Blickwinkel der Triebsemantik erfaßt, d. h. der ökonomischen Bilanz von Lust und Unlust, von Befriedigung und Frustration. Hier liegt seine Ausgangsentscheidung, hier liegt aber auch seine Zuständigkeit. Was das Modell angeht, so steht es von vornherein fest: Es ist das Modell der Wunscherfüllung, das zuerst am Traum und am neurotischen Symptom veranschaulicht wird. Die gesamte menschliche Wirklichkeit müsse dann von der Psychoanalyse gedeutet werden, sofern sie Entsprechungen zu dieser ursprünglichen Erfüllung aufweise. Darauf beruht zugleich die Gültigkeit einer Religionskritik und deren Grenze.

Wendet man nun dieses Gültigkeitskriterium auf die einzelnen Analysen an, die Freud mit der Religion vornimmt, so läßt sich folgendes sagen:

1. Hinsichtlich der klinischen Psychoanalyse: die Analogie zwischen den religiösen und pathologischen Erscheinungen muß bleiben, was sie ist: eine einfache Analogie, deren letzter Sinn offen bleibt. Der Mensch ist aufnahmefähig für die Neurose, wie er empfänglich für die Religion ist und umgekehrt. Doch was bedeutet Analogie? Die Psychoanalyse als Analyse vermag darüber nichts auszusagen. Sie hat keinerlei Möglichkeit, zu entscheiden, ob der Glaube nur Glaube, der Ritus in seiner ursprünglichen Funktion ein Zwangsritus ist und ob der Glaube lediglich Trost nach Art des kindlichen Trostes darstellt. Sie vermag dem religiösen Menschen zwar sein Zerrbild vorzuhalten; doch die Pflicht, darüber nachzusinnen, wie sich die Ähnlichkeit mit diesem Zerrbild vermeiden läßt, bleibt ihm überlassen. Für den Geltungsbereich der Analogie und somit für ihre Grenzen scheint mir ein Punkt ausschlaggebend zu sein: Gibt es innerhalb der affektiven

Dynamik des religiösen Glaubens eine Möglichkeit, den eigenen Archaismus zu überwinden?

2. Eine weitere Unklarheit zeigt sich im Hinblick auf die Genealogie der Religion mittels der Ethnologie: Ist die Vorstellung vom Vatermord, die Freud als Ursprung der Götter wieder aufdeckt, nur der Überrest einer traumatischen Erinnerung, oder ist sie eine wirkliche »Urszene«, ein Symbol, das imstande ist, die erste Sinnschicht einer Ursprungsvorstellung bloßzulegen, die sich von ihrer infantilen und quasi-neurotischen Wiederholungsfunktion immer mehr gelöst hat und für die Erforschung der wesentlichen Sinnbedeutungen des menschlichen Schicksals immer mehr zur Verfügung steht? Nun hat aber Freud diese Vorstellung, die nichts mit Überresten zu tun hat und Träger eines neuen Sinngehaltes ist, mehrmals vorgefunden, freilich nicht, wenn er von Religion, sondern wenn er von der Kunst spricht. Ein Künstler wie Leonardo da Vinci hat sich als fähig erwiesen, die Überreste der Vergangenheit umzugestalten und mit einer traumatischen Erinnerung ein neues Werk zu schaffen, in dem seine Vergangenheit »verleugnet und künstlerisch überwunden wird«.[5] Warum bringt aber die »Transfiguration« der Urgestalt des Vaters nicht die gleiche Zweideutigkeit mit sich, die gleiche Ambivalenz von Wiederauftauchen im Traum und kulturellem Schaffen? Vermag nicht die gleiche Vorstellung zwei entgegengesetzte Bewegungsrichtungen hervorzubringen: die regressive Richtung, die sie an die Vergangenheit bindet, und eine progressive, die sie in eine sinnentdeckende Kraft umwandelt? Die Spur, der man nachgehen müßte, wäre diese: Besteht nicht die Kraft eines religiösen Symbols gerade darin, die Vorstellung von einer Urszene wieder aufzugreifen und sie in ein Werkzeug zur Entdeckung und Erforschung der Ursprünge umzuwandeln? In seinen Symbolvorstellungen spricht der Mensch die Gründung des Menschengeschlechtes aus. Indem es auf Überreste hinweist, zeigt das Symbol, wie eine Ursprungsvorstellung arbeitet, die man zwar geschichtlich nennen kann, weil sie ein Ereignis meint, ein Eintreten ins Sein, nicht aber historisch, da sie keinerlei chronologische Bedeutung hat.

3. Die eigentlich ökonomische Bedeutung des Phänomens der Religion als »Wiederkehr des Verdrängten« wirft die letzte Frage auf: Ist die Religion die eintönige Wiederholung ihres eigenen Ursprungs, ein Nichthinauskommen über ihren eigenen Archaismus? Für Freud gibt es keine Geschichte der Religion. Es gilt hier zu zeigen, durch welche Erziehung der Triebwünsche und der Furcht die Religion ihren eigenen Archaismus überwindet. Diese aufsteigende Dialektik des Affektes ist durch eine parallele Dialektik der Vorstellung zu kennzeichnen. Dazu muß man jedoch die Texte in Erwägung ziehen, in denen und durch die der Gläubige seinen Glauben »geformt« und »erzogen« hat. Man kann keine Psychoanalyse des Glaubens treiben ohne vorherige Interpretation jener »Schriften«, in denen das Objekt dieses Glaubens verkündet wird. Nun braucht

aber kaum gesagt zu werden, daß »Der Mann Moses und die monotheistische Religion« in keiner Weise eine Exegese des Alten Testamentes darstellt. Daher besteht auch keinerlei Möglichkeit, daß Freud in seinem Buch jene Sinn-Neuschöpfungen auffinden könnte, durch welche sich die Religion von ihrem Urbild entfernt hat.

Ich möchte jedoch nicht mit diesen Einwänden schließen, da dadurch die Gefahr besteht, daß dem Leser die Schulung und das harte Lehrgeld erspart bleibt, das sein Glaube unter der Führung Freuds und der Psychoanalyse zu zahlen hätte. Wir sind noch weit davon entfernt, uns die Wahrheit des Freudismus über die Religion angeeignet zu haben. Der Freudismus hat zwar den Glauben der Ungläubigen bereits gestärkt, jedoch kaum begonnen, den Glauben der Gläubigen zu läutern.

In zwei Punkten haben wir von Freud noch zu lernen: in der Beziehung der Religion zum Verbot und in ihrer Beziehung zum Trost. Wir werden die eigentlich biblische Dimension der Sünde erst dann zurückgewinnen, wenn wir in uns selbst alles Archaische, Infantile und Neurotische, das im »Schuldgefühl« noch drinsteckt, »liquidiert« haben. Die Schuld ist eine Falle, eine Gelegenheit, zurück- und auf einem vormoralischen Standpunkt stehenzubleiben, im Archaismus zu erstarren. Nirgendwo ist es notwendiger, durch eine »Destruktion« hindurchzugehen, um den authentischen Sinn von Sünde wieder zu erlangen. Könnte uns nicht die Freudsche Kritik am Über-Ich zur paulinischen Kritik am Gesetz und an seinen Werken führen? Daraus ergibt sich, daß die Zentralgestalt der Religion, die nach der Psychoanalyse aus dem Prototyp des Vaters hervorgehen soll, ihre eigene Bekehrung in Richtung auf den wahren Vater Jesu Christi nicht vollenden kann, solange sie nicht selbst alle Grade durchlaufen hat, die den Graden der Schuldhaftigkeit entsprechen: angefangen von der tabuhaften Furcht bis zur Sünde der Ungerechtigkeit im Sinne der jüdischen Propheten, ja bis zur Sünde des Gerechten, d. h. der Selbstgerechtigkeit im paulinischen Sinn.

Doch vielleicht ist es im Bereich des Trostes, daß man die Lehre der Psychoanalyse überhaupt noch nicht wahrgenommen hat. Es gibt nämlich zwei Arten von unentwirrbar miteinander verflochtenen Tröstungen: den kindlichen und götzendienerischen Trost, den gleichen, den auch die Freunde Jobs bekannten – und den Trost dem Geiste nach, der nichts Narzistisches und Eigennütziges mehr an sich trägt, der gegen die Widerwärtigkeiten des Daseins keinen Schutz und vor der Härte des Lebens keine Zuflucht mehr bietet. Dieser Trost steht nur dem höchsten Grad von Gehorsam gegenüber der Wirklichkeit offen, und er muß durch die Trauer des ersten Trostes hindurch. Derjenige jedoch, der diesen Weg bis zu Ende gegangen wäre, hätte wahrhaft den Freudschen Ikonoklasmus in die Bewegung des Glaubens selbst hineingenommen.

Anmerkungen

1 S. Freud, Die Zukunft einer Illusion (1927), Gesammelte Werke, XIV, 325-380.
2 Idem, Das Unbehagen in der Kultur. G. W. XIV, 421-506.
3 Idem, Der Mann Moses und die monotheistische Religion (1937-39), G. W. XVI, 101-246.
4 Idem, Formulierungen über die zwei Prinzipien des psychischen Geschehens (1911), G. W. VIII, 230-238.
5 S. Freud, Eine Kindheitserinnerung des Leonardo da Vinci (1910), G. W. VIII, 189.

DOKUMENT NR. 27

A. Wucherer-Huldenfeld (1969)

Aus: »Die ›Religion‹ Freuds«

Das Problem des Atheismus bei Freud verliert an Gewicht, wenn man bestreiten kann, daß er ein Philosoph war, wenn man darauf hinweisen kann, daß er die eigentliche Philosophie sorgfältig gemieden hat. Gibt man auch zu, daß der späte Freud ins Ideologische abgerutscht sei[27], so kann man doch nicht behaupten, es handele sich eben nur um Spekulationen eines alten Mannes, die das Gesamtbild, welches uns sein Lebenswerk zu formen gestatte, weder wesentlich umwandeln noch beeinträchtigen können. Dem steht entgegen, daß es Freuds Anfangsziel war, zur Philosophie zu kommen[28]. Im Brief vom 2. April 1896 schreibt Freud an seinen Freund Wilhelm FLIESS: »Ich habe als junger Mensch keine andere Sehnsucht gekannt als die nach philosophischer Erkenntnis, und ich bin jetzt im Begriffe sie zu erfüllen, indem ich von der Medizin zur Psychologie hinüberlenke. Therapeut bin ich wider Willen geworden«[29]. Auffallend ist, daß in diesem Brief schon von »metapsychologischen Fragen« die Rede ist; von solchen Fragen, die über die bloß empirische Psychologie hinausgehen, ließe sich nämlich verstehen, daß sie zu philosophischen Antworten führen könnten. Und in diesem Sinne ist im Brief an Fliess von »Psychologie« die Rede: »Die Psychologie – Metapsychologie eigentlich – beschäftigt mich unausgesetzt«, schreibt Freud kurz vorher, am 13. Februar 1896[30]. Er verwendet hier das erste Mal den Ausdruck »Metapsychologie«. Sie wird zwei Jahre später als »hinter das Bewußtsein führende Psychologie« definiert[31]. Ein programmatischer Text von großer Dichte aus dem Jahre 1901 enthüllt die Aufgabe dieser Metapsychologie: »Ich glaube in der Tat, daß ein großes Stück der mythologischen Weltauffassung, die weit bis in die modernsten Religionen hinein reicht, nichts anderes ist als in die Außwenwelt projizierte Psychologie. Die dunkle Erkenntnis (sozusagen endopsychische Wahrnehmung) psychischer Faktoren und Verhältnisse des Unbewußten spiegelt sich – es ist schwer, es anders zu sagen, die Analogie mit der Paranoia muß hier zu Hilfe genommen werden – in der Konstruktion einer übersinnlichen Realität, welche von der Wissenschaft in Psychologie des Unbewußten zurückverwandelt werden soll. Man könnte sich getrauen, die Mythen vom Paradies und Sündenfall, von Gott, vom Guten und Bösen, von der Unsterblichkeit u. dgl. in solcher Weise aufzulösen, die Metaphysik in Metapsychologie umzusetzen.«[32]

Was ist nach diesem Text »Metapsychologie«? Sie will der legitime Erbe der Psychologia rationalis, der philosophischen Anthropologie, ja überhaupt der metaphysischen Philosophie und sogar der Offenbarungstheologie sein. Sie mutet sich eine ungeheure Leistung zu. Sie beendet die Metaphysik, aber auch die Religion und mit ihr die »christliche Religion«, welche Freud ähnlich wie Schopenhauer und vielleicht auch mit Nietzsche als vulgäre Form der Metaphysik (als »Platonismus fürs Volk«) verstanden hat. Aber dieses Ende der Metaphysik ist kein absolutes Ende, denn sie soll nun in Metapsychologie umgesetzt werden. Das heißt, die jenseitige »übersinnliche Realität« des platonischen Kosmos der Ideen und Werte soll in »Psychologie des Unbewußten zurückverwandelt werden«, nämlich des unbewußten Willens (im Sinne Schopenhauers), der »mit den seelischen Trieben der Psychoanalyse gleichzusetzen ist«[33]. Die Welt der Ideen und Werte wird auf die Vorstellungen des Willens zurückgeführt, des Lebens- und Todestriebes, des Sich-Wollens und des Sich-nicht-Wollens (des Widerwillens gegen sich). Lebens- und Todestrieb, Wille und Unwille werden nunmehr als das eigentliche Sein, das sinn- und wertsetzende Sein erfahren. Freuds Philosophie, wenn von einer solchen gesprochen werden darf, ist daher wie die Philosophie Nietzsches im Grunde »umgedrehter Platonismus«[34].

Die Metapsychologie als »Mythos«

Eine Vorstufe des Programmes von 1901 findet sich in einem Brief an Fliess vom 12. Dezember 1897. Sie kann uns helfen, die Deutung weiterzuführen. Freud schreibt: »Kannst Du Dir denken, was ›endopsychische Mythen‹ sind? Die neuste Ausgeburt meiner Denkarbeit. Die unklare innere Wahrnehmung des eigenen psychischen Apparates regt zu Denkillusionen an, die natürlich nach außen projiziert werden, und charakteristischer Weise in die Zukunft und in ein Jenseits. Die Unsterblichkeit, Vergeltung, das ganze Jenseits sind solche Darstellungen unseres psychischen Inneren ... Psycho-Mythologie«[35]. Die »unklare innere Wahrnehmung« ist dasselbe wie die »dunkle Erkenntnis (sozusagen endopsychische Wahrnehmung)« im Text von 1901. Hier ist nicht der Ort zu bedenken, daß es sich im Verständnis des späten Freud um eine Art mystische Erfahrung handelt: »Mystik ist dunkle Selbstwahrnehmung des Reiches außerhalb des Ichs, des Es«[36], also des unbewußten Willens. – Diese innere Wahrnehmung des Unbewußten »regt zu Denkillusionen an«. Religion ist erst eine Folge von Illusionen, deren Außenprojektion; sie wird wie die Illusion vom »Denken« her bestimmt, ist also vor allem für Freud Lehre, Doktrin, auch wenn es sich um eine Wertsetzung handelt, die sich in Gebot und Verbot moralisch äußert. Freilich ist dieses Denken hinter sein Licht geführt, so lange es sich nicht als Mittel erfaßt, in dem sich dieser unbewußte Wille selber vorstellt, subjektiviert und objektiviert. Es geht ihm darum, zu sich zu kommen, d. h. die Weise, wie der Mensch in Mythologie und Religion denkend außer sich ist, sich vorstellt – aber ohne sich zu erkennen –, soll in der Reflexion als »Darstellung unseres psychischen Inneren« eingeholt werden.

Daß dieses Innere nach außen »in ein Jenseits«, in eine Überwelt entrückt wird, läßt an die Lehre von der übersinnlichen Welt als dem eigentlichen Sein des vulgären Platonismus denken. Das Jenseits ist aber in die Zukunft vorverlegt. Und diese beruht auf Illusionen. Die Zukunft liegt für Freud nämlich in der Erinnerung der Vergangenheit. Das Gewesene bestimmt die Zukunft. Religion schneidet den Menschen von dem ab, was er war, indem sie sein Inneres veräußert und in die Zukunft verlegt: nach oben – vorne. Damit ist eine kritische Position gegenüber der biblischen Religion, aber auch gegenüber jeder Sozialromatnik oder Sozialutopie bezogen. Welches ist ihre letzte Grundlage?

Der »endopsychischen Wahrnehmung« entsprechen die »endopsychischen Mythen«. Die reflektierte, sich selbst wahrnehmende und so sich wissende Darstellung unseres Unbewußten ist »Psycho-ymthologie«. Der unbewußte Wille, den man dem höheren Seelenleben zuzuordnen pflegt, darf nicht mit dem niederen Seelenleben ineinsgesetzt, ja nicht einmal als psychisches Phänomen dem Somatischen gegenübergestellt werden, sondern umgekehrt: alles Psychische und Somatische ist auf dem Grunde des Willens erfahren und metapsychologisch deutbar. Damit wäre Freuds Metapsychologie der »Grundtriebe« als eine Gestalt der neuzeitlichen Willensmetaphysik einzuordnen. Diese Metaphysik des Willens ist aber in ihrer Grundlegung philosophisch und wissenschaftlich bodenlos. Allein Freud hat längst den Boden des eigentlichen Philosophierens wie den der (empirischen) Wissenschaften verlassen: »Sie wissen, wie sich das populäre Denken mit den Trieben auseinandersetzt. Man nimmt so viele und so verschiedenartige Triebe an, als man eben braucht, einen Geltungs-, Nachahmungs-, Spiel-, Geselligkeitstrieb und viele dergleichen mehr. Man nimmt sie gleichsam auf, läßt jeden seine besondere Arbeit tun und entläßt sie dann wieder. Uns hat immer die Ahnung gerührt, daß hinter diesen vielen kleinen ausgeliehenen Trieben sich etwas Ernsthaftes und Gewaltiges verbirgt, dem wir uns vorsichtig annähern möchten.«[37] Diese verborgene Urgewalt wird in den Bildern vom Kampf der »»himmlischen

Mächte‹«, des »ewigen Eros«, »mit seinem ebenso unsterblichen Gegner« Thanatos, ausgesagt[38]. Es ist nicht mehr die mangelhafte Gestalt der philosophischen Aussage, der die Fragwürdigkeit ihres Ursprungs entgeht, sondern überhaupt eine neue Weise des Sagens, welche den Bereich des Grundes für alle Triebe aufschließen soll: die mythische Getalt.

Der Mythos erzählt von der Heils- und Unheilsgeschichte des Menschen. Er läßt das Numinose, das Göttliche wie das Dämonische ahnen. C. G. Jung hat bei seinen Begegnungen mit Freud den Eindruck empfangen, der Eros bedeute Freud etwas Numinoses: »Es war unverkennbar, daß die Sexualtheorie Freud in ungewöhnlichem Maße am Herzen lag. Wenn er davon sprach, wurde sein Ton dringlich, fast ängstlich, und von seiner kritischen und skeptischen Art war nichts mehr zu bemerken. Ein seltsam bewegter Ausdruck, dessen Ursache ich mir nicht erklären konnte, belebte dabei sein Gesicht. Das machte mir einen starken Eindruck: die Sexualität bedeutet ihm ein Numinosum . . . Sie war ihm eine ›res religiosa observanda‹.«[39]

Man könnte versucht sein, Jungs Bericht als tendenziöse Entstellung der Freudschen Triebtheorie zu werten. Allein Freuds Aussagen wiesen in dieselbe Richtung: »Die Trieblehre ist sozusagen unsere Mythologie. Die Triebe sind mythische Wesen, großartig in ihrer Unbestimmtheit«[40].

In dem bekannten Schreiben an Albert Einstein »Warum Krieg?«[41] weist Freud nachdrücklich auf »eine solche Art von Mythologie« hin, auf welche jede Naturwissenschaft – und auch die Psychoanalyse ist ihm eine Naturwissenschaft – hinausläuft: »Vielleicht haben Sie den Eindruck, unsere Theorien seien eine Art Mythologie, nicht einmal eine erfreuliche in diesem Fall. Aber läuft nicht jede Naturwissenschaft auf eine solche Art von Mythologie hinaus? Geht es Ihnen heute in der Physik anders?« Kurz danach spricht er »von unserer mythologischen Trieblehre«. Sie ist freilich weit weg von ursprünglichen Gestalten des Mythos, weil sie als ein »wssenschaftlich« derivierter Mythos verstanden sein will. Ursprünglich mythologische Weltauffassung. Religion und Metaphysik, werden nicht entmythologisiert, nicht aufgehoben, sondern in metapsychologische Mythologie, in »Psycho-Mythologie« zurückverwandelt, also auf den Kampf jener Herrschaften und Gewalten zurückgeführt, die sich hinter den vielen kleinen ausgeliehenen Trieben verbergen. Die Fraglosigkeit aber mit der dieser »wissenschaftlich« vermittelte Mythos der Metapsychologie, und umgekehrt, die Metapsychologie als mythisch vermittelte Theorie, oft hingenommen wird, stellt uns vor ein Problem, dem hier nicht mehr nachgegangen werden kann.

27 So René Laforgue, Persönliche Erinnerungen an Freud, in: Die Vorträge der 5. Lindauer Psychotherapiewoche 1954, hrsg. von E. Speer, Stuttgart 1955, 51.
28 Vgl. A. Wucherer-Huldenfeld, Sigmund Freud als Philosoph, in: Wissenschaft und Weltbild, Zeitschr. für Grundlagen der Forschung 21 (1968), 171-188.
29 S. Freud, Aus den Anfängen der Psychoanalyse: Briefe an Wilhelm Fliess, Abhandlungen und Notizen aus den Jahren 1887-1902, London 1950, 173.
30 A. a. O., S. 168, vgl. dort Anmk. 3 vom Herausgeber Ernst Kris.
31 A. a. O., 262.
32 IV, 287 (gesp. von Freud).
33 XII, 12; vgl. II/III, 39; V, 32; XIII, 53; XIV, 86, 105.
34 »Meine Philosophie umgedrehter Platonismus: je weiter ab vom wahrhaft Seienden, um so reiner schöner besser ist es« (zit. nach Martin Heidegger, Nietzsche, Bd. I, Pfullingen 1961, 180, 177-189). Umdrehung des Platonismus beinhaltet eine Verneinung des Platonismus, welche die verborgene Form der Abhängigkeit darstellt; vgl. dazu Wucherer-Huldenfeld, Freud und die Philosophie, in: Acta Psychotherapeutica 4,(1965), 243-251.
35 Aus den Anfängen, a. a. O., 252.
36 Notiz vom 22. August 1938 aus dem Nachlaß, die letzte der GW. XVII 152.
37 XV 101 f.
38 XIV, 506.
39 Erinnerungen, Träume, Gedanken von C. G. Jung, aufgezeichnet und hrsg. von Aniela Jaffé, Zürich 1967, 154 f.
40 XV, 101.
41 XVI, 22 f.

III Quellenangaben zu den zitierten Dokumenten

Abderhalden, E. (1938/29) Sigmund Freuds Einstellung zur Religion, in: Ethik, Bd. 5, S. 93, 96, 98, 99
Asmussen, H. (1937) Die Seelsorge, München, S. 30
Bakan, D. (1976) Mensch im Zwiespalt, München, S. 174 ff.
Barth, K. (1957) Die kirchliche Dogmatik III 4, Zollikon-Zürich, S. 150
Freud, S. (1927c) Die Zukunft einer Illusion, Ges. W., Bd. XIII
Freud, S. (1933a) Neue Folge der Vorlesungen zur Einführung in die Psychoanalyse, Ges. W., Bd. XV, S. 170 ff.
Freud, S. / Pfister, O. (1963a) Briefe 1909-1939, Frankfurt am Main
Habermas, J. (1968) Erkenntnis und Interesse, Frankfurt a. M., S. 300 f.
Hoch, W. (1937) Evangelische Seelsorge, Berlin, S. 164 f.
Jahn, E. (1964) Seelsorgekunde im Umriß, Berlin
Knabe, E. K. (1929) Psychiatrie und Seelsorge, Schwerin, S. 6
Lee, R. S. (1953) Freud und das Christentum, in: Der Weg zur Seele, 5. Jahrg., Heft 6, S. 162 f.

Mahr, G. (1928) Evangelische Seelsorge und Psychoanalyse in Prinzhorn (ed.) Auswirkungen der Psychoanalyse in Wissenschaft und Leben, Leipzig, S. 335, 336, 337, 339, 340, 342, 343
Maraun, F. (1933) Christentum und Psychoanalyse, in: »Kritische Gesänge«, Literaturblatt der Berliner Börsenzeitung, Nr. 20 vom 14. 5. 1933
Moltmann, J. (1972) Der gekreuzigte Gott, München, S. 268 ff.
North, M. (1972) The secular priests, London, S. 26 f.
Pfenningsdorf, E. (1930) Praktische Theologie, 2. Band, Gütersloh, S. 597 f.
Pfister, O. (1910) Die Psychoanalyse als wissenschaftliches Prinzip und als seelsorgerliche Methode, in: Evangelische Freiheit, Bd. 10, S. 196/97
Pfister, O. (1923) Was bietet die Psychoanalyse dem Seelsorger? Leipzig S. 121
Pfister, O. (1925) Die Frömmigkeit des Grafen Ludwig von Zinzendorf, Leipzig/Wien, S. 114-116
Pfister, O. (1927) Analytische Seelsorge, Göttingen, S. 4 f.
Pfister, O. (1928)[1] Die Illusion einer Zukunft, in: Imago, Bd. XIV, S. 153/154
Pfister, O. (1928)[2] Psychoanalyse und Weltanschauung, Leipzig/Wien
Pfister, O. (1928/29) Psychoanalyse und Seelsorge, in: Ethik, Bd. V, 2. Heft, S. 88/89
Pfister, O. (1934) Neutestamentliche Seelsorge und psychoanalytische Therapie, in: Imago, Jg. 20., S. 425 ff.
Pfister, O. (1944) Das Christentum und die Angst, Zürich, S. 480
Pius XII. (1952) Die sittlichen Grenzen der ärztlichen Forschungs- und Behandlungsmethoden (Ansprache am 14. September 1952)
Pius XII. (1953) Ansprache an die Teilnehmer des Kongresses für Psychotherapeutik und Klinische Psychologie am 13. April 1953
Ricoeur, P. (1966) Der Atheismus der Psychoanalyse Freuds, in: Concilium, Heft 2, S. 430, 433-35
Ricoeur, P. (1974) Technik und Nichttechnik in der Interpretation, in: Hermeneutik und Psychoanalyse, München, S. 103-104
Scharfenberg, J. (1965) Freud und die Religion, in: Psychotherapie und religiöse Erfahrung, Stuttgart, S. 69 ff.
Scharfenberg, J. (1968) Sigmund Freud und seine Religionskritik als Herausforderung für den christlichen Glauben, Göttingen (3. Aufl. 1971)
Schian, M. (1922) Grundriß der Praktischen Theologie, Gießen, S. 289 f.
Schreiber, J. (1967) Sigmund Freud als Theologe, in: Theologia practica, 11. Jahrg., Heft 3, S. 196-207
Thurneysen, E. (1948) Die Lehre von der Seelsorge, München, S. 216 f.
Tillich, P. (1956) Systematische Theologie, Bd. III, Stuttgart, S. 239

Tillich, P. (1959) Gesammelte Werke, Bd. III, Stuttgart, S. 215
Tillich, P. (1960) Der Einfluß der Pastoralpsychologie auf die Theologie, in: Neue Zeitschrift für systematische Theologie, Bd. II, Heft 2, S. 132
Uhsadel, W. (1966) Evangelische Seelsorge, Heidelberg, S. 69 f.
Underwood, R. A. (1965) Hermes and Hermeneutics, in: Hartford Quarterly 6, S. 34-53
Wiener, M. (1928/29) Jüdische Frömmigkeit und psychoanalytische Religionsbetrachtung, in: Ethik 5, S. 462, 464, 465, 466, 467
Wolff, P. (1934/35) Das ethisch Bedeutsame in der Psychoanalyse, in: Der katholische Gedanke, Nr. 7/8, S. 249, 250, 251, 252, 255, 256, 257, 259
Wucher-Huldenfeld, A. (1969) Die »Religion« Freuds, in: Arzt und Christ, 15. Jahrg., Heft 1, S. 19 ff.

V Abkürzungen der Bibliographie

AmIm	American Imago
ARPs	Archiv für Religionspsychologie
C	Commentary
DP	Der Psychologe (Schwarzenburg/Schweiz)
Im	Imago
J	International Journal of Psycho-Analysis
JRH	Journal of Religion and (Mental) Health
N. Y.	New York
P	Psyche
PP	Pastoral Psychology
PsaB	Die Psychoanalytische Bewegung
Q	The Psychoanalytic Quarterly
R	(Psychoanalysis and) The Psychoanalytic Review
WuW	Wort und Wahrheit
WzM	Wege zum Menschen
WzS	Der Weg zur Seele
Z	Internationale Zeitschrift für Psychoanalyse
ZPsa	Zentralblatt für Psychoanalyse (und Psychotherapie)
ZRPs	Zeitschrift für Religionspsychologie
Spiegel	Y. Spiegel (ed.): Psychoanalytische Interpretationen biblischer Texte, München 1972

VI Bibliographie

Abderhalden, E. u. a. Psychoanalyse und Seelsorge, in: Ethik 4, 1927/28 (mit theologischen Beiträgen von G. Anton, V. v. Weizsäcker, E. Kretschmer, R. Frankch, W. Buntzel, G. Jacobi, J. Schairer, F. Delekat, P. Ehrenberg, E. Jahn, P. Maag)
– Sigmund Freuds Einstellung zur Religion. Ethik 5, 1928/29, 91-101
Affemann, R. Tirefenpsychologie als Hilfe in Verkündigung und Seelsorge. Stuttgart 1965
– Die Funktion der Theologie, untersucht mit den Methoden der Tiefenpsychologie. In: P. Neuenzeit (ed.): Die Funktion der Theologie, München 1969, 15-29
Allwohn, A. Die Ehe des Propheten Hosea in psychoanalogischer Beleuchtung. Gießen 1926
– Die religiösen Hemmungen der Sexualität. Beiträge zur Sexualforschung 6, 1955, 37-46
– Die Interpretation der religiösen Symbole, erläutert an der Beschneidung. Zeitschr. f. Religions- u. Geistesgeschichte 8, 1956, 32-40
– Die Bedeutung der Tiefenpsychologie für die christliche Anthropologie. In: W. Bitter (ed.): Zur Rettung des Menschlichen in unserer Zeit. Stuttgart 1961, 260-275
– An der Grenze von Ekstase und Dämonie. In: W. Bitter (ed.): Massenwahn in Geschichte und Gegenwart. Stuttgart 1965, 164-172
Andrea, Tor Psychoanalys och religion. (um 1930) wahrscheinlich Stockholm
Andreae, St. Patoraltheologische Aspekte der Lehre Sigmund Freuds von der Sublimierung der Sexualität. Kevelar 1974
Bakan, D. Freuds Jewishness and his Psychoanalysis. Judaism and Psychiatry 3, 1954, 51 ff.
– Moses in the Thought of Freud. An Ambivalent Interpretation. C 26, 1958, 322-331
– Sigmund Freud and the Jewish Mystical Tradition. N. Y. 1965 (2. Aufl.)
– The Duality of Human Existence. An Essay on Psychology and Religion. Chicago 1966, deutsch: Mensch im Zwiespalt, Mainz/München 1976
– Disease, Pain, and Sacrifice. Toward a Psychology of Suffering. Chicago 1968 (Teils in: Spiegel, 152-166)
Bamberger, J. Ist die Religion Selbsttäuschung? Freuds Kampfansage an die Theologie. Concilium 2, 1966, 436-443
Baruk, H. La signification de la psychoanalyse et la judaisme. Rev. Hist. Med. Hebr. 19, 1966, 15-29, 53-65, 131-132
Baudouin, Ch. La sublimation des images chez Huysmanns lors de sa conversion. Psyché (Paris) 5, 1950, 378-385

- Aspects concrets et theoretiques de la sublimation: Mystique et continence. Etudes carmélitaines (Paris) 1952, 220-236
- Psychoanalyse des religiösen Symbols. Würzburg 1962

Beets, N. Die Bedeutung der Identifizierung für das Glaubensleben. Theologia Practica 3, 1968, 79-86

Beirnaert, L. Die psychoanalytische Theorie und das sittlich Böse. Concilium 6, 1970, 401-406

Bergmann, W. (ed.) Religion und Seelenleiden. Vorträge der Sondertagung des Verbandes der Vereine katholischer Akademiker in Kevelar. 3 Bde., Düsseldorf 1926, 1928

Bernet, W. Fragen der Theologie an die Tiefenpsychologie. In: H. J. Schultz (ed.): Was weiß man von der Seele? Stuttgart 1967, 195-202

Bickel, L. Freud and Brunner. In: ders.: The Unity of Body and Mind. N. Y. 1969, 111-138

Bihler, H. Freudian Morality. Conference Bulletin of the Archdiocese of New York. 23, 1946, 23-26

Birk, K. Sigmund Freud und die Religion. Münsterschwarach 1970

Blanton, S. Freud and Theology. Pastoral Counselor 1, 1963, 3-8

Blau, A. Sigmund Freuds Unglaubensbekenntnis. Jeschurun (Berlin) 15, 1928, 577-592

Bohlin, T. Seelsorge und Psychotherapie im Lichte der lutherischen Lehre vom Beruf. WzM 10, 1958, 232-237

Böhringer, H. Sigmund Freud und die Christen. Christ und Welt/ Deutsche Zeitung vom Mai 1970, 23, 1970, Nr. 20 (15. 5.) 11

Bonhoeffer, Th. Theologie und Psychologie. In: O. Loretz / W. Strolz (ed.): Die hermeneutische Frage in der Theologie. Freiburg/Basel/Wien 1968
- Multatuli. WzM 22, 1970, 365-369

Bonnell, J. S. The Demoniac of Gerasa. A Study in Modern Frustration. PP 7, 1956, 23 ff.

Bopp, L. Moderne Psychoanalyse, katholische Beichte und Pädagogik. Kempten 1923
- Katholizismus und Psychoanalyse. Der Katholizismus als Lösung großer Menschheitsfragen. Innsbruck 1925, 49-93

Bosse, H. Marx, Freud und die Christen. In: J. M. Lohse (ed.): Menschlich sein – mit oder ohne Gott? Stuttgart/Berlin/Köln/Mainz 1969, 84 ff.

Braun, R. Sigmund Freuds Unglaube. Sein Verhältnis zum Christentum in seinem Briefwechsel. WuW 19, 1964, 450-456

Buber, M. Schuld und Schuldgefühle (1957). In: Werke, Bd. 1, München/ Heidelberg 1962, 475-502

Buntzel, W. Die Psychoanalyse und ihre seelsorgerliche Verwertung. Göttingen 1926

Cole, W. G. Sexualität in Christentum und Psychoanalyse. (engl. 1955) deutsch: München 1969

Colm, H. N. Healing as Participation; Comments based on Paul Tillichs Existential Philosophy. Ps 16, 1953, 99 ff.
Crespy, G. Exégèse et psychoanalyse. Considérations aventureuses sur Romanins 7,7 á 25. In: L'Evangeli hier et aujourd 'hui (Festschr. F. J. Leenhardt), Genf 1968, 169-180
Cronbach, A. The Psychoanalytic Study of Judaism. Hebrew Union College Annual 8/9, 1931/32, 605-740
– New Studies of the Psychology of Judaism. Hebrew Union College Annual 19, 1945, 205-273
Dalbiez, R. La méthode psychanalyse et la doctrine Freudienne. 2 Bde., Paris 1936
Delekat, F. Rechtfertigung und Psychoanalyse. Die christliche Welt 44, 1930, 510-517, 579-586
Diettrich, G. Was können wir aus der Psychotherapie der Sigmund Freudschen Schule für die Therapeutik unserer Seelsorge lernen? Monatsschrift f. Pastoraltheologie 17, 19116, 136-142
– Seelsorgerische Ratschläge zur Heilung seelisch bedingter Nervosität. 1917, 1921, (2. Aufl).
– Pneumatische Seelenführung im Verhältnis zu Suggestion und Psychoanalyse. Gütersloh 1931
Ebeling, G. Lebensangst und Glaubensanfechtung. Erwägungen zum Verhalten von Psychotherapie und Theologie. Zeitschr. f. Theol. und Kirche 70, 1973, 77-100
Eberharter, A. Psychoanalyse und Religion. In: Katholiken-Korrespondenz (Prag) 19, 1925, 236-241
Eckardt, A. R. Ventures of the Post-Freudian Conscience. Journal of Bible and Religion 30, 1962, Nr. 4
Eckert, U. / Kämpfer, H. Das »Goldene Kalb«. Ein Versuch zur religiösen Sozialisation. WzM 26, 1974, 352-360
Egenter, R. / Matussek, P. Ideologie, Glaube und Gewissen. Diskussion an der Grenze zwischen Moraltheologie und Psychotherapie. München/Zürich 1965
Eickhoff, A. R. Freud's Criticism of Religion and the Roman Catholic Reply. Boston 1953
Elsässer, H. Paul Tillich und die Tiefenpsychologie in theologischer Sicht. WzM 21, 1969, 201-212
Faber, H. Religionspsychologie. Gütersloh 1974
Fervers, C. Psychoanalyse und Beichte. ARPs 9, 1965, 322-333
Fischer, H. Gespaltener christlicher Glaube. Hamburg 1974
Fraas, H.-J. Religiöse Erziehung und Sozialisation im Kindesalter. 1973.
Franckh, R. Zur Frage nach der Psychotherapie Jesu. (Arzt und Seelsorger, H. 15) Schwerin 1928 (Teil 1)
Freijo, B. E. El Psicoanalisis de Freud y la Psicologia de la Moral, Madrid 1966

Furrer, W. Das Verhältnis der Psychoanalyse zum Bereich des Religiösen. Ars Medici (Liestal) 5, 1968, 314-317
- Psychoanalyse und Seelsorge. München 1971

Gilby, Th. Vienne and Vienna. Thought 21, 1956, 70 ff.

Godin, A. Isaac »at the Stake«. Lumen Vitae 10, 1955, 65-92

Gruehn, W. Das Unbewußte als Faktor der Lebensgestaltung. Leipzig 1929
- Psychoanalyse und Seelsorge. ARPs, Bd. 5, 1930, 285-308

Guardini, R. Sigmund Freud und die Erkenntnis der menschlichen Wirklichkeit. Jb. f. Psychologie und Psychotherapie 5, 1957/58, 97-107.

Guirdham, A. Christ and Freud. London 1959

Haendler, O. Angst und Glaube. Berlin 1953
- Unbewußte Projektionen auf das christliche Gott-Vaterbild und ihre seelsorgerliche Behandlung. In: W. Bitter (ed.): Vorträge über das Vaterproblem in Psychotherapie, Religion und Gesellschaft, Stuttgart 1954, 187-223
- Psychologie und Religion von Sigmund Freud bis zur Gegenwart. WzM 8, 1956, 131-141, 161-168
- Schuldverhaftung und Schuldlösung in Theologie und Psychologie. In: W. Bitter (ed.): Gut und Böse in der Psychotherapie, Stuttgart 1966 (2. Aufl.), 74-104

Hall, C. S. Freud's Concept of Anxiety, PP 6, 1955, 43-48

Harsch, H. Das Schuldproblem in Theologie und Tiefenpsychologie. Heidelberg 1965
- Psychologische Interpretation biblischer Texte? WzM 20, 1968, 281-289
- Dialog über eine Predigt zu Römer 15,4-16. Nachrichten der Ev.-luth. Kirche in Bayern, 23, 1968, 341-344
- Tiefenpsychologisches zur Schriftauslegung. In: G. Voss / H. Harsch (eds.): Versuche mehrdimensionaler Schriftauslegung. Stuttgart/München 1972, 32-41

Harsch, H. Tiefenpsychologische Interpretation von Joh. 2,1-11, in: ebd., 89-103

Hiltner, S. The Psychological Understanding of Religion. Crozier Quart. 24, 1947, 3-36
- Religion and Psychoanalysis, R 37, 1950, 128-139
- Pastoral Psychology and Construktive Theology. In: S. Doniger: Religion and Human Behavior. N. Y. 1954, 196-216
- Freud for the Pastor. PP 5, 1955, 41-57 (Nr. 50)
- Freud, Psychoanalysis and Religion. PP 7, 1956, 9-21 (Nr. 68)

Hofmann, R. Die Bedeutung der tiefenpsychologischen Erkenntnisse f. d. Moraltheologie. Passauer Studien, 1953, 147-171

Hollweg, A. Die psychologische und soziologische Deutung von Schuld im Lichte der Theologie. Die Innere Mission 62, 1972, 403-426

Homans, P. Transfrence and Transendence: Freud and Tillich on the Nature of Personal Relatedness. Journal of Religion 46, 1966, Nr. 1
- (ed.) The Dialogue between Theology and Psychology. Chicago/London 1968
- Transcendende, Distance, Fantasy. The Protestant Era in Psychological Perspective. Journal of Religion 49, 1969, Nr. 3
- Theology after Freud. An interpretive inquiry, N. Y. 1970

Jahn, E. Wesen und Grenzen der Psychoanalyse. Schwerin 1927 (Arzt und Seelsorger, H. 9)

Johnson, P. E. Psychology of Religion. Nashville/Tenn.: Abingdon Press 1959

Kantzenbach, F. W. Martin Luther psychoanalytisch. Lutherische Monatshefte 10, 1971, 86-90

Keller, A. Psychoanalyse und Religion. Wissen und Leben 22, 1919-20

Koch, T. Freud und das Ende des Kinderglaubens. Wissenschaft und Praxis in Kirche und Gesellschaft 62, 1973, 455-462

Köberle, A. Vergebung und Heilung. WzM 17, 1965, 1-8
- Psychopathologisches im religiösen Geschehen. In: W. Bitter (ed.): Massenwahn in Geschichte und Gegenwart. Stuttgart 1965, 154-163
- Rechtfertigungsglaube und seelische Erlebniswelt. WzM 19, 1967, 401-406

König, E. Sexuelle und verwandte modernste Bibeldeutungen. Langensalza 1922
- Die Sexualität im Hohenlied und ihre Grenze. Zeitschr. f. Sexualwissenschaft 9, 1922, 1-4 (auch in: Spiegel, 94-98)

Krauskopf, A. A. Die Religionstheorie Sigmund Freuds. Jena 1933

Kronholz, Th. Beichte ohne Gott. Stolzenau 1958

La Prére, R. The Freudian Ethik, N. Y. 1959

Lang, J. B. Paulinische und analytische Seelenführung. Eranos Jahrbuch 1935

Leavy, St. A. Psychological Understanding of Religious Experience. National Council of Episcopal Church, o. J.
- A Religious Conversion in a Four-year-old Girl. Bull. of the Philadelphia Ass. for Psychoanasis 7, 1957, 85-90

Lee, R. St. Freud and Christianity, London 1948, 1967 (2. Aufl.)
- Freud und das Christentum. WzS 5, 1953, 161-171
- The influence of Modern Psychiatry on Christianity. JRH 7, 1968, 203 ff.
- Your Growing Child and Religion. London 1965

Lemercier, G. A Benedictine Monastery in Psychoanalysis. Bull. Guild Cath. Psychiatrists 13, 1966

Lichtveld, J. A. M. Psychoanalyse en zielzorg. 1923

Liertz, R. Wanderungen durch das gesunde und kranke Seelenleben bei Kindern und Erwachsenen. München 1923, 1926 (5. Aufl.)

- Über das Schuldgefühl. 1924 (2. Aufl.)
- Harmonien und Disharmonien des menschlichen Trieb- und Geisteslebens. München 1925
- Über Seelenaufschließung. Ein Weg zur Erforschung des Seelenlebens. Paderborn 1926
- Erziehung und Seelsorge. Ihr Gewinn aus seelenaufschließender Forschung. München 1927
- Psychoneurosen. Fragmente einer verstehenden Erziehungskunde. München 1928
- Das Vaterbild und sein Einfluß in der religiösen Erziehung. Die Anregung (Köln) 15, 1963, 11-16

Link, Chr. Theologische Perspektiven nach Marx und Freud. Stuttgart/Berlin/Köln/Mainz 1971

Mahr, G. Die Psychoanalyse und ihre Bedeutung für Theologie und Kirche. Die christl. Welt 37, 1923, 502-513
- Evangelische Seelsorge und Psychoanalyse. In: H. Prinzhorn (ed.): Auswirkungen der Psychoanalyse in Wissenschaft und Leben. Leipzig 1928, 334-349

May, A. Psychoanalyse und katholische Weltanschauung. Das neue Blatt für die katholische Lehrerschaft (Bielefeld) 5, 1929, 7-12

Maybaum, I. Creation and Guilt. A Theological Assessment of Freuds Father – Son Conflict. London 1969

Mc Clelland, D. C. Religions Overtones in Psychoanalysis. Princeton Seminary Bulletin 52, 1959, 15 ff. u. d. Titel
- »Psychoanalysis and Religious Mysticism«. In: ders.: The Roots of Consciousness. Princeton, N. J. 1964, 117-145

Mc Lean, H. V. A Few Comments on Moses and Monotheism. Q 9, 1940, 207-213

Meadow, A. / Vetter, H. J. Freudian Theory and the Judaic Value System. Int. Journal of Social Psychiatry 5, 1959, 197-207

Mehlhose, D. Die Bedeutung der Psychoanalyse für den Seelsorger. Deutsches Pfarrerblatt 37, 1933, Nr. 19

Metelmann, V. Der Jakobskauf am Jabbok. Ein Beitrag zum Problem psychoanalytischer Interpretation biblischer Texte. WzM 26, 1974, 69-82

Moltmann, J. Der gekreuzigte Gott. München 1973 (Kap. 7: Wege zur psychischen Befreiung des Menschen

Moscouici, S. Vers une conception catholique de la psychanalyse – son image et son public. Paris 1961 (Dissertation), P.U.F.)

Mowrer, O. H. The Uncouscious re – examined in a Religious Context. In: Strunk, O. Jr. (ed.) Readings in the Psychology of Religion. Nashville/Tenn.: 1959, 244-250
- The Crisis in Psychiatry and Religion. Princeton, N. Y. 1961

Mozley, J. F. Freud and Religion. Church Quart. Rev. 111, 1930, 44-64.

Müller-Pozzi Psychologie des Glaubens, München 1975
Müncker, Th. Psychoanalyse und Seelsorge. Bonner Zeitschr. f. Theologie und Seelsorge 4, 1927, 337-373
- Katholische Seelsorge und Psychoanalyse. In: H. Prinzhorn (ed.): Auswirkungen der Psychoanalyse in Wissenschaft und Leben. Leipzig 1928, 350-360
Muthmann, A. Psychiatrisch-theologische Grenzfragen. ZRPs 1, 1908, 49-75, 125-139
Neeser, M. Les principes de la psychologie de la religion et la psychanalyse, Neuchâtel 1920
Neidhart, W. Terminologische Probleme beim Gespräch zwischen Psychologie und Theologie. Praxis der Psychotherapie (München), 1968 (August)
- Theologische und psychologische Aspekte der Schulderfahrung, WzM 21, 1969, 97-107
Niebuhr, R. Human Creativity and Self-concern in Freud's Thought, in: B. N. Nelson (ed.): Freud and the 20th Century. N. Y. 1957, 259-276
Niederwimmer, K. Kerygmatisches Symbol und Analyse. ARPs, Bd. 7, 1962, 203-223
- Jesus. Göttingen 1968
Nohl, H. Die Fruchtbarkeit der Psychoanalyse für Ethik und Religion. Schweizerland 1916, Nr. 6
Oates, W. E. What Psychology Says about Religion. N. Y. 1958
Oden, T. C. Analogia Fidei und Psychotherapie. Ev. Theologie 26, 1966, 597-614
- Kerygma and Counseling. Toward a Covenant Ontology for Secular Psychotherapie. Philadelphia 1966
- Contemporary Theology and Psychotherapy. Philadelphia 1967
Ott, E. Trieb und Geist in der psychotherapeutischen Literatur. Theol. Rundschau (NF) 3, 1931, 179-205
- Das Unbewußte nach der Tiefenpsychologie. Ebd., 243-282, 319-346
Outler, A. C. Freud and the Domestication of Tragedy. In: N. A. Jr. Scott (ed.): The Tragic Vision and the Christian Faith. N. Y. 1957
Pauli, R. Christentum und Psychologie. WzS 1, 1949, Heft 2
Pfister, O. Psychoanalytische Seelsorge und experimentelle Moralpädagogik. Protestantische Monatshefte 13, 1909, 6-42
- Ein Fall von psychoanalytischer Seelsorge und Seelenheilung. Evangelische Freiheit 9, 1909, 108-114, 139-149, 175-189
- Die Psychoanalyse als wissenschaftliches Prinzip und seelsorgerliche Methode. Evangelische Freiheit 10, 1910, 66-73, 102-113, 137-146, 190-200
- Die Frömmigkeit des Grafen Ludwig von Zinzendorf. Wien 1910, 1925 (2. Aufl.)

- Zinzendorfs Frömmigkeit im Lichte Lic. Gerhard Reichels und der Psychoanalyse. Schweizerische theol. Zeitschr. 28, 1911, 224-238, 280-293
- Zur Psychologie des hysterischen Madonnenkultes. ZPsa 1, 1911, 30-37
- Hysterie und Mystik bei Margaretha Ebner (1291-1351). ZPsa 1, 1911, 468-485
- Hat Zinzendorf die Frömmigkeit sexualisiert? ZRPs, Bd. 5, 1912, 56-60
- Anwendungen der Psychoanalyse in der Pädagogik und Seelsorge. Im 1, 1912, 56-82
- Die psychologische Enträtselung der religiösen Glossolalie und der automatischen Kryptographie. Wien 1912
- Echnaton, Wissen und Leben, 1914, 105-115, 158-166
- Psychoanalyse und Theologie. Theolog. Literaturzeitung 39, 1914, Sp. 379-382
- Ein neuer Zugang zum alten Evangelium. Gütersloh 1918
- Die Mißverständnisse des Herrn Lic. theol. Karl Zickendraht gegenüber der Psychoanalyse. Kirchenblatt f. d. reformierte Schweiz, 35, 1920, 93-95
- Die Entwicklung des Apostels Paulus. Im 4, 1920, 243-290
- Mission und Psychoanalyse. Zeitschr. für Missionskunde u. Religionswissenschaft 36, 1921, 230-246, 265-280
- Die Religionspsychologie am Scheidewege. Im 8, 1922, 368-400
- Die Aufgabe der Wissenschaft vom christlichen Glauben in der Gegenwart. Göttingen 1923
- Katholizismus und Psychoanalyse. Kirchenbl. f. d. reformierte Schweiz 39, 1924, 15-16
- Psychoanalyse und Sittlichkeit. In: P. Federn / H. Meng (eds.): Das psychoanalytische Volksbuch, Stuttgart/Berlin 1926, 480-498, Bonn/Stuttgart 1957 (5. Aufl.), 407-420
- Die Legende Sundar Singhs. Bern/Leipzig 1926
- Analytische Seelsorge. Göttingen 1927
- Religionswissenschaft und Psychoanalyse. Gießen 1927
- Das Wesen der Offenbarung. Zürich 1927
- Psychoanalyse und Weltanschauung. Leipzig/Wien 1928
- Psychoanalyse und Seelsorge. Ethik 5, 1928, 82-91
- Religiösität und Hysterie. Leipzig/Wien/Zürich 1928
- Pfister, O. Sünde und Herzensreinheit im Lichte der Tiefenseelsorge. ZRPs 1, 1928, 197-219
- Die Flucht vor dem Gewissen. Schweizerische Lehrerzeitung 73, 1928, 35-37
- Aus der Analyse eines Buddhisten. PsaB 3, 1931, 307-328
- Religion und Geisteshygiene. ZRPs 4, 1931, 193-200

- Neutestamentliche Seelsorge und psychoanalytische Therapie. Im 20, 1934, 425-443
- Die verschiedenen Arten des Unglaubens in psychoanalytischer Beleuchtung. ZRPs 8, 1935, 20-31
- Das Erlebnis der Eingebung als psychologisches Problem. ZRPs 11, 1938, 65-112
- Lösung und Bindung von Angst und Zwang in der israelitisch-christlichen Religionsgeschichte. Z 25, 1940, 206-213
- Der innerste Richter. Schweizerisches reformiertes Volksblatt 76, 1942, 125-127, 130-133
- Religionshygiene. In: Praxis der seelischen Hygiene, Basel 1943, 111-150
- Das Christentum und die Angst. Zürich 1944
- Passions-, Krankheits- und Irrwege der christlichen Liebe. Reformierte Schweiz 3, 1946, 183-189
- Calvins Eingreifen in die Hexer- und Hexenprozesse von Peney 1545 nach seiner Bedeutung für Geschichte und Gegenwart. Zürich 1947
- Die Neurotisierung des Christentums als Ursache seiner Fehlentwicklung. P 2, 1948/49, 596-623
- Die ethischen Grundzüge der Psychoanalyse Freuds. DP 1, 1949, 287-294
- Gesundheit und Religion. In: M. Pfister-Ammende (ed.): Geistige Hygiene, Basel 1955, 533-548
- E. L. Freud / H. Meng (eds.): Sigmund Freud – Oskar Pfister, Briefe 1909-1939, Frankfurt 1963

Phillipps, J. H. Psychoanalyse und Symbolik. Bern 1962

Pius XII. (Papst) Über die Möglichkeiten und Grenzen der Psychotherapeutik. WzS 5, 1953, 199-206 (Acta Apostolica Sedis 45, 1953, 278-286)

Plé, A. Saint Thomas d'Aquin et la psychologie des profundeurs. Supplement de la Vie Spirituelle, 1951, 402-434, Nr. 19
- Chastity and the Affective life. N. Y. 1966
- Freud und die Religion. Eine kritische Bestandsaufnahme für die Diskussion der Zeit. Wien 1969

Pruyser, P. W. Nathan and David. PP 13, 1962, H. 2, 14-18
- Die Wurzeln des Glaubens. Eine Psychologie des Glaubens. München 1972

Rey, K. G. Das Mutterbild des Priesters. Zürich/Einsiedeln/Köln 1969

Ricoeur, P. Hermeneutik und Psychoanalyse, München 1974

Riess, R. Zur pastoralpsychologischen Problematik des Predigers. In: R. Bohren / M. Seitz / D. Stollberg (eds.): Praxis Ecclesiae, (Festschr. K. Frör), München 1970, 295-321
- Psychologische Erwägungen zur Perikope von der Versuchung Jesu. WzM 22, 1970, 275-281

Roback, A. A. Freudian Psychology and Jewish Commentators of the Bible. Jewish Forum 1, 1918, 528-553
- Freud, Chassid or Humanist. Is Psychoanalysis a Jewish Movement? B'nai B'rith 40, 1926, 118-119, 129-130, 198-201, 238-239
Roberts, D. E. Psychotherapy and a Christian View of Man. N. Y. 1950
Rochat, A. Evangile et psychanalyse. Action et Pensée. 1942, Nr. 18
Roellenbleck, E. Magna Mater im Alten Testament. Darmstadt 1949
- Die Neurosenstruktur einer Romanheldin. Zur Theorie einer neurotischen »unio mystica«. Z. f. Psychoanalyse, Bd. 1, 1949, H. 1, 39-59
Rössler, D. Die Tiefenpsychologie als theologisches Problem. Evangel. Theologie 21, 1961, 162-173
Rosenheim, F. J. P. Religion and Psychiatry. Catholic Mind 1947, August
- Psychotherapy and Faith. La Revue Dominicaine, Montreal 1949
Rosmarin, T. W. The Hebrew Moses. An Answer to Sigmund Freud. London 1939
Rousset, S. Ce qu'un prêtre doit savoir de la psychanalyse. Supplement de la Vie Spirituelle 4, 1951, 359-374, Nr. 19
Rubenstein, R. L. The Religious Imagination. A Study in Psychoanalysis and Jewish Theology. N. Y.Indianapolis 1968
Rudin, J. Tiefenpsychologie und religiöse Problematik. ARPs 8, 1964, 186-200
Runestam, A. Psychoanalyse und Christentum. Gütersloh 1928
Russell, R. Religion and Psychiatry. A Catholic View of the House that Freud Built. Jubillé 3, 1956, 47-48
Saalfeld, H. Das Christentum in der Beleuchtung der Psychoanalyse. Versuch einer Darstellung und Kritik der psychoanalytischen Aussagen über das religiöse Erleben. Gütersloh 1928
Sanders, B. G. Christianity after Freud. London 1949
Schäffauer, F. Die Psychoanalyse und ihre Bedeutung für Religion und Seelsorge. Rottenburger Monatsschr. f. Prakt. Theologie 12, 1929, 321-329, 353-360
Schairer, J. B. Moderne Seelenpraxis. 1927
- Die Nacht des Unbewußten und die Macht des Christentums. 1927
- Psychognostische Aufhellung religiöser Abnormitäten. ZRPs 2, 1929, 29-40
- Bedingtes und Unbedingtes im Seelenleben. ZRPs 3, 1930, 10-37
Scharfenberg, J. Zum Problem von Gut und Böse. In: H. J. Schultz (ed.): Was weiß man von der Seele. Stuttgart/Berlin 1967, 107-115
- Sigmund Freud und seine Religionskritik als Herausforderung für den christlichen Glauben. Göttingen 1968, 1971 (3. Aufl.)
- Religion zwischen Wahn und Wirklichkeit. Gesammelte Beiträge zur Korrelation von Theologie und Psychoanalyse. Hamburg 1972

- Das Gewissen als »falsches Bewußtsein?« In: Die Gewissensfrage. Stuttgart 1972, 23-28
- Predigt über Genesis 19,12-29. WzM 22, 1970, 281-285
- Narzißmus, Identität und Religion. P 27, 1973, 949-966
- Religiöse Bedürfnisse in der Sicht des Psychoanalytikers. WzM 25, 1973, 188-190
- Einige Probleme religiöser Sozialisation im Lichte neuerer Entwicklungen der Psychoanalyse. WzM 26, 1974, 343-352
- Symbole des Glücks in theologischer und psychologischer Sicht. In: R. Riess (ed.): Perspektiven der Pastoralpsychologie. Göttingen 1974, 12-22
- (ed.) Existentiale und tiefenpsychologische Interpretation biblischer Texte. WzM 23, 1971, H. 1 (Beiträge: J. Scharfenberg, W. Hagenah, H. Balz, B. Strehlow, V. Metelmann).
- (ed.) Paul Tillich und die Tiefenpsychologie. Themaheft WzM 24, 1972, H. 4 (Beiträge u. a.: A. Allwohn, J. Scharfenberg, H.-J. Seeberger)
- (ed.) Thesen zum Verhältnis von Theologie und Tiefenpsychologie. Von einem Arbeitskreis von Mitarbeitern der Zeitschr. WzM, WzM 24, 1972, 361-368
- Psychoanalytische Randbemerkungen zum Problem der Taufe. Theol. Quartalschrift 154, 1974- 3-9

Schattauer, J. Religion und Psychotherapie. St. Lukas (Wien) 2, 1934, 34-39

Schipperges, H. Geschichte und Kritik der psychoanalytischen Ideologie. Arzt und Christ 15, 1969, 1-14

Schöllgen, W. Psychotherapie und sakramentale Beichte. Catholica 2, 1933, 145-158

Schülke, D. Die Kritik der Religion bei Sigmund Freud. Der Ev. Erzieher 21, 1969, 437-449

Schütz R. Psychoanalyse und christlicher Glaube. Stuttgart 1971

Schweitzer, C. Apologetik, Psychotherapie und Seelsorge. In: Reinhold-Seeberg-Festschrift, Bd. 2, Leipzig 1929, 59-74

Snoeck, A. Beichte und Psychoanalyse. Frankfurt 1963, (3. Aufl.)

Spiegel, Y. Psychoanalyse und analytische Psychologie. Instrumente der Exegese? In: Spiegel, 9-28
- Erinnern, Wiederholen und Durcharbeiten. In: ders. (ed.): Erinnern – Wiederholen – Durcharbeiten. Zur Sozialpsychologie des Gottesdienstes. Stuttgart/Berlin/Köln/Mainz 1972, 9-33
- Der Prozeß des Trauerns. München 1973
- Seelsorge und Psychoanalyse. Verkündigung und Forschung 17, 1973, H. 1, 23-47

Stadter, E. Theologisch-kerygmatische Überlegungen zur Religionskritik Sigmund Freuds. In: Wahrheit und Verkündigung (Festschr. M. Schmaus), München 1967, 285-325

- Psychoanalyse und Gewissen. Von der »Stimme Gottes« zum »Über-Ich«. Stuttgart/Berlin/Köln/Mainz 1970
Steffen, U. Das Mysterium von Tod und Auferstehung. Göttingen 1963
Stein, E. V. Guilt. Theory and Therapy. Philadelphia 1968
Steinletz, E. Hassidim and Psychoanalysis. Judaism 9, 1960, 222-229
Stollberg, D. Therapeutische Seelsorge. Die amerikanische Seelsorgebewegung. München 1970 (2. Aufl.)
- Auslegung von Geschichte oder Auslegung der Gegenwart? Tiefenpsychologisch beeinflußte Gedanken zum Religionsunterricht heute. In: R. Bohren / M. Seitz / D. Stollberg (eds.): Praxis Ecclesiae (Festschr. K. Frör), München 1970, 154-173
Stollberg, D. Das Gewissen in pastoralpsychologischer Sicht. Wort und Dienst (Bethel) 11, 1971, 141-158
- Einige Spezifika der psychoanalytischen Gruppenarbeit mit Theologen. Dynamische Psychiatrie 5, 1972, 35-43
Tecoz, H. F. La Psychoanalyse vue par lun pasteur. Praxis (Bern) 32, 1943, 242 ff.
Thurn, H. Tiefenpsychologie. In: Stimmen der Zeit 1948/49, 198-213, 271-286
- Neurose und Frömmigkeit in Geist und Leben. 22. Jahrg. 1949, S. 110-120; 179-190
Tiebout, H. M. Jr. Freud and Theology. Religion in Life 27, 1958, 266-275
Thilo, H. J. Frühkindliche Vorprägung religiösen Verhaltens und religiöser Vorurteile. Ehe 10, 1973, 136-145
Tillich, P. Psychotherapie und eine christliche Deutung der menschlichen Natur. WzM 2, 1950, 24 ff. Psyche 5, 1951/52, 473-477
- Der Mut zum Sein (1952). Stuttgart 1962, (4. Aufl.)
- Die theologische Bedeutung von Psychoanalyse und Existentialismus (1953). Ges. W. 8, Stuttgart, 304-315
- Seelsorge und Psychotherapie. (1958) Ges. W. 8, Stuttgart 1970, 316,324
- Der Einfluß der Pastoralpsychologie auf die Theologie. Neue Zeitschr. f. Systemat. Theologie 2, 1960, 128-137 (Ges. W. 8, Stuttgart 1970, 325-335
- Esistentialism and Psychotherapy. In: H. M. Ruitenbeek (ed.): Psychoanalysis and Existential Philosophy. N. Y. 1962, 14 ff.
Tschirch, R. Tiefenpsychologische Erwägungen zum Charakter christlichen Lebensgefühls und kirchlicher Predigt. WzM 21, 1969, 257-272
Uhsadel, W. Tiefenpsychologie als Hilfswissenschaft der Praktischen Theologie. WzM 21, 1969, 146-158
Underwood, R. A. Hermes and Hermeneutics. A Viewing from the Perspectives of the Dath of God and Depth Psychology. Hartford Quarterly 6, 1965, 34-53

Vasse, D. Bedürfnis und Wunsch. Eine Psychoanalyse der Welt- und Glaubenserfahrung. Olten/Freiburg 1973

Vergote, A. Le péché original á la lumière de la psychanalyse. In: Démythisation de la morale, Paris 1965, 189-205

– Religionspsychologie. Olten/Freiburg 1970

– Der Beitrag der Psychoanalyse zur Exegese. Leben, Gesetz und Ich-Spaltung im 7. Kapitel des Römerbriefes. In: C. Léon-Dufour (ed.): Exegese im Methodenkonflikt. Zwischen Geschichte und Struktur. München 1973, 73-116

Vorwahl, H. Die Sexualität im Alten Testament. Zeitschr. f. Sexualwissenschaft 15, 1928, 127-132

– Die Sexualität bei Luther. Ebd. 15, 1928, Nr. 5

– Sexualpsychologisches aus der Beichtpraxis. Ebd. 17, 1930, 244-248

– Das Wesen der Gnadenreligion. Zeitschr. f. Menschenkunde 9, 1933, 204-208

Waldburger, A. Psychoanalytische Seelsorge und Moral-Pädagogik. Protestant. Monatshefte 13, 1909, 110-114

Waelhens, A. de Bemerkungen zu einigen Zügen des Menschenbildes der Psychoanalyse. Concilium 9, 1973, 406-411

Walker, D. E. A Survey and Critical Evoluation of the Religious Ideas of Sigmund Freud with Emplasis on Method. Los Angeles u. J. (Ph. D. Dissertation der Univ. of Southern California)

Walters, O. S. Theology and Changing Concepts of the Unconscious. Religion in Life 37, 1968

– Psychodynamics and the Holy Spirit. JRH 10, 1971, 246-255

Weser, H. A. Sigmund Freuds und Ludwig Feuerbachs Religionskritik. Ein Beitrag zum Verständnis des 19. Jahrhunderts. Bottrop 1936

Wiegand, D. Religionsphilosophie bei S. Freud, in: Zeitschrift für Religions- und Geistesgeschichte 12, 1960, 167-175

Winkler, K. Theologen erleben eine Selbsterfahrungsgruppe. Wissenschaft und Praxis in Kirche und Gesellschaft 59, 1970, 198-204

Wise, C. A. Psychiatry and the Bible. N. Y. 1956

Wolff, P. Das ethische Bedeutsame an der Psychoanalyse. Der katholische Gedanke (Augsburg) 8, 1935, 249-259

Wolff, W. Changing Concepts of the Bibel. A Psychological and Analysis of Its Words, Symbols, and Beliefs. N. Y. 1951

Wucherer-Huldenfeld, A. Freud und die Philosophie. Acta Psychotherapeutica Psychosomatica Orthopedida 4, 1956, 234-251

– Postulatorischer Atheismus. Über die Bedeutung der Religionskritik in der Psychoanalyse. WuW 22, 1967, 193-202

– Was versteht Freud unter Religion? Jahrbuch f. Psychologie und Psychotherapie, Psychotherapie u. mediz. Anthropol. 15, 1967, 208-216

– Die »Religion« Freuds. Arzt und Christ 15, 1969, 15-23

- Zur Genealogie der Moral bei Sigmund Freud. In: E. Mann (ed.): Erbe als Auftrag (Festschr. J. Pritz), Wien 1973, 244-258
- Sigmund Freud und der Atheismus. Kairos, NF 15, 1973, 311-318

Zahrnt, H. (ed.) Jesus und Freud. Ein Symposium von Psychoanalytikern und Theologen. München 1972. Beiträge: T. Brocher, A. Görres, M. Hirsch, E. Wiesenhütter, H. Fries, J. Scharfenberg

Zilboorg, G. The Sense of Immortality. Q 7, 1938, 171 ff.
- Mind, Medicine and Man. N. Y. 1943
- A Response. Q 13, 1944, 93-100
- Psychiatry and Religion. Atlantic Monthly 1949, H. 1, 47-50
- Scientific Psychopathology and Religious Issue. Theol. Studies 14, 1953, 288-297
- L'amour et Dieu chez Freud. Supplement de la Vie Spirituelle 6, 1953, 5-30
- Freud and Religion. London 1958
- Psychoanalysis and Religion. London 1967

Hinweise zu den Autoren

Johannes Cremerius, Dr. med., o. Professor für Psychotherapie und Psychosomatische Medizin und Ärztlicher Direktor der Abteilung Psychotherapie und Psychosomatische Medizin im Klinikum der Albert-Ludwigs-Universität Freiburg i. Br.
1968 Auszeichnung mit dem Forschungspreis der Schweizerischen Gesellschaft für Psychosomatische Medizin.
Veröffentlichungen: Neben zahlreichen Aufsätzen in Fachzeitschriften über Psychosomatik, Psychoanalyse und Didaktik der Psychotherapie folgende Buchveröffentlichungen: Psychotherapie als Kurzbehandlung in der Sprechstunde (1951); Was ist Süchtigkeit? (1961); Die Beurteilung des Behandlungserfolges in der Psychotherapie (1962); Die Prognose funktioneller Syndrome (1968); Psychoanalyse und Erziehungspraxis (1968); Neurose und Genialität (1971); Herausgabe einer zweibändigen Abraham-Ausgabe bei S. Fischer 1969-1971; Psychoanalytische Textinterpretation (1974); Zur Theorie und Praxis der Psychosomatischen Medizin (1978); Psychoanalyse, Über-Ich und soziale Schicht (1979).
Von 1969 bis zum Abschluß der Reihe als Berater bei der Planung und Herausgabe der Reihe »Conditio Humana« im S. Fischer-Verlag tätig.

Hans-Dieter Brauns, M. A., Soziologie, geb. 22. 10. 1944.
Studium der Chemie, Soziologie, Politik und Psychoanalyse in Gießen und Marburg. Seit 1969 neben dem Studium Aus- und Fortbildung in verschiedenen Methoden der Gruppenberatung und Gruppenarbeit. Freiberufliche Tätigkeit als Seminarleiter, Berater und Trainer in der Erwachsenenbildung, speziell der Lehrerfortbildung; Lehraufträge an verschiedenen Fachhochschulen und Universitäten über Methoden der Gruppenarbeit; Beratung und Supervision von Lern-, Arbeitsgruppen und Teams im Sozial- und Bildungsbereich, Organisationsberatung. Seit 1975 wissenschaftlicher Mitarbeiter im Marburger Modellversuch »Studienorientierungsprojekt« mit den Arbeitsschwerpunkten Aus- und Fortbildung von Studienberatern und psychosoziale Beratung.
Veröffentlichungen: –, Christoph, Münch: Gruppendynamik in der Lehrerfortbildung, in: Materialien zur politischen Bildung 4/73; Supervision in der Hochschule, in: Gruppendynamik im Bildungsbereich 3/78.

Heike Brodthage, geb. 1944, Dipl.-Psych. Diplom: 1969. Seit 1973 wissenschaftliche Angestellte an der Abteilung Psychotherapie und Psychosomatische Medizin im Universitätsklinikum der Albert-Ludwigs-Universität Freiburg i. Br.

Sven Olaf Hoffmann, geb. 1939, Dr. med., Dipl.-Psych., Priv.-Doz. und Oberarzt an der Abteilung Psychotherapie und Psychosomatische Medizin im Universitätsklinikum der Albert-Ludwigs-Universität Freiburg i. Br.
Publikationen u. a. zu Problemen der Wissenschaftsmethodologie, Ich-Psychologie und klinischen Fragestellungen. Arbeitsgebiete: Psychoanalytische Charakterologie, Borderline-Syndrome und andere psychiatrisch-psychotherapeutische Grenzgebiete, Fragen der stationären Psychotherapie, Psychodynamik von Schlafstörungen.
Bücher: Charakter und Neurose, Frankfurt, 1979. Einführung in die Neurosenlehre und psychosomatische Medizin (Stuttgart, 1979, zusammen mit G. Hochapfel); Psychoanalyse, Über-Ich und soziale Schicht (München, 1979, zusammen mit J. Cremerius u. W. Trimborn); Psychisch Kranke (Stuttgart, 1979, zusammen mit R. Degkwitz, C. Faust u. H. Kindt).

Joachim Scharfenberg, geb. am 10. 5. 1927 in Erfurt, Studium der Theologie und Psychologie in Jena, Halle, Tübingen, Kiel, Cambridge/Mass. USA. Psychoanalytische Ausbildung am Berliner Psychoanalytischen Institut, 1961 abgeschlossen. Gemeindepfarrer, Krankenhausseelsorger und Leiter der Ehe- und Familienberatungsstellen in Berlin und Stuttgart. 1968 Habilitation an der Universität Tübingen. Seit 1971 Ordinarius für Praktische Theologie und praktizierender Psychoanalytiker in Kiel. Hauptarbeitsgebiet ist das Verhältnis von Psychoanalyse und Seelsorge, sowie eine praxisnahe pastoralpsychologische Aus- und Fortbildung. Herausgeber der Zeitschrift »Wege zum Menschen«. Hauptsächliche Veröffentlichungen: Johann Christoph Blumhardt und die kirchliche Seelsorge heute, Göttingen 1959; Sigmund Freud und seine Religionskritik, Göttingen 1968; Religion zwischen Wahn und Wirklichkeit, Hamburg 1972; Seelsorge als Gespräch, Göttingen 1972.

Alphabetisches Verzeichnis der suhrkamp taschenbücher wissenschaft

Adorno, Ästhetische Theorie 2
- Drei Studien zu Hegel 110
- Einleitung in die Musiksoziologie 142
- Kierkegaard 7
- Negative Dialektik 113
- Philosophie der neuen Musik 239
- Philosophische Terminologie Bd. 1 23
- Philosophische Terminologie Bd. 2 50
- Prismen 178
- Soziologische Schriften I 306
Materialien zur ästhetischen Theorie Th. W. Adornos 122
Apel, Der Denkweg von Charles S. Peirce 141
- Transformation der Philosophie, Bd. 1 164
- Transformation der Philosophie, Bd. 2 165
Arnaszus, Spieltheorie und Nutzenbegriff 51
Ashby, Einführung in die Kybernetik 34
Avineri, Hegels Theorie des modernen Staates 146
Bachelard, Die Philosophie des Nein 325
Bachofen, Das Mutterrecht 135
Materialien zu Bachofens ›Das Mutterrecht‹ 136
Barth, Wahrheit und Ideologie 68
Becker, Grundlagen der Mathematik 114
Benjamin, Charles Baudelaire 47
- Der Begriff der Kunstkritik 4
- Trauerspiel 225
Materialien zu Benjamins Thesen ›Über den Begriff der Geschichte‹ 121
Bernfeld, Sisyphos 37
Bilz, Studien über Angst und Schmerz 44
- Wie frei ist der Mensch? 17
Bloch, Das Prinzip Hoffnung 3
- Geist der Utopie 35
- Naturrecht 250
- Philosophie d. Renaissance 252
- Subjekt/Objekt 251
- Tübinger Einleitung 253
Materialien zu Blochs ›Prinzip Hoffnung‹ 111
Blumenberg, Aspekte der Epochenschwelle: Cusaner und Nolaner 174
- Der Prozeß der theoretischen Neugierde 24
- Säkularisierung und Selbstbehauptung 79
- Schiffbruch mit Zuschauer 289
Böckenförde, Staat, Gesellschaft, Freiheit 163
Böhme/van den Daele/Krohn, Experimentelle Philosophie 205
Böhme/v. Engelhardt (Hrsg.), Entfremdete Wissenschaft 278
Bourdieu, Entwurf einer Theorie der Praxis 291
- Zur Soziologie der symbolischen Formen 107
Broué/Témime, Revolution und Krieg in Spanien. 2 Bde. 118
Bucharin/Deborin, Kontroversen 64
Bürger, Vermittlung – Rezeption – Funktion 288
- Tradition und Subjektivität 326
Canguilhem, Wissenschaftsgeschichte 286
Childe, Soziale Evolution 115
Chomsky, Aspekte der Syntax-Theorie 42
- Reflexionen über die Sprache 185
- Sprache und Geist 1
Cicourel, Methode und Messung in der Soziologie 99
Claessens, Kapitalismus als Kultur 275
Condorcet, Entwurf einer historischen Darstellung der Fortschritte des menschlichen Geistes 175
Cremerius, Psychosomat. Medizin 255
van den Daele, Krohn, Weingart (Hrsg.), Geplante Forschung 229

Danto, Analytische Geschichtsphilosophie 328
Deborin/Bucharin, Kontroversen 64
Deleuze/Guattari, Anti-Ödipus 224
Denninger (Hrsg.), Freiheitliche demokratische Grundordnung. 2 Bde. 150
Denninger/Lüderssen, Polizei und Strafprozeß 228
Derrida, Die Schrift und die Differenz 177
Dreeben, Was wir in der Schule lernen 294
Dubiel, Wissenschaftsorganisation 258
Durkheim, Soziologie und Philosophie 176
Eckstaedt/Klüwer (Hrsg.), Zeit allein heilt keine Wunden 308
Eco, Das offene Kunstwerk 222
Eder, Die Entstehung staatl. organisierter Gesellschaften 332
Ehlich (Hrsg.), Erzählen im Alltag 323
Einführung in den Strukturalismus 10
Eliade, Schamanismus 126
Elias, Über den Prozeß der Zivilisation, Bd. 1 158
- Über den Prozeß der Zivilisation, Bd. 2 159
Materialien zu Elias' Zivilisationstheorie 233
Erikson, Der junge Mann Luther 117
- Dimensionen einer neuen Identität 100
- Gandhis Wahrheit 265
- Identität und Lebenszyklus 16
Erlich, Russischer Formalismus 21
Ethnomethodologie (hrsg. v. Weingarten/Sach/Schenhein) 71
Euchner, Naturrecht und Politik bei John Locke 280
Fetscher, Rousseaus politische Philosophie 143
Fichte, Politische Schriften (hrsg. v. Batscha/Saage) 201
Fleck, Entstehung und Entwicklung einer wissenschaftlichen Tatsache 312
Foucault (Hrsg.), Der Fall Rivière 128
- Die Ordnung der Dinge 96
- Überwachen und Strafen 184
- Wahnsinn und Gesellschaft 39
Frank, Das Sagbare und das Unsagbare 317
Friedensutopien, Kant/Fichte/Schlegel/Görres (hrsg. v. Batscha/Saage) 267
Fulda u. a., Kritische Darstellung der Metaphysik 315
Furth, Intelligenz und Erkennen 160
Goffman, Rahmen-Analyse 329
- Stigma 140
Gombrich, Meditationen über ein Steckenpferd 237
Goudsblom, Soziologie auf der Waagschale 223
Grewendorf (Hrsg.), Sprechakttheorie und Semantik 276
Griewank, Der neuzeitliche Revolutionsbegriff 52
Groethuysen, Die Entstehung der bürgerlichen Welt- und Lebensanschauung in Frankreich 2 Bde. 256
Guattari/Deleuze, Anti-Ödipus 224
Habermas, Erkenntnis und Interesse 1
- Theorie und Praxis 243
- Zur Rekonstruktion des Historischen Materialismus 154
Materialien zu Habermas' ›Erkenntnis und Interesse‹ 49
Hegel, Grundlinien der Philosophie des Rechts 145
- Phänomenologie des Geistes 8
Materialien zu Hegels ›Phänomenologie des Geistes‹ 9
Materialien zu Hegels Rechtsphilosophie Bd. 1 88
Materialien zu Hegels Rechtsphilosophie Bd. 2 89

Helfer/Kempe, Das geschlagene Kind 247
Heller, u. a., Die Seele und das Leben 80
Henle, Sprache, Denken, Kultur 120
Höffe, Ethik und Politik 266
Hörisch (Hrsg.), Ich möchte ein solcher werden wie ... 283
Hörmann, Meinen und Verstehen 230
Holbach, System der Natur 259
Holenstein, Roman Jakobsons phänomenologischer Strukturalismus 116
– Von der Hintergehbarkeit der Sprache 316
Hymes, Soziolinguistik 299
Jäger (Hrsg.), Kriminologie im Strafprozeß 309
Jaeggi, Theoretische Praxis 149
Jaeggi/Honneth (Hrsg.), Theorien des Historischen Materialismus 182
Jacobson, E. Das Selbst und die Welt der Objekte 242
Jakobson, R. Hölderlin, Klee, Brecht 162
– Poetik 262
Kant, Die Metaphysik der Sitten 190
– Kritik der praktischen Vernunft 56
– Kritik der reinen Vernunft 55
– Kritik der Urteilskraft 57
– Schriften zur Anthropologie 1 192
– Schriften zur Anthropologie 2 193
– Schriften zur Metaphysik und Logik 1 188
– Schriften zur Metaphysik und Logik 2 189
– Schriften zur Naturphilosophie 191
– Vorkritische Schriften bis 1768 1 186
– Vorkritische Schriften bis 1768 2 187
Kant zu ehren 61
Materialien zu Kants ›Kritik der praktischen Vernunft‹ 59
Materialien zu Kants ›Kritik der reinen Vernunft‹ 58
Materialien zu Kants ›Kritik der Urteilskraft‹ 60
Materialien zu Kants ›Rechtsphilosophie‹ 171
Kenny, Wittgenstein 69
Keupp/Zaumseil (Hrsg.), Gesellschaftliche Organisierung psychischen Leidens 246
Kierkegaard, Philosophische Brocken 147
– Über den Begriff der Ironie 127
Koch (Hrsg.), Die juristische Methode im Staatsrecht 198
Körner, Erfahrung und Theorie 197
Kohut, Die Zukunft der Psychoanalyse 125
– Introspektion, Empathie und Psychoanalyse 207
– Narzißmus 157
Kojève, Hegel. Kommentar zur ›Phänomenologie des Geistes‹ 97
Koselleck, Kritik und Krise 36
Koyré, Von der geschlossenen Welt zum unendlichen Universum 320
Kracauer, Der Detektiv-Roman 297
– Geschichte – Vor den letzten Dingen 11
Kuhn, Die Entstehung des Neuen 236
– Die Struktur wissenschaftlicher Revolutionen 25
Lacan, Schriften 1 137
Lange, Geschichte des Materialismus 70
Laplanche/Pontalis, Das Vokabular der Psychoanalyse 7
Leach, Kultur und Kommunikation 212
Leclaire, Der psychoanalytische Prozeß 119
Lenneberg, Biologische Grundlagen der Sprache 217
Lenski, Macht und Privileg 183
Lepenies, Das Ende d. Naturgeschichte 227
Leuninger, Reflexionen über die Universalgrammatik 282
Lévi-Strauss, Das wilde Denken 14
– Mythologica I, Das Rohe und das Gekochte 167
– Mythologica II, Vom Honig zur Asche 168
– Mythologica III, Der Ursprung der Tischsitten 169
– Mythologica IV, Der nackte Mensch. 2 Bde. 170
– Strukturale Anthropologie 1 226
– Traurige Tropen 240
Lindner/Lüdke (Hrsg.), Materialien zur ästhetischen Theorie Th. W. Adornos. Konstruktion der Moderne 122
Locke, Zwei Abhandlungen 213
Lorenzen, Konstruktive Wissenschaftstheorie 93
– Methodisches Denken 73
Lorenzer, Die Wahrheit der psychoanalytischen Erkenntnis 173
– Sprachspiel und Interaktionsformen 81
– Sprachzerstörung und Rekonstruktion 31
Lüderssen (Hrsg.) Seminar: Abweichendes Verhalten IV 87
Lüderssen/Sack (Hrsg.), Vom Nutzen und Nachteil der Sozialwissenschaften für das Strafrecht 327
Lüderssen/Seibert (Hrsg.), Autor und Täter 261
Lugowski, Die Form der Individualität im Roman 151
Luhmann, Theorie, Technik und Moral 206
– Zweckbegriff und Systemrationalität 12
Lukács, Der junge Hegel 33
Macpherson, Politische Theorie des Besitzindividualismus 41
Malinowski, Eine wissenschaftliche Theorie der Kultur 104
Mandeville, Die Bienenfabel 300
Markis, Protophilosophie 318
deMause (Hrsg.), Hört ihr die Kinder weinen 339
Martens (Hrsg.), Kindliche Kommunikation 272
Marxismus und Ethik 75
Mead, Geist, Identität und Gesellschaft 28
Mehrtens/Richter (Hrsg.), Naturwissenschaft, Technik und NS-Ideologie 303
Menne, Psychoanalyse und Unterschicht 301
Menninger, Selbstzerstörung 249
Merleau-Ponty, Die Abenteuer der Dialektik 105
Miliband, Der Staat in der kapitalistischen Gesellschaft 112
Minder, Glaube, Skepsis und Rationalismus 43
Mittelstraß, Die Möglichkeit von Wissenschaft 62
– (Hrsg.), Methodenprobleme der Wissenschaften vom gesellschaftlichen Handeln 270
Mommsen, Max Weber 53
Moore, Soziale Ursprünge von Diktatur und Demokratie 54
Morris, Pragmatische Semiotik und Handlungstheorie 179
Needham, Wissenschaftlicher Universalismus 264
Neurath, Wissenschaftliche Weltauffassung, Sozialismus und Logischer Empirismus 281
Nowotny, Kernenergie: Gefahr oder Notwendigkeit 290
O'Connor, Die Finanzkrise des Staates 83
Oelmüller, Unbefriedigte Aufklärung 263
Oppitz, Notwendige Beziehungen 101
Parin/Morgenthaler, Fürchte deinen Nächsten 235
Parsons, Gesellschaften 106
Parsons/Schütz, Briefwechsel 202
Peukert, Wissenschaftstheorie 231
Piaget, Das moralische Urteil beim Kinde 27
– Die Bildung des Zeitbegriffs beim Kinde 77
– Einführung in die genetische Erkenntnistheorie 6
Plessner, Die verspätete Nation 66
Polanyi, Ökonomie und Gesellschaft 295
– Transformation 260

Pontalis, Nach Freud 108
Pontalis/Laplanche, Das Vokabular der Psychoanalyse 7
Propp, Morphologie des Märchens 131
Quine, Grundzüge der Logik 65
Rawls, Eine Theorie der Gerechtigkeit 271
Redlich/Freedman, Theorie und Praxis der Psychiatrie. 2 Bde. 148
Ricœur, Die Interpretation 76
Ritter, Metaphysik und Politik 199
v. Savigny, Die Philosophie der normalen Sprache 29
Schadewaldt, Anfänge der Philosophie 218
Schelling, Philosophie der Offenbarung 181
– Über das Wesen der menschlichen Freiheit 138
Materialien zu Schellings philosophischen Anfängen 139
Schleiermacher, Hermeneutik und Kritik 211
Schlick, Allgemeine Erkenntnislehre 269
Schluchter, Rationalismus der Weltbeherrschung 322
– (Hrsg.), Verhalten, Handeln und System 310
Scholem, Die jüdische Mystik 330
– Von der mystischen Gestalt der Gottheit 209
– Zur Kabbala und ihrer Symbolik 13
Schütz, Der sinnhafte Aufbau der sozialen Welt 92
– /Luckmann, Strukturen der Lebenswelt Bd. I 284
Schumann, Handel mit Gerechtigkeit 214
Schwemmer, Philosophie der Praxis 331
Seminar: Abweichendes Verhalten I (hrsg. v. Lüderssen/Sack) 84
– Abweichendes Verhalten II (hrsg. v. Lüderssen/Sack) 85
– Abweichendes Verhalten III (hrsg. v. Lüderssen/Sack) 86
– Abweichendes Verhalten IV (hrsg. v. Lüderssen/Sack) 87
– Angewandte Sozialforschung (hrsg. v. Badura) 153
– Dialektik I (hrsg. v. Horstmann) 234
– Entstehung der antiken Klassengesellschaft (hrsg. v. Kippenberg) 130
– Entstehung von Klassengesellschaften (hrsg. v. Eder) 30
– Familie und Familienrecht I (hrsg. v. Simitis/Zenz) 102
– Familie und Familienrecht II (hrsg. v. Simitis/Zenz) 103
– Familie und Gesellschaftsstruktur (hrsg. v. Rosenbaum) 244
– Freies Handeln und Determinismus (hrsg. v. Pothast) 257
– Geschichte und Theorie (hrsg. v. Baumgartner/Rüsen) 98
– Gesellschaft und Homosexualität (hrsg. v. Lautmann) 200
– Hermeneutik und die Wissenschaften (hrsg. v. Gadamer/Boehm) 238
– Kommunikation, Interaktion, Identität (hrsg. v. Auwärter/Kirsch/Schröter) 156
– Literatur- und Kunstsoziologie (hrsg. v. Bürger) 245
– Medizin, Gesellschaft, Geschichte (hrsg. v. Deppe/Regus) 67
– Philosophische Hermeneutik (hrsg. v. Gadamer/Boehm) 144

– Politische Ökonomie (hrsg. v. Vogt) 22
– Regelbegriff in der praktischen Semantik (hrsg. v. Heringer) 94
– Religion und gesellschaftliche Entwicklung (hrsg. v. Seyfarth/Sprondel) 38
– Sprache und Ethik (hrsg. v. Grewendorf/Meggle) 91
– Theorien der künstlerischen Produktivität (hrsg. v. Curtius) 166
Simitis u. a., Kindeswohl 292
Skirbekk (Hrsg.), Wahrheitstheorien 210
Solla Price, Little Science – Big Science 48
Spinner, Pluralismus als Erkenntnismodell 32
Sprachanalyse und Soziologie (hrsg. v. Wiggershaus) 123
Sprache, Denken, Kultur (hrsg. v. Henle) 120
Strauss, Anselm, Spiegel und Masken 109
Strauss, Leo, Naturrecht und Geschichte 216
Szondi, Das lyrische Drama des Fin de siècle 90
– Einführung in die literarische Hermeneutik 124
– Poetik und Geschichtsphilosophie I 40
– Poetik und Geschichtsphilosophie II 72
– Schriften 1 219
– Schriften 2 220
– Theorie des bürgerlichen Trauerspiels 15
Témime/Broué, Revolution und Krieg in Spanien. 2 Bde. 118
Theorietechnik und Moral 206
Theunissen, Sein und Schein 314
Theunissen/Greve (Hrsg.), Materialien zur Philosophie Kierkegaards 241
Touraine, Was nützt die Soziologie? 133
Troitzsch/Wohlauf (Hrsg.), Technik-Geschichte 319
Tugendhat, Selbstbewußtsein und Selbstbestimmung 221
– Vorlesungen zur Einführung in die sprachanalytische Philosophie 45
Uexküll, Theoretische Biologie 20
Ullrich, Technik und Herrschaft 277
Umweltforschung – die gesteuerte Wissenschaft 215
Wahrheitstheorien 210
Waldenfels, Der Spielraum des Verhaltens 311
Waldenfels/Broekman/Pažanin (Hrsg.), Phänomenologie und Marxismus I 195
– Phänomenologie und Marxismus II 196
– Phänomenologie und Marxismus III 232
– Phänomenologie und Marxismus IV 273
Watt, Der bürgerliche Roman 78
Weimann, Literaturgeschichte und Mythologie 204
Weingart, Wissensproduktion und soziale Struktur 155
Weingarten u. a. (Hrsg.), Ethnomethodologie 71
Weizenbaum, Macht der Computer 274
Weizsäcker, Der Gestaltkreis 18
Wesel, Der Mythos vom Matriarchat 333
Winch, Die Idee der Sozialwissenschaft und ihr Verhältnis zur Philosophie 95
Wittgenstein, Das Blaue Buch. Eine philosophische Betrachtung (Das Braune Buch) 313
– Philosophische Grammatik 5
– Philosophische Untersuchungen 203
Wunderlich, Studien zur Sprechakttheorie 172
Zilsel, Die sozialen Ursprünge der neuzeitlichen Wissenschaft 152
Zimmer, Philosophie und Religion Indiens 26